船山遺書

第二册

周易外传
书经稗疏
尚书引义

〔清〕王夫之 著

中國書店

目录

周易外传

书经稗疏

尚书引义

周易外传

周易外传卷一

䷀ 乾

一

道，体乎物之中以生天下之用者也。物生而有象，象成而有数，数资乎动以起用而有行，行而有得于道而有德。因数以推象，道自然者也，道自然而弗藉于人；乘利用以观德，德不容已者也，致其不容已而人可相道。道弗藉人，则人与物俱生以俟天之流行，而人废道；人相道，则择阴阳之粹以审天地之经，而《易》统天。故《乾》取用之德而不取道之象，圣人所以扶人而成其能也。盖历选于阴阳，审其起人之大用者，而通三才之用也。天者象也，乾者德也，是故不言天而言乾也。

且夫天不偏阳，地不偏阴；男不偏阳，女不偏阴；君子不偏阳，小人不偏阴。天地，其位也；阴阳，其材也；乾坤，其德也。材无定位而有德，德善乎材以奠位者也，故曰"天行健"。行，则周乎地外，入乎地中而皆行矣，岂有位哉？是故男德刚而女德柔，君子德明而小人德暗。男女各有魂魄，君子小人各有性情。男不无阴，而以刚奇施者，其致用阳；女不无阳，而以柔偶受者，其致用阴。是故《易》之云乾，云其致用者而已。

由此言之，君子有情而小人有性，明矣。故小人之即于暗也，岂无颖光不昧、知惭思悔之时哉？此则乾之丽于小人者未尝绝。惟恃其自然，忘其不容已，则乾不绝小人而小人绝乾，故《易》于小人，未尝不正告焉。穆姜筮占四德而惧，其验也。六阳之卦为《乾》，乾为天，《易》不云"天"而云"乾"，用此义也。

或曰："男不偏阳，女不偏阴，所以使然者天地。天不偏阳，地不偏阴，所以使然者谁也？"

曰："道也。"

曰："老氏之言曰：'有物混成，先天地生。'今曰'道使天地然'，是先天地而有道矣；'不偏而成'，是混成矣。然则老子之言信乎？"

曰："非也。道者，天地精粹之用，与天地并行而未有先后者也。使先天地以生，则有有道而无天地之日矣，彼何寓哉？而谁得字之曰道？天地之成男女者，日行于人之中而以良能起变化，非碧霄黄垆，取给而来贶之，奚况于道之与天地，且先立而旋造之乎？

"若夫'混成'之云，见其合而不知其合之妙也。故曰'无极而太极'，无极而必太极矣。太极动而生阳，静而生阴，动静各有其时，一动一静，各有其纪，如是者乃谓之道。今夫水谷之化为清浊之气以育荣卫，其化也合同，其分也纤悉，不然则病。道有留滞于阴阳未判之先而混成者，则道病矣，而恶乎其生天地也？

"夫道之生天地者，则即天地之体道者是已。故天体道以为行则健而《乾》，地体道以为势则顺而《坤》，无有先之者矣。体道之全，而行与势各有其德，无始混而后分矣。语其分，则有太极而必有静动之殊矣；语其合，则形器之余终无有偏焉者，而亦可谓之'混成'矣。夫老氏则恶足以语此哉！"

故圣人见道之有在于六阳者，而知其为《乾》之德。知其德之乾，则择而执之以利用，故曰"君子行此四德者"，故曰"乾，元亨利贞"也。

二

"贞"者，"事之干"也，信也。于时为冬，于化为藏，于行为土，于德为实，皆信也。

然则四德何以不言智乎？《彖》云"大明终始，六位时成"，则言智也。今夫水，火资之以能熟，木资之以能生，金资之以能莹，土资之以能浃。是故夫智，仁资以知爱之真，礼资以知敬之节，义资以知制之宜，信资以知诚之实；故行乎四德之中，而彻乎六位之终始。终非智则不知终，始非智则不知始。故曰"智譬则巧也"，巧者圣之终也；曰"择不处仁，焉得智"，择者仁之始也。是智统四德，而徧历其位，故曰"时成"。各因其时而藉以成，智亦尊矣。虽然，尊者非用，用者非尊。其位则寄于四德，而非有专位也。

今夫水，非火则无以济，非木则无以屯，非金则无以节，非土则无以比。是故夫智，不丽乎仁则察而刻，不丽乎礼则慧而轻，不丽乎义则巧而术，不丽乎信则变而谲，俱无所丽则浮荡而炫其孤明。幻妄行则君子荒唐，机巧行则细人捭阖。故四德可德，而智不可德；依于四德，效大明之功，而无专位。故曰"君子行此四德者"，知而后行之，行之为贵，而非但知也。

惟不知此，故老氏谓上善之若水，而释氏以瓶水青天之月为妙悟之宗。其下者则刑名之察，权谋之机，皆崇智以废德。乃知《大易》之教，为法天正人之极则也。子曰："逝者如斯夫，不舍昼夜。"夫逝者逝矣，而将据之以为德乎？

三

先儒之言"元"曰："天下之物，原其所自，未有不善。成而后有败，败非先成者也；有得而后有失，非得而何以有失也？"

请为之释曰："原其所自，未有不善"，则既推美于大始矣。抑据成败得失以征其后先，则是刑名器数之说，非以言德矣。

《文言》曰："元者，善之长也。"就善而言，元固为之长矣。比败以观成，立失以知得，则事之先，而岂善之长乎？《彖》曰："大哉乾元，万物资始。"元者，统大始之德，居物生之先者也。成必有造之者，得必有予之者，已臻于成与得矣，是人事之究竟，岂生生之大始乎？

有木而后有车，有土而后有器，车器生于木土，为所生者为之始。揉之斫之，埏之埴之，车器乃成，而后人乃得之。既成既得，物之利用者也，故曰"利物和义"。成得之未败失者，利物之义也。

夫一阴一阳之始，方继乎善，初成乎性。天人授受往来之际，止此生理为之初始。故推善之所自生，而赞其德曰"元"。成性以还，凝命在躬，元德绍而仁之名乃立。天理日流，初终无间，亦且日生于人之心。惟嗜欲薄而心牖开，则资始之元亦日新而与心遇，非但在始生之俄顷。而程子"鸡雏观仁"之说，未为周徧。要其胥为所得所成之本原，而非从功名利赖之已然者，争败失之先，则一也。意者，立成败得失之衡，以破释氏之淫辞邪？则得之尔矣。

释氏之言，销总、别、同、异、成、坏之六相，使之相参相入，而曰"一念缘起无生"。盖欲齐成败得失于一致，以立真空之宗。而不知败者败其所成，失者失其所得，则失与败因得与成而见，在事理之已然，有不容昧者。故奖成与得，以著天理流行之功效，使知败与失者，皆人情弱丧之积，而非事理之所固有，则双泯理事、捐弃伦物之邪说，不足以立。虽然，于以言资始之"元"，则未也。

是故合成败、齐得失以为宗，释氏"缘起"之旨也。执成败、据得失以为本，法家"名实"之论也。执其固然，忘其所以然，而天下之大本不足以立；以成为始，以得为德，而生生之仁不著，吾惧夫执此说者之始于义而终于利矣。

夫功于天下，利于民物，亦仁者之所有事。而以为资始之大用即此在焉，则"享其利者为有德"；亦且不知君子正谊明道之志，未尝摈失与败而以为非道之存，况天之育万物而非以为功者哉！"元"者仁也，"善之长"也，君子之以长人者也。成败得失，又奚足论之有！

四

《易》之有位也，有同异而后有贵贱，有应感而后有从违。若夫《乾》，则六阳均而成象者也。合六如一，不见其异；六均一致，不相为感；故曰"大明终始"。终始不殊，六龙皆御矣。

惟既已成乎卦也，则亦有其序也。不名之为贵贱，而名之曰先后。先后者时也，故曰"六位时成"。君子之安其序也，必因其时。先时不争，后时不失，尽道时中以俟命也。

乃均之为龙德，则固不可得而贵贱之。初者，时之"潜"也；二者，时之"见"也；三者，时之"惕"也；四者，时之"跃"也；五者，时之"飞"也；上者，时之"亢"也。一代之运，有建、有成、有守；一王之德，有遵养、有燮伐、有耆定；一德之修，有适道、有立、有权；推而大之，天地之数，有子半、有午中、有向晦；近而取之，夫人之身，有方刚、有既壮、有已衰；皆《乾》之六位也。故《象》曰"君子以自强不息"，勉以乘时也。

然则初之"潜龙"，其异于《蛊》之"高尚"、《遁》之"肥"明矣。太王翦商以前，公刘迁豳以后，周之潜也。十三年之侯服，武之潜也。而不特此。礼所自制，乐所自作，治所自敷，教所自立，未有事而基命于宥密，终日有其潜焉。有其"潜"，所以效其"见"也。

若秦之王也，穆、康以来，献、武以降，汲汲于用，以速其飞，而早已自处于亢。当其潜而不能以潜养之，则非龙德矣。非龙德而尸其位，岂有幸哉！故初之"勿用"，天所以敦其化，人所以深其息。故曰"君子以成德为行，日可见之行"，此之谓也。

五

天以不远物为化，圣人以不远物为德，故天仁爱而圣人忠恕。未有其德，不能无歉于物，有其德者，无所复歉于己。初之为潜，龙德成矣。龙德成而有绝类于愚贱之忧，则大而化者二之功，迩而察者将毋为二之所不用也？虽然，彼龙者，岂离田以自伐其善哉！故曰"见龙在田"。

王道始于耕桑，君子慎于祛袷。尸愚贱之劳，文王所以服康田也。修愚贱之节，卫武所以勤洒扫也。故天下蒙其德施，言行详其辨聚，坦然宽以容物，温然仁以聚众，非君德，谁能当此哉！位正中而体居下，龙于其时，有此德矣。然则驰情于玄悦，傲物以高明者，天下岂"利见"有此"大人"乎？

六

九四之跃，时劝之也；九五之飞，时叶之也；上九之亢，时穷之也。若其德之为龙，则均也。夫《乾》尽于四月而《姤》起焉，造化者岂以阳之健行而怙其终哉？时之穷，穷则灾矣。然而先天而弗违，则有以消其穷；后天而奉时者，则有以善其灾。故曰"择祸莫如轻"。知择祸者，悔而不失其正之谓也。

朱、均之不肖，尧、舜之穷也；桀、纣之丧师，禹、汤之穷也。尧、舜不待其穷，而先传之贤以消其穷，灾不得而犯焉。禹、汤之持其穷也，建亲贤，崇忠质。不能使天下无汤、武，而非汤、武则夏、商不亡，终不丧于夷狄、盗贼之手。景亳之命，宗周之步，犹禹、汤晋诸廷而授之矣。

三代以下，忌穷而悔，所以处"亢"者失其正也。而莫灾于秦、宋之季。秦祚短于再传，宋宝沦于非类。彼盖詹詹然日丧亡之为忧，而罢诸侯，削兵柄，自弱其辅，以延夷狄、盗贼，而使乘吾之短垣。逮其末也，欲悔而不得，则抑可为大哀也已！呜呼！龙德成矣，而不能不亢，亢而不能不灾。君子于《乾》之终，知《姤》之始，亦勿俾嬴豕之蹢躅，交于中国哉！

七

天积日以为岁功，岁功相积而德行其中。然期三百六旬之中，擅一日以为之始，则万物听命于此一日，德以有系而不富矣！且一日主之，余日畔之，一日勤之，余日逸之，其为旷德，可胜言哉！

夫"用九"者，天行之健，不得不极，故其策二百一十有六，自冬至子初授一策，以极于大暑后之四日，夏功成，火德伏，而后天之施乃讫焉。则前乎此者，虽夏至当上九之亢，而《乾》行固未息。故《坤》不逮期之半，而《乾》行过之。其刚健精粹、自强不息者，六爻交任其劳而不让，二百一十六策合致其能而不相先。群龙皆有首出之能，而无专一之主，故曰"天德不可为首"，明非一策一爻之制命以相役也。

然则一元之化，一代之治，一人之生，一善之集，一日之修，一念之始，相续相积，何有非自强之时，可曰"得其要而不劳，择其胜而咸利"乎？故论必定于盖棺，德必驯于至极，治必逮于象仁。用九之吉，吉以此尔。

自老氏之学以居锌处后，玩物变而乘其衰，言《易》者惑焉，乃曰"阳刚不可为物先"。夫雷出而荨荣，气升而灰动，神龙不为首而谁为首乎？德不先刚，则去欲不净；治不先刚，则远佞不速。妇乘夫，臣干君，夷凌夏，皆阳退听以让阴柔之害也，况足以语天德乎！

八

"知至至之，知终终之。"大哉！《易》不言中而可绎矣。夫离"田"而上即"天"也，离"天"而下即"田"也。出乎田，未入乎天，此何位乎？抑何时乎？析之不容毫发，而充之则肆其弥亘。保合之为太和，不保不合则间气乘，而有余不足起矣。乘而下退，息于田而为不足；乘而上进，与于天而为有余。不足则不可与几，有余则不可与存义。勉其不足之谓文，裁其有余之谓节。节文具而礼乐行，礼乐行而中和之极建。是故几者所必及也，义者所必制也。人为之必尽，一间未达而功较密也。天化之无方，出位以思而反失其素也。舍愚不肖之偷，而绝贤知之妄，日夕焉于斯，择之执之，恶容不"乾乾""惕若"哉！

夫九三者功用之终，过此则行乎其位矣。功用者我之所可知，而位者我之所不可知也。功用者太和必之德，位者太和必至之化也。德者人，化者天。人者我之所能，天者我之所不能也。君子亦日夕于所知能，而兢兢焉有余不足之为忧，安能役心之察察，强数之冥冥者哉！此九三之德，以固执其中，尽人而俟天也。

若释氏之教，以现在为不可得，使与过去、未来同消归于幻妄，则至者未至，而终者杳不知其终矣。君子服膺于《易》，执中以自健，舍九三其孰与归！

☷ 坤

一

太极动而生阳，静而生阴，动者至，静者不至。故《乾》二十四营而皆得九，九者数之至也；《坤》二十四营而皆得六，六者数之未至也。数至者德亦至，数未至者德有待矣。德已至，则不疾不速而行固健。德有待，则待劝待勉而行乃无疆。固健者不戒而行，调其节而善之，御之事也。无疆者从所御而驰焉，马之功也。天以气而地以形，气流而不倦于施，形累而不捷于往矣。阳以乐而阴以忧，乐可以忘其厉而进，忧足以迷其方而退矣。则《坤》且凝滞裴回，而几无以荷承天之职也。故《易》之赞《坤》必赞其行焉。

夫《坤》何为而不健于行也？流连其类而为所系也。西南者，《坤》之都也，堕山峻巘之区也。据中国言之。君子之言，言其可知者而已。《坤》安其都而莫能迁矣。自然不能迁。且《乾》气之施左旋，自《坎》《艮》《震》以至于《离》，火化西流以养子而土受其富，则《坤》又静处而得隂天之福矣。其随天行以终八位而与天合者，《兑》之一舍而已，又只以养其子也。土生金。天下有仰给于彼，自保其朋，饮食恩育，不出门庭而享其宴安者，足以成配天之大业者哉？

是故君子之体《坤》也，《乾》化旋而左，则逆施而右以承之。其都不恋，其朋不私，其子不恤，反之于《离》以养其母。凡四舍而至于东北之《艮》。《艮》者，一阳上止，阂《坤》而不使遂者也。《坤》至是，欲不弃其怀来而不得矣。

夫阳之左旋也，《艮》抑阴而止之，《震》袭阴而主之，《离》闲阴而窒之，将若不利于阴，而阴且苦其相遇而不胜。然闲之使正，袭之使动，抑之使养其有余，则亦终大造于阴。故隂天之福为阴庆者，非阴所期也，而实甘苦倚伏之自然。使阴惮于行而怀土眷私，仅随天以西旋于《兑》，亦安能承此庆于天哉？则《坤》之"利牝马"者，利其行也；君子之以"丧朋"为庆者，庆其行也。

夫地道右转，承天之施，以健为顺，盖亦《坤》德之固然。而《易》

犹申之以戒者，为"君子攸行"言之也。六三之"或从王事"，义犹此尔。内卦体具而《坤》德成矣，犹《乾》德之成于"乾乾"，"至"至此而"终"终此也。四以上，《坤》之时位矣。

二

气数非有召而至，阴阳不偏废而成。然则《易》言"履霜"，而圣人曰"辨之不早"，使早辨之，可令无霜而冰乃不坚乎？则可令大化之有阳而无阴乎？

曰：霜者露之凝也，冰者水之凝也，皆出乎地上而天化之攸行也。涸阴沍寒，刑杀万物，而在地中者水泉不改其流，草木之根不替其生，蛰虫不伤其性，亦可以验地之不成乎杀矣。天心仁爱，阳德施生，则将必于此有重怫其性情者。乃逊于空霄之上，潜于重渊之下，举其所以润洽百昌者听命于阴，而惟其所制，为霜为冰，以戕品汇，则阳反代阴而尸刑害之怨。使非假之水以益其威，则开辟之草木虽至今存可也。治乱相寻，虽曰气数之自然，亦孰非有以致之哉？故阴非有罪而阳则已憨，圣人所以专其责于阳也。

先期不听于子羽，则钟巫不弑。爵禄不偏于宋公，则子罕不僭。宫中无"二圣"之称，则武曌不能移唐，燕、云无借师之约，则完颜、蒙古不能蚀宋。阴之干阳，何有不自阳假之哉？辨之早者，自明于夫妇、君臣、夷夏之分数，自尽焉而不相为假也。

三

《乾》之九五，《乾》之位也；《坤》之六五，《坤》之位也。五位正而《坤》道盛、地化光，故《乾》言"造"而《坤》言"美"，皆极其盛而言之也。

何以效之？《乾》知大始，《坤》作成物。"因乎有者不名"始"，因乎无者不名"成"。因乎无而始之事近武，非天下之至健，不能特有所造。因乎有而成之，事近文，非天下之至顺，不能利导其美，夫《坤》之为美，利导之而已矣。利导之而不糅杂乎阳以自饰，至于履位以正，而遂成乎章也，则蚑者、蠕者、芽者、荂者，五味具，五色鲜，五音发，殊文辨采，陆离斒斓，以成万物之美。

虽然，凡此者皆出乎地上以归功于天矣。若其未出乎中，而天不得分其美者，《坤》自含其光以为黄。玄色冲而黄色实，玄色远而黄色近。实者至足者也，近者利人者也，"含万物"者在此矣。若是者谓之至美。以其丽乎玄而无惭也，故言乎"黄"；以其不炫乎表以充美也，故言乎"裳"。顺道也，实道也，阴位之正也。圣人体之，故述而不作，以兴礼乐而成文章，则成以顺而美有实，亦可以承天而履非位之位矣。_{六五阴不当位。}

然则黄者言乎文也，裳者言乎中也。_{不在上而当人中。}以黄为中，是地与青、赤、白、黑争文，而不足以配天。以裳为下，是五与初、二、三、四齐秩，而不足以居正。子服椒因事偶占，不足据为典要也。

䷂ 屯

一

夫有其性者有其情，有其用者有其变。极阴阳之情，尽九、六、七、八之变，则存乎其交矣。刚柔之始交，《震》也；再交，《坎》也。一再交而卦兴，阳生之序也。故《屯》次《乾》《坤》。于其始交，以刚交柔，不以柔交刚，何也？

阴阳之生万物，父为之化，母为之基。基立而化施，化至而基凝，基不求化而化无虚施。所以然者：阴虚也，而用致实，形之精也；阳实也，而用致虚，性之神也。形之所成斯有性，性之所显惟其形，故曰"形色，天性也，惟圣人然后可以践形"。阳方来而致功，阴受化而成用，故《乾》言"造"，《坤》言"正位"。造者动，正位者静，动继而善，静成而性，故曰"人生而静，天之性也"。由此言之，动而虚者必凝于形器之静实。阳方来而交阴，为天地之初几，万物之始兆，而《屯》绍《乾》《坤》以始建，信矣。

乃为玄之言者，谓阴不尽不生；为释之言者，谓之六阴区宇而欲转之。则浮寄其孤阳之明，销归其已成之实，珍人物之所生，而别有其生。玄谓之"刀圭入口"，释谓之"意生身"。抟阳为基，使阴入而受化，逆天甚矣。

夫阳主性，阴主形。理自性生，欲以形开。其或冀夫欲尽而理乃孤行，亦似矣。然而天理人欲同行异情，异情者异以变化之几，同行者同于形色之实，则非彼所能知也。在天为理，而理之未丽于实则为神，理之已返于虚则为鬼。阳无时而不在，阴有时而消。居阳以致阴，则鬼神而已矣。既已为人而得乎哉？故《屯》者人道也，二氏之说鬼道也。以《屯》绍《乾》《坤》之生，《易》之以立人道也。

二

当《屯》之世，欲达其《屯》，则阴之听命于阳必矣。而谁与命之？将以其位，则五处天位，而初者其所建之侯也。将以其才，则《震》之一阳，威任起物，而五处险中，藏固而不足以有为也。然则为之阴者，虽欲不"乘马班如"而不得矣。

呜呼！圣人之以"得民"予初也，岂得已哉！五之刚健中正者，其位是也，其德是也，而时则非也。处泥中而犯宵露，酌名义以为去留，二虽正以违时，四虽吉而近利矣。违时者以难告，近利者以智闻。挟震主之威者，乃引天时，征人事，曰"识时务者在乎俊杰"，"从吾游者，吾能尊显之"，则二安得不以顽民独处其后邪？此子家羁所以消心于返国，司空图所以仅托于岩栖也。

三

《畜》之极，"亨"也；《否》之极，"倾"也；《贲》之极，"白"也；《剥》之极，"不食"也；《睽》之极，"遇雨"也。然则《屯》极而雷雨盈，雷雨盈而草昧启。上六曰"乘马班如，泣血涟如"，《屯》将无出难之望乎？曰：时可以长者，上也；不可长者，上六之自为之也。

且夫《屯》虽交而难生，然物生之始，则其固有而不得辞者矣。一阳动于下，地中之阳也。自是而出《震》入《坎》之交，物且冒土而求达。乃离乎地中，出乎地上者无几也。水体阳而用阴，以包地外，物之出也必涉焉。出而畅也，则千章之由条，无所禁其长矣。出而犹豫襄回以自阻也，则夭折而不可长。故方春之旦，雷发声，蛰虫启，百昌将出，必有迅风、疾雨、骤寒以抑勒之，物之摧折消阻者亦不可胜道。非资乎刚健，见险而不胊者，固不足以堪此。

上六与《坎》为体，与五为比，借五之尊，资阳之力，谁足以禁其长者？而柔不知决，其"乘马班如"，犹二、四也，于是而不能出，则竟不出矣。犹乎发土而遇寒，雨乃更反而就暖于地中之阳，首鼠狐疑，楚囚对泣，将欲谁怨而可哉！

呜呼！二、四之马首不决于所从者，在《坎》中而畏险，人情之常也。上出乎险而远乎初矣，然且栖迟迷留，顿策于歧路，夫何为者？甚哉，初九淫威孔福之动人也！震主而疑天下之心，五虽欲光其施，岂可得哉！唐文、周墀所为洒涕于一堂也。周衰而苌弘诛，汉亡而北海死。虽壮马难拯，而弱泪不挥，非所望于懦夫之激已。

蒙

一

《震》《坎》《艮》，皆因乎地以起阳者也。初阳动乎地下，五阳次进而入乎地中，故《乾》《坤》始交而《屯》。综而为《蒙》之象，阳自初而进二，自五而进上，则《屯》进而为《蒙》，天造之草昧成矣。天包地外，地在水中。离乎地，未即乎天，故《屯》止于《坎》；沐乎水，即陟乎山，故《蒙》成于《艮》也。

当其为《屯》，不能自保其必生，故忧生方亟，求于阳者，草昧之造也；而有生以后，坚脆良楛有不暇计者焉。逮其为《蒙》，能自保其生矣，则所忧者。成材致用之美恶，求于阳者，养正之功也；姑息之爱，沟沫之恩，非所望矣。

夫以生求益者，待命于人，而得膏粱焉；以养正求益者，待命于人，而得药石焉。其待命于人，均也，而所得则别。求膏粱者，于生为急，而急则或堕其廉耻；求药石者，于生若缓，而缓则自深其疢疾。圣人以愚贱之廉耻为忧，而深恤其疢疾，故《屯》以慎于所求为贞，而《蒙》以远于所求为困。

且以膏粱养物者，市恩之事；以药石正物者，司教之尊。恩出自下，则上失其位；教行于下，必上假其权。惧《屯》五入险而失位，故授之以建侯之柄；幸《蒙》五之顺阳而假权，故告之以尊师之宜。圣人之于《易》，操之纵之，节之宣之，以平阴阳之权，善人物之生者，至矣哉！

二

六阴六阳备而天地之变乃尽，六位具而卦之体已成。故卦中有阴阳，爻外有吉凶，而卦与爻受之。《蒙》之上九，象为"击蒙"，岂俯而击下乎？方蒙而击之，是"为寇"，非"御寇"也。四阴为蒙，二阳为养蒙之主，上将何所击哉？

物之用阴阳也，有过、不及，不及于阴则过于阳，不及于阳则过于阴，所过者不戢而伤其不及者。如是者寇生于内。阴阳之行，不为一物而设，德于此者刑于彼，故荠麦喜霜而靡草忌夏，况其数之有盈虚，乘乎气之有乖渗。如是者寇生于外。寇生于内者，恤其《蒙》而调之，道在于养，二之以"包"为德也。寇生于外者，搏其贼《蒙》者而保《蒙》，道在于御，上之以"击"为功也。

夫阴阳之刑害，日与恩德并行于天壤，而物之壮者或遇之而不伤，物之蒙者乍婴之而即折矣。是故难起于鼎革之初宁，寒酷于春和之始复，欲盛于血气之未定，则非击不能御，非御不能包，二之中，与上之亢，亦相资以利用矣。不知击者，索寇于内而诛求之迫，斯嬴政之以猜忍速亡，而入笁之招，激而使之复归于邪也，《蒙》何赖焉！

☰☵ 需

《需》之为体，六来居四，_{自《大壮》来。}以尼《乾》行，三阳聚升，欲遂不果，虽有积刚至健之才，遇险而不能不有以待之也。顾待之以"往涉大川"乎？行险阻之中而行之未顺也；将待之以"饮食燕乐"乎？介将雨之际而几恐或失也。以往涉为功者，需而不需，束湿苟且以求其成可，为申、商之术；以宴乐为务者，需以为需，守雌处锌而俟其徐清，为老、庄之旨矣。《彖》《象》义殊而适从无定，异端互托而学术以歧，君子之于《需》，将何所取哉？

则为之释曰：险易者事也，劳逸者势为之也。险有以为险，易有以为易；劳有所为劳，逸有所为逸。其能顺行而弗失者，恃有为之主者存也。无为之主，则进以逢咎，退以失几。主之者存，则犯波涛而不惊，坐鸣琴而不废。

《需》所恃者何也，自《大壮》而往，九进处乎天位也。三阳之兴也，浡然莫御其上行之势，遇四而非其类，则乍骇而阻矣。骤而视之则阴也，遍而察之则险也。故三以仓猝而入泥，初以逡巡而远难。然阴虽来成其险，而不觉自失其尊，阳虽往离其朋，而遂以诞登其位。夫方以类聚，气以同求。五即与四、上为体乎？然其所永好以同功者，三阳其凤侣也。入其中，履其位，操彼之生死而招我之俦伍，则孚可任而贞可恒。五之足恃以为主，决矣。

故二"有言"而"终吉"，三"寇至"而"不败"，得主而行乎险，犹不险也。可以劳，劳则收涉川之功；可以逸，逸则逐宴乐之好。舟附水而利，云依天以游，此所为"光亨"而"贞吉"者尔。彼贸然无主而以《需》道行之，夫不曰需者事之贼乎？而以之饮食宴乐，则丛台、阿房所以速亡其国，刘伶、阮籍所以疾入于狂也。

☰☵ 讼

天之位乎上者，大正之位也，然而未尝不下济也。雷、火、风、泽之气丽乎地，而时阶以应乎天。惟水不然，以下为性，比地而必于不升，处天地之中以与天争权，则天将施于地而水竞其功，天即欲不与俱，“违行”而不得。是《讼》之自成，水实致之，而二何以得为“有孚”哉？

尝论之：以无情而诬上者，逆也，非讼也，讼则有可言之情矣。气数自然之争，岂犹夫告密投匦之小人，得已而不已者与？二之所执以为言者，阴长而己窒其中也。劳而自矜，已而怨曰：“我之有功于天也，天其德我哉？我不来自《遁》来，三来居二。而天且偕以遁，我来而抑不我应，五不应二。则是我‘窒惕’之劳，漠不相知，而不平之鸣恶容已邪？”怨自此兴，而讼亦自此长，元晅之所以终于逋亡而不恤也。由是言之，直在《坎》而曲在《乾》，明矣。

君子则曰：与其为《讼》也，不如其为《遁》也。干我者吾避之，劳于我者吾所应得。屈于不知己而伸于知己，越石父且以告绝于晏婴，况其在君臣父子之间乎？故五正中位，不挠于《讼》而得“元吉”，所谓“大居正而不惭”也。惟夫上九也者，可以致胜于《坎》者力尽而不止，故卫、郑再归，而见绝于《春秋》，《讼》上锡带，而三褫于《大易》。

呜呼！人事之险阻出于怨望，怨望出于恩德。知恩德为时位之当然而无功名之可恃，则险阻平于心而恩怨消于世。六三舍中位以消遁，柔以承天，善世而不伐，斯足尚乎！

䷆ 师

自轩辕用兵以征不服，讫乎有扈之役，帅师者皆君也。迨夫太康失御而胤侯徂征，则弗躬弗亲，而兵柄移下。《易》，衰世之事也，故二以阳为群阴之主，而特为世修命将之典。因王霸之命讨，以治尧、禹之天下，盖弗能违已。然授三锡之命，行开国之赏，令行于师中，功论于宗庙，上为宗庙。威福之权自一也。

乃夫一阳受钺，所帅者皆阴也。捐坟墓，弃妻子，争死生于原野，以贸金钱、牛酒之颁；其非孝子顺孙而为贪欲惨忍之细人，亦明矣。故不律有戒焉，无功有戒焉，弟子有戒焉，小人有戒焉。凡凶者，皆以阴柔而戒也。

阴之为道，蕴毒而不泄，耽欲而不厌，投危地而不前，处成功而善妒。此四者，皆不利于师，而其害相因。溺于利，则义不奋矣；竞于私争，则公战怯矣；媚以居功，则掩败不耻矣。兵刚事，而用柔，则吉一而凶三，岂不危哉！

虽然，又岂能舍此而别募君子之军邪？然则如之何？其惟"容畜"于平居，而致果于临敌乎！以其容畜，奖其致果，则小人之勇可使也。以其致果，用其容畜，则君子之怒已乱也。班仲升曰："水至清则无鱼，人至察则无徒。"可谓知容畜矣。以三十六人攻匈奴之使，何其果也！此千古行师之要，授受在心。盖参阴阳之用，酌险顺之宜，而不至学古兵法之区区也。

俗儒之言兵也，贵其"左次"，则"无咎"而已。常仅不失，而变无以御。宋以之亡而不悟，乃曰"君无失德，民不知兵"，以乞命于天下而辞其咎，岂不哀哉？

䷇ 比

当《比》之时，群方咸附，五之得众，盖莫盛焉。水润以下，因地奠居，在浍成浍，因川成川，清者与为化光，浊者与为流恶，地皆受之，未尝有所择而致其宠矣。乃群阴之比于五也，岂无所效哉？小人乐得其欲，报以奔；走君子乐得其道，报以忠贞。而二以柔得位，与五为应，则五所怀集，莫有先焉。是大海之有江、汉也，泰山之有云、亭也，夹辅之有周、召，列侯之有晋、郑也。若其失一德之咸，而但依末光，挹余润，以拟于思媚之细人，则将何以酬"显比"之知乎？

夫上之我昵，非可恃者也。我之可亲，可恃者也。以恃我往者，亲而无惭；以恃彼往者，昵而逢戾。上不厌我于报施，而天下厌我于容悦，则适以成五量之大，而又适以累五德之偏。然则二以正应，为责备之归，岂不甚与？而六二固无忧也。宠至而矜，继之以骄。二与群阴同其柔以上附，而无自诧殊异之心，则承宠虽盛，不丧其故吾。若夫位与五相为好仇，德与五相为唱和，亦其分尔。五无私，则二亦不有私人之嫌。无嫌，而又何嫌之有乎？

呜呼！宠禄之于人甚矣，况渥之以恩礼哉！贤者自失于功名之际，中人自失于福泽之加。非当位中正，和于群而不矜独遇如六二者，能勿波靡而风披，盖亦鲜矣。光武无猜，而严光且以要领之疾戒侯霸也，又况在不宁初来之世也哉？

☰ 小畜

《小畜》，《巽》畜也。《大畜》，《艮》畜也。《巽》体阴而用多阳，《艮》体阳而用多阴，体者其情也，用者其名也。以名召我而情固止之，甚矣哉，《巽》之柔而阴惊也！

夫畜有养道焉。阳任治，阴任养。天下不以养始者，终不能止。饫以所需，则情留而息。自有人事以来，壮夫危行而却步于阴柔者，皆养为之胶饴，而孰能轶此以径行哉！夫养阳者阴之职，虽蹈其机，难辞其奉，圣人亦且因而成之。阳固已却步焉，而犹安之以时数者，亦曰其职也。

虽然，其养之也，则又有厚薄之不齐矣。山之养也，出云升雾以应天者，且合天于蒸歊之气。若夫风之为体，旁行解散，致养已薄，而徒用其柔，密为之止，则"密云不雨"之势已成。而五、上之阳，方且从彼党而助其用。五矜富力，上载德色。孰知夫周旋不舍者，因长塞其入求三阳之逵径，且受转于阴而为之役，则五、上亦愚矣。甚矣哉，六四之坐取群情而柔之于衽席也！

夫薄养而固止之，《巽》无礼而《乾》亦不光矣。则夫受止者，失得吉凶之数亦有辨。三，争其止者也；二，静于止者也；初，受其止者也。三进故争，二中故静，初应故受。以争往者入其机，而《巽》始以机鸣得意，"月壁"之凶，"反目"之激矣。以静俟者保其健，而初、三各效其功，彼以邻为富，我以牵为援矣。以受退者老其敌，而四亦以不测自危，"血惕"之防，四仅免焉。咎责之来，初自信不疑而任之矣。"何其咎"，言负何其咎也。俗以"负何"字加草做荷，遂训此作谁何之义。其惟初乎！阳受其止，而密制其机，任讥非于当世，而移易其阴鸷之心，故出入于危疑而光明不疢，其吉也，义固许之矣。

夫如是，将斗阴阳而相制以机乎？曰：非然也。《小畜》之时，不数遇也。止则穷，穷则变，故君子以变行权，而厚用其"密云"之势。非《小畜》之世，无尚往之才，而触物之止，即用其机，则细人之术也，而又何足以云！

䷉ 履

一

为卦之体，惟一阴而失位以间乎阳，则天下忧危之都，莫《履》若也。君子以涉于忧危，而用为德基，犯难而不失其常，亦反求其本而已矣。

本者何也？阳因乎阴为《艮》，阴因乎阳为《兑》。因者为功，所因者为地。《兑》以阳为地，以阴为功。爻任其功，卦敦其地。任其功者功在阴，阴与阳争，相争则哑。敦其地者敦于阳，内为外主，有主则亨。二阳之基，《兑》之本也。

险阻生于言笑，德怨报以怀来。厚其怀来之积，消其言笑之机，则物之所不惊矣。初之与二，无求者也。无求而情必以实，在心为"素"，在道为坦。故无求于物者，物亦不得而惊之。

行乎不得已而有履焉，时为之也。逮乎履之既成，而溯其所由以不蹶，非初、二之刚实、而无冀乎物情之应者、以为之基，则亦恶从致此？故曰："其旋元吉。"上序致祥之绩，固不在所应之六三，而必策勋于初、二矣。若徒以三也，恃言笑之柔，往试于群刚之林，外柔中狠，鬼神瞰之，而况于虎之以哑人为道者乎？

二

"履虎尾，不咥人"，以数驭之乎？以道消之乎？以数驭之者，机变之士，投试不测而售其术，君子羞称之矣。而世所谓以道消之者，非道也，为"婴儿"也，为"醉者"也。虎过其侧而不伤，曰"天和"存焉。天和者，无心以为营，"缘督以为经"，"浮游"于二气之间，而"行不蹑地"。若士之北游也，御寇之御风也，绝地而离乎人，与之漠不相与而自逃其难，则亦恶在其为能履虎尾哉？

夫履虎尾者，则既履之矣。虽虎尾，亦素位也。时穷于天，事贞于变，贤者固有不能及之理，圣人亦有不得尽之功。不能及者，勉强及之；不得尽者，无或忘之，而不相悖害。然且虎兴于前而且将咥我，尤反而自考曰"我过矣，我过矣"，益退而考其近行焉。天乃佑之，而物之悍戾者亦恻怛而消其险矣。故其不咥者，实自求之祥，非偶然也。

鱼朝恩发郭子仪之墓，以激其怨望，而子仪泣对代宗曰："臣之部曲发人坟墓多矣，能勿自及乎！"子仪之言而虚也，则鬼神瞰之矣，惟其实也，斯自反之诚也，其旋之考也。若子仪者，合于君子之道矣，而又奚疑！

䷊ 泰

一

天位乎上，地位乎下，谁为为之？道奠之，故曰："一阴一阳之谓道。"先阴后阳者，数自下生。降其浊者，清者自升，故曰："天地定位。"终古而奠者如斯，则道者一成而不可易也。今以《乾》下《坤》上而目之曰"交"，《坤》下《乾》上而目之曰"不交"，则将易其所奠而别立道以推荡之乎？曰：非也。道行于《乾》《坤》之全，而其用必以人为依。不依乎人者，人不得而用之，则耳目所穷，功效所废，其道可知，而不必知圣人之所以依人而建极也。

今夫七曜之推移，人之所见者半，其所不见者半。就其所见，则固以东为生，以西为没。而道无却行，方其西没，即所不见者之西生矣。没者往也，生者来也。往者往于所来之舍，来者来于所往之墟。其可见者，则以昏、旦为期；兼其不可见者，则以子半、午中为界。阴阳之成化于升降也亦然。著候于寒暑，成用于生杀。碧虚之与黄垆，其经维相通也，其运行相次也，而人之所知者半，所不知者亦半。就其所知，则春为我春，秋为我秋，而道无错序。不秋于此，则不可以春于彼；有所凝滞，则亦有所空虚。其可知者，则以孟春为始，兼其不可知者，则以日至为始。

是故《泰》之下《乾》而上《坤》也，《坤》返其舍，而《乾》即其位也。《坤》之阴有一未离乎下，则《乾》之阳且迟一舍而不得以来。《乾》之阳有一尚滞乎上，则《坤》之阴且间一舍而不得以往。往者往而之下，来者来而之上，则天地之位，仍高卑秩然而无所杂也。

若是，则天地之方交，其象动而未宁，何以谓之《泰》乎？则释之曰：苟欲求其不动者以为泰，是终古而无一日也。且道行于《乾》《坤》之全，而其用必以人为依。夫阴阳各六，圆转出入以为上下，而可见者六，不可见者六。可见之上，与不可见之下而相际；可见之下，与不可见之上而相际。当《泰》之世，其可见者，《乾》下《坤》上也；不可见者，《坤》下《乾》上也。前乎此者为《损》，后乎此者为《恒》。《损》先难而《恒》杂，其可见之炳然，显往来之极盛者，莫若《泰》焉。故曰"小往大来，亨"。此其所以通于昼夜寒暑，而建寅以为人纪，首摄提以为天始，皆莫有易焉。何也？以人为依，则人极建而天地之位定也。

二

今欲求天地之际，岂不微哉！有罅可入皆天也，有尘可积皆地也。其依附之朕，相亲相比而不可以毫发间者，密莫密于此际矣。然不能无所承而悬土于空，无其隙而纳空于地。其分别之限，必清必宁而不可以毫发杂者，辨莫辨于此际矣。夫凡有际者，其将分也必渐。治之绍乱，寒之承暑，今昔可期而不可期也。大辨体其至密，昔之今为后之昔；无往而不复者，亦无复而不往；平有陂，陂亦有平也。则终古此天地，终古此天地之际矣。

然圣人岂以是悠悠者为固然而莫为之主哉？大辨体其至密，而至密成其大辨。终不可使其际离焉，抑终不可使其际合焉。故晴雨淫则虹霓见，列星陨则顽石成。孰使比邻而无瓜李之嫌？孰使晏寝而无桦樾之乱？危乎！危乎！辨不易昭而密难相洽也。则终古此天地之际，亦终古此"艰贞"矣。

所以然者：上者天之行也，下者地之势也。《坤》之欲下，岂后于《乾》之欲上哉？且《乾》欲《坤》之下，岂后于《坤》之自欲哉？然初者，四他日之位也；三者，非四他日之位也。使四乘其居高极重之势，骤下而逼阳之都，则纷拿互击而阳且败，《归妹》所以"无攸利"矣。何也？气轻而不能敌形之重也。居此际也，正其体，不息其行，积其至轻，荡其至重，则三阴不能不迁回其径，率类以往，仍归乎其域，而效"牝马之贞"矣。凡此者，艰贞之功，三阳共之。而三则首启戎行以犯难焉，故于食有福以报之也。

然则圣人之赞天地以奠其位而远其嫌，岂不严哉！是故知其至密，而后见运化之精；知其大辨，而后见功用之极。彼以为乾坤之气，迭上下而相入以致功者，为天地之交，将强纳地于天中，而际亦毁矣。

䷋ 否

一

《乾》《坤》胥行者也。使不诊其行之往来，则《坤》下而《乾》上，久矣其为天地之定，位而恶得谓否？

《乾》行健运，《坤》势顺承。承者，承命也。命有治命焉，有乱命焉。《乾》自四以放于上，位綦乎尊而行且不息，治将何所拟以为归乎？自其可见者言之，其上无余位也；自其不可见者言之，将偕入地之三阳，逆下而逼阴之都。上无余位，既穷极而遁于虚；逼阴之都，又下侵而旷其应，皆命之乱者也。《坤》于此而顺之，以随行而蹑其迹，于是乎干上之势成而无可止。是故阴阳有十二位焉，其向背相值也。《泰》，让所背之三以处阴者也；《否》，侵所背之三以逼阴者也。得所处则退而自安，逼其迁则进而乘敌。《否》之成，非《乾》自贻而孰贻之哉！

嗟乎！来者往之反也，而来之极则成往。欲其不往，则莫如止其方来。故志不可满，欲不可纵。一志一欲，交生于动。天地且不能免，而况于人乎？故曰"吉凶悔吝生乎动"。则裁成辅相夫天地，亦慎用其动而已矣。

老子曰："反者道之动。"魏伯阳曰："任畜微稚，老枯复荣；荠麦芽蘖，因冒以生。"则是已动而巧乘其间，覆稻舟于彭蠡，而求余粒于蚌蟹之腹也，岂不慎乎！

然则《乾》之健行而君子法之以不息者，何也？彼自《乾》德之已成者言之也。以六位言之，纯乎阳矣。以十二位言之，阴处乎背亦自得其居而可使安也。若夫霜冰蹢躅之方来，不可见而无容逆亿之也。于所见不昧其几，于所不见不忧其变，故曰"知者不惑，仁者不忧"，此之谓也。

二

人与人而相于，则未有可以漠然者矣。故上而不谄，所以交上也；下而不黩，所以交下也。不丧其节，不昵其情，止矣。绝己于天下则失义，绝天下于己则失仁。故《否》之道，无施而可。

虽然，亦视所以用之者，天地且否，而君子岂无其否乎？夫君子之通天下者有二：所以授天下者德也，所受于天下者禄也。舍此，则固由己而不由人，无事拒物而自不与物通矣。德不流行，则绝天下于己；禄不屑以，则绝己于天下。故于田而怀纳沟之耻，出疆而勤雉腒之载。不丧其节，不昵其情，亦未有不如是者也。

乃不有其避难之时乎？避难者，全身者也；全身者，全道者也。道为公，德为私。君子之于道，甚乎其为德，而况禄乎？且夫禄以荣道，非荣身也；荣以辱身，斯辱道也。故俭德而固其一，禄不可荣而塞其情。固其一，他非吾德也；塞其情，道在不荣也。虽有不忍万物之志，亦听其自为生死而吝吾仁；虽耻以百亩不易为忧，亦安于降志辱身而屈吾义。故伊尹之有莘，避桀难也；伯夷之北海，避纣难也。桀、纣者，敷天率土之共主，神禹、成汤之胄胤。当其不可为龙逢，不可为鄂侯，则无宁塞仁锢义以全道。况乎其不但为桀、纣者乎？

而或为之说曰："恶不可与同，而德何可不富？吾有其不忍，则遇可悯而且仁。吾知其所宜，则遇可为而且义。吾有所不屈，则伸吾直。吾有其不昧，则施吾智。"是王猛之于苻氏也，崔浩之于拓跋也。启其窦，发其机，渐牖其情，不知其入于利赖而以荣禄终。

呜呼！是将以为《泰》乎？如不以为《泰》也，则恶得而不用《否》也？吝吾仁义，如吝色笑焉。选择于德之中而执其一，天地不能为吾欣，兄弟友朋不能为吾戚。如是而难犹不我违，而后安之若命。彼姝姝然以其德与其荣为避难之善术，曰“入于鸟兽之群而不乱，大浸稽天而不溺”，亦恶知与羽俱翔，与厹俱蹠，与流俱靡，其下游之必然乎？故君子有否，不但任天地之否也。

三

阳之摈阴，先之以怒，阴之干阳，先之以喜。喜者气升，怒者气沉；升者亲上，沉者亲下；各从其类以相际。而反其气以为用者，性之贞也。阳非期于摈阴，而当其行，不得不摈。怒者，摈之先见者也。阴非期于干阳，而当其遇，必承以喜。干者，喜之必至者也。既已有其性情，遂以有其功效。故阴之害，莫害于其喜也。

六三阴进不已，而与阳遇矣。遇而得其配，则喜；遇而幸其往而必虚，则又喜。喜沓至而不戢，遂不恤其身之失也，故极性情之婉媚而不以为羞。不以为羞，则物羞之矣。彼往而不我争，利之以为功；彼往而不我狎，奔之以为好；不倡而和，乘虚而入。凡此者，皆阴之怀慝而善靡者也。惟其怀慝，是以善靡。故曰：“名生于有余，利生于不足。”

或曰：“阴之为德，乃顺承天。踵阳而继之，以相阳之不逮，奚为其不可乎？”曰：《否》之《乾》老矣，其《坤》则壮也。以壮遇老，而先之以喜，其志不可问已。且阴阳之善者，动于情，贞于性。先之以刚克，其后不忧其不合。先之以柔进，则后反忧其必离矣。故君子不尽人之欢，而大正始。是以许阳之际阴，而戒之曰“勿恤其孚”；不许阴之际阳，而丑之曰“包羞”；所为主持其中，以分际阴阳，而故反其性情者也。反也者，行法以俟命者也。阳刚而奖之交，阴柔而戒其交，则性情归于法矣。《诗》云“君子如怒，乱庶遄沮”，其“艰贞”之谓与！《书》云“巧言令色，孔壬”，其“包羞”之谓与！

《周易外传》卷一终

周易外传卷二

䷌ 同人

阴阳相敌，则各求其配而无争。其数之不敌也，阴甘而阳苦，阴与而阳求，与者一而求者众，望甘以为利之窭，则争自此始矣。惟夫居尊以司与者，众诪于势而俟其施，则大有是已。过此者，不足以任之。故同者，异之门也；《同人》者，争战之府也。

孤阴以同五阳，处中而韬其美，则纷纷者不能给其所求。不给所求，则相寻以构而怨不释。抑恶知理之宜配者在彼乎？而恶知分之不可干者在彼乎？则臣主交兵而上下乱。故君子甚危其同也。能远其咎悔者，惟初、上乎！近而不比，远而不乖，无位故也。

呜呼！系群情之望，启忮求之门，知我者不希，而我亦不贵矣。保其吝而不失其宗，夫亦各行其志焉尔。然则以一柔而遇众刚，继之以争而不惑，如《同人》之二者，岂易得哉？"虽速我讼，亦不汝从。"于野之亨，不足以为同人喜；于宗之吝，不足以为同人悲。道所宜吝，不得而亨也。里克之忠，不如荀息之信；徐庶之出，不如庞公之隐。况其显应以卒协于大同也哉？

☰ 大有

一

丽《大有》者，既为五之所有矣。为五之有，则五下交而群阳承之。初，犹《同人》之上也，孤立而不亲，为德所不及，而君子不受其享。"无交"之害，岂有幸哉！然而可免于咎，则何也？无托而固，不亲而免谪者，其为阳乎！处散地而自保，履危地而自存，遁迹于恩膏之外，傲立于奔走之交，自有其有者，义不得而咎也。

虽然，其亦艰矣。消心于荣宠者，移意于功名；消心于功名者，移意于分义。大人以分义尽伦，曲士以幽忧捐物，古有之矣。道之所不废，则君子亦为存其人焉。然而礼者自履也，行者自型也。合天德之潜龙，行可见之成德，其庶几焉。

若夫土木其形，灰槁其心，放言洸漾，而讬于曳龟逃牺之术，以淫乐于琴酒林泉，匪艰而自诧其无交，被衣、啮缺之所以不见称于圣人。

二

天下之用，皆其有者也。吾从其用而知其体之有，岂待疑哉？用有以为功效，体有以为性情，体用胥有而相需以实，故盈天下而皆持循之道。故曰："诚者物之终始，不诚无物。"

何以效之？有者信也，无者疑也。昉我之生，洎我之亡，袮祖而上，子孙而下，观变于天地而见其生，有何一之可疑者哉？桐非梓，梓非桐；狐非狸，狸非狐。天地以为数，圣人以为名。冬不可使炎，夏不可使寒；参不可使杀，砒不可使活。此春之芽蘖彼春之苗，而不见其或贸。据器而道存，离器而道毁。其他光怪影响，妖祥倏忽者，则既不与生为体矣。不与生为体者，无体者也。夫无体者，惟死为近之。不观天地之生而观其死，岂不悖与！

圣人之于祭祀，于无而聚之以有，以遇其忾息。异端之于水火，于有而游之以无，以变其濡爇，则何其言之河汉也！

《象》曰："大车以载，积中不败。"盖言有也。阴阳之理，建之者中，中故不竭；行之者和，和故不爽。不爽不竭，以灌输于有生。阳行不息，阴顺无疆，始以为始，中以为中，迭相灌输，日息其肌肤而日增其识力。故稚之与壮，壮之与老，形三变而神三就。由其并生，知其互载，则群有之器，皆与道为体者矣。故形非神不运，神非形不凭。形失所运，死者之所以有耳目而无视听；神失所凭，妖异所以有景响而无性情。车者形也，所载者神也。形载神游而无所积，则虚车以骋于荒野，御者无所为而废其事，然而不败者鲜矣。故天地之贞化，凝聚者为魂魄，充满者为性情。日与其性情使充其魂魄者，天之事也。日理其魂魄，以贮其性情者，人之事也。然后其中积而不可败矣。

老子曰："三十辐共一毂，当其无，有车之用。"夫所谓"无"者，未有积之谓也。未有积，则车之无即器之无，器之无即车之无，几可使器载货而车注浆？游移数迁，尸弱而弃强。游移数迁，则人入于鬼；尸弱而弃强，则世丧于身。息吾性之存存，断天地之生生，则人极毁而天地不足以立矣。

故善言道者，由用以得体；不善言道者，妄立一体而消用以从之。"人生而静"以上，既非彼所得见矣，偶乘其聪明之变，施丹垩于空虚，而强命之曰体。聪明给于所求，测万物而得其景响，则亦可以消归其用而无余，其邪说自此逞矣。则何如求之"感而遂通"者，日观化而渐得其原也哉？故执孙子而问其祖考，则本支不乱。过宗庙墟墓而求孙子之名氏，其有能亿中之者哉？此亦言道者之大辨也。

然则其义何以见之于《大有》之二也？大有者，有也。所有者阳，有所有者阴。阳实阴虚，天生有而火化无。二为五应，为群有之主，率所有以实五之虚，二之任也。乃以实载虚，以生载化，则有群有者疑于无，而与天地之藏不相肖。故推其任于二，而责之备焉，曰：非其积中也，败固乘之，而亦恶能免于咎哉？"无咎"者，有咎之辞。二以五之咎为咎，斯不咎矣。故五以"交如"发志，因二以为功也；以"无备"须威，内反而不足也。《象传》之以败为戒，岂为二本位言之乎？

䷎ 谦

拳石，山也，而极乎泰岱，高下磊砢，盖尽乎象之不平者矣。地之属也，而违其直方，以不平成象，地之憾也。故圣人于《艮》下《坤》上之《谦》，示平道焉以消其不平，忧患之卦也。

夫山之不平也，惟其有多，是以有寡。地加其上，则地形成而山形隐。故平不平者，惟概施之而无择，将不期平而自平。削其多者以授寡者，平道也，而怨起矣。寡者益焉，多者亦哀焉，有余之所增与不足之所补，齐等而并厚，夫施之而不敢任酌量之权。故高极乔岳，卑至培塿，地总冒其上，以自居于厚，而无择于所施。至于多者不能承受而所受寡，寡者可以取盈而所受多，听其自取，而无所生其恩怨。其究也，施亦平矣。

呜呼！此君子所以待小人之道也。小人者，不足于人，故"物"之；不足与言交，故"施"之。施者货贿之事，哀益者厌足之道也。小人之欲，画于货利，而磈磊傀魁，率此以兴。地者阴也，利也，养也，柔也；其动为情，其效为财，其德为膏粱，其性为将顺，皆小人之所取给者也。鹿台之赍，所谓"善人"者，亦沫土之翩翩者尔，故受哀多之锡而鸣其富。岂可施之首阳之二士乎？

然而求定之天下，亦聊以适其聚散之平矣。君子盖不得已而用谦，以调物情之险阻也。故居之也"劳"，而终之以"侵伐"。极小人之欲而终不能歉，则兵刑继之，而天下乃不以我为暴。呜呼！是岂君子之乐为哉？

夫君子之相于也，此无所快，彼无所憾，寡无所求，多无所益，岳岳焉，侃侃焉，论道而无所苟同，当仁而无所复让，序爵以贤，受功以等，上违下弼，匡以道而行以直，而亦奚用谦为！故曰：谦，德之柄也。所以持物之长短而操其生死也。《谦》于是而有阴用焉，而以迎人之好，邀鬼之福，则有余矣，故爻多"吉"而无"无咎"。其吉也，尚未能免于咎夫！呜呼！君子一而小人万，以身涉于乱世之末流，不得已而以《谦》为亨，君子之心戚矣。

䷏ 豫

阳求阴与。一阳之卦，众阴争与焉，惟《比》为得天位而允协其归，外此者各有疑也。在《谦》与三，在《豫》与四。受物之与而固处于内，则自见其不足；因物之与而往出于外，则自乐其志行。乃见不足者，长二阴之上而自立其垒；乐志行者，近六五之尊而借以立功。故曰《谦》三尸号曰"民"，《豫》四正名曰"朋"。"民"云者，各君其国；"朋"云者，众分其权。各君其国，五之所不得统也，侵伐之所由必起；众分其权，五之所得统也，中道之所以不忘。缘此故也：势迫而动，未能为敌；位远而静，反以启戎；则猜庸之主，维系英杰于肘腋之下以掣制其权，而几幸夫晏安者，是或一道矣。

夫《谦》三之卑职以分民，吾不保其亡他；《豫》四之奋出以任事，或亦幸其易制。乃众建于疏远之地，利在不倾，害在不掉，而廉级既定，卒有不复，率天下以征一夫，功易就而势不可弱。若因疑忌之情，拘维之于耳目易及之地，削其威灵，降其等级，四不能以民礼使众，众亦不以民礼事四，取苟且之安，席终年之乐，而《豫》五之疾亦自此深矣。

恒疾者不见疾，不死者重其死。寄生馌食于天位之上，而孤零弱仆，夷狄盗贼起而乘之，则不死者奄然待尽，而亦孰与救之哉！故安、史不足以亡天宝，而岳、韩不足以起炎、兴。侵伐利而贞疾危，亦千秋之永鉴已。

䷐ 随

《随》者，《否》阳来初以从阴而消《否》者也。《蛊》者，《泰》阳往上以召阴而坏《泰》者也。《随》者从也，故于其世，下皆随上以进。《蛊》者待治者也，故于其世，上临下而治之。然二与五皆相应焉，则《随》虽相蹑，《蛊》虽相压，未尝废其所为唱和者也。故《随》二之"失"，《随》五之"孚"，贞淫之情别；《蛊》二"干母"，《蛊》五"干父"，刚柔之克审焉。乃由是思之，《随》之有功，孰有盛于初者哉！

阳之所以亢而成乎《否》者，自惜其群而不屑从阴焉耳矣。孰为之阖阈而若或尼之？所难者，奋然一出而已。震于否者，天下之所大惊者也；随于阴者，天下之所大疑者也。冒天下之惊疑而以行其不测之勇，将勿为轻试矣乎？曰：非也。否固必倾矣，是天下将渝之日也。

天下未渝，而投其身于非类之中，则志未足以自白而先失乎己；天下将渝，而无嫌于非类之比附，则犯天下之惊疑而固不自失也。故曰"《随》时之义大矣哉"。非其时，即其人，未可也。非其人，即其时，未可也。况所与从者柔中之六二，专心一好，以与我相缠绵而不舍，斯岂非堂堂鼎鼎，释万物于阴霾闭塞之中，发萌蘖，启蛰伏，以向昭苏之时哉？而又何待焉！

呜呼！自初阳之俩然绝其类以居下，而天下遂成乎《随》时矣。初不吝出门之交，则二不恤丈夫之失；三乃决策于丈夫之系，而不恋小子之朋；五亦嘉与上，而上弗能不为维系也。然则昔之《否》塞晦蒙，绝天地之通理者，亦岂非阳之慭于弃世，而可仅咎阴之方长也乎？

孔甲之抱器以归陈涉，有苦心焉而无其德；鲁两生之谢汉高而需百年，抑恃其德而失其时。轻出者为天下笑，而绝物者抱尺寸之义以蔑天人。然后知《随》初之贞，备四德而未尝有咎。君子之托身于否极之世者，非流俗之所能测，而体天为德，则知我者其天乎！

䷑ 蛊

《蛊》之上，亦《随》之初也，而情与事交殊焉。《蛊》之上，亦《随》之上也，而德与时交异焉。如《蛊》上者，乃可以"不事王侯，高尚其事"矣。

故《随》初反其道而有功，《随》上同其往而必穷。《随》上，柔也，穷而五犹维系之也，五相随而孚者也。《蛊》上，刚也，五阴而不受治于上，无孚也。因《泰》而变，上下交而不固，王侯以礼相虚拘焉。贪下贤之誉而无其实，则去之而非其所急；无下贤之实而徒贪其誉，则去之而终不我尤；于此而裴回顾恋，以冀功名于蛊坏之日，其将能乎！

申屠蟠之辞召也，陶弘景之挂冠也，庶几以之。而范希文以谓严光也，则非其类矣。如光者，交不待出门而固合，意可以承考而无疑，奚其傲文叔以相臣，而致惜于君房之要领哉？

故释氏以生死为大事，君子以出处为生死。钟鼎、林泉，皆命也，而有性焉。性尽而命以贞，君子不谓命也。若其不然，画所见以为门，放其情而无则，则且有伪周已革，而姚崇之涕犹零；蒙古已亡，而王逢之悲不已。官已渝矣，志抑无可尚者，迷留于否塞晦蒙而溺以槁死，小人之志节，亦恶足纪哉！

☷☱ 临

一

以《临》为道，故阴可得而治也。

夫生杀者万物之命，刚柔者万物之性。必欲治之，异端所以訾圣人之强与于阴阳。而非然也。圣人者人之徒，人者生之徒。既已有是人矣，则不得不珍其生。生者，所以舒天地之气而不病于盈也。生，于人为息，而于天地为消。消其所亢，息其所仅，三才胥受成于圣人，而理以流行。阴性柔而德杀，则既反乎其所以生，虽欲弗治，其将能乎？而何云其"强与"邪！

彼固曰："萧条者形之君，寂莫者气之母。"宜其奖夜行而守雌黑矣。夫萧条之馆，寂莫之宫，虽天地同消之墟，而所由以致其敢杀之功名，则阴独任之。阴既日蓄其惨心以伺阳之衰，觊无与治之，以立功名于萧条寂莫之日，而犹听之而无与折也，则历万物而皆逢其耗。彼且曰："行不言之教，尸不为之德。"教者无教，德者不德。不德者刑尔，无教者乱尔。非夜行之雄，孰敢然哉！

且夫君者群之主也，母者子之养也。匪刚，弗克为主矣；匪生，蔑用其养矣。故变蕃者形之君，纲缊者气之母。萧条而寂寞者，何归乎？归乎形之离而气之萎焉耳。反终以为始，任仇以为恩，而后可以不治。不治者乱也。夷狄也，女主也，师狱吏也，任盗贼也，皆自此兴。夫安得不临治之哉？

然则《复》何以不治也？植未固也。《泰》何以不治也？功已成也。不自我先，不自我后，《临》独劳而不可辞矣。大亨以正，刚浸长而天体立矣。备《乾》之四德以予之，作《易》者之所以宠《临》也。

二

临，治也，咸，感也。治之用威，感之用恩。咸以为临，道固有异建而同功者乎？《临》刚浸长，来以消往，初、二秉阳质为《兑》体，贞悔殊地，上下异位，性情相近，母女合功，以卑治尊，以义制恩，势固有不得而竞者也，而终用此以底《临》之绩也，则何居？

夫阴而疑战，而况其得数多而处位尊者哉？阴之性贼，而势便于后起，操生死于己，而授兵端于人，借不揣而急犯之，则胜败之数恒存乎彼，而我失其权。"咸临"者，名正而不居，力强而不尚，循其素位，报以应得，无机无形，祸不自己，彼且相忘而示我以所怀矣。因其所示，发其所藏，替其所淫，缓其所害，《采》人而致功，移风革化而怨不起。如是乃可以临，而无有不顺命之忧矣。故以成为临，临之道也。

抑此术也，阴善用之消阳，《临》且尤而效之，则又何居？曰：不因其情者不足以制，不循其迹者不足以反。今夫《兑》，外柔而中很者也。以柔因之，以狠反之。以之消阳则为贼，以之临阴则为正；小人用之则为机，君子用之则为智。不愧于天，不怍于人；其动有功，其静不失。如是者，可以大亨而正矣。而岂若恃名实之有据，硁硁婞婞，继以优柔之自丧其功者哉？

韩退之之辟佛也，不测其藏，而驳之也粗，故不足以胜缁流之淫辞。景延广之拒契丹也，未酬其惠，而怒之也轻，故适足以激胡马之狂逞。使知感之，乃以治之，而无损于贞吉，邪之不胜正也，自可徐收其效矣。

然则贾捐之用机而身名俱陨，岂其贤于孔融乎？夫捐之知感而不知贞者也。当"好遁"之时，行"咸临"之事，德薄而望轻，位卑而权不固，其败宜矣。自非乘浸长之刚，膺治人之责，初、二同心而无间者，固未易由此道也。

阴阳之际，存亡之大，非天下之至几者，其孰能与于斯！

䷓ 观

积治之世，富有者不易居也；积乱之几，仅留者不易存也。《观》承《否》之后，固已乱积而不可掩矣，而位未去，而中未亡。位未去，圣人为正其名；中未亡，圣人为善其救。

正其名者何也？来者既主，往者既宾。主者挟朋类以收厚实，宾者拥天步而仅虚名。百姓改心，君臣贸势，然而其名存焉。名者天之经也，人之纪也，义夫志士所生死争焉者也，庶几望之曰：群阴之来，非以相凌，而以相观，我之为"大观在上"，固终古而不易也。然而圣人之所以善救已往之阳者，亦即在此矣。

夫阴逼阳迁而虚拥天位，救之也不容不亟，而尤惧其不善也。善其救者，因其时也。《观》之为时，阴富而阳贫，生衰而杀王，上陵而下固，邪盈而正虚，人耗而鬼灵。凡此者，威无可用，用之而床且见剥；恩无可感，感之而膏每逢屯。然且亵试其恩威，以与力争其胜败，败乃速亡，胜亦自敝，此既其明验矣。且阴之先动，乘阳之虚；阳不遽虚，因动而敝；祅兴鬼瞰，妖自人兴。然则非通消息之藏，存性命之正者，亦恶能以大观_{去声}而保天位哉？

是故观者我也，观者彼也。忘彼得我，以我治彼，有不言之教焉，有无用之德焉。故麋鹿兴前而不视，疾雷破柱而不惊。虽然，又岂若孱主羸国之怀晏安而遗存亡也哉！以言起名，以用起功，大人所以开治也；言以不言，用以不用，君子所以持危也。

今夫荐而后孚见焉，盥者且未荐。神来无期，神往无景，抱斋戒之身，往求之于阴暗窅冥之际，盖有降格无端而杳难自据者矣。而不曰"仁孝之心，鬼神之宅"也乎？以此推之，类幽而不可度，势绝而不相与，凡以眇躬际不测之几者，胥视此矣。而君子于此，乃以不荐为孚。

其不荐之孚者何也？阴之感阳也以与，阳之制于阴也以欲。不受其与者，先净其欲。以利中我，而利不入清明之志；以势荡我，而势不惊强固之躬。宫庭者盥之地，夙夜者盥之期也。恪守典型而喜怒不妄者，盥其坌起之尘也。养其尊高而金车勿乞者，盥其沾濡之垢也。履天位而无惭，畜神威于不试。彼固曰"庶几伺其荐而与之狎"邪！而终日无荐之事，则终日有荐之形。故道盛而不可吐，力全而不可茹，彼骎骎然起而干我者，亦且前且却，欲迎欲随，而两无端，乃以奠濒危之鼎而俟气数之定。"君子无咎"，良以是与！

故因其不可荐而戒其渎，则地天之通以绝；尽其必盟而治其素，则阴凝之冰不坚；于是下观化而天下治。高宗承乱而恭默不言，所由异于仲康之胤征、宣王之南伐矣。故曰："圣人以神道设教。"阴以鬼来，我以神往，设之不妄，教之不勤，功无俄顷而萌消积害。

圣人固不得已而用《观》。然彼得已而不已者，其后竟如之何也？可以鉴矣。故歌舞于堂则魅媚于室，磔禳于户则厉啸于庭。极于鬼神，通于治乱，道一而已。然且有承极重难反之势，袭用其明威而不戒其瞻听，使溃败起于一旦而莫之救，徒令衔恤于后者悲愤填膺而无所控泄，哀哉！

䷔ 噬嗑

噬嗑，用狱敕法者也。而初、上何以被刑邪？

阴阳之合离也有数，而其由离以合也有道。物之相协，感之以正，则配偶宜矣；时之已乖，强之以合，则怨慝生矣。九四之阳，非其位也；阴得朋以居中，然且强入而与其上下之际，则不可谓之知时而大其辨矣。为初、上者，乃挟颇心以平物，含甘颐而和怨，其能必彼之无吐哉？以理止争，狂戾为之销心；以饵劝竞，猜疑所由增妒也。初、上《颐》之体，二、五《颐》之虚。业投实于虚中以使相离，而又合之，初、上之自以为功，而不知其罪之积也。此苏秦之所以车裂，而李严之所由谪死也。

且初之欲噬以嗑之者，将何为邪？欲强阴以从阳，则屈众以就寡；欲强阳以顺阴，则堕党以崇仇。屈众就寡，武断而不智；堕党崇仇，背本而不仁。施劳于疑战之世，取利于壶飧之间，小人所以甘钳钛而如饴也，岂足恤哉？

然则初之恶浅而上之恶积者，何也？初者《震》之主，任奔走之劳，而下颔以啮坚致力；上者《离》之终，炫微明之慧，而上龈以贪味为荣，《震》求合《离》，而所噬在他，故二、三可以忘怨；《离》求合《震》，而所噬在我，故九四早已伤心。则上之恶积而不可掩，五其能掩之哉？夫虚己而不争，履中而不昵，游于强合不亲之世，厉而不失其贞者，惟五其能免夫！

☲☶ 贲

一

《噬嗑》，非所合也；《贲》，非所饰也。

《颐》外实而中虚，外实以成形，中虚以待养。虚中以静，物养自至。饮食男女，无思而感，因应而受，则伦类不戒而孚，礼乐因之以起。其合也为仁，其饰也为礼。太和之原，至文之撰，咸在斯也。故曰"无欲故静"。无欲者，不先动，动而不杂者也。自阳入四以逼阴而阴始疑，入三以间阴而阴始驳。疑，乃不得已而听合于初、上；驳，乃姑相与用而交饰于二、四。皆已增实于虚，既疑既驳而理之，故曰：《噬嗑》，非所合也；《贲》，非所饰也。

夫《颐》以含虚为德，而阳入焉，其能效品节之用者，惟《损》乎！二与初连类以生而未杂，故"二簋可用享"，犹未伤其静虚之道也。若乃以损为约，而更思动焉，则分上文柔，柔来文刚之事起，而遂成乎《贲》。处损约之余，犹因而致饰，此夫子所以筮得《贲》而惧也。

夫子之世，《贲》之世也；夫子之文，非《贲》之文也。履其世，成其家，君子犹自反焉，不谓世也，是以惧。若夫《贲》，则恶足以当天人之大文，善四时之变，成天下之化哉？

礼者，仁之实也，而成乎虚。无欲也，故用天下之物而不以为泰；无私也，故建独制之极而不以为专。其静也正，则其动也成章而不杂。增之于《颐》之所不受，则杂矣；动之于《损》而相为文，则不成乎章矣。分而上，来而文，何汲汲也！以此为文，则忠信有涯而音容外贷，故老子得以讥之曰："礼者忠信之薄而乱之首也。"彼恶知礼！知贲而已矣，则以礼为贲而已矣。

夫情无所豫而自生，则礼乐不容阒也；文自外起而以成乎情，则忠信不足与存也。故哀乐生其歌哭，歌哭亦生其哀乐。然而有辨矣。哀乐生歌哭，则歌哭止而哀乐有余；歌哭生哀乐，则歌哭已而哀乐无据。然则当其方生之日，早已倘至无根，而徇物之动矣。此所谓"物至知知，而与俱化"者矣。故曰：《贲》者，非所饰也。非所饰也，其可以为文乎？

天虚于上，日星自明；地静于下，百昌自荣；水无质而流漪，火无体而章景；寒暑不相侵，玄黄不相间；丹垩丽素而发采，箫管处寂以起声。文未出而忠信不见多，文已成而忠信不见少。何分何来！何文何饰！老氏固未之知，而得摘之曰"乱之首"与？

至实者太虚者也，善动者至静者也，《颐》以之矣。无思而感，因应而受，情相得而和则乐兴，理不可违而节具则礼行。故礼乐皆生于虚静之中。而记礼者曰"礼自外来"，是《贲》之九三，一阳竭至者也。乃以启灭裂者之嚚讼，夷人道于马牛，疾礼法如仇怨，皆其有以激之也。故夫子之惧，非徒以其世也，甚惧乎《贲》之疑于文，而大文不足以昭于天下也。《贲》者，非所饰也，而岂文之谓哉！

二

及情者文，不及情者饰。不及情而强致之，于是乎支离漫漶，设不然之理以给一时之辩慧者有之矣。是故礼者文也，著理之常，人治之大者也，而非天子则不议，庶人则不下。政者饰也，通理之变，人治之小者也，愚者可由，贱者可知，张之不嫌于急，弛之不嫌于缓。故子贡之观蜡而疑其若狂。礼以统治，而政以因俗，况其在庶焉者乎？是以《贲》不可与制礼，而可与明庶政，所饰者小也。

若夫刑，则大矣。五礼之属三千，五刑之属三千，出彼入此，错综乎生杀以为用。先王之慎之，犹其慎礼也。而增之损之，不因乎虚静之好恶，强以刚入而缘饰之，则刀锯之惨，资其雕刻之才，韩婴所谓"文士之笔端，壮士之锋端"，良可畏也。故曰"文致"，曰"深文"，曰"文亡害"。致者，非所至而致之，《贲》之阳来而无端者有焉；深者，入其藏而察之，《贲》之阳入阴中而间其虚者有焉；亡害者，求其过而不得，《贲》

之柔来文刚者有焉。戒之曰"无敢折狱"。"无敢"者，不忍之心所悚肌而震魄者也。操刀笔以嬉笑，临铁锧而扬眉，民之泪尽血穷、骸霜骴露者不可胜道，然且乐用其《贲》而不恤，则"敢"之为祸，亦烈矣哉！

三

居《贲》之世，无与为缘，含虚而不与于物，其惟初、上乎！《颐》道未丧，可与守身，可与阅世，礼乐以俟君子，己无尤焉矣。三为《贲》主，二因与为贲，四附近而分饰，五渐远而含贞。

故功莫尚于三，而愚莫甚于二。居《贲》以为功，劳极而功小就；功成而矜美，志得而气已盈，三之自处亦危矣。其吉也，非贞莫致，而岂有袭美之孔昭哉？愚哉！二之承三而相与贲也。

《颐》之为用，利以为养，而养非其任；《损》之为用，所致者一，而一非其堪；因人成事，与物俱靡，然且谀其小文，矜其令色，附唇辅而如旒，随谈笑以取泽，则有识者岂不笑其细之已甚乎！

夫近阳者亨，远刚者吝，爻之大凡，荣辱之主也。而《贲》以远阳为喜，近阳为疑者何？阳不足为主也。未迎而至，易动以兴，饰邻右之须眉，以干戈为燕好。如是以为饰，而人莫我陵，则君子惟恐其远之不夙矣。当刚柔之方杂，而乐见其功名，三代以下，绵蕞之徒，何"贲其须"者之繁有也！此大文之所以终丧于天下也。

☶☳ 剥

卦者，爻之积也。爻者，卦之有也。非爻无卦，于卦得爻。性情有总别而无殊，功效以相因而互见，岂有异哉？剥之为占，"不利攸往"。五逼孤阳，上临群阴，消长之门，咎之府也。而五以"贯鱼"承宠，上以"硕果"得舆，吉凶善败，大异《象》占，何也？

夫阳一阴二，一翕二辟。翕者极于变而所致恒一；辟则自二以往，支分派别，累万而终不可得合。是故立一以应众，阳之德也；众至之不齐，阳之遇也。遇有丰歉，德无盈虚。时值其不丰，天所不容已，而况于万物乎？若其德，则岂有丰歉之疑哉？而以一应众者，高而无亲，亦屡顾而恐失其址。恐失其址，道在安止以固居焉。剥之一阳，《艮》之所由成也。贞位而不迁，则可谓安止以固居者矣。

物性之感，一危而二安，一实而二虚。危者资物而俯，安者善感而仰；实者有余而与，虚者不足而求。始感而妄从，既求而无节者，阴之性也。以喜往，以求干，不给于与而生其厌，则抱怨以返，而召其凌削，阳之穷也。惟阳德之善者，于其来感，绝其往来，不歆其迎，不拒其至，尽彼之用，而不以我殉之，若是者，《艮》固优有其德矣。尽彼之用，知其可以为"舆"也；不以我殉，授以"贯鱼"之制而不就与为耦也；则民载君之分定，男统女之势顺矣。民载君，则眇躬立于万姓之上而不孤；男统女，则情欲节于礼义之防而乱自息。故五、上之交，阴阳之制，治乱之门，而卒以得利。其所不利，惟不往也，故《象》曰："不利有攸往"。不往，则利矣。盖往者，止之反也。而物之往者，必先之以来。其能不往者，必其无来者也。当《剥》之世，不能以止道制其来以绝其往，则不可谓之知时矣。

危者求安，情迫而其求恒速；虚者求实，情隐而其求恒缓。以速交缓，故阳方求而屡求之；以缓持速，故阴实求而名不求。往求之数，阳得之多，阴得之少。而其继也，阴虚往而实归，阳实往而虚归，则阳剥矣。不善处《剥》者，孤子而惧，惧阴之盛而退心我也；既求彼以喜动，则歆然忘己而殉之。忘己者丧己，殉阴者力尽而不给于殉，虽欲不惫，其将能乎！如是，则往而必来，来而必往，利在室而害在门矣。惟反其道而用《艮》之止，以阴为舆，载己以动，而己固静，则阴亦自安其壶范，而终不敢相凌。则《象》之"不利有攸往"者，正利其止。而五、上之承宠以得舆也，惟不往之得利。卦与爻，其旨一矣。

呜呼！阴阳多少之数，俯仰求与之情，见于人事之大者，莫君民、男女之间若也。君一而民众，男一而女众，虚实安危，数莫之过也。婿之下女，亲迎而授绥；君之下民，先悦而后劳；以宜室家，以怀万国，固其效矣。然非夫《剥》之时也。不幸而剥矣，而不以《艮》止之道安宅于上；惑男不已，犹徇其恩；人满无政，犹沽其誉；耽燕寝之私，行媚众之术，则未有不慭者也。不逐逐于声色者，女不足以为戒；不汲汲于天位者，民无挟以相叛。韦后要房州之誓，李密散敖仓之粟，攸往之不利，其大者也。而岂但此哉！

䷗ 复

说圣人者曰："与太虚同体。"夫所谓"太虚"者，有象乎？无象乎？其无象也，耳目心思之所穷，是非得失之所废，明暗枉直之所不施，亲疏厚薄之所不设，将毋其为圣人者，无形无色，无仁无义，无礼无学，流散渐灭，而别有以为"涤除玄览"乎？若夫其有象者，气成而天，形成而地，火有其爇，水有其濡，草木有其根茎，人物有其父子，所统者为之君，所合者为之类，有是故有非，有欲斯有理，仁有其泽，义有其制，礼有其经，学有其效，则固不可以"太虚"名之者也。

故夫《乾》之六阳，《乾》之位也；《坤》之六阴，《坤》之位也；《乾》始交《坤》而得《复》，人之位也。天地之生，以人为始。故其吊灵而聚美，首物以克家，明聪睿哲，流动以入物之藏，而显天地之妙用，人实任之。人者，天地之心也。故曰："《复》，其见天地之心乎！"圣人者，亦人也；反本自立而体天地之生，则全乎人矣；何事堕其已生，沦于未有，以求肖于所谓"太虚"也哉？

今夫人之有生，天事惟父，地事惟母。天地之际，间不容发，而阴阳无畔者谓之冲；其清浊异用，多少分剂之不齐，而同功无忤者谓之和。冲和者，行乎天地而天地俱有之，相会以广所生，非离天地而别为一物也。故保合则为冲和，奠位则为乾坤。乾任为父，父施者少；坤任为母，母养者多；以少化多，而人生焉。少者翕而致一，多者辟而赅众；少者藏而给有，多者散而之无；少者清而司贵，多者浊而司贱。冲和既凝，相涵相持，无有疆畔。而清者恒深处以成性，浊者恒周廓以成形。形外而著，性内而隐。著者轮廓实，而得阴之辟，动与物交。隐者退藏虚，而得阳之翕，专与道应。交物因动，无为之主，则内逼而危。应道能专，不致其用，则孤守而微。阴阳均有其冲和，而逮其各致于人，因性情而分贵贱者，亦甚不容已于区别矣。然若此者，非阴阳之咎也。阴阳者，初不授人以危微，而使失天地之心者也。圣人曙乎此存人道以配天地，保天心以立人极者，科以为教，则有同功而异用者焉。

其异用者奈何？人自未生以有生，自有生以尽乎生，其得阳少而内，得阴多而外，翕专辟动以为生始，盖相若也，复道也。阴气善感，感阳而变，既变而分阳之功，交起其用，则多少齐量而功效无殊者，亦相若也，《泰》道也。此两者，动异时，静异体，而要以求致成能于继善则同焉。故仲尼之教，颜、曾之受，于此别焉。

子之许颜子曰："颜氏之子，其庶几乎！"庶几于《复》也。《复》者，阳一而阴五之卦也。阳一故微，阴五故危。一阳居内而为性，在性而具天则，而性为"礼"。五阴居外而为形，由形以交物状，而形为"己"。取少以治多，贵内而贱外，于是乎于阴之繁多尊宠，得中位。厚利吾生，皆戒心以临之，而惟恐其相犯。故六二以上，由礼言之，则见为己；由己言之，则见为人。对礼之己，虑随物化，则尚"克己"。对己之人，虑以性迁，则戒"由人"。精以择之，一以服膺，乃以妙用专翕之孤阳，平其畸重畸轻之数，而斟酌损益以立权衡，则冲和凝而道体定矣。此其教，尊之以有生之始。舜昉之，孔子述之，颜子承之。邵子犹将见之，故曰"玄酒味方淡，大音声正希"，贵其少也。

若其授曾子也，则有别矣。曰"一贯"，则己与礼不可得而多少也；曰"忠恕"，则人与己不可得而多少也。不殊己者，于形见性；不殊人者，于动见静。则己不事克而人无不可由矣。此非以奖阴而敌阳也。人之初生，与天俱生，以天具人之理也。人之方生，因天而生，以人资天之气也。凝其初生之理而为"复礼"，善其方生之气而为"养气"。理者天之贞常也，气者天地之均用也。故曰"天开于子"而"人生于寅"。开子者《复》，生寅者《泰》。为主于《复》者，阳少阴多，养阳治阴以养太和，故《复》曰"至日闭关，后不省方"，大养阳也。为用于《泰》者，阴感阳变，阴阳齐致以建大中，故《泰》曰"财成天地之道，辅相天地之宜"，善用阴也。《复》以养阳，故己不可以为礼。《泰》以用阴，故形色而即为天性。然其为财成而辅相者，先立己而广及物，大端本而辨内外者，秩序井然。抑非若释氏之以作用为性，而谓佛身充满于法界也。《泰》之传曰

"内君子而外小人"，则其洁静精微，主阳宾阴者，盖慎之至矣。是故守身以为体，正物以为用。此其教，谨之于方生之成。孔子昉之，曾子述之，孟子著之。程子固将守之，故曰"万物静观皆自得，四时佳兴与人同"，《泰》其交也。

自未生以有生，自有生以尽于生，灵一而蠢万，性一而情万，非迎其始，后不易裁，《复》以"见天地之心"，与化俱而体天道者也。阴感阳而变，变而与阳同功，性情互藏其宅，理气交善其用，《泰》以"相天地之宜"因化盛而尽人道者也。而要以为功于天地，以不息其生，故曰"同功"也。生者实，不生者虚。而曰"心如太虚"，则智如舜而戒其危，保其微，允执以为不匮其藏，又何为邪？

呜呼！天地之生亦大矣。未生之天地，今日是也；已生之天地，今日是也。惟其日生，故前无不生，后无不至。冬至子之半，历之元也，天之开也；"七日来复"，冬至子之半也。

如其曰"天昔者而开于子，有数可得而纪，而前此者无有"焉，则《复》宜立一阳于冲寂无画之际，而何为列五阴于上而一阳以出也哉？然则天之未开，将毋无在而非《坤》地之体，充牣障塞，无有间隙，天乃徐穴其下以舒光而成象也乎？不识天之未出者，以何为次舍？地之所穴者，以何为归余也？

初九曰"不远复"，"不远"之为言，较"七日"而更密矣。阳一不交，则阴过而生息。生不可息，复不远矣。自然者天地，主持者人，人者天地之心。不息之诚，生于一念之复，其所赖于贤人君子者大矣。"有过未尝不知，知而未尝复为"，"过"者阴，"知"者阳。存阳于阴中，天地之生永于颜氏之知，此"丧予"欢而"好学穷"，绝学无传，夫子之所以深其忧患与！

☰ 无妄

天上地下，清宁即位，《震》之一阳生于地中，来无所期，造始群有，以应乎天，寻常之见所疑为妄至而不诚者也。夫以为妄，则莫妄于阴阳矣。阴阳体道，道无从来，则莫妄于道矣。道有阴阳，阴阳生群有，相生之妙，求其实而不可遽见，则又莫妄于生矣。不生而无，生而始有，则又莫妄于有矣。

索真不得，据妄为宗，妄无可依，别求真主，故彼为之说曰："非因非缘，非和非合，非自非然，如梦如幻，如石女儿，如龟毛兔角；捏目成花，闻梅生液；而真人无位，浮寄肉团，三寸离钩，金鳞别觅。"率其所见，以真为妄，以妄为真。故其至也：厌弃此身，以拣净垢；有之既妄，趣死为乐；生之既妄，灭伦为净。何怪其裂天彝而毁人纪哉！

若夫以有为迹，以无为常，背阴抱阳，中虚成实，斥真不仁，游妄自得，故抑为之说曰："吾有大患，为吾有身；反以为用，弱以为动；糠秕仁义，刍狗万物。"究其所归，以得为妄，以丧为真，器外求道，性外求命，阳不任化，阴不任疑。故其至也：绝弃圣智，颠倒生死；以有为妄，斗衡可折；以生为妄，哀乐俱舍。又何怪其规避昼夜之常，以冀长生之陋说哉！

请得而析之。为释言者，亦知妄之不可依也；为老言者，亦知妄之不可常也。然则可依而有常者之无妄，虽有尺喙，其能破此以自怙哉！王鲔水入腹而死，水可依而鲔迷所依；粤犬见雪而吠，雪本常而犬见不常。彼固骄语"大千""八极"者，乃巧测一端，因自缠棘，而同鲔、犬之知，岂不哀哉！鲔迷所依，则水即其毒，故释曰"三毒"；犬目无常，则雪即其患，故老曰"大患"。夫以为毒患，而有不急舍之者乎？则其惧之甚，恶之甚，速捐其生理而不恤，亦畏溺者之迫，自投于渊也。

夫可依者有也，至常者生也，皆无妄而不可谓之妄也。奚以明其然也？

既已为人矣，非蚁之仰行，则依地住；非螾之穴壤，则依空住；非蜀山之雪蛆不求暖，则依火住；非火山之鼠不求润，则依水住；以至依粟已饥，依浆已渴。其不然而已于饥渴者，则非人矣。粟依土长，浆依水成。依种而生，依器而挹。以羹种粟粟不生，以块取水水不挹。相待而有，无待而无。若夫以粟种粟，以器挹水，枫无柳枝，粟无枣实，成功之退，以生将来，取用不爽，物物相依，所依者之足依，无毫发疑似之或欺。而曰此妄也，然则彼之所谓"真空"者，将有一成不易之型，何不取两间灵、蠡、妫、丑之生，如一印之文，均无差别也哉？是故阴阳奠位，一阳内动，情不容吝，机不容止，破块启蒙，灿然皆有。静者治地，动者起功。治地者有而富有，起功者有而日新。殊形别质，利用安身。其不得以有为不可依者而谓之忘，其亦明矣。

又既已为之人矣，生死者昼夜也，昼夜者古今也。祖弥之日月，昔有来也；子孙之日月，后有往也。由其同生，知其同死；由其同死，知其同生。同死者退，同生者进，进退相禅，无不生之日月。春暄夏炎，秋清冬凛，寅明申晦。非芽不蕊，非蕊不花，非花不实，非实不芽。进而求之，非阴阳定裁，不有荄茎；非阳动阴感，不相树蕚。今岁之生，昔岁之生，虽有巧历，不能分其形埒。物情非妄，皆以生征。征于人者，情为尤显。踧折必喜，箕踞必怒，墟墓必哀，琴尊必乐。性静非无，形动必合。可不谓天下之至常者乎！若夫其未尝生者，一亩之土，可粟可莠；一罂之水，可沐可灌。型范未受于天，化裁未待于人也，乃人亦不得而利用之矣。不动之常，惟以动验；既动之常，不待反推。是静因动而得常，动不因静而载一。故动而生者，一岁之生，一日之生，一念之生，放于无穷，范围不过，非得有参差傀异，或作或辍之情形也。其不得以生为不可常而谓之妄，抑又明矣。

夫然，其常而可依者，皆其生而有；其生而有者，非妄而必真。故雷承天以动，起物之生，造物之有，而物与无妄，于以对时，于以育物，岂有他哉！

因是论之：凡生而有者，有为胚胎，有为流荡，有为灌注，有为衰减，有为散灭，固因缘和合自然之妙合，万物之所出入，仁义之所张弛也。胚胎者，阴阳充，积聚定，其基也；流荡者，静躁往来，阴在而阳感也。灌注者，有形有情，本所自生，同类牖纳，阴阳之施予而不倦者也。其既则衰减矣。基量有穷，予之而不能多受也。又其既则散灭矣。衰减之穷，与而不茹，则推故而别致其新也。

由致新而言之，则死亦生之大造矣。然而合事近喜，离事近忧，乍往必惊，徐来非故。则哀戚哭踊，所以留阴阳之生，靳其离而惜其合，则人所以绍天地之生理而依依不合于其常者也。然而以之为哀而不以之为患，何也？哀者必真，而患者必妄也。

且天地之生也，则以人为贵，草木任生而不恤其死，禽兽患死而不知哀死，人知哀死而不必患死。哀以延天地之生，患以废天地之化。故哀与患，人禽之大别也。而庸夫恒致其患，则禽心长而人理短。愚者不知死之必生，故患死；巧者知生之必死，则且患生。所患者必思离之。离而闪烁规避其中者，老之以反为用也；离而超忽游溢其外者，释之以离钩为金鳞也。其为患也均，而致死其情以求生也亦均。"乃若其情，则可以为善矣。"情者，阴阳之几，凝于性而效其能者也，其可死哉？故《无妄》之象：刚上柔下，情所不交，是谓否塞；阳因情动，无期而来，为阴之主，因昔之哀，生今之乐，则天下之生，日就于繁富矣。

夫生理之运行，极情为量；迨其灌注，因量为增。情不尽于所生，故生有所限；量本受于至正，故生不容乖。则既生以后，百年之中，阅物之万，应事之赜，因物事而得理，推理而必合于生，因生而得仁，因仁而得义，因仁义而得礼乐刑政，极至于死而哀之以存生理于延袤者，亦盛矣哉！终日劳劳而恐不逮矣，何暇患焉！授之尧名而喜，授之桀号而戚。喜事近生，戚事近死。近生者可依而有常，然则仁义之藏，礼乐刑政之府，亦孰有所妄也哉！故贱形必贱情，贱情必贱生，贱生必贱仁义，贱仁义必离生，离生必谓无为真而谓生为妄，而二氏之邪说昌矣。

若夫有为胚胎，有为流荡，有为灌注，有为衰减，有为散灭者，情之量也。则生不可苟荣，而死不可致贱。不可致贱，则疾不可强而为药。强为药者，忘其所当尽之量而求之于无益，岂不悖与！单豹药之于外，张毅药之于内，老氏药之于膝理之推移，释氏药之于无形之罔两。故始于爱生，中于患生，卒于无生。呜呼！以是药而试之，吾未见其愈于禽鹿之惊走也。

夫治妄以真，则治无妄者必以妄矣。治真以妄，据妄为真；窃据为真，愈诡于妄。逮其末流，于是而有彼家炉火之事，而有呗咒观想之术，则硇礜杂投，不可复诘。彼始为其说者，亦恶知患死相缘，患生作俑，其邪妄之一至于此哉！

是故圣人尽人道而合天德。合天德者，健以存生之理；尽人道者，动以顺生之几。百年一心，战战栗栗，践其真而未逮，又何敢以此为妄而轻试之药也哉！故曰"先王以茂对时，育万物"，盖言生而有也。

☰ 大畜

畜，止也，养也。以养止之，《小畜》也；以止养之，《大畜》也。《小畜》，阴之弱者，其畜也微；《大畜》，阴盛而中，其畜也厚。而不仅然也，《小畜》，《巽》畜之也；《大畜》，《艮》畜之也。《艮》体刚而以止为德，异乎《巽》之柔而以养为止之术也。

夫《乾》奠位于方来，而无如其性之健行也。行则舍其方来之位而且之于往。往则失基，失基则命不凝。不止其来，必成乎往。故止之者，所以为功于《乾》也。

凡欲为功于刚健之才者，其道有二：彼方刚也，而我以柔治之，姑与之养，以调其蹞踔之气，微用其阴，厚予以阳，一若规之，一若承之。得此道者，以为讽谏。是其为术，倡于庄周《人间世》之篇，而东方朔、司马相如之流以劝百而讽一。识者固将贱之曰，此优俳之技也。昔者优旃以畜秦之暴主，朔、相如以畜汉之惊君，谓将承我而规寓焉，无能大改其德而只以自辱。流俗不审，犹乐称说之曰："谏有五，讽为上。"呜呼！苏轼、李贽之以惑人心者，庸夫喜之，而道丧久矣。彼方刚也，而患在行而不知反，我亟止之，而实以养之，闲邪者敦笃其诚而不舍其中。得此道者，格君心之非。人有不适，政有不间，伊尹以之放桐而不疑，傅说以之昌言而不讳，孔孟以之老于行而不悔。而流俗或讥之曰："此迂而寡效也。"昔者程子以谏折柳枝而致怪于母后，朱子以"惟此四字"而见忌于党人。呜呼！合则行，不合则去耳。又其谊不可去者，从龙、比于九京已耳。借其劝百而讽一，不从所讽而乐其劝，将如之何？马融《广成》之颂，亦效朔、相如，而终之以诐矣。

故《大畜》者，畜道之正者也。牛牿故任载，豕豮故任饲，初不谋彼之我喜，而庆固自来。

至于刚正道乎，在彼受舆卫之闲，在我得大行之志，然后吾养之之心，昭示上下，质告鬼神而无歉。大川之涉，其理楫占风，郑重于津泊者，非一日矣。故君子弗言事君也，自靖而已矣；弗言交友也，自正而已矣。学博而德厚，德厚而志伸，志伸而威望不诎。可否一准于道，进退一秉于诚。故曰"惟大人为能格君心之非"。正己无求，端凝不妄，然后可以"不家食"而吉矣。

淫行逞，邪说兴，以怀禄固宠之邪心，矜饲虎探鳞之巧技，进以取容悦之实，退以谢寒蝉之咎，施施然曰："谏有五，讽为上。""月望"而太阳亏，"舆说"而"征凶"终。将谁尤哉！将谁尤哉！

䷚ 颐

一

《颐》，象也。象其为颐，而未象其为养。然则设颐于此，养不期而自至乎？圣人何以劳天下于耕稼渔猎？抑设象于此，而复邀养于他，则养固外待，"观朵颐"者又何以凶邪？

夫《颐》之成象，固阴阳之即位而为形体；而《颐》之成用，资养之具亦阴阳互致而为精腴。故二气构形，形以成；二气辅形，形以养。能任其养，所给其养，终百年而无非取足于阴阳。是大造者即以生万物之理气为人成形质之撰，交用其实而资以不匮。则老子所谓"冲，而用之或不盈"，其亦诬矣。

夫颐，中虚者也。中虚似冲，所受不盈，而有生之养资焉，则老子之言疑乎肖。而抑又不然。其将以颐之用，以虚邀实者为冲乎？则颐之或动或止，在辅车唇颔之各效者，用实也，非用虚也。假令以物投于非颐之虚，其虚均也，而与人漠不相与。则颐中之虚，资辅车唇颔动止之实以为用，明矣。将以颐之体，外实中虚者为冲乎？则死者之颐，未尝有所窒塞，而何以殊邪？外实而灵，中虚而动，屈伸翕辟之气行焉。则颐中之虚自有其不虚者，而特不可以睹闻测也，明矣。彼其说，精专于养生，而不知养抑不知生也有如此，故曰诬也。

夫圣人深察于阴阳，以辨养道之正，则有道矣。养万物者阴阳也，养阴者阳也，阳在天而成象，阴在地而成形。天包地外而入于地中，无形而成用；地处天中而受天之持，有形而结体。无形无涯，有形有涯。无涯生有涯，有涯息无涯。无形入有形，有形止无形。阴静善取，阳动善变。取盈不积，资所厚继；阳动不停，推陈致新。分为荣卫，畅于四末，四末以强，九官以灵，一皆动而能变者以象运之。故曰养阴者阳也。若其养万物者，阳不专功，取材于阴，然而大化之行，启不言之利，则亦终归于阳也。阳任春夏，阴任秋冬。春夏华荣，秋冬成实，以迹言之，阴为阳具。然而阳德阴刑，德生刑杀，秋冬物成而止息，春夏物稚而方来，凝实自终，阴无利物之志。是故阳之为言养也，阴之为言幽也。然则观其所养，物养于阳，观其自养，阴养于阳。顺天之道，知人之生，而养正之道不迷矣。

圣人之"养万民"，法阳之富；君子之"节饮食"，法阳之清。有养大而舍小，法阳贵而阴贱；有捐养以成仁，法阳刚而阴柔。如是，则阳听养于阴，道固宜尔，而四阴致养，何以云"颠"云"拂"也？阳君阴民，阳少阴多。民义奉君，少不给多，其义悖矣。乃养之为道，顺则流，逆则节，故无有不颠不拂而可用养者也。故曰"以人从欲实难"，"经"不可恃也。

乃初、上胥阳，皆养阴者也，而上为"由颐"，初为"观颐"，何也？颐之所以能动而咀物者，下也，而上则静。凡刲割之用，皆自上而下，而颐之咀物也反是。动者以欲兴而尸劳，止者以静俟而自得。以欲兴者虽劳而贱，以静俟者虽得而不贪，此亦君子小人之别也。均之为养，而初见可欲而即动焉，不亦悫乎？功名之会，迫起者阳鲔之羞也，而况饮食乎！故君子"慎言语，节饮食"，皆戒之于其动也。

呜呼！鄙夫之动于欲者，不足道已。霸者以养道市民而挟刑心，异端以冲用养生而逆生理，皆阴教也。知阴之无成，阳之任养，于虚而得实，贱顺欲而乐静正，尚其庶乎！

二

均为"颠""拂"，而二、三何以凶邪？君子之于养也，别嫌而安所遇。二、三与初为体，今以初贪而不戢，乃非分而需养于上。上为《艮》止，恩有所裁，不特拂经，欲亦不遂。故二逢"于邱"之凶，三蔑"十年"之利。"邱"者高位，"十年"远期。位疏而期远，望其相给，不亦难乎！

《震》临卯位，"十年"而至丑。《艮》居丑寅之交，即有所施，必待"十年"之后。晨烟不续，越陌相求，涸鲋难留，河清谁俟，不复能永年矣。虽托贞廉，凶还自致，则何似别嫌而安遇，以早自决于十年之前乎？

上者，三之应也，而不与三以养，何也？贵而无位，所处亦危矣，惟奉大公以养物，斯德施光而自他有庆。系私以酬酢，上义之所不出也。四为《艮》体，同气先施，挹之不劳，受之不怍，"耽耽""逐逐"，其何咎焉！使于陵仲子而知此义，可无洁口腹于母兄之侧矣。呜呼！取舍之间，盖可忽乎哉！

䷛ 大过

有位者，物之贵也；同类者，气之求也。择位而得中，聚族而与处，摈逐异己，远居裔夷，甘言不为之动，害机不为之伤，斯不亦天下之至愉快者哉？《大过》以之。聚四阳于同席，宅四位之奥区，彼初之与上，若欲窥其藩棘而不可得。其择利而蹈，绝拒异己者，可为峻矣。呜呼！峻者所以焉甚，甚者所以为过。天下有待小人不以其道如此，而能免其谪于君子乎？

夫阴阳之始，非有善恶之垠鄂，邈如河汉也。翕辟者一气也，情各有其几，功各有其效；生者道之生，杀者亦道之杀。有情则各有其愿，有功则各有其时，虽严防而力拒之，不能平其愿，而抑其得志之时矣。故怨开于阳而成于阴，势极于阳而反于阴，则亦无宁戒此而持其平。又况性情功效之相需而不相舍乎？

是故君以民为基，生以杀为辅。无民而君不立，无杀而生不继。资其力，合其用，则阳有时舍位而不吝，阴有时即位而不惭。而独使之浮游散地，失据离群，开相怨之门，激相倾之势，则大之过也。亦自桡而自弱矣。故高居荣观者，鳞甍翼阁，示雄壮之观，而栋则托址于卑下。桡其卑下，则危其崇高，未有能安者也。

且夫阳之过也，以保一时之往也。乃其援引固结，相与以明得意者，其去小人之嘽沓背憎，志虽异而情不殊。情不殊，则物或瞯之。物或朗之，则势难孤立。有所欲为而缺阴之用，则有所必求而偷合乎阴矣。故年不谋老少，吉不卜从违，白首无惭，弱龄无待，相邻而靡，苟得而欢。将昔之怙党居中、绝阴于无位之初志，亦茫然而不可复问。而三、四之倚二、五以睽离于所应者，且沮丧孤危，或凶或吝而不可保。故始为攻击，继为调停，快志须臾，坚壁难久。古今覆败之林，何有不酿成于此哉？而君子早已辨其无辅而不能久矣。

然则《大过》无取乎？曰：取之"独立不惧，遁世无闷"者，则得矣。故夷、齐兵之而不畏，巢、许招之而不来，自位其位而不位人所争之位，孤保深幽，敦土求仁，虽金刑居上，得势下戕，"灭顶"之凶，不足以咎。此所谓无可奈何而安命以立命者也。过此以往，则吾不知之矣。

䷜ 坎

夫得貌而遗其心，天地阴阳之撰，足以导邪说，启淫思者，繁有之矣，而况其他乎？是故天一生水，地六成之，内生为心，外成为貌；心肖所生，貌肖所成；然则水其以天为心邪？生事近先，成事近后。而方其生之，旋与为成；方其成之，犹与为生。中不先立，成不后建，抟造共功，道行无间，又《坎》之不仅以天为心也。

顾其已成，效动而性静；方其初生，效静而性动。静者阴也，动者阳也。动者效生，则万物之生皆以阳为心。而水之生也，亦乘乎性之动几以为生主，则《坎》固一以阳为心矣。故其为象，刚以为中。刚以为中而刚不见于貌，心之退藏于密而不著者也。心藏于密，而肖所成以为貌，水之所以险与！

然则"流而不盈"，阴之用也，行之险也。阴虚善随，阳实不屈。实以为体，虚以为用，给万物以柔靡，佯退而自怙其坚悍，则天下之机变刻深者，水不得而辞。而老氏犹宗之以为"教父"，曰"上善若水"，则亦乐用其貌而师之，以蕴险于衷。是故天下之至险者，莫老氏若焉。

试与论之。终归于不盈者，岂徒水哉？火、木、土、金，相与终古而不见其积。则消归揔运者，皆不盈以为功。而水特出其不盈者以与人相见，则其险也，亦水之儇薄而未能深几者也。不足与深几，而水亦忧其易毁。乃终古而无易毁之忧者，圣人极其退藏而表章之，曰"不盈"而"行险"者，何恃乎？恃其不失信而已。

何以知其信之不失也？生之建也，知以为始，能以为成。《乾》知，《坤》能，知刚，能柔。知先自知，能必及物。及物则中出而即物，自知则引物以实中。引物实中，而晶耀含光，无之有改。故《乾》道之以刚为明者惟此，而水始得之以为内景。物过而纳之以取照，照而不迁其形，水固有主而不乱矣。生之积也，初生而盛，继生而减，减则因嬗以相济，故木、火与金皆有所凭借以生，而水无所借，无所借者，借于天之始化也。有借而生者，有时而杀。故木时萎，火时灭，金时蚀，而水不时穷。升降相资，波流相续，所借者真，所生者常，不借彼以盛，不嬗彼而减，则水居恒而不间矣。不乱不间，水之以信为体也。

乃若其用，《坎》居正北，时在冬至，阳动阴中，德室刑野，为《乾》长子，代天润生，物以为昌，人以为荣。《乾》德任生，致用在水，故肾为命枢子父之府，黄钟为律纪十二宫之准。终古给生，运至不爽，润而可依，给用而不匮，水之以信为用也。

由是观之，合体用而皆信。乃捷取其貌者不易见焉。故《坎》有孚而孚亦维心。《坎》之心，天之心也，"亨"以此尔。

虽然，心貌异致，信在中而未孚于外，则固险矣。物之险，以信平之；己之险，以信守之；则其为信也，亦介于危疑而孤保于一心也，故曰"不失"。"不失"者，岂不斩斩乎其恐失之也哉？

故信，土德也，而水与土相依而不暂舍。以土制水，水乐受其制以自存。制而信存，不制而信失。未审乎此，而欲不凝滞而与物推移，顾别求"甚真"之信于"窈冥"之中，其居德不亦险乎！故君子于德行则常之，于教事则习之，而终不法其不盈，斯亦不惑于水之貌而取其柔而无质者以为上善也。

☲ 离

圣人者，与万物同其忧患者也，生而得其利，死而畏其神，亡而用其教，故阖棺而情未息。若夫任达以怡生，恣情而亡恤，诞曼波流，捐心去虑，忧之不存，明之衰矣。《易》曰："不鼓缶而歌，则大耋之嗟，凶。"岂以奖忘忧而废同患也哉！

尝论之。定大器者非以为利，成大功者非以为名。圣人之生，以其为颛蒙之耳目也，则以为天地之日月也。故物忧与忧，物患与患，胥天下以明而离于暗，而圣人释矣。生而身致之，圣人之力；没而人继之，圣人之心。力尽心周而忧患释，岂其沾沾然以为己之功名而利赖之！是故抚大器，成大功，特详于付托之得人。付之暗，其忧也；付之明，则喜也。幸其以明继明矣，在人无异于在己，其何吝焉，而足劳其嗟哉！

菁华既竭，古人以塞裳异姓而不伤；遂为闲人，后世以妒媚其子而不广。然则歌嗟异意，付托之际难言之矣。而莫陋乎其有吝心。有吝心者，近而吝留于身，远而吝留于子孙，握固天下，如死生之与共。借有贤智，编棘树藩，以左掣而右曳之。气馁援孤，卒陨获于老妇孤儿之手，以授之夷狄、盗贼而不恤。陆机之哀魏武，岂徒在稚妻少子之依依者哉？才相均，德相若，情相合，时相嬗，先后异体而同明。此而嗟焉，则气萎暮年而情长敝屣，不已陋与！

惟其然也，故九四之来，亦物理之恒，而成"突如"之势矣。帆低浪涌，肩固盗窥，刚以相乘，返而见迫，悲欢异室，宾主交疑，前薪炽尽，而后焰无根，以我之吝，成彼之攘，欺天绝人，无所容而不忌。三、四之际，诚今古寒心之至矣。

呜呼！无不失之天步，无不毁之宗祧，而无可晦昧之人心，无可阴幽之日月。夏、商之授于圣人，贤于周之强国；周之授于强国，贤于汉之奸臣；汉之授于奸臣，贤于唐之盗贼；唐之授于盗贼，贤于宋之夷狄。不能必继我者之重明也，则择祸莫如轻，毋亦早留余地，以揖延傅伍而进之。操暗昧之情，于可继者而吝予之，则不可继者进矣。子曰："大道之公，三代之英，丘未之逮也。"忧周之失所继也。惟圣人为能忧其所忧而乐其所乐，则圣人终以忧治天下之患，而岂曰苟可以乐而且自乐哉？

《周易外传》卷二终

周易外传卷三

䷞ 咸

卦以利用，则皆亲乎人之事，而惟《咸》则近取诸身，何也？义莫重乎亲始，道莫备乎观成。以始为亲，故寂光镜影，量乍现而性无体者，不足以为本也；以成为观，故渻淖纤靡，视则希而听则夷者，不可得而用也。此圣人之本天道、观物理、起人事以利用，而非异端之所得而乱也久矣。

天、地、人，三始者也。无有天而无地，无有天地而无人，无有道而无天地。道以阴阳为体，阴阳以道为体，交与为体，终无有虚悬孤致之道。故曰"无极而太极"，则亦太极而无极矣。

人之所自始者，其混沌而开辟也。而其现以为量、体以为性者，则惟阴阳之感。故溯乎父而天下之阳尽此，溯乎母而天下之阴尽此。父母之阴阳有定质，而性情俱不容已于感以生，则天下之大始尽此矣。由身以上，父、祖、高、曾，以及乎绵邈不可知之祖，而皆感以为始；由身以下，子、孙、曾、玄，以及乎绵邈不可知之裔，而皆感之以为始。故感者，终始之无穷，而要居其最始者也。

无有男而无女，无有女而无男，无有男女而无形气。形气充而情具，情具而感生，取诸怀来，阴阳固有，情定性凝，则莫不笃实而生其光辉矣。故今日卓然固有之身，立乎现前而形色不爽者，即《咸》之所以为

《咸》。岂待别求之含藏种子之先，以为立命之区哉？

若其身之既有，则人之于天地，又其大成者也。《乾》一索而《震》，再索而《坎》，三索而《艮》，则《乾》道成矣；《坤》一索而《巽》，再索而《离》，三索而《兑》，则《坤》道成矣；故曰"《乾》道成男，《坤》道成女"。然则《坎》《离》而上，亦阴阳之方经方纬而未即于成者与！

故《坤》立而《乾》斯交，《乾》立而《坤》斯交。一交而成命，基乃立焉；再交而成性，藏乃固焉；三交而成形，道乃显焉。性、命、形，三始同原而渐即于实。故《乾》《坤》之道，抵乎《艮》《兑》，而后为之性命者，凝聚坚固，保合充实于人之有身。

且夫《泰》者，天地之交也，然性情交而功效未起。由《泰》而《恒》，由《恒》而《既济》，由《既济》而《咸》，皆有致一之感，必抵《咸》而后臻其极。臻其极，而外护性情，欣畅凝定，以固其阴阳之郛廓者，道乃盛而不可加。阳不外护，则阴波流而不知其所止。阴不外护，则阳焰起而不烊其和。自我有身，而后护情归质，护性归虚，而人道乃正。借其不然，亦流荡往来于两间，而无所效其知能矣。

是故以我为子而乃有父，以我为臣而乃有君，以我为己而乃有人，以我为人而乃有物，则亦以我为人而乃有天地。器道相须而大成焉。未生以前，既死以后，则其未成而已不成者也。故形色与道，互相为体，而未有离矣。是何也？以其成也。故因其已成，观其大备，断然近取而见为吾身，岂有妄哉！

然则《艮》之亦取于身者，何也？《艮》者，《乾》道之成男也。阴无成而有终，故《兑》不足以象身；阳涵阴而知始，故《艮》足以象身。禽狄知母而不知父，细人养小而不养大，惟能尽人道以立者极，尊阳而贱阴。虽然，《艮》非无阴者也，不如《兑》之尚之也。《咸》兼所始，《艮》专所成。圣人实见天性于形色之中，拟之而后言，岂虚加之也哉？

䷟ 恒

以居则"亨"，以行则"利有攸往"，而值《恒》之时，无乎不凶，何也？《恒》者咎之徒也。非《恒》以致咎，其时咎也。故“亨”而可“无咎”，亦斳斳乎其仅免于咎矣。

阴阳之相与，各从其类以为匹合，其道皆出乎《泰》《否》。雷风相际，或《恒》或《益》；水火相合，或《济》或《未》；山泽相偶，或《咸》或《损》。《泰》通而《否》塞，《咸》感而《损》伤，《既济》往而《未济》来，《恒》息而《益》生。以泽注山，则润而生滋；以山临泽，则涸而物敝。以水承火，则蕴而养和；以火炀水，则沸而就竭。以雷起风，则兴而及远；以风从雷，则止而向穷。

《恒》者，既然之卦也。阳老阴壮，为日昃矣。昔之日月不可迫，而阳离乎地以且散于碧虚，阴反其居以旋归于穴窒。苟非体天地贞常之道，敦圣人不息之诚，未见其久而不衰者也。故《恒》者，凶吝之府。而当位者为尤甚焉，三、上之所以大逢其咎也。

气在内而不得出，则奋击而为雷；出矣而升乎风之上，阳志惬矣。气在外而不得入，则周旋不舍而为风；降乎雷之下，且入矣，阴情慰矣。风末雷收，非亢旱乘之，则疄霾斯起。故阴常散而缓，受交于阳，而风雨时、寒暑正者，此益四“告公”之从，非《恒》初“求深”之获也。

故之六卦者，皆与《泰》《否》同情，而以阳下阴上为正。情不可极，势不可因，位不可怙。怙其位以保其固然，故《恒》四跃马关弓而禽终不获，《恒》初陆沉隐蔽而贞以孤危。当斯时也，自谓可以永年，而不知桑榆之且迫，何施而可哉！故地贵留其有余，情贵形其未顺。挟其宜上宜下之常，求而得焉，后此者将何继乎？是以君子甚危乎其成之已昃而无所拂也。

阳奋乎上，亢而穷则为灾；阴散乎下，抑而相疑则战。天地也，雷风也，水火也，山泽也，无之而不以阳升而阴降为凶吝之门也。体道者安其故常而不能调其静躁之气，曰“吾率吾性情之恒”也，其能“恒其德”而无羞者鲜矣。非恒也而后可以恒，恒者且不恒矣。天地之久照久成，圣人之久道，岂立不易之方，遂恃之以终古乎？故曰：“大匠能与人规矩，不能使人巧。”规矩者恒也，巧者天地圣人之所以恒也。而仅恃乎天尊地卑、雷出风入之规矩乎！

䷠ 遁

阴长之卦，由《剥》而下，莫盛于《观》；由《姤》而往，莫稚于《遁》。《观》逼处而无嫌，《遁》先时而早去者，何也？乘时者莫大乎位，正位者莫尚乎中。乍得所尚，虽小喜而志行；犹靳乎尊，虽将盈而意歉。故《观》四之视五，邈若天地而不可陵；《遁》二之视三，易若振落而无所忌。阳虽欲恃积刚以弗逝，其可得哉！然则阳之所以遁者，以二也。

二为小主而"小利贞"。当吾世而迫阳刚以不处，陆沉而不可拯，则小亦何"贞"之有哉？曰：阴之逼阳以遁者，时也；六之居二者，正也。正而思柔，与《艮》为体，而受止于三。

此其为情，岂常有阴贼刑害，幸其去以遂僭侈之心乎？而当其时，则固授人以疑。无其心而授疑于人，二亦所遇之不辰矣。

则将告之曰：疑在人，而自信者志，志不僭，而疑非所嫌也。虽然，阳终疑而逝，则二欲达其志而不可得。其位正，其势亲，可以挽将驾之辕而莫挽之，或挽之而情不及文，文不达志，无掔固不舍之情，无流连无已之意，则且欲挽之而终不可得。是何也？阳之决成乎必遁之世者，无可前可郤之几也。而又孰与谅二相挽之心邪！故《白驹》之诗似之矣；其可留也，则絷维之；其不可留也，尤怀音于遐心之后。"莫之胜说"而犹且说与，抑亦可以谢咎于天人矣。虽然，二岂以苟谢其咎者自谓终留阳之志哉？

鱼石之止华元也，吕夷简之荐富、范也，其情似也，而其德则非。殷之将亡，纣无《遁》德，而殷先王之庙社，则遘《遁》之时也。率汝坟之子弟，勤如毁之王家，以维系成汤之坠绪，如文王者，而后可谓"固志"焉。呜呼！难言之矣。

䷡ 大壮

一

《大壮》之世，阴留中位，阳之长也虽视《泰》为盛，而与《复》同机。《复》三阴不应阴，而频《复》且厉；《大壮》之三阳阴应，而同其"触藩"之志，岂不憨与！阳之施壮于阴也，非四不为功。震主而不嫌，犯类而不恤，四方劳劳于壮而未有宁，其俯而呼将伯之助，无亦比邻之是求，乃舍其同气以甘阴之昵，甚矣，三之迷也！

壮者，阳之用也。阳化阴，则阴效阳为；阴化阳，则阳从阴志。物至知知，偕与俱化，而后阳德之壮，反为阴用；阴亦且乘须臾之权，恃内应而争一触，曰"我亦壮也"。是三本君子，特以苂苼私昵，投足于网罗之中而成乎厉《复》，谁得而援之曰，此非"小人之《壮》"也哉？甚矣，上六挟不逞以犯难，而三为其所罔也！

呜呼！处《壮》之世，盖亦难矣。以德，则阳消阴也；以位，则臣干君也。汤放桀于南巢，而曰"后世以台为口实"，则圣人惭矣。公羊奖赵鞅之叛，而王敦、萧道成尸祝之，曰"清君侧之恶"。尚往不止，乱臣借焉。为三不可，为四极难，《大壮》之吉，非贞何利哉？故曰："有伊尹之志则可，无伊尹之志则篡也。""正大而天地之情见"，非以其情洁于天地者，鬻拳之自刖，不如屈子之放逐也。

二

处非所据之位，能因势之不留而去之，其犹足以补过乎！

纪侯大去其国，《传》曰"与其不争而去"，非也。纪侯之国，纪侯之据也，非《大壮》之五也。其犹称纪侯，犹晋执虞公，著其位，悯其亡之易而甚其无悔之劣也。齐潸鞰然侈衣带之肥，晋恭欣然操禅诏之笔，有人之心者，亦何以处斯哉？惟壮之五乎！则触藩之羊，蒙虎皮而仅立于天步，其亡也忽焉，其势也与哉？其理也。

天迟回于久厌之心，而需期已届；人愤懑于无君之憾，而待旦方兴。藩决矣，舆壮矣。是积霭欲《澄》，东光初起之候也。丧之易，非羊之不幸也。知其易，不惊其丧，则可以自保，可以保其子孙，可以不贻惨毒于生民，可以不羁天诛于旦暮。闰有归而朔旦正，蛙已静而雅乐闻，则以谢前者妄窃之辜，而又何悔之有焉！

故妥懽帖睦耳之浩然于沙漠也，君子谓之曰"顺"，嘉其"无悔"之情也。完颜氏不遑而糜人膏，析人骨，争死亡于蔡州，角之赢，亦心之惨矣。金源绝胤，而蒙古之族至今存。"祸福无不自己求之者"，岂不谅夫！

䷢ 晋

《晋》，进之也，延阴而进之也。夫物以同类为朋，类以相从为协。《晋》自《观》来，阴舍四而上处五，是殆绝其类矣。而恶知绝其类者为即尊而开其进之逢径乎？

《晋》五之于阳，《需》五之于阴，采入而据其尊，操彼之从违而招我之俦伍，有同情焉，《需》需阳以主阴，《晋》晋阴以篡阳。情相若，道相反，《晋》非君子之卦也。则何取于"康侯"之绩乎？

《离》，丽也。丽乎阳者，非求以消阳也。阳明而阴暗，阴不能自明，故往丽焉。阳翕而专，阴辟而化。阳处阴中，不随阴暗，故水内景；阴处阳中，随阳而明，故火外景。阴丽乎阳，依阳外著，延照三阴，俾不迷于所往，故离位在午，德任向明。然则五之晋其类以升者，将欲被濯昭苏，革其夙滞，以登于清朗。在《观》之四，且观光于自他之耀，而今自有之，则可不谓人己互荣者与！夫然，而九四之阂于其中以塞阴之进也，亦鄙矣，宜初之傲不受命而不失其"裕"也。

是故阴阳有定质而无定情，君子小人有定品而无定性，则亦乐观其自处者何若也。五惟自昭而昭物，故福锡其类，可以履天位而无惭焉。虽然，四且疑之，上且伐之。阳失位而志不平，亦其宜也。《春秋》序五霸之绩，而《易》许《晋》之"康侯"，其圣人之不得已者与！

䷣ 明夷

阳进而上三，阴退而下二。进而上者志在外，退而下者志在内，皆绝群之交也。《明夷》之象，二顺服待而三用逆取，五贞自靖而四出迎师，则君臣内外之势，其亦变矣。

夫四与《坤》为体，而上晦而不见知；与初为应，而初高而不可继。则乘时之士，弃晦从明，反思自效于"南狩"者，在纣其为商容而不为祖伊与？

《坤》《离》殊分，臣主异势。上虽暗极，积厚居尊，四国为朋，同恶相依。六四身与同俦，地与同国，其虚实前却之故，知之深矣，故阳与共事，而密观其衅，"获心"而尽彼情形，"出门"而输于新主。则甲子之朝，倒戈北向者，非无有以为之内应也。故暗主淫朋离心离德之隐微，久已听大邑之区画，五虽婉娈以昵于宗邦，麦秀之渐渐，不能谋狡童于秘地矣。故鸣条之誓辞，靳靳其未宣也。武王暴纣之罪，宫壶游观，老夫孕妇之毫毛纤芥而无不悉，士女玄黄、震动臣附之合离早暮而一不爽其所料，谁令传之？谁与验之？我知"获心""出门"者之夙输为"南狩"之资也。

然则圣人将以崇阴谋而奖乱乎？曰：上之暗也，失其位也。失其位，则天下之攘臂而觊之者，岂但我哉！授之人也，则不如在我。内揆己德，丽天而明，可以征矣，然且孤注寡谋以召败。彼惨不知，终不足以延登天之势，则盗窃纷纭，晦以承晦者，天下终无昭苏之一旦，岂但十五王之令绪坠地以为忧乎？洁大公之情，求同患之志，"上帝临汝，勿贰汝心"，则功名谋略之士，亦乐晋焉，而不复望以松筠之节矣。

宋襄之愚也，却子鱼之谋，而荆蛮气盛。故不如鄢陵之役，贲皇在侧，而一矢壮中原之势矣。成则配天，败则陨祚，炎炎然得失在俄顷之间，而敢以天命民生浪掷而不恤也哉？是故西周之灭也，犬羊蹂乎镐京，幽王死于贼手。秦于是时，进不能匡王国以靖臣义，退不能歼豺狼以请天命，苟安窃取，偃卧西陲。数十世之后，乃始诈给毒刘，争帝于戈铤之下。失正统者三十余年，际杀运者四百余岁，机失事非，混一而名终不正，再传而天下瓦解，岂徒在攻守异势之末流乎？故谋之周，行之决，进乘时之士而与共功名，未可以贰于所事而厌薄之也。

虽然，极《明夷》之变，序"南狩"之绩者，周公也。文王之当此，则曰"利艰贞"而已。故周，德之至，必推本于文王。而武、周之事，仲尼勿详焉。武、周之功，王之终，而霸几见矣。当其世而有君子者，"于飞""不食"，而勿恤"主人"之言，岂非正哉？商容之间虽式，洛邑之顽民，公亦不得视飞廉之罚以蕲除之。初九之义，公之所不得废也。"南狩"

之世，无"于飞"之君子，君臣之义息矣。义者，制事以裁理也。王逢处晋之世，而效《明夷》之飞，人之称此以"不食"也，何义乎？

䷤ 家人

居尊则喜，处卑则忮，情之常也，虽阴阳而吾知其且然。《家人》之体，九正位乎五，二不敢干，四不敢逼，以分正情，而忮消乎下，则阴固自处以贞矣。阳居中得正，大正以率物，何患乎阴之不从！而《家人》之申训，惟在"女贞"者，何也？

阳刚有余，阴柔不足。有余者盛，不足者争。同处而争，阳尊不保。故阴乘阳，女亢男，天下亦繁有之矣。《家人》之体，《巽》与《离》皆阴也。阴主阳宾，而阴能自守其位，其犹女道之本正而无颇者与！虽然，各处其位，未有歉也；使之止而不泆，静而不竞，刚明外护，以成女之贞而不过者，为"闲"为"威"，初、上之功亦大矣哉！

故阴阳得位之卦四：曰《渐》，曰《既济》，曰《蹇》，曰《家人》。彼三卦者，皆增阴而启其竞浃：《渐》疑于下靡，则初厉于小子；《既济》嫌于上滥，则上厉于濡首；《蹇》辟户以四达，而终以陷阳而几不得出。其惟《家人》乎！闲之于下，许子以制母；威之于上，尊主以治从；而后阴虽忮忌柔曼以为情，终以保贞而勿失矣。

或曰：德以绥顺，威以苴逆。二中而为《离》明之内主，四退而成《巽》顺之令德，是物本正。而过用其刚，不已甚乎？

则将释之曰：以言乎天地之间，其初岂有不正者哉？虽有哲妇，始必从夫；虽有嚚子，生必依父；是位本正也。闺阃之内，绝爱则夫妇楛，庭帏之间，寡恩则父子离；是情本正也。因其正位，用其正情，习以相沿，而倒施戾出之几，成于至微，而终于不可掩。故君子不强裁以分之所无，而不忽于名之本正，然后正者终正而不渝。故曰："发乎情，止乎理，和乐而不淫，怨诽而不伤。"逮其既淫既伤而治之，则戕恩害性之事起矣。

言前有性以为物，行余有道以为恒，初、上所以立位外而治位中也。涉于位则情已发，情已发则变必生。三入二阴之中，赪色危颜以争得失，

"妇子嘻嘻"，终不免矣。颜之推曰："梁元帝之世，有中书舍人严刻失度，妻妾贷刺客伺醉而杀之。"以身试于女子小人之间，授以不正而开之怨，又非徒咨而已也。

☰☲ 睽

一

阴阳失位而至于《睽》矣，则猜忮乖离，固有出于情理之外，而值其世者恬不知怪也。阳屈处于二、四，其睽也何尤焉！阴进宅于三、五，可以无睽矣，而燥湿异其性情，非分生其矜忌，傲不恤群，成乎离泮。甚哉，小人之不可使乘时而得驾也！

虽然，其犹有差等焉。五履天步而明，三处争地而秽。其使宁谧之世，戈铤横流者，三其为戎首与！才均相逼，激以寡恩，故蔡攸不得全其毛里之仁，张、陈不能保其刎颈之谊。虽然，天下将视其凶终而莫之平与？曰：初、上，其平之者也。

初、上之于《家人》也，闲之于本合则易为功；于《睽》也，合之于已离则难为力。逮位之已失也，初、上以柔道散之，而奉阳为主，则《解》免于险；初、上以刚道固之，而反为阴用，则《睽》终以孤。孤而且难，初、上之技亦穷矣。然而平其不平而治其乖者，天之道也，阳之任也。初、上亦何道以当此而无伤乎？

夫情，称乎时者也；事，因乎位者也。刻楖不可以得剑，尸祝不可以佐赛。均为阳刚，而位异则异所向，时殊则殊所施。处乎《睽》之初、上，道各以相反相成，而后术以不穷。

上居尊而俯临以治下，初处卑而出门以合交。治下用刑，合交用礼。初与三为同体，上与三为君臣。小人之忿争而不治也，责望其党以连类之戈矛，犹惧其君有正己之铁钺。同体而相规，则激而赪怒室之色；居高而不我治，则狃而尽攻击之力。初而"张弧"，则救斗而搏撠；上而"勿逐"，则救焚拯溺而用《采齐》《肆夏》之周旋矣。

是故朋党相倾之世，殆亦非无所忌也。其上养祸端而不辨，其下操清议而不戢。建安遣谕而绍、瓒益争，天复讲和而郐、岐愈构，唐文拟之于河北而见为难，宋徽持之以"建中"而"国"卒不得"靖"。谁实非臣？仰给于我之膏雨，而不能操其斧衮，则何惮而不任气以竞雄也？乃为之下者，处士浮议于道涂，小吏亟持其长短，以引去为孤高，以蒙祸为荣誉。而阴邪很鸷者，假柔主之权，俯而排击，偁月威张，风波狱起，燎原益逞，四海分崩。若令辨之于早，上秉典刑而下敦礼让，则岂有此患哉！呜呼！能以此道而治《睽》者寡矣。自汉亡以来，败亡之轨若一辙也。夫天下不能无《睽》，而有以处之，则天地、男女，万物，"以同而异"者，于异而能同；"辟咎""亡疑"，岂忧其散之不可收哉！

然则二与四其无责乎？失位而处于卑，居争世而争不自已，二守中而四居退，间关勤困，求所偶而托以诚，自固之道也。久矣其不复能他及矣。故以恕待之，而不施以悔吝之辞。

二

阴阳之用，君子恒用其壮，异端恒用其稚。用其壮，故直养无害，而塞乎天地之间；用其稚，故处锖致柔，而苟善其全躯保妻子之术。盖阴阳之功效，各自其性情而生：阳直而躁，躁则忧其终穷；阴静而缓，缓则乐其后裕。故《震》奋而《巽》弱，《坎》险而《离》附，《艮》衰止而《兑》欣悦。用阳之壮，则迅起而有功；用阴之壮，则披拂而易制。其稚者，阳替其功，阴难于制，异端顾利用之，以其弱之动、反之用，为形君气母而宝之焉。甚矣，其逆倡和之经，而无以克天地之家也！

故《易》之顺用于阴阳者四：雷水而《解》也，风火而《家人》也，皆用其壮者也；水山而《蹇》也，火泽而《睽》也，皆用其稚者也。雷水而《解》，《解》则辟，辟则阳得以交阴而成其广生；风火而《家人》，《家人》则翕，翕则阴得以交阳而相其大生。故勾芒甲坼生于《解》，夫妇父子生于《家人》。生因壮而成形，形因壮而凝性也。性凝气盛，乃以塞天地之间而无惭。

若夫阴稚而《睽》，阳稚而《蹇》，则异是矣。阳衰止而不足以生，阴熟尝而果于杀。故见险而止者，彼所谓虎兕无所施其攫也；柔进而上行者，彼所谓万物之生脆弱也。亦聊以自固其生，而卒不知其滨于杀矣。《蹇》以险为主，故其流而为申、韩，纳天下于艰难，而苟居其功；《睽》以争为道，故其流而为《阴符》，斗天下于机械，而密用其盗。此阳稚而弱、阴稚而荡者必然之数也。择阴阳而论者，其尚辨诸！

䷦ 蹇

一

《困》刚掩也，《蹇》亦刚掩也，而《蹇》为甚。《困》外困之，《蹇》自不能前也。《困》阳盛而愤盈，《蹇》阳孤而自保，故以吉凶言之，《蹇》优于《困》矣。志盛者，怨时命之不夙，情孤者，抱惴志以临渊。然则《困》且求伸，《蹇》终自围矣乎？乃君子之欲伸《困》而勉《蹇》于不自围，其情同焉。

有小喜者必有大懋，有深疑者必有定虑。许其止也，不许其终止也。三进而五中，况其位之未亡者乎！为五慰曰："大蹇"则必有"朋来"，何所忧疑于曾波危岸之下，而谓出险之亡其期乎？

夫五之所望者朋也，而朋亦未易致矣。水居高而不给于流，其利薄矣；山载水而不足以厚，其势夷矣。夫欲有为者之效死于功名，利劝之耳，势动之耳，舍此而其术穷矣。况其相顾而不前，名亦不损，居亦有归，同来亦有群，屺屺之屋，尚庐尔庐，薪薪之谷，尚田尔田，何为舍乐土之优游，迁王都之多故者哉？故一念以为往，一念以为来。来之名实未丧，而往则其蹇均也。将以止乱，而无定乱之期；疑于怀土，而抑有安土之义。则忠孝之情，裹回未决，时实为之，道不得而咎吝之也。成乎大蹇之势，不息其大蹇之心，然后可以激天下之愤心，而踯躅者亦为之扶杖而起。人也，抑天也。天抑自处于蹇以激气机之复，而况于人乎？

是以石室既囚而后种、蠡奋，三户已徙而后陈、项起，渐台既改而后诸刘兴。夫椒未败之前，寿春未灭之日，孺子之名尚在，元后之玺未投，忠志之士未尝无悲悯之心，而时在难争，名犹未正，则以"中节"之大人，不能必天下于往来。况其浸衰浸微，无求伸之志者乎？

二

夫情遇乍矜，则投兔或先；感因同类，则代马必悲；准谊推情，曾悠悠者之无终靳。奚况乎类同刚正，分系君臣，呼号相闻，泥中不恤，而乃牵情小喜，遇险倦归，斯不亦刻薄寡恩，孱庸不振者乎？

三为《艮》主，五之所求，"来反"偷安，实兼斯咎。而圣人奖其"能止"，许以"智"名，则何以服二越险而忘身，上居高而下应者哉？三为智，则二、上为愚。抑相率以乖离，而后得免于违时之诮邪？

曰：以智处蹇，是或一道，而岂许臣子之奉为典要与！夫三非无能往之志，而非有可往之时也。水流山峙，既终古而不相知；彼德我才，亦欲谐而非其事。且拯患者有不拯，而自固者无不固。今使三攘袂而起，越疆图远，而进即于非次之居，则抑为《萃》之九四，疑不释而道愈孤，又奚益哉！身安而后动，交定而后求，无亦自固于敦止之地，合初、二之交，以示声援之有在也乎！大智者无智色，用愚者有智功。况均在刚掩之中，未见其力之独优于五也！则抑养其力以需时可矣！若夫顾妻子以萦怀，畏遭回而却步，鄙夫情短于饲猪，壮士魂移于高会，庸流以为智，君子以为愚矣。

虽然，三之先己后公，恤利害以图万全者，抑洁于二而有惭也。何也？以五之终不免于"大蹇"也。故以智处蹇，期于功立而蹇释；以蹇终蹇，道在诎智而伸愚。蘧瑗之保身，宁俞之卫主，道不同，亦各因其时也已矣。

䷧ 解

一

夫动而滨于险者，在我与在物同有沦胥之忧；其能免也，物免而我亦免。而矜独任之劳，据功名之盛，则德量损而令业不终。其有捐此而昭大信于天下者乎？则岂不贤乎！

是故《解》四之以解为己任，而奋击以解之也：二则其朋也，而不相应；五、上则其长也，而不相协；阴阳异。初、三则其敌也，而固不相谋。不谅于二，朋友以为疏己矣；不合于五、上，君长以为逼己矣；不格于初、三，异类以为伤己矣。惊百里而破群幽，得免而喜，乍免而疑，将驱除之绩未终，戈矛之衅内起，我将为四危之矣。而四以得"孚"者，何也？

夫不自信者召疑，处甚高者寡与，期有功者来忌。是故当位而利行者，功之所归，望之所集，有为而为，有获而返。凡此四者，同类且忮媚之，况异己之蒙其惩创者乎？若夫《解》四之不当位，则终古而无当位之日矣。先之非物所望，后之非功所归，无所为而为，不获居尊而退。四退爻。故其解也，适见沦陷之难平而为之不宁，弗待同志之先要而引为己任。亦但曰险不可终而物不可终险也。拊手挥散，孤掌独鸣，天位无苟觊之心，将伯无助予之望。是故三阴之"狐"，六五之"黄矢"，以归"获"于二；居尊而"有解"，因人而成功，以归"吉"于五；《震》功成而"隼获"，《坎》道夷而"悖解"，以归"利"于上；而后远二之处险而二不以为疏，临五、上之阴柔而五、上不以为逼。无不自信则疑去矣，处不慕高则忌忘矣，功不期有则谤消矣。此"朋至"之"孚"，不疾而速，所由异于《蹇》五之"朋"，《需》之或然或不然而幸其"来"也。

二

能得其情者，必与同才者也；能治其妄者，必于乘时者也。才不相肖，言而不亲；时不乘权，威之未服。是以叔鲋说而季孙归，城濮胜而卫侯奢。故卞璧暗投而见疑，虚舟偶触而无怨。虽有盛心，与以那福，而才不相如，时方未集，固未足以消危疑于当世矣。

今以《解》四之震动不宁，而释天下于险阻，非徒四享之，非徒赠二而分享之，亦所以作主于群阴而调天下之怨也。然而阴阳异才，刚健失位，岂特负乘之六三，即初亦不必其孚矣。是何也？彼方锢一阳而坚持其险也。

迨于六五，而时乘天位，才共阴柔，小人之跂足以望者冀与同情，而五则借解于四以成其君子，欢然相得，纳其昭苏，于是晋同类而与谋，诏出险之攸利，则非特际刚之初六乐与同功，即三方窃君子之器，亦失援消归，继之以孚而不贰矣。是何也？群心已喻，物难已夷，不退何待？不孚何求？无所用险，则有所用《解》，亦势之自然也。而后捐狙诈，罢戈矛，泮涣销融于雷雨之余。倘其不孚，上抑可关弓注矢，而非无名之师矣。

雷之兴也，气动于地中，功出于地上，彻于至高，而后敢凝阴以既雨，则是五为《震》功之盛，而上乃《震》变之通也。处盛功者不劳，极通变者无咎，故于上有待时之辞焉。然则四其时之未至乎！时未至，而援剑叱车，濯冯生之忧患，故终叹四德之盛，圣非人不足以当之。

☷☶ 损

《泰》者，天地之正也。惟至正者为能大通，故曰“一阴一阳之谓道”。建立于自然，而不忧品物之不亨矣。乃性静而止，情动而流；止以为畜，畜厚则流。迨其既流，不需其长，随应而变，往而得《损》者，亦固然之势矣。

虽然，其往也亦有差焉。《恒》初往而变四，舍无位以就有位，为致用也；《既济》二往而变五，中未失而得其尊，为居正也。皆未有损也。《损》三往而变上，高而无位，极而不返，为宾于阴而疏远于阳，则往而损矣。

是故《损》之将损下以益上也：初有《损》之心，而势远难致，则谦让而用“酌”；二有《损》之责，而怙中不舍，则自保以居“贞”。居贞者既以《损》委于三之遇，用酌者抑以《损》任夫三之才，地近易迁，怀刚处进，故毁家纾上，绸缪胶固以合少男少女之交，为三之独任而无所辞。道在逢贫，心无惮往，虽交失其位而不恤，荐蘋藻而永绸缊，《损》之所以为“有孚”。然而君子之用《损》也，亦止于此而已矣。仅此则专，而过此则疑矣。

夫阴阳之未用，先正体以定位；阴阳之既用，尤立体以达权。立体达权则志贞而不靡；任权堕体则游惰而忘归。乃阳之载阴，喜浮而亟往；阴之乘阳，喜沉而便来。来者日安，往者日危。阳丧其居以助阴之来返，则损极而伤矣。故酌之而不嫌其过慎，薄享而不责其已凉，所以立阳体于不穷，而节阴情以各正也。

过此，固不得免于疑矣。任阳之浮，往而不止；徇阴之沉，来而无嫌。受污垢以为量，乐虚旷以为高，极不知裁，不变否而不已。于是地绝天而柔制刚，亏减之归，人道以息。善保泰者，能勿戒心于此乎！

故君子之用《损》也，用之于"惩忿"，而忿非暴发，不可得而惩也；用之于"窒欲"，而欲非已滥，不可得而窒也。此"二篡"之不必其丰，而盈虚之必偕于时者也。是何也？处已泰之余，畜厚而流，性甫正而情兴，则抑酌其遇，称其才，而因授之以节已耳。若夫性情之本正者，固不可得而迁，不可得而替也。

性主阳以用壮，大勇浩然，亢王侯而非忿；情宾阴而善感，好乐无荒，思辗转而非欲。而尽用其惩，益摧其壮；竟加以窒，终绝其感。一自以为马，一自以为牛，废才而处于镣；一以为寒岩，一以为枯木，灭情而息其生。彼佛、老者，皆托《损》以鸣其修。而岂知所谓《损》者，因三人之行而酌损之，惟其才之可任而遇难辞也。岂并其清明之嗜欲，强固之气质，概衰替之，以游惰为否塞之归也哉？

故尊性者必录其才，达情者以养其性。故未变则《泰》而必亨，已变则《损》而有时。既登才情以辅性，抑凝性以存才情。《损》者，衰世之卦也。处其变矣，而后惩、窒之事起焉。若夫未变而亿其或变，早自贬损以防意外之迁流，是惩羹而吹齑，畏金鼓之声而自投车下，不亦愚乎！

䷩ 益

一

受命者期肖其所生，报生者务推其所利。今夫天地以生为德者，水、火、木、金，与人物而同生于天地。迨其已生，水、火、木、金不自养，天地养之；天地无以养人物，水、火、木、金相化以养之。生者所受也，养者所利也。水、火、木、金相效以化，推养而施于人物，其以续天地之生，而效法其恩育，以为报称者也。

是故五行相养以养群有。受养为壮，施养为老。《震》位乎寅卯，近水而受滋，木之壮者也；《巽》位乎巳，近火而施蒸，木之老者也。由《震》而阳上行乎《巽》，木渐乎老。故无见于此者曰："木王于卯，衰于辰，病于巳。"其然，将怙养吝施，苟全其形质以居繁富，而沮丧于功用以避菁华之竭，其亦鄙矣。故《象》曰："利涉大川，木道乃行。"

董子曰："圣人以仁爱人，以义制我。"《震》生《巽》而不忧其穷，则以义制我，而不保己以贪其利也。《巽》达《震》以普散其材，则以仁爱人，而不靳恩以怙其私也。迨其极也，火受木生，而木因火息。薪而焰，焰而烬，木且不足以存。萌而荣，荣而实，岁云落矣，黄陨而资人物之养，木抑仅有存者。大哉！终不私靳其滋荣。木之道，体仁之全，而抑自裁以养矣。是何也？肖其所生，推其所利。木长四时，首为天地之功臣，道在必行而无容已者，不及是而道未足以行也，故曰："木道乃行。"道之益，岂问器之损哉！

或曰："圣人立本以亲用，厚生以厚物之生。使损己而往益，则何以异于墨、释邪？"

曰：拟圣人于阴阳之气数，则各有道矣。圣人者，非必于阴阳而刻肖之也。阴阳与万物为功而不与同忧，圣人与万物同忧而因以为功。故匮而不给之患，阴阳不患，而圣人患之。推移往来，阴阳以无涯而递出；博施忘己，圣人以有涯而或病。圣人节宣五行而斟酌用之，同之以有功，异之以有忧，权其施于仁义，止其事于知能，"长裕而不设"，因以兴利，亦可尽材以配阴阳矣。故《益》者，圣人忧患之卦也。

二

阳清而亢，轻利而任气；阴浊而幽，取实而后名。《益》初之阴，迁而居四，贸四之阳，为主于下，居得为之地，行消否之权，则阴益而阳非损矣。

四之《象》曰"告公从"。往告而几其从，有喜词焉，则惟恐其不从，而幸其从也。用是见阴阳否塞之代，阴非无向化之心，特其情柔而用幽，虽愿依阳以为益，而无先求于阳之事。乃阳据尊高而相拒，时过而愁于必去，则观望于下者，始于惭，中于忍，终于忮害而与为敌，曰："彼亦一乘时也，我亦一乘时也。时方在我，彼且孤高峭洁，终绝我于酬酢之途，则我亦可拔茅汇进，建垒以相拒矣。"今阳先下降以施，阴遂上迁以报。退谐得主之欢，进获宾王之利。于是睨天位之方尊，恐刚情之难格，飘摇异土，沐浴新泽，顾瞻俦侣，各畛殊疆，乃始婉娈殷勤，通词而若不逮矣。幸其从而"利用为依"，周旋不舍，以消宿否之气，故曰：《损》《益》，盛衰之始也。"借非阳上损以施于阴，亦何以起积衰而向盛哉？

故小人革面之难，非君子之忧；而君子过亢之终，亦小人之无可如何者也。迨其相得无嫌，此以德来，彼以情往，《巽》户既开，雷鸣斯豫，成施生之益，合天地之交，即以洁之太和之欣合，亦蔑以加矣。而上九之亢不知制，犹从而"击"焉，将何为乎？故观于四，而后知初德之盛也。《大易》于此，岂但致抑阴之词，使之必告，而诱以所利也哉？

䷪ 夬

善致功者，用独而不用众；慎修德者，谨始而尤谨终。众力之散，不如独之一也；终事之康，不如始之敏也。

《夬》以孤阴寄积阳之上而无位，振蒙吹槁，阳势已成，其于决也何有哉？然而女稚善媚，位穷辞哀，以请苟延之命于群阳者，阴固未尝忘卷土以重来也。乃阳之往决也，必有所任。将任之于五，则五与为昵；将任之于四，则四与为体；将任之于三，则三与为应。连鸡形成，而踌躇相顾，吾惧其如六国之扣函关，九节度之临相州也。其惟任之初、二乎！而初不足与为功，则二专其事矣。

夫二非专《夬》者，而不得不专。寝处其上者，已怀外靡之心。二为夜戒，戒起于近，难伏肘腋，宵旦不宁。不敢告劳，而远攻碍于近掣；成功无日，而同室且有异心。若是乎任事之难，一篑之劳，烈于九仞矣。故上六之凶，必待之"无号"之后。而方其众寡相持之顷，则以号敌号而未有逊志。夫非阳之处盛而众疑者，授之辗转以得有其辞哉？非然，则穷散消归，久无复然之望矣。故"终有凶"者，《夬》以后之事，非《夬》世之遽然也。

五阳在位，而一阳之待生于下者，犹蛰伏以需将来。逮乎需者必起，渐次相临，然后五不得洽比其邻，四不得纠连其党，三不得私阿其配，上亦无所容其无情之词矣。盖亦难矣。藏众于独，养终以始，藏者发而养者全，然后《乾》德成而性命正，岂能卒得之"遇雨""次且"之世乎？故君子积慎以思永，恒豫治其未至之日月；端士纳正以消邪，必多得之继起之后贤。养勇静谧，而怀情延揽，用斯道也。《象》所谓"利有攸往"者也。"刚长乃终"，刚不长，则无以保其终矣。《夬》之众，不如《复》之独也。

䷫ 姤

君子之道，美不私诸己，恶不播于人，故善长而恶短。善长者长于所扬，恶短者短于所遏，则善虽微而必溥，恶在著而不宣。盖君子者，以扶天之清刚，消物之害气，长人道而引于无穷。故奖善止恶，以凝正命，于彼于此，无所畛限，无穷之生，一念延之，而人类遂绝乎禽兽矣。而苟私善于己，散恶于众，则杀害日进，清刚日微，无穷之生，一人尼之，而人类亦渐以沦亡焉。

《剥》之六五，上承一阳，柔不私美，"以宫人宠"，则善虽微而长；《姤》之九二，下近一阴，刚不播恶，"义不及宾"，则恶在著而短。有者，不有者也；不及者，所可及也。凡斯二爻，位虽未当，而中正不偏，以其广心，成其义概。大哉，其善于因变者乎！

《姤》《剥》之世，均为阴长。《姤》初遇而《剥》滨尽，则《剥》五难而《姤》二易。公善于同类，为众誉之归，引咎于一身，居积毁之地，则《剥》五易而《姤》二难。《剥》以劝阴，《姤》以责阳，劝易从而责难副。"以宫人宠"，道固然矣，而曰"无不利"，其以奖掖小人而君子；"包有鱼"，可以"无咎"矣，而且曰"不利宾"，其以责备君子而圣人与！

呜呼！处非望之咎，逢蹢躅之豕，五阳所同也。然而远近之差，遇不遇之际，幸不幸存焉。乃小人之遇此也，与相狎昵而波流者，不知恶也。其天性之近善者，知恶之矣；恶之弗能远之，而妒能远者之洁不受染，于是己之溺惟恐人之不胥溺也，蔓而延之，多方以陷之，不尽天下以同污而意不释。至于非意之风波，无情之谤毁，总以分其独近小人之耻。则九五陨天之休命，亦蒙其累而不足以承。

夫始之知恶而耻之也，亦天理之犹留于清旦。而逢命不犹，周章失据，吹飏凶德，辱逮清流，则小人之恶始剧。而当乱世，遇淫朋，其欲自好以免于羞者，盖亦危矣。时命不恒，躬丁不造，不履其机，不知其苦。庆历飞《云骎》之书，柴市传黄冠之请，虽千秋之昭晰难欺，而一时之波涛亦沸矣。然后九二长者之德为不可及也。

虽然，当斯世者，幸得二以为主而己宾焉，则群阳之福已。借其不然，君子遂无以自处乎？娓修益实，过洁而远去，履美而不炫其名，生死与共，而无已甚之色，苍天指正，有陨不诬，彼媚而欲分恶以相赠者，终亦弗能如天何也。故无望人者五之志，"不及宾"者二之义。志、义各尽，以处于浊世，祸福皆贞，生死如寄，人之不沦于禽兽，尚赖此夫！

䷬ 萃

"无咎"者，有咎者也，故曰"震无咎者存乎悔"。悔而得无咎，抑可许之"无咎"矣。《萃》，咎之府也。而爻动以其时，仅然而免，故六爻而皆起"无咎"之辞焉。

曷言之？阴阳之用以和，而相互为功。奠之于所各得，则秩序以成；纳之于所不安，而经纶斯起。中外无一成之位，则疑忮之情消；出入有必均之劳，则节宣之化洽。夫安有各纪其党，保其居，而恃以长年者乎？故曰：《萃》，咎之府也。

《升》《小过》亦聚矣，而位非其尊也。《大过》亦聚矣，而应非其正也。非其尊，无可席之势；无其应，无可恃之情；则其聚也不坚，而不召咎以生其戒心。《萃》刚居五而四辅之，履天步之安，得心膂之寄，人情翕然，遥相唱和，俯仰顾瞻，无有能散我之交者。虽然，而势亦危矣。"不虞"之害，知者灼见于未然，则祷祀终而兵戎起，非过计矣。何也？天下固无有挟同志以居尊，开户握手，而投异己者于局外，持之以必不我违之势，可以远怨而图安者也。

故二之应五，未必其孚也，"孚乃利用禴"，有不孚而姑禴者矣。初之应四，孚且"不终"也，弗获已而求合，有笑之者矣。三与上则既不我合，而抑不成应，弱植散处于淫威孔福之旁，漠然无所于交，载涕载嗟，畜怨于傍窥也，亦将何以平之哉？故怒者可抑也，竞者可释也，积悲叹而不敢言，"不虞"之戒，勿谓三与上之柔不足忧矣。

夫泽亦水矣。乃泽者，有心之化也，水者，无心之运也。《比》以一阳坦然履五阴之中而无忧，无心焉耳。《萃》得四而群居，积泽而无流行之望，则心怙于所私。以私而聚，以私聚而不孚，以不孚而咎。沾沾然恃其位之存，党之合，物之不容已而与我应，以斯免咎，亦靳靳乎其免之哉！

其惟庙中乎！神与人无相杂也，能感之而已足矣。观时失而无可为，则以神道莅人，而权留天位；《萃》位定而有可孚，则以鬼道绝物，而怨恫交兴。保匦潴之流，绝往来之益，君子之道而细人之昵，虽免于咎，能勿虞乎！

䷭ 升

圣人之动，必因其时。然终古之时，皆圣人之时也。时因其盈而盈用之，因其虚而虚用之。下此者，则有所怵矣。有所怵者，有所疑也。疑于道之非与时宜，则贬志以几功名；疑于道之将与物忤，则远物以保生死。故一为功利，一为玄虚，而道为天下裂。如是者，皆始于疑时，终于疑己。

夫己亦何疑之有哉？审己之才，度己之量，皆无所待于物而为物之待。天命之体，煌然其不欺也。无待于物，则至正矣。故小功乍集而失道，小名外溢而失德。为物之待，则大公矣。故天下死而己不独生，天下生而己不忧死。而才不审乎正，量不致其公；骛于才，则惊功惊名，而以为物即己也；歉于量，则惊生惊死，而以为物非己也。疑于己，则失本；疑于物，则争末。之二术者，分歧以起，而国终无人。此无他，疑不释而怵然于所升也。故于时有疑焉，于位有疑焉。

疑于时者曰："五帝不袭礼，三王不沿乐，虽驱世而笑我，我必有其功名"，而卓然自信，立己以为时之干者，昧不察也。疑于位者曰："庖人虽不治疱，尸祝不越樽俎而代之"，而坦然自信，推己以济位之穷者，昧不察也。则是盈可用，而虚不可用也。且使之用盈，而诡随之术，荡泆之知，抑习用而不贞之冥升，则疑之害亦烈矣哉！

故《升》之世，非刚之时矣，《升》三刚而不中，非《升》之位矣。上窥天位，阒其无人，洹阴上凝，旷无适主，时之不盈甚矣。乃疑者疑以为畏涂，无疑者信以为坦道。秉其至健，进而不忧，涉彼方虚，旷而不愄。子曰："大道之行，三代之英，丘未之逮也，而有志焉。"其为圣人之时，岂必尧君舜相，民诚物阜，而后足以当圣人之升哉！

然则不系以吉凶者，何也？不可得而吉者时也，不可得而凶者道也。欲尽其道，而以吉凶为断，则疑将从此而起矣。呜呼！圣人之才，圣人之量，圣人之自信，圣人之信天下，"升虚邑，无所疑也"，岂易言哉！岂易言哉！

䷮ 困

一

人之有生，天命之也。生者，德之成也，而亦福之事也。其莫之为而有为之者，阴阳之良各以其知能为生之主，而太和之理建立而充袭之，则皆所谓命也。

阳主知而固有能，阴主能而固有知。太和因阴阳以为体，流行而相嬗以化，则初无垠鄂之画绝矣。以其知建人而充之，使其虚者得以有聪明而征于实；以其能建人而充之，使其实者得以受利养而行于虚。征于实，故老耄而忆童年之闻见；行于虚，故旦起而失夙夜之饱饫。谁使之虚实相仍而知能交益者？则岂非命哉！

然天之以知能流行于未有之地，非有期于生也。大德在生，而时乘其福，则因而建立之，因而充袭之矣。以知命之，而为五事，为九德；以能命之，而为五福，为六极。凝聚而均授之，非有后先轻重于其间，故曰：皆所谓命也。

而二气之方锡，人之方受，以器为承而器有大小，以时为遇而时有盈虚。器有大小，犹疾雨条风之或生或杀也；时有盈虚，犹旦日夜露之或暖或清也。则受命之有余、不足存焉矣。有余、不足之数，或在德，或在福，则抑以其器与其时。或胜于德而不胜于福，或胜于福而不胜于德，犹蝉、鲔之于饮食也；有时俭于德而侈于福，有时俭于福而侈于德，犹西飙之稼不成穑，而寒暑之疾能失性也。如是者，有余、不足，皆非人所能强。非人所能强，听命之自然，是以其所至者为所致。则君子之于《困》也，因之而已，而何有于"致命"也哉？

夫致者，其有未至而推致之以必至也。尝与观于虚实之数量，则知：致德命者，有可及乎上之理；致福命者，当穷极乎下之势；而无庸曰自然。自然无为以观化，则是二气之粗者能困人，而人不能知其精者以自亨也。

请终论之。以知命者以虚。虚者此虚同于彼虚，故太空不可画以齐、楚；以能命者以实，实者此实异于彼实，故种类不可杂以稻粱。惟其同，故一亦善，万亦一善，乍见之心，圣人之效也，而从同以致同，由野人而上，万不齐以至于圣人，可相因以日进，犹循虚以行，自齐至楚而无所碍。惟其异，故人差以位，位差以时，同事而殊功，同谋而殊败也，而从异以致异，自舆台以上，万不齐以至于天子，各如量而不溢，犹敷种以生，为稻为粱而不可移。故虚者不足而非不足，天命之性也；"善恶三品"之说，不知其同而可极于上也。实者不足则不足矣，吉凶之命也；"圣人无命"之说，不知其异而或极于下也。

抑太和之流行无息，时可以生，器可以生，而各得其盈缩者以建生也，则福德俱而多少差焉。迨其日生而充其生，则德可充也，福不可充也。非有侈德而无侈福之谓也，非堪于德者众而堪于福者寡也，非德贵而福贱，天以珍人而酬其丰俭也。则奚以知其充不充之殊耶？

德肖于知，知虚而征于实；福有其能，能实而行于虚。实可以载虚，虚不可以载实。实可载虚：一坏之土，上负苍莽而极于无垠，阙而下之，入于重渊，虚随以至而不竭。虚不载实：容升之器，加勺而溢，掷一丸之泥于空，随手而坠矣。故思之所极，梦寐通而鬼神告；鬼神者，命之日生者也。养之所饫，膏粱过而疢疾生；疢疾者，命之不充者也。戴渊盗也而才，华督贼也而义，德之灌注者不中已于小人。强者不可强以廉颇之善饭，羸者不可望以镂铿之多男，福之悬绝者必原本于始生。故致而上者实任之，致而下者虚靡之也。

由此言之，与俱生者，足不足，而上致与下致别矣。日生者，充不充，而上致于下致又别矣。故君子致德之命，致而上极于无已，而穷皎白以高明，肖其知也；致福之命，致而下极于不堪，而穷拂乱以死亡，称其能也。故曰："君子以致命遂志。"命致而后志可遂。君子之志，审其多寡建立充袭之数，而缊之以不迁，岂旦夕之偶激于意气也哉？

《困》，刚之为柔掩者，福之致下者也，不胜于器而俭于时。二、五皆以刚中者，德之致上者也，器胜之，时侈之。与生而建，日生而充，极盛而不衰，斯以致于上而无难矣。致德于高明以自旌，致福于凶危以自广，又奚志之不遂哉！若曰"以命授人"，则勇偾而为刺客之雄，非爱身全道者之所尚，困而已矣，非必忠孝之大节，而又何死焉！

二

刚以柔掩，则是柔困刚矣。乃刚困而柔与俱困，何也？

刚任求，柔任与。柔之欲与，不缓于刚之欲求，特刚以性动而情速，遂先蒙夫求之实。

蒙其实，不得辞其名。而柔之一若前，一若却，悬与以召刚之求，其应刚者以是，其困刚者亦以是而已矣。故未得而见可欲，既得而予以利，阖户而致悦，虚往而实归，皆柔才之所优也。因才为用，乃以网罗生死乎刚于胶饴之中。"酒食"也，"金车"也，"赤绂"也，不待操戈矛、固塞树垒以绝阳之去来，而刚以困矣。然而揆诸得失名实之间，而阴已先困。

夫隆人者先自隆也，污人者先自污也，逸人者先自逸也，劳人者先自劳也。阴之德专，其性则静，专且静，贞随乾行而顺代天工，则以配阳而利往。德之不专，散处以相感；性不能静，畜机以相制；乘其上而紫蔽之，纠葛频蹙，以迷阳于所不及知。夫然，则抑劳心污下而无舒畅之一日矣。非其金车，即其酒食，非其酒食，即其赤绂，而趋日下，而术日上，苟以售其胃缚高明之技，是妇寺之情，宵人之道也，而岂不陋与！幸而阳不之觉也，借其不然，岂复有阴之余地哉！

抑不觉者，非阳之过也。须养于小人，退息于向晦，亦君子道之所应享。而当《困》世而不觉，则阳或过也。守其道之所应享，知而处之以愚，光大而济之以诚，索诸明，索诸幽，洋洋乎有对天质祖之诚，则阳不觉而非不觉也，而阴之术亦穷矣。

于是乎阴终失据，而先丧其贞。然后反事而谋之心，反心而谋之道，“动悔有悔”以为吉，则何其吉之不夙邪！而阳只守其诚而无所待悔。由是言之，器覆而无遁鼠，国亡而无不死之小人。均丧其实，独陨其名，阳失数寡而阴失数多，则柔先自困而亦终困，岂或爽哉！

故阳，困于人者也；阴，自困者也。困于人者生：越王幸夫椒之功而困于会稽，平原贪上党之利而困于长平，虽中阴之饵，而贞不亡。自困者死：怀险致媚，不悔而能保其终者，终古而未之有也。故君子终不困人，而自困亦免焉。其不得已而困于人也，积精诚以保其所不及知，如二、五之享祀以承庆而受福，又孰得而困之！

䷯ 井

一

《困》刚掩也，《井》亦刚掩也，二卦之体，综之而柔皆覆刚，《困》独蒙其掩，而《井》利赖其养者，何居？

天下之能加于我者，皆其同类者也。天下之与我异类者，皆其不能加我者也。同类而同情，则性正而情交；异类而异情，则先难而后易；同类而异情，则貌德而衷刑。水之于泽，阴阳非类而与同类。类同而情同，类非而情异。利其酒食、金绂之可以相养，而不知支流之没于大浸，水有泽而泽且无水，柔且以加刚而莫能自出。若夫水之与风，凝散异情，判然其不谋矣。《巽》德虽顺，水终浮溢以出，其不能加我者，犹钟鼓之不足以宴爰居也。不足以宴，不足以饵，则亦不足以掩。故上六虽柔，其能幕阳而杜其"用汲"之功与？

若四之于三，乘刚也，而不为乘刚。三，《巽》之成也，则固非刚也。疑于刚而乘之，察其非刚而退自保焉，自饰之不遑，而何乘邪？乘非乘，掩非掩。《巽》开户以旁行，道不登于上，则《巽》心恻矣。《坎》履中以自用，情不合于下，则《巽》心又恻矣。不能掩之，将自求之。是木以载水，收功于本绝之交，尽瘁于可以有为之日，《巽》免于恻之为福，而岂得与刚为难哉！此井之通所以异于《困》之穷也。

故君子之于世也，不数数然于物之类己，而虞其有惨心；其漠不相即者，则徐收之以为利用。是故小名不慕，小善不歆，甘言不迩，淡交不绝，则成功于望外，而朋聚于不谋。

虽然，其于此也，则已劳矣。《巽》劳，而《坎》非不劳者也。《巽》劳于入，《坎》劳于出，故挹江河者施桔槔者，其不穷者则果不穷矣；抱瓮而汲之，重绠而升之，所食者十室之邑，而养将穷。不穷其将穷，恃有劳而已矣。故《井》亦忧患之门，衰世之卦也。

二

夫人之有情，岂相远哉！怀干糇之饩者，享壶飧而不惭。《诗》云："投我以木瓜，报之以琼琚。"珍有事也。今以贪儳庸菲废弃之子，苟给利养，受圈牢之秣饲，而鄙为木石，无使有自致之薄长，则沦没渐萎，卒以抑菀而不永其生。

故先王之于乐也，非无都人士女，敏手躧步，可以娱神而教肄之，然而伛者击磬，痀者击钟，蒙者审音，瞍者眡度。合天下尫废天刑之子，进之于和豫之地，则何也？

乐者，和以养也。和而及于不和之尤，使之消散其一日之哀郁，而后细类劣生不虚养，而有生之情效焉，则亦且荣生而无甘死之心，所以调阴阳之渗，而溥生理于无方也。是故别无收恤拯贷之典，而一登之有事以荣其养。故曰："圣人辅天地之穷。"

且夫愚柔辱贱之士，其视儇巧便给者，所得于天之短长，吾未得而知也。礼失而求之野，十室而有忠信。疏逖微末而莫由自拔，则皆消沮而忍于长捐。虽有佝愿一得之长，迨其湮没，且以求慰其生而不遂，况望其引伸而奋迅邪？故弃人之世，世多弃人，彼诚无以自振也。

《井》之初曰："井泥不食，旧井无禽。"盖哀之也。既已为之井矣，食则其荣而不食其辱，犹夫人之情也。巽而入，入而下，亦非有潢潦沸溢、不可向迩之泥垢也。其不幸而泥者，时为之，犹之乎为井也。亦各有施焉，因而浚之，薄取而小用之，岂无所望于上哉？置之不食，而井旧矣，井旧而无以自新矣。长捐于时，而无汲之，时灰心于涓滴之再润者，亦势莫如何，终自废以无禽矣。使遇《洞酌》挹注之主，功施废疾，而才登营蒯，则居然井也。而岂逮此与？

甚矣！五之至清而无徒也。三功之成，进而相比，洁而自荐，使非数数于求明以受福，且终年抱恻而国莫我知。而况初之疏贱而羸弱者乎！弃其致养则不足以自润，不足以自润则生理愈而生气穷。君子固已哀初之时命，而不得与于先王之劝相参。出险而有得色，绝物而自著其功，寒俭自洁以凋和平之气，《井》五之"中正"，衰世之德也。衰世之德，惨于盛世之刑。与其为水，不如其为火，子产之得为君子，有劳相之道也夫！

《周易外传》卷三终

周易外传卷四

䷰ 革

阳可以久道，阴不可以厚事，刚柔之才异也。火之极，炎蒸而成润；风之末，吹弱而成坚。其既，则润以息火，而坚以止风。盖阴不厚事，则其极盛而迁，每于位亢势终之余，谢故以生新。非若阳之可久者，履盛而志不衰也。

是故《离》两作，而上明为下明之所迫；《巽》重申，而后风踵前风以相荡。迫之甚，则郁庵销灼而火道替；荡之不已，则消散凋零而风位不安。故息之者以豫防其替，止之者以早授其安。物将替而为故，乍得安而见新。此《离》五之阴，避重明以迁于上，《革》之所以虎变也。《巽》四之阴，息绪风以迁于五，《鼎》之所以中实也。其阴过盛以迁，迁而阴先往以倡之变者，均也。

虽然，其于《革》也，则尤难矣。过乎时，而返以乘时，阳革而来五，其势难；履天位，而《巽》乎无位，阴革而往上，其情难。此二者，皆非《鼎》之所有也。势难者，时相强以为主，二喜于得配而信之，始于迟回而终于光大。情难者，不获已而远去，阳积于其下而迫之，君子以忍难而昭质，小人以外悦而中忧。如是，而上之变也，较之五而尤难矣。而九三不恤其难，犹恃其赫赫之明，屡起而趣其行，不亦甚乎！故《易》之于上，奖之无遗词焉。

其为君子也，虽"蔚"而予之以"文"。蔚，入声，不舒也。文其所固有，失位而莸，莸而不失其盛，而后君子之志光。其为小人也，虽"革面"而许之以"顺"。面不可以为革，中未顺而外说，说而不问其心，而后小人之志平。犹且戒之以勿"征"焉。使其征也，阴之凶而阳之幸也。乃既委以难，而犹使之消散以失归，则抑不足以奖天下之能革者矣。

或曰《离》之从《革》也"，势处不厚，同类相逼，内争而息肩于外，革而未离其类，革面而未洗其心，则圣人何奖乎？

夫《离》之盛也，其性则阴也，其才则明也。以慧察之姿，行柔媚之德，相助以熹然。虽有蒸逼之患，而非其近忧，然且引身早去，召阳来主，以协于下，此非所易得于《离》者也。而不见"突如其来"而不忌，"出涕沱若"而不舍，为重《离》之固然者乎？知难而往，辞尊而让，而邅拒其面，而邅过求其心！此圣人所以道大德弘，而乐与人为善也。

䷱ 鼎

《鼎》柔上而居中，则风力聚而火道登矣。天下未定，先以驱除；天下已定，纳以文明。风以荡之，日以暄之，有其荡而日以升，有其暄而风不散，故《离》位正而《巽》命凝也。

然五位之正，以柔正也。纳天下于虚而自安其位，凝其方散而未离其类，其于命之至也，位之康也，受命以施命于物也，非能大创而予以维新也。故"中以为实"，则所据以为实者，位而已矣。据位以为实，夫且有挈固其位之心。乘驱除之余，合万方之散，挈固其位以柔之道，将无思媚愚贱，抑法而崇惠与！

夫报虐以威者，非圣人之弘；因俗而安者，非圣人之正。何也？皆以其有位之心而据之为实也。则上九之以"玉铉"相节，举重器以刚廉之干，其可已与？

且夫天位之去来，率非有心者所得利也。《鼎》五之履位以息驱除，而顾使四"折足"而莫如何者，岂固有也哉？以其号召于始者，长保于终，则日有姑息乎邱民之事。诎礼而伸情，惩强而安弱，于是天下亦有以窥其擘固之志，而倒持逆顺于垄首。即不然，而长冥愚之非，漏吞舟之桀，亦与于"《覆》悚"，而《否》之出也无期。故悬刚于上，以节而举之，道以裁恩，刑以佐礼，而后辅五而授以贞。授五以贞，则可调气之偏，而计民治于久远。数百年之恒，一日之新也，而后"吉无不利"矣。

汉之新秦也，非其固有也。嘉劳父老，约法三章，柔效登而位正矣。萧、曹定法于上，画一而不可干，而又众建诸侯以强其辅。故刚以节柔，其后一篡再篡而不可猝亡。

宋之新五代也，非其固有也。窃窃然其怀宝，沾沾然其弄饴。赵普之徒，早作夜思以进擘固之术，解刑网，释兵权，率欲媚天下而弱其骨。故以柔济柔而无节，沦散尪仆，一夺于女真，再夺于鞑靼，而亡亦熸矣。

呜呼！柔之为道，止驱除而新命，得则为周，失则为宋。刚之为道，纳之柔世而卒难舍也，而节则为商，不节亦不失为汉。后之正位而维新者，抑务有以举斯重器，无利天位之实，而沾沾然惟擘固之为图也哉！

䷲ 震

天下亦变矣。变而非能改其常，则必有以为之主。无主则不足与始，无主则不足与继，岂惟家之有宗庙，国之有社稷哉！离乎阴阳未交之始以为主，别建乎杳冥恍惚之影，物外之散士，不足以君中国也。乘乎阴阳微动之际以择主，巧迓之轻重静躁之机，小宗之支子，不足以承祧也。故天下亦变矣，所以变者亦常矣。相生相息而皆其常，相延相代而无有非变。故纯《乾》纯《坤》，无时也。有纯《乾》之时，则形何以复凝？有纯《坤》之时，则象何以复昭？且其时之空洞而晦冥矣，复何从而纪之哉？夏至之纯阳非无阴，冬至之纯阴非无阳。黄垆青天，用隐而体不隐。贾生欲以至前一日当之，其亦陋矣。纯《乾》纯《坤》，终无其时，则即有杳冥恍惚之精，亦因乎至变，相保以固其贞，而终不可谓之"杳冥""恍惚"也。且轻重、静躁，迭相为君，亦无不倡而先和，终不可谓"静为躁君"也。

尝近取而验之。人之有心，昼夜用而不息。虽人欲杂动，而所资以见天理者，舍此心而奚主！其不用而静且轻，则寤寐之顷是也。且昼之所为，其非寤寐之所得主，明矣。寐而有梦，则皆其荒唐辟谬而不可据。今有人焉，据所梦者以为适从，则岂不慎乎？

彼徒曰："言出于不言，行出于不行"，而以是为言行之主。夫不言者在方言、不行者在方行之际，则口与足之以意为主者也。故"意诚而后心正"，居动以治静也。而苟以不言不行为所自出也，则所出者待之矣。是人之将言，必默然良久而后有音；其将行也，必巍立经时而后能步矣。此人也，必断续安排之久，如痎疟之间日而发也，岂天地之正，而人之纯粹以精者哉！

夫理以充气，而气以充理。理气交充而互相持，和而相守以为之精，则所以为主者在焉。而抑气之躁，求理之静，如越人熏王子而强为之君，曰不言不行，言行之所出也。今暗者非无不言，而终不能言；痿者非无不行，而终不能行；彼理具而气不至也。由是观之，动者不借于静，不亦谂乎？

夫才以用而日生，思以引而不竭。江河无积水，而百川相因以注之。止水之洼，九夏之方煤而已涸也。今曰其始立也，则杳冥恍惚以为真也，其方感也，则静且轻者以为根也，是禹之抑洪水，周公之兼夷驱兽，孔子之作《春秋》，日动以负重，将且纷胶督乱，而言行交诎；而饱食终日之徒，使之穷物理，应事机，抑将智力沛发而不衰。是圈豕贤于人，而顽石、飞虫贤于圈豕也，则可不谓至诬也乎！故不行者亦出于行，不言者亦出于言，互相为出，均不可执之为主。

自其为之主以始者帝也，其充而相持、和而相守者是也；非离阴阳，而异乎梦寐。自其为之主以继者《震》也，其气动以充理而使重者是也；非以阴为体以听阳之来去，而异乎暗痿。帝者始，《震》者继，故曰："帝出乎《震》。"又曰："出可以守宗庙社稷，以为祭主。"

尸长子之责，承宗社之大，盖其体则承帝而不偏承乎阴阳，其用则承《乾》而不承《坤》。何也？《坤》已凝而阳生，则《复》是已，是人事之往来也。未成乎坤而阳先起，则《震》是已，是天机之生息也。《复》为人事之改图，故屡进而益长；《震》为天机之先动，故再《震》而遂泥。帝不容已于出，而出即可以为帝，故言不言，行不行，动静互涵，以为万变之宗。帝不容已于出，故君在而太子建；出即可以为帝，故君终而嗣子立。受命于帝而承祚于《乾》，故子继父而不继母；理气互充于始而气以辅理于继，故动可以为君而出可以为守。借曰《坤》立而阳始生以为《震》，因推《坤》以先《震》，立静以君躁，则果有纯《坤》之一时也。有纯《坤》之一时，抑有纯《乾》之一时，则将有未有《乾》、未有《坤》之一时。而异端之说，由此其昌矣。

是故以序则《震》为《乾》之长子，而不生于阴；以位则居寅卯之交，春不继冬，木不承水，阳以建春，春以肇岁，《震》承《乾》而《乾》生于《震》。《震》之出于帝，且与《乾》互建其功而无待于《乾》，奚况于《坤》之非统而何所待哉！是故始之为体，则理气均；继之为用，则气倍为功而出即为守。气倍为功，则动贵；出即为守，则静不足以自坚矣。建主以应变者，尚无自丧其七罔夫！

☶ 艮

一

因性而授之以处之谓位，得处而即于安之谓所。有定性，无定位；有定位，无定所。定所也者，先立一道以便性而不迁也。处高拒卑，制物以己，而制遇以心也；或物起相干，而绝忧患以自镇也；抑物至利交，而杜情好于往来也；如是而后得以有其定所。故有定所则己成，己成则物亦莫乱之，而物成。各擅其成，己与物有不相保，皆所不谋，而惟终恃其成，而后其为定所也，长建而不易。于其定所见其定位，于其定位行其定性，此绝忧患，杜情好，不介通，不立功，而自成乎己者也，则《艮》是已。

夫无定所以为定位，则出入皆非其疾，位以安安而能迁，曰素位。无定位以为定性，则尊卑皆非可逾，性以下济而光明，曰尽性。素者，位之博也；尽者，性之充也。迁以安者，有事以为功于位也；下济而光者，情交以尽性而至于命也。功立则去危即安，身有可序之绩；情交则先疑后信，人有相见之荣。绩著于身，而非以私己，不得訾之以为功名之侈；荣被于人，而非以徇世，不得薄之以为情欲之迁。是身非不可获，而人非不可见也。

夫功名之与情欲，毋亦去其不正者而止，岂必夐然高蹈，并其得正者而拒之哉？拒其正者，则位不博而性不充。不博，则逼侧而位无余；不充，则孤畸而性有缺。于以谢事绝交，恃物之自成，而小成于己，而毁居成后者，以非其时而不谋，斯岂非与咎同道者哉？然且《艮》终不以咎为恤。

高在上者，阳之位也；亢不与者，阳之情也。保其位，任其情，二、五得位，而曰"我终处其上"；四阴同体，而曰"不可与为缘"。尊位在彼，则处其上者直寓也，位寓则身废；同体不容相舍，则靳其交者已隘也，性隘则庭虚。乃《艮》终不以此为恤者，彼诚有所大恤，而视天下皆咎徒也；谓承《乾》三索之余，而处阴方长之世也。

气处余者才弱，忧患不在世而在己。欲忘忧患，则先忘其召忧召患之功名。敌方长者意滥，情好虽以正而或淫于邪。欲正情好，则先正其无情无好之崖宇。且功不可强立，情不可偶合。归于无功而情不固，徒然侈其性、离其位以自丧，《艮》亦惟此咎之为恤，而遑有其身以与人相见乎？

故其成也，无得于身，而身亦不失；无缘于人，而人终不得而干之。阴且惮以思止，阳因止而犹存。立纲正极，保其性，固其位。是天下之恃有《艮》者，功无可建，即无功以止忧患；情有不施，即无情以讫嗜欲。拯衰者德弘而道大，砥俗者严气而危行。量其世，量其才，君子长保《艮》以自守，而不敢浮慕于圣人，斯其所以无咎也与！

二

夫乘消长之会，保亢极之刚，止功不试，止情不交，以专己之成者，奚可不择地以自处哉！

夫地有远迩，有险夷，有同别，有彼己。危哉！九三之处地！参于四阴之中，密迩而蹈险，同异类而失己援，犹且以为所而止焉。越人之睹章甫也则怪之，群鷃之睨一鹏也则笑之。匪直怪之，将起而敌之；匪直笑之，念有以污之。横绝其类而使不得合，则戈矛起于夙夜；岳立其侧而形其所短，则簧鼓彻于听闻。四阴之限，岂阳所宜寝处而无嫌者乎？

我不敢知戈矛之不伤我躬也，则亦不敢知簧鼓之不移我志也。不幸而躬伤，君子犹可安于义命；尤不幸而志移，贞士将尽丧其生平。是故火之熏也，日蒸月化，而物且变莹白为黯黮矣。其受变而改其素，人惜遄之未远。其不受变而蒙其难，亦何必以察察际汶汶，而竞大铬柴车之余勇乎？

抑投躬于非类之炎灼，而仅保自免之危情，则不变者十三，而变者十七，亦人情难易之大都矣。箕子之于纣，孔子之于季斯，操其屈伸，用其权度，义重而道弘，则同污而自靖。且彼之功侔天地，而情贞日月者，志不存于用《艮》也。

若夫抱独立之素者，则无闷以自安。必将远而不与之迹，别而不与之同，离乎险以全乎己，而后闷不足以加之。闷不足以加，则离人珍独，亦足以伸正气而为流俗之砥柱。若其情固违之，身且即之，温峤之幸成，撩病虎而盗睡骊，盖亦危矣。贾捐之介恭、显以行其志，身死而名辱，盖自贻也，将谁咎而可哉！谢朏扁舟造都，熏以得染，不足道已。孔北海之于曹操，嵇中散之于司马，施止于属目，其尚逊管宁而愧孙登与！

"厉熏心"矣，而不系之以凶悔者，何也？身伤则凶，而仅免于咎；志移则悔，而苟免于凶。不能保二者之何居，所以危三者愈甚矣。名可闻，身不可得而见，所谓"不获其身""不见其人"者，用此道以自存也。

三

或曰："万物之化，始于阳，卒于阴。"此据相嬗之迹，而非其甚深之藏也。盈万物而皆卒乎阴，则其末且虔刘陨折，而莫与之为继。然则始以为生，终以为成，皆阳与为功矣。何以知之？以"敦《艮》"之"厚终"者知之。

夫万物"成言乎《艮》"而以厚终，则岂有不厚终者哉？益以知亥、子之间，非果有混沌而未开辟之日。天地之始，天地之终，一而已矣。特其阴中阳外，无初中乘权之盛，而阳之凝止于亢极以保万物之命者，正深藏以需后此之起。故曰："天地之大德曰生。"天地生于道，物必肖其所生。是道无有不生之德，亦无有卒于阴之理矣。

夫《艮》则有《否》之象焉。上九阳寄无位，升而不可复，止而不足以行。阴之浸盛，则汰于《否》之相敌。以貌取者，鲜不疑阳之薄荡无基，而减替以为之终。乃阳之坚植于外者，不惊其逼，不决于去，泰然安居，处溚落而自息其生理，以养天地之化，而报道之生，则可不谓极厚者与！万物方以此终，即以此始。终于厚者始于厚。厚者，义之至，仁之尽也。故曰："始终于《艮》。"《艮》可以终而可以始。化万物者，无不厚之日。旧谷之登，新谷之母也。而何疑其有卒乎阴之一日哉？

故《剥》消而《复》长，人事之休咎也；《艮》止而《震》起，天理之存存也。商、周尽人以合天：继《剥》而观息于静，故《归藏》首《坤》；由《复》而备致其盛，故《周易》首《乾》。夏后本天以治人；先《震》以立始于终，故《连山》首《艮》。首《艮》者，首其厚终以成始也。

人事之利害百变乎后，而天道立于其上，恒止而不迁。阴众而阳不伤，乱极而治有主，皆天所治人之事，而不屑屑然从既生既盛以致功，乃可以历百变而不拔。

禹之治水也，以为治其流不如治其源，故先条山而后析水，则夏道固详于山矣。其建治教之宗，则存乎《洪范》。《洪范》之畴，建用皇极。极，在上者也；建者，则其止也。《洛书》之数，戴九履一。一为皇极，则《艮》之一阳是已。于以成终，故极建在上；于以成始，故一履于下。乃其数则尽乎九而不及十。天德之存存，以阳始，以阳终，不使阴得为之卒焉。

其制治之道则尚忠。忠者，心之自尽。自尽而不恤物交之利害，存诚以治情欲之迁流。圣人而修下士之祗敬，天子而躬匹夫之劳苦。功配天地而不矜，名满万世而不争。盖处于盛而以治衰之道居之，则极乎衰，而盛者非不可复用也。

是故继揖让之终而持其流，创世及之统而贞其始。自敦其厚，化不得而薄之。其兴也，有汳行之天，有圮族之父。其衰也，有洛汭之奔，有有穷之篡；而兴无所待，衰不沦亡。非犹夫商、周之兴，世德开先以用其盛，而逮及陵夷，一解而不可复张也。何也？非以终道治始，则变故猝起于不谋，怀来固薄，必无以裕之于终矣。敦《艮》之"吉"，非大禹其孰能当之！有王者起，建永终之图，其尚审于择师哉！

䷴ 渐

性情以有节而正，功效以易地而施。不授以节，逢欲非遂志之利；苟据其地，虚名丧实用之资。故阴不以升为嫌，阳不以降为损。

夫阴阳数敌，各据其地以顺其所欲，性情无介以通，功效以小成而不建，夫乃以为《否》道之成。二、五者，《否》之主也，或据"磐"以图安，或登"陵"以自尊，安者戒其危而不往，尊者耻于下而不来。三、四位非其任，鉴两君之重迁，奋于事外，因乎密迩，易位以合少长之欢，抑可谓节性而不丧其功矣。

而或则疑之。疑之者，匪直疑阳之来三，而甚疑阴之往四也。图远以逼尊，则疑其志逊而行亢；就迩以谋合，则疑其情正而礼愆。其何以保之子之贞乎？

夫阴阳之合，男先下女，泽山之所以通气也。阳极而无所往，用其衰以来主于内，则《咸》处其盛；阳稚而滨于交，用其新以来主于内，则《渐》顾处其衰。或散地而得应，或邻畛而失应。是且以盛衰而分离合之多少矣。乃多所合者，近取之身，而手足心口，交营以交感；少所合者，远取之物，而且前且却，暂处以图安；则《咸》易而《渐》抑难矣。阳有见御之心，阴无必得之楀，于此而能舍其党以上宾，召失位之阳以来主，则阴亦贤矣哉！

故下女者男之常，而女归者女之变也。变而之正以得正，恃正而滋不正之虞；变而之不正以得正，既正而望大正之终；则有间矣。故《咸》亨而专期女以贞，《渐》利贞而早决女归之吉。

由是言之，四之往也，矫拂恒经以听命于不相求之阳，大功允归，恒性未乱，固不得以就近而迁，逼尊而处，为之疑矣。

今夫鸿之来宾而往避也，与寒暑恒相为反以逃其亢。而且往且来，日密移于栉比之南北，非有速于往来也，而日渐进以就阴阳之和，是不亦恒劳而仅保也乎？则因几以变，消否渗而节阴阳者视此矣。

或曰："寒暑者，阴阳之正，不可避也，而避之，是'躁胜寒、静胜热'之说也，岂以受性命之正哉！则于鸿奚取焉？"曰：阴之必寒，阳之必暑，正也。怙于下以有祈寒，尢于上以有盛暑，亦其过也。过在阴阳，而物或因之以为否。否有定数而无定气。密迁以就其和，则寒暑非有不可变之势。亦足见阴阳之与冲和，夹辅流行，非必于卯酉之仲，春秋之分，刻限以求和于定时矣。

善事天者，避其过，就其和。臣得匡君，子得干父，而密用转移于无迹之檠括，则情理交协，允合于君子之用心矣。不逢其欲，不丧其实，则虽否塞之世，而冲和之气固未尝亡。欲为功于天地者，自有密运之权，斯以变而不失其正。不然，无所违之，无所就之，以恝于往来，则乘秋而击，为鸷鸟而已矣；当春而振，为昆虫而已矣。其将以鸷鸟、昆虫为性命之正哉？

䷵ 归妹

物之始盛也，性足而效有待。性足则必感而发诸情，效有待则必动而致其功。其感而不容已于动者，变也。立功以时而定情以节，则变而不失其正也。变而不失其正，物亦取正焉。

虽然，自有变正，而不正亦由此而兴矣。故功兴而妄，情兴而淫。天地不能保其贞，而况于人乎？雨日交而虹霓见，昏姻通而奔乱生，其始皆非有不正以为之阶也。

是故天地通而泰交，亦既盛矣。抑阴阳各自为体，而化未运，则其交也，性足而情未畅，效著而功犹未起。因而保泰，必需其动以有为；因而固交，必需其感而相入。不然者，亦非可恃泰以长年。斯岂非天地之大义而人之终始与？

而天地之际，亦密迩矣。因其密迩，功易就而情易谐。三与四不揆而兴，奏最者不待劳力于经时，得朋者勿俟裹粮以远适。阳动而上，曰我以致功；阴感而下，曰我以合情；所《归妹》矣。阳亏其实，阴失其贞，为妄为淫，岂得免于"征凶"而"无利"也乎？

夫其变而不正也，岂有他哉？利其易而已矣。是故时险而用易，则坦而易亲，《渐》之所以得贞也。时夷而用难，则勤而不匮，《随》之所以成德也。《蛊》消《否》而用难，《归妹》保《泰》而用易，则各失其道矣。然而以难处险，则量未裕而功自成；以易处夷，则情乱于苟从而功隳于无待。《蛊》亡悔而《归妹》凶，固有别矣。

是以君子终用其难，而小人每歆其易。见利而托义，四与有慝焉！顺感而终淫，三之贱其可辞乎？正其谊不谋其利，慎其始以正其终。礼乐必百年而兴，征伐、刑政视此矣。昏姻必六礼而合，君臣、朋友视此矣。君子终不肖阴阳之苟合，以贪利而媟情，《归妹》之凶，可以免矣。

䷶ 丰

日中则昃，阳消而阴也；月盈则食，阴消而阳也。阳消则阴息，阴消则阳息，消乘盈而息起虚。人由盈以虚，而不得不消于鬼神；鬼神寓虚于盈，而不得不息于人。不知人之必鬼神，则将爱生而恶死；不知鬼神之必人，则将忻死而厌生。爱生者贪生者也，忻死者绝其生者也。

贪生一，而为苟免，为淫祀，或诡其说为熊经鸟伸、吐故纳新，推而之于悬解以逍遥，缘督以养生，穷极于虚玄，而贪生之情一也。绝其生者一，而为任侠，为兼爱，或诡其说为蔑弃彝伦、残毁肤发，推而之于无生以为缘起，无余以为涅槃，穷极于深幽，而绝其生之见一也。

夫贪非其生而以为贵生，不知人者也。绝其生非可以死而以为达死，不知鬼神者也。是故圣人尽人之性，而知鬼神之情。尽人之性，时盈则持满，时虚则保和，达才而正情，故其死也，焄蒿昭明，可以配天而作祖。知鬼神之情，始乎虚者无妄，终乎盈者无妄，立命以养和，故其生也，反本亲始，可以体仁而合天。

所以然者，何也？惟圣人为能戒《丰》，而彼惟不丰之为忧也。忧其不丰，或羡生之丰而巧争其衰槁，或计生之不足以《丰》而别觊其出离，则所以窃窃焉欲致于《丰》者，私生死而昧于时，有不恤矣。圣人惟不私其丰而恃之，故勿忧于《丰》，而尤以为戒。则人有其丰焉者，鬼神亦有其丰焉者；戒人之丰，虚乘于盈，终不恃生以可久；戒鬼神之丰，虚以起盈，终不趣灭以为乐。惟日孳孳而不给于生，而可惧非死，豫谋其必息，而任今日以无穷之生。其通鬼神之变以贞久者，亦无假于别求，而可贱非生。故为人谋之，为鬼神谋之，一因天地日月之理以慎用其明动，则性尽而息也不妄，情周知而消也不亡。其不然者，人之必消，听之气数，而非己之任；鬼神之必息，亦何依以责既屈之知能而致其戒哉？而《易》何以曰："而况于人乎，而况于鬼神乎？"

䷷ 旅

圣人仁不求功，智不求名，仁智非以有所期而成。然功名者，亦非圣人之所废。非功非名，无与于万物，而万物亦无恃以立也。

虽然，亦因其时而已矣。时之盛也，则圣人主时，仁成而功溥，智成而名彰，谷应川流，万物繁然以显其荣泽，功名捷得而不爽，圣人亦终不爽其无求功名之志。时之衰也，则时宾圣人，仁无托以成功，智无丽以成名，圣人为物忧患，将爽其志以利用夫功名，然且黯然掩其仁智之荣泽，故勋业寓于文章，文章存乎忧患。此则圣人之难也。

夫上有君，下有民，皆时会之所趋也。君民期圣人以为主，则圣人始无欲而终无为，而在己仁智，在物功名，非有与也。君民胥无待于圣人，而圣人宾，乃圣人固不能恝置天下而靳其仁智，无所欲而欲，知不可为而为。貌取而不相知者，几疑圣人之亵仁而丧智，故曰圣人之难也。

是故《旅》之变《否》也，阳逊天位而止乎下，阴非尊贵而丽乎中。六五德中而权借不足，若强起代权以主其世，是五主天下而天下且宾五矣。且阳之集于三也，刚来而穷，浮寄于上下之间而成乎止，与上相配偶而不相应，不相应则情不及所当感，而况于三，浮寄以止，则苟于求安而无志于求明；穷，则天命将舍而不足与谋。五为《离》主，道在施明，而三障之以不延于下，栖栖汲汲，世莫我知，质柔而为宾，亦孰与听之乎？

是故雄者，五之固有也，而代物忧患，不得已而大欲存焉，知不可为而为焉。固有而不见推于世，若非所固有而往有之。非所固有，是雉外而起射之矣。射者，不可必得之辞也。固有而射，射而得雉之非难，射而不得雉之难也；不得雉而矢在之非难，不得雉而矢亡之尤难也。雉所获也，矢所用也。功名相左则所获者虚，仁智徒劳则所用者亦丧矣。

夫五岂果有亡矢之患哉？后世见之为文章，当时存之为忧患。而仁无可施之福泽，智无即格之幽明，则貌取而不相知者，固笑其一矢之仅亡也。而圣人亦怃然深思，谓吾矢之未尝不亡也。射而亡，不射而亦亡。不亡因于不射，不射乃同于亡。矢在则射，亡不亡非其所恤，所射在雉，获不获非所期，而后圣人乃真有其矢而固有其雉；《礼》《乐》正，《诗》《书》定，志在《孝经》，行在《春秋》，当时之功名阙然，万年之誉命鼎鼎矣。

彼惮牺曳尾之流，自以为保矢于不亡，而矢非以射，器不称名，名不称德，彼亦保非其矢，而焉用保为！故曰以仲尼为旅人。非仲尼其孰足以当之！周公东征而赞《易》，成王卒悟，公归，斧虽破而矢不亡，时为之也。时为之，亦存其义以俟后此之圣人而已矣。

䷸ 巽

进者《巽》之才也，退者《巽》之德也。才乘其时，德敦其位。以时则阴且消阳而才可任，以位则下以承上而德不淫。故《巽》之于初，疑进疑退，无信志也。志不信，无以信天下矣。才若可信，而非可信者也，因以用才则乱；德若不可信，而固可信者也，果于修德则治。是以君子望初之深，而因示以所利：利在"贞"而不在"武"，贞既利而武亦无疑矣。裁其窥侵之技，责以负戴之忱，则武用登而天下之疑可释也。

夫君子以其德教为天下裁其进退，念虽孔挚，而不能施责望于不自信者之心。彼且不自信矣，而恶乎望之！督之以威而益其忮也，奖之以福而增其骄也。然而终以保武人之"志治"，则何也？

世虽阳壮，化不能废阴；治虽崇文，人不能废武。然或以成僭逼之萌，或以效只承之命，则存乎其位矣。时者天也，位者人也。争时而乘之，侥天而已非可恃；素位而安之，尽人而世莫我尤。故《巽》阴之下起也，亦阴阳之会，疑战之府也。而位固处于卑散，情自系乎仰给。位可居也，情可谐也，其不欲骤起以逼阳，志亦明矣。故才德争其诎伸，而机括堪为敛戢，则俯思退听，抑惨杀以从阳治者，君子可终保其志已。

及乎六四，重申以阴杀而有功矣。有功之可恃，不如无位之能贞也。故二纷《史巫》之求，以起初于侧陋；五秉"先庚"之令，以警四于居功。甚哉，择位而居，能消时之险阻而平之，阳有所自全，阴有所自正。故曰"利见大人"，以荣阴之善下也。

䷹ 兑

一

《巽》以近阴为美，《兑》以远阴为正。均于正中，而"孚剥"之"厉"，非"有终"之"吉"也；均于无位，而"和兑"之"吉"，无"资斧"之"丧"也。且夫远之将以正志，而情相间则无功；近之将以合交，而势相昵则失己。俯恤其内，仰承其外，二者亦无悬绝之贞淫。而何以得失之径庭邪？

尝谂之。阴阳之有少长，则有余、不足之数因之。阳躁而乐施，阴静而吝与，故阳始于有余，终于不足；阴始于不足，终于有余；盖静躁之效也。故阳一索而虩虩以动，再而险以不盈，三而翕然止矣；阴一索而习习以和，再而相附以炎，三而发气满容，肆然以得意于物矣。然则《兑》者，阴之有余也。用阴之有余，饰己之方少，欣然行志意于天下，其情狠矣。悦以相诱，狠以相制，则阳之宜与远而不宜与近，岂顾问哉？

且夫《巽》之得中而近柔者，将以正阴而成其顺也。顺者《巽》固有之，而因以正之，则因以成之。在外不入而周旋不舍，荡涤其柔蒙以使物受其洁齐。《巽》之二、五为功于初、四者，要非能争阴之垒而强以所不听也。阴之初入，才不胜德。因不足之才，登固有之德，行权之功侔于保合矣。

若其在《兑》也，阴德穷而才见者也。德穷而怙尊高，才见而饰言笑，而抑相与为缘，则且孰与正之！毋亦仅与成之乎！仅与成之，渐染其柔曼，而隐助其刚狠，亦内顾而可为寒心矣。

借曰"履中之位固在也"，夫位者仅以临下而有其权，夫岂仰欢而犹足恃乎？故赫赫之威，销于婉笑；堂堂之势，屈于甘言；狎以相忘，习而益弛。彼阴中之方稚者，尽用其有余以淫逗其上，始则"孚于《兑》"，继则"孚于《剥》"，尚得谓刚中之足据哉！策马近关而逾垣空谷，毋亦悔其远之不早与？

然则二何以免于厉邪？三失据而相就，上居亢以相牵，失据则以得悦为幸，居亢则以取必相持，强弱势殊，而上之剥切矣。二位不当而危，五位正当而安，危则处乐而有戒心，安则遇欢而无固节，敬肆殊情，而上之厉甚矣。故夫时乘盛满而物感丰盈者，其尤为忧患之归，愈知所戒也夫！

二

物有宜疾，君子疾之。虽有好音与其令色，遥望之如瀿垢，必芟之如荆棘。"商兑未宁"而后疾焉，不已晚乎！吾惧其商之迟回而疾之茌苒也。乃以恕待人而乐其成者不然。以其时谅其心，略其心序其绩，断然以"有喜"归之。盖审知其处此之难，而终能贞恶以自全者之未易也。

夫耳目不纷，嗜好不起，崭然以绝非正之感者，类有余地以自息。其息于余地矣，耳目无所交，嗜好无所投，山之椒，水之涘，可以乐饥而忘年，而天下且荣之曰"不淄"。四非无愿于此，乃求所息而固不得也。将息于所与为邻，则"来兑"者狎之矣。将息于所与为体，则"引兑"者招之矣。人欲逃其刑戮，我欲逃其荣泽，俯仰而皆导我淫豫。避世不可，避人不能，拊心自谋，而盈目无托，谁为余地以听其崭然？其商也，诚不容已于商也。而四犹且安其位以自退，与三殊体，与上隔援，厌彼劳劳，全其皓皓，斯不亦斟酌无迷，而怀来有素者乎？然而神听和平，物亦莫能伤之矣。其庆也，非其所期也。则君子亦乐道其"有喜"，而无容訾其初心之不决也。

六朝之季，处未宁之地者，或内绝强臣之欢而外投戎羯，或外脱异域之网而内附篡攘，商之未详，迟回以丧其守者众矣。晏子不从昏淫，不与崔庆，商之已详，而不知退之为愈也。况里克之中立祈免者乎？耳目交而不乱，嗜好投而不疑，非贞生死以遗荣利者，其孰能之！

或曰："《兑》阴外说而中狠，商而不与，忮害随之，而何庆之有？"夫莫寿于龚生而膏兰非夭，莫富于首阳而薇蕨非饥。君子道其常，则四之于庆，诚多有之，而又何让焉！

☲☵ 涣

阳保聚以上亢，阴护党以下凝。虽然，亦各安其位而利之矣。乃欲亏其所党，解其所聚，毋亦非其所欲迁？惟不乐已成而挠之使败，然后功可得而起。

《涣》之时亦难矣。阳往而不复，安于上以奠其居，亢不以为恤，否不以为忧。使越疆而迁焉，是殆犹夫奔也。况乎奔而入于险中，虽终得所愿，始固非其愿焉者也。然则成《涣》之功者，四之绩亦烈矣哉！故曰："挠万物者莫善于风。"始则挠而破其塞，终则挠而散其险，解悖吹郁，疾于影响。呜呼！可不谓盛与！

夫《涣》四之得此也，惟无私而已矣。阴奋出以就四，虚其所处之位以召阳来处，则二是已。藉其居二也，于己为安，于物为主。于己安，则重迁；为主于物，则物归而不能相舍。逮夫既去之后，所与为等夷者，犹昕夕引领，庶几抚我以慰其思也，此亦物情之最难决者矣。平居相保，断去于一朝；余慕未忘，牵留而不顾；岂果轻去其群而恝于情也哉？以义裁情，捷往赴义。昭质益彰，不蔽于私昵；大劳不倦，不安于小成。"光大"之怀，所可告于天人而无愧也。

呜呼！安小成而蔽私昵者，非直利赖存焉；为物所牵而不能制义者，多有之矣。彼刚正者或且不能自割，而况于柔之善牵者乎？戴之为邱，推之挽之以为宗；思之不忘，萦之维之以为好；利之所集也，势之所趋也，小义之不可裁，私恩之不可负也，而易望其解悖吹郁之一日哉？因物之戴，聊与为主，迟回未决，而骑虎之势成，宋祖不能自免于陈桥。况曹操之仅还四县，而欲孙权之不踞沪着火邪？

舍中正，即散地，升邱而观天位之光，受命以还，开户以荡物之险，其惟大人乎！则天下为功，而鬼神可格。刘虞有其德而无其才，陶侃有其才而无其德，固未足以几此也。圣人以正待人，而不疑于忧患，挠之乃以通之，危之乃以拯之，光大无惭，而神鬼可假，曾何险阴之足云！

䷮ 节

阴阳分而数均，阳皆内，阴皆外，二阳上二阴，一阳上一阴。则德正。夫如是，《节》且俾功于天地矣。而抑有不然者。文质，相成者也；恩威，相倚者也；男女，相谐者也；君子小人，相养者也。故《泰》之道盛矣，不惜五位以居阴也；享其实，不并取其名也。《既济》之道得矣，授阴以二使贞遂也；正其分，不更替其权也。故质宾文而文亦有尚，恩宾威而威亦有功，男宾女而女亦有位，君子宾小人而小人亦有居。既均其数，又宾其德，犹复两宅其中，以制柔于散地，《节》于是而苦矣。

可以惟吾意之所欲为，施之物而不敢违，传之天下后世而不得议，吾自甘之，能俾天下之不苦之乎？孤行自尚，苦不可贞，亦危矣哉！履正位而不惭，制万有而为之主，五可行也，二则何居？察闺门之细过，则衅起于萧墙；尸百执之小事，则人离其心德。虞矫逯于用恩之地，则和气戾于周亲；坚忍去其不容已之文，则至情因而吝儳。规规然以宰制天下之大纲，为门庭之细目，蔑论人也，抑自顾其身心，亦荼檗终年而不见道之可乐矣。乃苟以谢于人曰：我与彼之数均而非有余也，我自宜为主，而宾之乃以安之也。又谁信之！

呜呼！古今之不相若，厚薄之差也。三代不可复矣，刑赏皆其忠厚，清议亦尚含宏。至于汉而德意犹有存者，故史迁、班固之传酷吏也，皆有砺节亢行，损物而先自损者也。至于宋而公论移矣。包拯之酷也，而天下颂之。然在当时，犹有忧其乱天下者。流及于海瑞，而合廷野之人心，蔑不翕然焉。夫拯与瑞，则"不出门庭"之智计而已。管仲匡天下，而犹曰"器小"，况拯与瑞之区区者乎？《泰》逊天位以永安，《既济》予禴祭以锡福，君子之道固如此。"不可贞"者，自鸣其贞，而天下之害烈矣。始于相苦也，终于相激也，故天下之害烈也。

䷼ 中孚

夫欲施信于天下，则内不失己，外不废物，以作之量。废物，则己无所载，《大过》摈阴，栋之桡也；失己，则物无与依，《小过》去中，飞鸟之凶也。称情以为本末，而末无废位；要礼以为重轻，而重无失权；阳中而阴内，夫乃以情理尽而疑贰消，则《中孚》是已。

且夫阳，主阴者也。主阴者，统阴而交之也。统之而与为交，而先授之以必疑必贰之势，推衅端者必以咎阳心之不固焉。将往主之，必先有以宅之；摈之而疑生，则亦纳之而疑释矣。将欲交之，必固有以与之；居约而予之者俭，则意不厌而贰；如其处实而予之者丰，则欲可给而壹矣。

是故三、四位散，二、五位正，《中孚》之奠阴阳于所丽者，既截然以分其贵贱之区。然《兑》《巽》皆阴，二、五得中而非其世，则权终不盛；三、四为《兑》《巽》之主，宅散而不得正，则位非所安。而《中孚》之交，尽于情理者，二、五积阳于初、上，固得辅以自强；三、四连阴于异体，乐处内以益亲。得辅以强，阳有留中而不替；处内益亲，阴且外比而不忧。揆之理，絜之情，存大正而授物以安，疑贰之消，不待合于介绍矣。

夫阴阳非类也，其相与非应也，时与位其尤不齐也，而且孚以无间，由是天下岂有不可施之信哉？

执己之坚而摈物，然后物起而疑之；随物以谐而丧己，然后物得而贰之。况夫阴之柔弱而仅相保者，亦深愿树阳以为藩屏，而冥处于奥区乎？

故就暖以息肩，深藏而保富，授之乐土而无吝，贞其疆域而不干，则始于说以消怼，终于顺以革亢，"豚鱼"可格，无往不孚，阳之所受，亦弘矣哉！枢机在我，而"好爵"无私，孚乃"化邦"，岂有爽与！

若夫贬己徇物以效其恳恳，拒物全己以守其硁硁，而徇物则贼己，拒物则绝好，信之蔽也贼，末之免矣。上亢而不亲，初"有他"而不定，己与人之间，情理未尽，则仅为二、五之辅而不足也。

䷽ 小过

《中孚》阳之盛也，而卦皆阴；《小过》，阴之盛也，而卦皆阳。德不乘时，才不胜势，故以《中孚》之阳履乎中，且保阴而结以信，况《小过》之阴柔，而能怙过以终乎？虽然，乘有余而取赢，不量德而求胜，则阴恒有之而未肯戢也。

今夫鱼，阴也，故《中孚》以之；鸟，阳也，故《小过》以之。鱼火属而性沉，鸟水属而性浮。《中孚》象《离》，《小过》象《坎》。火必丽木，依于实也，故鱼投之空则死；水流于不盈之地，托于虚也，故鸟跱乎实则擒。然阳躁而和，和者无必得之势；阴静而狠，狠者无思徙之心；故鸟可下而鱼不可使上。火丽实而利于虚，水流虚而载于实，则情与德有相贸之殊致，以各成其利赖。而要之，上野而下室，上往而下来，上威而下恩，上施而下受，莫不以下为吉焉，是以鸟可下而鱼必不可使上也。下者进，上者退，进者伸，退者屈，故阴阳亦莫不争下以为吉。

《中孚》之阴，《小过》之阳，皆在中而未有上下之势。未上未下。可上可下。于是《中孚》之阴，《小过》之阳，各有欲下之情，其理势然也。

阳无必得之势，阴无思徙之心。在《中孚》，而阴之欲沉，阳和而不争，虽处极盛，仅与敦信以遂其志。幸而阴安其未上未下者，则阳坦然矣。在《小过》，则阳为《震》《艮》之主，可决阴以必下而遂其志；然阴且怙其盛满宅中之势，挟阳以破樊而游于虚。虚者阴之乡，下者阳之利，背利以适非其乡，而阳犹靡然以听其以，以者不以者也，靡然听其以而莫能自主。

呜呼！妇乘夫，子胁父，臣制君，挟以翱翔而不适有居。甚矣，阴之狠也。惟然，而阳之或"戒"或"厉"，终不能免于悲鸣矣。而乃以激天下忠臣孝子之心，懑菀愤起，而争之以下。故极重而返，乱极而复，挟主周旋而能长保其飞扬跋扈之雄，有是理哉！逆弥甚，失弥速，见睍消，密云散，君子有以预知其"大吉"矣。

夫阴阳之往复，物理诚有之，而人之于性情也亦然。性处情中，而情盛乘权，则挟性以浮游于无实之地，逐物迁流，丧其起元之贞，性亦无如之何矣。迨乎吝而失，失而悔，退忧戒败，进处危机，则情发于中而生怨艾之音，亦中人以上之必然者。然后矫所挟以来复，性情各安其所，而终返乎其根。故曰："人恒过，然后能改。"

惟然，而"弓取"之劳亦甚矣。非不惮其"在穴"之难，获者不能得也。故《震》之勤伟矣。治乱之数，止不胜止，动则兴也。理欲之数，遏不胜遏，求乃得也。九三之"防"，所由不及九四之"遇"也。夫"密云"无久沍之阴，"在穴"有得禽之理，情不敌性，邪不胜正，虽"或戕之"，大有为者之资也。以为无可奈何而安之若命，"飞鸟以凶"，尚谁咎乎！

䷾ 既济

一阴一阳之谓道，无偏胜也。然当其一一而建之，定中和之交，亦秩然顺承其大纪，非屑屑焉逐位授才而一一之也。此天地之所以大，虽交不密、叙不察，而无损于道，则《泰》是已。若屑屑焉一一建之，因一一和以交之，此人事之有造，终不及天地之无忧矣。故济者人事也。舟之方之，榜之帆之，以通旁午，以越险阻，亦劳矣哉！

天地之可大，天地之可久也。久以持大，大以成久。若其让天地之大，则终不及天地之久。有"初"有"终"，有"吉"有"乱"，功成一曲，日月无穷。方其既而不能保，亦不足以配天地之终始循环，无与测其垠鄂者焉。

岂惟其衰，盛亦有之。阳内进而长，阴外退而穷，各就其位，互致其交，此得不谓人事之最盛者与？而君子鳃鳃然思而防之，方自此始，则何也？

天下之方兴也，国是无大辨于廷，清议无成言于野，非有楚楚然必定之清浊也。承经纶之方起，上下各尽其能而如不逮，固无余力以及此焉。而万物之相与各趋其用也，用之既趋，功必求当，人心有余，而规模日起。择位争时，以大剖阴阳之界，经制明而公论彰，区别建立之繁，无遗地而亲疏分，势乃由此而定。则尽人事者，固已极盛而无所加。一以为阳，确然而授之以位；一以为阴，确然而授之以位。安不愆之素，合不懵之交，竭往来之情，历正变之久，相与争于繁芜杂互之地，乃以得此一日，则中流鼓枻而津岸以登矣。夫此一日者，岂可久之日哉！自《屯》之始交而方遇此一日也，顾《未济》之且乱而仅有此一日也，则其为几，亦岌岌矣。

且夫阳来下以致功，阴往上以受感，阳安而阴恒危。阳躁而乐，阴静而忧，乐者忘而忧者思。以其忘危，敌其思安，鼓瑟于宫中，而聚谋于沙上，是阳固授阴以且惧且谋之药石而激之兴也。又况夫迭建迭交，琐琐焉以夹持之也！如是，则小固未亨而亨自此而起。小之亨，大之乱，如衡首尾之低昂而无爽矣。是故乱终自此而生。

二处誉，则七日勿逐以老敌；四处惧，则终日疑戒以求安。非上六之无位以穷者，皆未有须臾忘也。清浊太别而疑战承之，岂或爽哉！甘、傅申训之后，尹、仲作诵以还，汝南月旦之方明，洛、蜀是非之既定，商、周、汉、宋，此四代者，亦由是而不延。故君子诚患之也，诚防之也。

老子曰："大道废，有仁义；智慧出，有大伪；六亲不和，有孝慈；国家衰乱，有忠臣。"其感此而激为言，似之矣。虽然，存亡者天也，得失者人也。三年伐鬼方而既惫，抑不克鬼方而抑何以为高宗？时会迁流，因而自弛，则亦终无此《既济》之一日，又岂可哉！不能使河无波，亦不能使无渡河也。

人事之所争，屑屑而不能及天地之大者，命也。学焉而必致其精微，以肖天地之正者，性也。知其不能及天地，故君子乐天；知不能及，而肖其正以自奠其位，故君子尽人。穷理尽性而至于命，亦曰防之，而岂早计以吹齑之幸免与！

秦燔《诗》《书》，仁义废矣；晋尚玄虚，智慧隐矣；平王忘犬戎之仇，孝慈薄矣；谯周、冯道受卖国之赏，忠臣寝矣。曾不足以防患，而终于沉溺。老氏将谁欺哉！

君子之慎微明辨，争位于纷杂之余，正交于肆应之地者，不敢惮劳，非曰永固，亦以延天地之盛于一日，则后起者弗以渐灭而不可继，固勿庸以《既济》为戒涂，而倒行于雌雄、黑白之间，依"不盈""不足"以自保也。

䷿ 未济

一

水火之为功，不及天地之盛，因是而为害亦不如阴阳亢战之穷。逊其可大，故其成也小；让其可久，故其毁也不长。故天地而无毁也。借有毁天地之一日，岂复望其亥闭而子开，如邵子之说也哉！成之小者不足以始，故《易》首《乾》《坤》而不首《坎》《离》；据"天一生水"，则当首《坎》矣。毁之长者不可以终，故《易》终《未济》而不终《坤》。

且夫火，阴也，而以阳为郛；水，阳也，而以阴为舆。非郛不守，非舆不载，凭之以为固，含之以为光。既不能显出其神明，以备阴阳之盛；抑不欲孤恃其锋棱，以致穷亢之灾。得数少而气承其伸，则物不能长盛而不终，亦非有久终而不返。水火之撰，固有然矣。

若夫天地之所为大始者，则道也，道固不容于缺也。不容于缺，必用其全。健全而《乾》，顺全而《坤》。因是而山、泽、雷、风、水、火，皆繁然取给于至足之《乾》《坤》，以极宇宙之盛，而非有渐次以向于备。何也？道无思而无为。渐次以向于备，则有为吝留，有为增益，是且有思而有为，其不足以建天地之大也久矣。

《震》《巽》《坎》《离》《艮》《兑》，男女之辨，长少之差，因气之盈缩而分老壮，非长先而少后也。终古也，一岁也，一日也，一息也，道之流动而周给者，动止、散润、暄说皆备于两间，万物各以其材量为受，遂因之以有终始。始无待以渐生，中无序以徐给，则终无耗以向消也。其耗以向消者或亦有之，则阴阳之纷错偶失其居，而气近于毁。此亦终日有之，终岁有之，终古有之。要非竟有否塞晦冥、倾坏不立之一日矣。

尝试验之。天地之生亦繁矣，倮介、羽毛、动植、灵冥，类以相续为蕃衍。由父得子，由小向大，由一致万，固宜今日之人物充足两间而无所容。而土足以居，毛足以养，邃古无旷地，今日无余物，其消谢生育，相值而偿其登耗者，适相均也。是人之兵疫饥馑，率历年而一遇，则既有传闻以纪之。若鸟兽草木登耗之数，特微远而莫察。乃鸷攫、冻暍、野烧、淫涨之所耗者，亦可亿而知其不盈。则亦与夏昼冬夜长短之暗移，无有殊焉。要其至足之健顺，与为广生，与为大生，日可以作万物之始。有所缺，则亦无有一物而不备矣。无物不备，亦无物而或盈。夫惟大盈者得大虚。今日之不盈，岂虑将来之或虚哉！故《易》成于《既济》而终《未济》，《未济》之世，亦《乾》《坤》之世，而非先后之始终也。

《未济》与《乾》《坤》同世，而《未济》足以一终者，何也？阴阳之未交也，则为《乾》《坤》。由其未交，可以得交。乃既交而风雷、山泽、亦变矣。其尤变者，则莫若水火。一阳而上生一阴，一阴而上生一阳，以为《离》。一阴而上生一阳，一阳而上生一阴，以为《坎》。互入相交，三位相错，间而不纯，既或以为《坎》，或以为《离》矣，因而重之；《离》与《坎》遇，《离》三之阳，上生一阴，因以成《坎》，而为《既济》；《坎》与《离》遇，《坎》三之阴，上生一阳，因以成《离》，而为《未济》。互交以交. 六位相错，间而不纯。阴阳之交，极是乎而甚。故此二卦者，《乾》《坤》之至变者也。由其尽交，非有未交，交极乎杂，无可复变，是故有终道焉。

《既济》得居，《未济》失居。杂而失居，伤之者至矣。水胎阳而利降，火胎阴而利升。《既济》水升火降，升者有余位以降，降者有余位以升。《未济》水降火升，降极而无可复降，升极而无可复升。性流于情，情挚于生，交极位终，则《既济》成而《未济》终。固一日之间，一物之生，皆有此必终之理行乎阴阳，听万物材量之自受，则《未济》亦可以一终矣。

然而交则极也，阴阳则未极。阴阳之极者，未交则《乾》《坤》也，已交而得居则《泰》也，已交而失居则《否》也。《乾》《坤》之极，既已为始；《否》之极，又不可终。非《乾》则《坤》，非《坤》则《乾》。十二位之间，向背而阴阳各足，既不容毁《乾》而无《坤》，毁《坤》而无《乾》，又不得绝《否》之往来以终于晦塞。惟夫往来皆杂，十二位相错，而未有纯者，则《未济》遂足以一终。

乃一阴立而旋阳，一阳立而旋阴，阴阳皆死生于俄顷，非得有所谓"地毁于戌，天毁于亥"也。盖阴孤而不可毁阳，阳孤而不可毁阴。《未济》之象，亦一阴一阳之道，而特际其乱者尔。

先天之位，《未济》居申，申者日之所入也。日速于大圆之虚，而出入因地以渐移，则申有定位而无定时。无定时，则亦且无定位。是终日可寅，终日可申，终日终而终日始，拘于所见者莫之察尔。且申为秋始，秋司刑杀。百谷落而函活藏于甲核，昆虫熊燕蛰而生理息于膻宫，则亦貌杀非杀，而特就于替也。《未济》亦替而已矣，岂有杀哉？非杀不成乎永终，天地无永终之日矣。

且雷、风、山、泽之代天以主物也，非暄润不为功，故人物非水火不生，而其终也亦非水火不杀。雷、风、山、泽，不能杀物者也。因其任杀，故亦可以一终。而水火之杀，则亦惟水火之不盛也。阳亢而阴凝则盛，故雷风之用著，水火之用微；山泽之体实，水火之体虚。阴间乎阳而为《离》，阳不得亢；阳间乎阴而为《坎》，阴不得凝。其在《未济》也，《离》火南上而且息乎金，失木之养；《坎》水北下而注乎木，失金之滋；尤非有炎烁泛澜之势也。特以交之已杂，成乎一时之衰，而物遂受其凋敝。故盛为生，衰为杀。盛衰者偶也，生杀者互相养者也。岂有极重难返之势，以迄于大终而待其更始乎？

释氏之言曰："劫之将坏，有水灾焉，有火灾焉。"以《未济》观之，火上散而水下漏，水火不给于暄润，则于人物为死，于天地为消。其无有煊煊之焰，滔滔之波，以灭万物、毁二仪而坏之，亦明矣。

天地之终，不可得而测也。以理求之，天地始者今日也，天地终者今日也。其始也，人不见其始，其终也。人不见其终。其不见也，遂以谓邃古之前，有一物初生之始；将来之日，有万物皆尽之终；亦愚矣哉！

是故穷理尽性以至于命者，原始要终，修其实有之规，以尽循环无穷之理，则可以知生死之情状而不惑，合天地之运行而不惭，集义养心，充塞两间而不馁。呜呼！尽之矣。

二

凡夫万有之化，流行而成用。同此一日之内，同此天地之间，未有殊才异情，能相安而不毁者也。

情以御才，才以给情，情才同原于性，性原于道，道则一而已矣。一者，保合和同而秩然相节者也。始于道，成于性，动于情，变于才。才以就功，功以致效，功效散著于多而协于一，则又终合于道而以始。是故始于一，中于万，终于一。始于一，故曰"一本而万殊"；终于一而以始，故曰"同归而殊涂"。

夫惟其一也，故殊形绝质而不可离也，强刑弱害而不可舍也。舍之以为远害，离之以为保质，万化遂有不相济之情才。不相济曰未济，则何以登情才而成流行之用乎？舍之离之，因万化之繁然者，见其殊绝之刑德，而分以为二。既已分之，则披纷解散，而又忧其不合，乃抑矫揉销归以强之同，则将始于二，成于一。故曰，异端二本而无分。

老氏析抱阳负阴之旨，而欲复归于一；释氏建八还之义，而欲通之以圆。盖率以道之中于万者以为大始，而昧其本。则才情之各致，或有相为悖害者，固变化之不齐，而以此疑为不足据，乃从而归并于无有，不亦宜乎！

夫同者所以统异也，异者所以贞同也，是以君子善其交而不畏其争。今夫天地，则阴阳判矣；雷风、山泽、水火，则刚柔分矣；是皆其异焉者也。而君子必乐其同，此岂有所强哉？迅雷之朝，疾风以作；名山之上，大泽以流；《震》《巽》，《艮》《兑》之同而无所强者固然矣，而抑又不足以相害。若夫水火，吾未见其可共而处也，抑又未见其处而不争也。处而不争，则必各顺其性，利其情，相舍相离，而后可同域而安。火炎上，因而上之；水润下，因而下之；则已异矣。炎不熯水，润不灭火，则又以为同矣。呜呼！此《未济》之世，远害而"亨"，而卒以"无攸利"于天下，而《易》且以终者也，可不慎与！

今夫物之未生，方之未立，一而已矣。成材而为物，则翼以翔空，跖以蹈实，而辨立；准情而建方，则耳目知左，手足知右，而居奠。虽有父母师保，而不能强之以不异。虽然，其异焉者，中固有同然者，特忘本者未之察耳。

故极乎阴阳之必异，莫甚于水火。火以熯水，所熯之水何往？水以灭火，所灭之火何归？水凝而不化，熯之者所以荡而善其化；火燥而易穷，灭之者所以息而养其穷；则莫不相需以致其功矣。

需以互交，先难而后易，情德而貌刑，故忘本者尤恝然而畏其争。将以为本异而不可同也，于是析兄弟之居，察情欲之辨，解而散之，因而仍之。因而仍之以为自然，解而散之以为解脱。之说也，其于道也，犹泮游统之于渊鱼也。万化之终协于一以藏大始者，固不因之以匦。彼益傲然曰："其成也固然，而欲互交以致功者，亦拂阴阳之性而无当于成败。"其迷也，亦可为大哀也矣！

天地之正，不听彼之乱之。圣人之教，辅相以合之者，又维系之。彼既任其相离相舍，则亦徒有其说而无其事，故无能大损于道也。藉其不然，胥古今上下以《未济》，则一终者将以永终，且亦不可以得一终也，则可不谓大哀者与！

呜呼！君子之慎《未济》也，亦为其难而已矣。情异则利用其才，情才俱异则胥匡以道。沉潜刚克，高明柔克，以自治也；礼以齐之，刑以成之，以治人也。然后凝者不以寒沉而泄，燥者不以浮焰而衰。斟酌融通，虑始难而图成易。则天地之间，昭明流动，保合而无背驰瓦解之忧，元化且恃之以成矣。是故《未济》之慎，则其可以济之秋也。

夫水沉而舟浮，舟静而楫动，而理之相因一也。从其情才之迹而任之，以舟撑舟，以水运水，人且望洋而退，岂有赖哉？故卦凶而爻或免，亦以其应而已矣。火之刑水，其害薄，水之刑火，其害酷。《离》可以引退，不恤其害，犹与交应，则《离》贤矣。明者下烛而有孚，险者怙终而自曳。六三位进而才退，弃余光而保险，《未济》之害，独多有之，则凶亦至矣。《离》贤于坎，《坎》利于《离》。得害多者，君子之常；避祸速者，小人之智。成《未济》者，《坎》也，而老子曰"上善若水"，其为术可知矣。

《周易外传》卷四终

周易外传卷五

系辞上传第一章 章句依朱子《本义》

一

夫《易》，天人之合用也。天成乎天，地成乎地，人成乎人，不相易者也；天之所以天，地之所以地，人之所以人，不相离者也。易之则无体，离之则无用。用此以为体，体此以为用。所以然者，彻乎天地与人，惟此而已矣。故《易》显其用焉。

夫天下之大用二，知、能是也；而成乎体，则德业相因而一。知者天事也，能者地事也，知能者人事也。今夫天，知之所自开，而天不可以知名也。今夫地，能之所已著，而不见其所以能也。清虚者无思，一大者无虑，自有其理，非知他者也，而恶得以知名之？块然者已实而不可变，委然者已静而不可兴，出于地上者功归于天，无从而见其能为也。虽然，此则天成乎天，地成乎地。人既离之以有其生而成乎人，则不相为用者矣。此之谓"不易"也。

乃天则有其德，地则有其业，是之谓《乾》《坤》。知、能者，《乾》《坤》之所效也。夫知之所废者多矣，而莫大乎其忘之。忘之者，中有间也。万变之理，相类相续而后成乎其章，于其始统其终，于其终如其始。

非天下之至健者，其孰能弥亘以通理而不忘？故以知：知者惟其健，健者知之实也。能之所穷，不穷于其不专，而莫穷乎窒中而执一。执一而窒其中，一事之变而不能成，而奚况其赜！至善之极，随事随物而分其用，虚其中，析其理，理之所至而咸至之。非天下之至顺者，其孰能尽亹亹之施而不执乎一？故以知：能者惟其顺，顺者能之实也。

夫太极〇之生元气，阴阳者，元气之阖辟也。直而展之，极乎数之盛而为九。九者数之极，十则仍归乎一矣。因《坤》之二而一盈其中为三，统九三而贯之为一，其象奇一。始末相类，条贯相续，贞常而不屈，是可彻万理于一致矣，而三位纯焉，因而重之，六位纯焉。斯以为天下之至健者也。元气以敛而成形，形则有所不逮矣。地体小于天。均而置之，三分九而虚其一为六，三分三而虚其一而为二，其象偶 --。天之所至，效法必至，宁中不足而外必及。中不足者，以受天之化也。虚其中以受益，勉其所至以尽功，是可悉物理而因之，而三位纯焉；因而重之，六位纯焉。斯以为天下之至顺者也。故曰："《乾》知大始，《坤》作成物。"无思无虑而思虑之所自彻，块然委然而不逆以资物之生，则不可以知名而固为知，不见其能而能著矣。而夫人者，合知、能而载之一心也。故曰"天人之合用"，人合天地之甩也。

夫弥亘初终而持之一贯，亦至难矣。虚中忘我，以随顺乎万变，勉其所至而行乎无疆，亦至繁矣。则奚以言乎"易简"也？曰：惟其纯也。《乾》者纯乎奇矣，《坤》者纯乎偶矣。当其为《乾》，信之笃而用之恒，不惊万物之变而随之以生诚，则历乎至难而居天下之至易。当其为《坤》，己不尸功而物自著其则，受物之取而咸仍其故，则历乎至繁而行天下之至简。《乾》则以位乎天者此，以达乎人者此，以施乎地者此；六爻三才也。《坤》则以应乎天者此，以运乎人者此，以成乎地者此，因而重之，罔不皆然。此之谓纯。

夫天秉《乾》德，自然其纯以健，知矣；地含《坤》理，自然其纯以顺，能矣。故时有所鼓，时有所润。时互用而相为运，时分用而各有成。《震》《巽》《坎》《离》《艮》《兑》之大用，而在六子之各益者，天地初未尝有损，杂者自杂，不害其纯，则终古而无不易也，无不简也，皆自然也，吉凶其所不讳也。圣人所忧患者，人而已矣。故显其用于大易，使知欲得夫天下之理者，合天地之用，必其分体天地之撰而不杂者也。

夫知，用奇也则难而易，用偶也则易而难；能，用偶也则繁而简，用奇也则简而繁。然而天下之辨此者鲜矣。

知者未尝忘也。甫其有知，即思能之，起而有作，而知固未全也。因事变而随之以迁，幸而有功焉，则将据其能以为知，而知遂爽其始。故知，至健者也，而成乎弱。弱而不能胜天下，则难矣。

能固未欲执一也。方务能之，而恃所能以为知，成乎意见，以武断乎天下，乃其能亦已仅矣。物具两端，而我参之以为三，非倚于一偏而不至也，则并违其两，但用其独。故能，至顺者也，而成乎逆。逆而欲与物相亲，则繁矣。

是何也？人受天地之中以生，而不能分秩乎《乾》《坤》，则知能固以相淆，健顺固以相困矣。夫人亦有其动焉，亦有其入焉，亦有其幽明之察焉，亦有其止焉，亦有其说焉。然而惟能以健归知，以顺归能，知不杂能，能不杂知者，为善用其心之机，善用其性之力，以全体而摩荡之，乃能成乎德业而得天下之理。藉其不然，天之明固在也，地之力固在也，莫知所秩，乘志气之发而遂用之，故德二三非其德，业将成而或败之矣。是以《周易》并建《乾》《坤》以为首，而显其相错之妙。天事因乎天，地事因乎地。因乎天而《坤》乃有所仿，因乎地而《乾》乃有所成。故《易》者，圣人之以治天下之繁难而善其德业者也。

虽然，亡他焉，全体之而得矣。全体之，则可以合，可以分。诚积而必感，自摩之以其几；道备而可给，自荡之以其时。《乾》《坤》定则贵贱位，刚柔断，聚以其类，分以其群，象不昬，形不枉，皆定之者不杂也。是故可鼓可润，可寒可暑，可男可女，欣合而不乱。贤人以之为劝为威，为行为藏，为内治为外图，成《震》《巽》《坎》《离》《艮》《兑》之大用。故曰"《易》，天人之合用也"，盖纯备之、分秩之之谓也。

二

"鼓之以雷霆"，《震》也。"润之以风雨"，《巽》也。"日月运行，一寒一暑"，《坎》《离》也。《离》秉阳以函阴，为日；《坎》秉阴以承阳，为月。日运行乎阳中，为昼；月运行乎阴中，为夜。日运行乎《离》南，_{赤道之南。}月运行乎《坎》北，_{二至月道极乎南北。}则寒；日运行乎《坎》北，_{赤道之北。}月运行乎《离》南，则暑也。"《乾》道成男"，《艮》也；"《坤》道成女"，《兑》也。《乾》《坤》怒气之生，为草木禽兽，其大成者为人。天地慎重以生人，人之形开神发，亦迟久而始成。《乾》《坤》之德，至三索而乃成也。于此而见阴阳致一之专，于此而见阴阳互交之化。然皆其迹而已矣。盖学《易》者，于此而见阴阳皆备之全焉。

雷霆、风雨相偕以并作，则《震》《巽》合矣。日月、寒暑相资而流行，则《坎》《离》合矣，男女相偶以正位而衍其生，则《艮》《兑》合矣。《震》之一阳，自《巽》迁者也。《巽》之一阴，自《震》迁者也。《坎》《艮》之阳，自《离》《兑》迁也。《离》《兑》之阴，自《坎》《艮》迁也。迁以相摩，则相荡而为六子；未摩而不迁，则固为《乾》《坤》。故《震》《巽》一《乾》《坤》也，《坎》《离》一《乾》《坤》也，《艮》《兑》一《乾》《坤》也，惟其无往而非纯《乾》纯《坤》，故《乾》《坤》成卦，而三位各足，以全乎《乾》之三阳、《坤》之三阴而六位备；因而重之，而六位各足，以全乎《乾》之六阳、《坤》之六阴而十二位备。《周易》之全体，六阳六阴而已矣，其为刚柔之相摩，荡为八卦者，无往而不得夫《乾》《坤》二纯之数也。其为八卦之相摩，荡为六十四卦者，错之综之，而十二位之阴阳亦无不备也。无不备，无不纯矣。

故非天下之至纯者，不能行乎天下之至杂。不足以纯而欲试以杂，则不贤人之知能而已矣。故曰："所恶于执一者，为其贼道也，举一而废百也。"霸者之术，亦王者之所知，而王道规其全，则时出为事功，而无损于王者之业。异端之悟，亦君子之所能。而君子体其全，则或穷乎孤至，而无伤于君子之德。

故天下无有余也，不足而已矣；无过也，不及而已矣。撰之全，斯体之纯；体之纯，斯用之可杂。几不能不摩，时不能不荡。以不摩不荡者为之宗，以可摩可荡者因乎势，以摩之荡之者尽其变。故可鼓也，可润也，可运也，可成。而未鼓未润，未运未成，《乾》《坤》自若也；方鼓方润，方运方成，《乾》《坤》自若也。统六子而为《乾》《坤》，六子之性情咸具，而但俟其生。与六子而并为八卦，父母之功能固著，而不倚于子。故致一者其机也，互交者其情也，皆备者其诚也。诚者亡他，皆备而已尔。

呜呼！使君子而为小人之为，则久矣其利矣；使圣人而为异端之教，则久矣其述矣；使王者而为桓、文之功，则久矣其成矣。小人之利，君子亦谋之以育小人；异端之教，圣人亦察之以辨异端；桓、文之功，王者亦录之以命牧伯。而特更有大焉，彻乎万汇之情才而以昭其德；更有久焉，周乎古今之事理而以竟其业。刚极乎健，而非介然之怒生与惰归之余勇。柔极乎顺，而非偶用之委蛇与不获已之屈从。天下之德固然，贤人之相肖以成位乎中者，其能歉乎哉？

未至于此者，学之博，行之笃，弗能弗措，以致曲于全，尚庶几焉。老氏仅有其一端之知，而曰"曲则全"，其劣著矣。雷风不相薄，水火不相射，男女不相配，自有天地以来，未有能为尔者也。执一废百，毁《乾》《坤》之盛，而骄为之语曰"先天地生"，夫孰欺？

三

大哉《周易》乎！《乾》《坤》并建以为大始，以为永成，以统六子，以函五十六卦之变，道大而功高，德盛而与众，故未有盛于《周易》者也。

《连山》首《艮》，以阳自上而徐降以下也。《归藏》首《坤》，以阴具其体以为基而起阳之化也。夏道尚止，以遏阴私而闲其情；然其流也，墨者托之，过俭以损其生理。商道拨乱，以物方晦而明乃可施；然其流也，霸者托之，攻昧侮亡以伤其大公。

呜呼！道盛而不可复加者，其惟《周易》乎！周道尚纯，体天地之全以备于己。纯者至矣，故《诗》曰"于呼不显，文王之德之纯"，文王之所以配天也。

《乾》《坤》并建于上，时无先后，权无主辅，犹呼吸也，犹雷电也，犹两目视、两耳听，见闻同觉也。故无有天而无地，无有天地而无人，而曰"天开于子，地辟于丑，人生于寅"，其说诎矣。无有道而无天地，而曰"一生三，道生天地"，其说诎矣。无有天而无地，况可有地而无天，而何首乎《艮》《坤》？无有道而无天地，谁建《坤》《艮》以开之先？

然则独《乾》尚不足以始，而必并建以立其大宗，知、能同功而成德业。先知而后能，先能而后知，又何足以窥道阃乎？异端者于此争先后焉，而儒者效之，亦未见其有得也。夫能有迹，知无迹，故知可诡，能不可诡。异端者于此，以知为首，尊知而贱能，则能废。知无迹，能者知之迹也。废其能，则知非其知，而知亦废。于是异端者欲并废之。故老氏曰"善行无辙迹"，则能废矣；曰"涤除玄览"，则知废矣。释氏曰"应无所住而生其心"，则能废矣；曰"知见立知即无明本"，则知废矣。知能废，则《乾》《坤》毁。故曰："《乾》《坤》毁则无以见《易》。"不见《易》者，必其毁《乾》《坤》者也。毁《乾》《坤》，犹其毁父母也矣。故《乾》《坤》并建，以统六子，以函五十六卦之大业，惟《周易》其至矣乎！

　　抑邵子之图《易》，谓自伏羲来者，亦有异焉。太极立而渐分，因渐变而成《乾》《坤》，则疑夫《乾》《坤》之先有太极矣。如实言之则太极者《乾》《坤》之合撰，健则极健，顺则极顺，无不极而无专极者也。无极，则太极未有位矣。未有位，而孰者为《乾》《坤》之所资以生乎？

　　且其为说也，有背驰而无合理。夫《乾》《坤》之大用，洵乎其必分，以为清宁之极，知能之量也。然方分而方合，方合而方分，背驰焉则不可得而合矣。

　　其为说也，抑有渐生而无变化。夫人事之渐而后成，势也，非理也。天理之足，无其渐也。理盛而势亦莫之御也。《易》参天人而尽其理，变化不测，而固有本矣。奚待于渐以为本末也？如其渐，则泽渐变为火，山渐变为水乎？

　　其曰"《乾》《坤》为大父母"者，不能不然之说也。其曰"《复》《姤》小父母"，则其立说之本也。宋邽夬、秦玢亦有此说。不然，则父母而二之，且不能解二本之邪说，而彼岂其云然？

　　自《复》而左，左生乎《颐》，《明夷》左生乎《贲》，《临》左生乎《损》，《泰》左生乎《大畜》。自《姤》而右，右生乎《大过》，《讼》右生乎《困》，《遁》右生乎《咸》，《否》右生乎《萃》。而《无妄》无以生《明夷》，《升》无以生《讼》，则《复》《姤》又不任为小父母。

　　《乾》右生《夬》，《履》右生《兑》，《同人》右生《革》，《无妄》右生《随》。《坤》左生《剥》，《谦》左生《艮》，《师》左生《蒙》，《升》左生《蛊》。而《泰》无以生《履》，《否》无以生《谦》，则《乾》《坤》又不任为大父母。

如其以《泰》生《临》，《履》生《同人》，《明夷》生《复》，《否》生《遁》，《谦》生《师》，《讼》生《姤》，为往来之交错，则《姤》《复》为云仍之委绪。以《无妄》生《同人》，《明夷》生《临》，《履》生《乾》，《升》生《师》，《讼》生《遁》，《谦》生《坤》，为中外之之绕，则《乾》《坤》为奕叶之苗裔。

凡此者，既不能以自通，抑不足以自固。而但曲致其巧心，相为组织，遂有此相因而成乎渐者以为之序，相背而分其疆者以为之位，而其说遂以立。

夫《乾》尽子中，何以为《乾》？《坤》尽子中，何以为《坤》？子中无《乾》，何以为子？午中无《坤》，何以为午？抑与其"天开于子，地辟于丑"之说相叛，而率之何以为道？修之何以为教？则亦谈天之艳技而已。

夫天，吾不知其何以终也；地，吾不知其何以始也。天地始者，其今日乎！天地终者，其今日乎！观之法象，有《乾》《坤》焉，则其始矣。察之物理，有《既济》《未济》焉，则其终矣。故天可以生六子，而必不能生地。天地可以成六子，而六子必不能成天地。天地且不相待以交生，而况《姤》《复》乎？乃且谓《剥》之生《坤》，《夬》之生《乾》，则其说适足以嬉焉尔矣。

考邵子之说，创于导引之黄冠_{陈图南}，传于雕虫之文士_{穆伯长}，固宜其焰乱阴阳，拘牵迹象之琐琐也，而以为伏羲之始制，旷万年而何以忽出？此又不待智者而知其不然矣。

"《乾》知大始，《坤》作成物。""是故刚柔相摩，八卦相荡。"夫子之学《易》，学此者也。非仲尼之徒者，惟其言而莫之违，而孰与听之？

第二章

阴阳与道为体，道建阴阳以居。相融相结而象生，相参相耦而数立。融结者称其质而无为，参耦者有其为而不乱。象有融结，故以大天下之生；数有参耦，故以成天下之务。象者生而日生，阴阳生人之撰也；数者既生而有，阴阳治人之化也。

阴阳生人而能任人之生，阴阳治人而不能代人以治。既生以后，人以所受之性情为其性情，道既与之，不能复代治之。象日生而为载道之器，数成务而因行道之时。器有小大，时有往来，载者有量，行者有程，亦恒龃龉而不相值。春霖之灌注，池沼溢而不为之止也；秋潦之消落，江河涸而不为之增也。若是者，天将无以佑人而成天下之务矣。

圣人与人为徒，与天通理，与人为徒，仁不遗遐；与天通理，知不昧初。将延天以佑人于既生之余，而《易》由此其兴焉。

夫时固不可侥也，器固不可扩也。侥时而时违，扩器而器败。则抑何以佑之？器有小大，斟酌之以为载；时有往来，消息之以为受。载者行，不载者止；受者趋，不受者避。前使知之，安遇而知其无妄也；中使忧之，尽道而抵于无忧也；终使善之，凝道而消其不测也。此圣人之延天以佑人也。

虽然，亦待其人矣。器不足以承佑，圣人之于人犹天也，不能保诸既佑之余。然则能承圣人之佑者，其惟君子乎？

且夫兴鬼神以前民用者，龟筮之事，是不一类，而恒不能一因于道。象而不数，数而不象，有遗焉者矣。器与时既不相值，而又使之判然无以相济也。若夫象肖其生，数乘其务，吉凶之外有悔吝焉，昼夜之中有进退焉，则于以承佑也甚易矣。然而舍君子则固不胜者，愚不肖不与其深，贤智恒反其序也。故君子之器，鲜矣。

何也？《易》之有象也，有辞也，因象而立者也；有变也，有占也，因数而生者也。象者气之始，居乎未有务之先；数者时之会，居乎方有务之际。其未有务则居也，其方有务则动也。居因其常；象，至常者也。动因乎变；数，至变者也。

君子常其所常，变其所变，则位安矣。常以治变，变以贞常，则功起矣。象至常而无穷，数极变而有定。无穷故变可治，有定故常可贞。

无穷者何也？阴阳形器之盛，始乎天地而察乎臣妾、鼠豕，不胜繁也；始乎风雷而极乎剺刜、号笑，不胜迁也。有定者何也？非其七九，则其六八也；非其七八，则其九六也。

君子无穷其无穷，而有定其有定。所观者统乎设卦之全象，所玩者用乎变动之一爻。居不以苟安为土，纤芥毫毛之得失，皆信其必至。动不以非常为怪，仓猝倒逆之祸福，一听其自然。信其必至，故度务之智深，听其自然，故敦止之仁一。智深而必无少见多怪之惊，仁一而必无周旋却顾之私。则可安可危，而志不可惑也；可生可死，而气不可夺也。是以能于《易》而承天之佑也。

其非君子也，则恒反其序。反其序者，执象以常，常其常而昧其无穷；乘数以变，变其变而瞀其有定。是故耳穷于隔垣，笙簧奏而不闻；心穷于诘旦，晴雨变而无备。偷窬于今日之暇，局促于咫尺之安，专之以为利，保之以为欢，而天下则固然其将变矣。此亦一端矣，彼亦一端矣，则又迎之而笑，距之而啼，因杌而疑鬼，因牛羊而梦王公。吉不胜喜，喜至而吉尽；凶不胜惧，凶去而惧未忘。仆乱怅皇以邀福而逃祸者，卒不知祸福之已移于前也，而况能先祸福以择名义之正也哉？矇瞽塞目于黼黻，稚子掩耳于雷霆，象非其象而数非其数，乃以怨天之不佑也，天且莫如之何，而况于圣人乎？

呜呼！圣人之承天以佑民者至矣。《诗》《书》《礼》《乐》之教，博象以治其常；龟莛之设，穷数以测其变。合其象数，贞其常变，而《易》以兴焉。智之深，仁之一，代阴阳以率人于治，至矣，蔑以尚矣。而非君子之器，则失序而不能承。故天之待圣人，圣人之待君子，望之深，祈之夙。而学《易》之君子，将何以报圣人邪？

第三章

得数之体，多者为大，少者为小。阴阳动静乎太极，阳倡而阴和，倡者捷得而廉，和者徐收而贪，故阳一而阴二，则阴多也。阳数一、三、五、七、九，积二十五；阴数二、四、六、八、十，积三十，是阴犹多也。大衍之数五十五，去中五以用五十，阳未用而早挂其五，是阴又多也。三百八十四位之象，阴阳各半，阴抑不处其少也。然而阴卒以少为小，岂其才之不给，盖情之不逮矣。

夫数，将以用之也。有数而不用，均于无数；用而苟恤其私，均于不用。故能用者少而有余，不用者多而不足。纣之亿万，不寡于周之十人也？唐高之一旅，非富于子孙之天下也？阴阳均受数于太极，逮其既用，阳之揲四，凡七凡九，而余者或十三，或二十一；阴之揲四，凡六凡八，而余者或十七，或二十五。阴之所余，恒多于阳之一揲。不以揲而以余，阴非不足。而吝于用，于是阴遂成乎小焉。

夫崇己以替天下，则笾豆见色；利天下而节于己，则膏泽不屯。人莫窥其所藏，而窥其所建，于是乎阳任大而无惭，阴欲辞小而不得。

何也？廉于取者其施必轻，贪于求者其与必吝。受数少，则富不足以自矜，而与物若借。受数多，则情常怙于取赢，而保己恒深。鹿台、巨桥之发，封桩之世不能也，而必见之开创之日。酒浆、干糇之愆，薇蕨之士亡有也，而多得之千金之子。薰风之吹，不能如朔风之久，及其怒号披拂，荣百昌之生也，昼夜而有九春之势，惟其用之大也。

夫俭其身以利天下者，宜天下多以利报之，则大易而小险，情相称也。然而数则有不然者。莫大于龙，而亢或有悔；莫小于鱼，而贯或承宠。且不但此也。阳一索而《震》，动物者先自惧也；再索而《坎》，固物者先自劳也；三索而《艮》，止物者先自戢也。则皆险也。阴一索而《巽》，入物者己自遂也；再索而《离》，丽物者己自明也；三索而《兑》，说物者己自和也。则皆易也。是故卦小而易，卦大而险。天下替而己崇，天下利而己损，物之不齐，亦莫能得其施报之平矣。

然而《易》之有辞，恒消息其险易以剂之平。称阳而险之，或以阻其乐施之气；称阴而易之，或以奖其畜厚之私。是故因其所之，以指吉凶，而存介以忧，存悔以无咎，则奖阳而沮阴，权行乎其间焉。《大壮》之"尚往"，《夬》之"中行"，泰然足以大施于物，然且劝之以必进；《大过》之"灭顶"，《节》之"贞凶"，苶然不保其小于己，然且慰之以非罪，终不戒阳奢而忧阴以凉也。且夫险者平之基，易者危府。忧于其介，悔于其震，阴阳之险易，亦岂有恒哉！

若夫异端之窃《易》也，亦知贵阳而贱阴也，而恒矫阴阳之性情以为小大。保阳于己，数盈而不勤于用；外阴于物，数歉而乘之以游。其精者以为贵生，曰"不凝滞于物，而与物推移"。其粗者以为养生，曰"进阳火而退阴符"。与物推移，则无贵于大矣。阴符必退，则有受其小者矣。恃险而弃易，以自得其易。易在己，则险在两间。始于贵阳，而究与阴同功。是逆数以斗阴阳之胜矣。

呜呼！阳之大也，惟其用之天下而大也。其险也，则忧悔之所由以致功也。己不足以死者，物不足以生。不靳生以死天下，是为大人而已矣。

第四章

引阴阳之灵爽以前民用者，莫不以象数为其大司。夫象数者，天理也，与道为体，道之成而可见者也。道，非无定则以为物依，非有成心以为期于物。予物有则，象数非因其适然；授物无心，象数亦非有其必然矣。适然者尊鬼，必然者任运，则知有吉凶，而人不能与谋于得失。

神祠之莛卜也，何承天之棋卜也，《火珠林》之钱卜也，皆听其适然而非有则也，尊鬼之灵以治人，而无需于人谋。或为之说曰："齐戒之诚，神明之通也。"夫自以其诚为神明，则曷不断之心，而又推之于不可知也乎？以诚迓神，诚者人之心，神者天地之道，有往来焉，而岂神之无道以但听于心邪？

此其说猥陋而不足以眩知者，则又有进焉者：或恁宿舍，或恁日月，或恁候气，皆取其必然而非无心也。取其必然，则固以所凭者为体。故禽壬、奇门、太一之类，其说充塞，而皆依仿历法之一端以为体。体循于化迹，而不知其所由，变因其已成，而非有神以司其动，则亦任运而无需于鬼谋。即使先知之以为趋避，则亦登祸福而废善恶，乘捷以争阴阳之胜也。

乃彼自成乎技，而未敢窃《易》以与圣人争鸣，则又有托于《易》以鸣者：纳甲以月为体，卦气以辰为体，滥而及于五行之生克，占日之孤虚。缩天地之大德，而观之于一隙，既已乱矣。然乱之于数，而未敢乱其理也。又有进焉者：京房之律也，魏伯阳之《契》也，扬雄之《玄》也，关朗之《包》也，司马公之《虚》也，蔡氏之《畴》也，则要理以为体矣，因要理以置之于其方矣。

夫律者上生下生，诚肖乎七八九六之往来，而黄钟之数十一，则天五地六之一数也。数全而仅用其二，以之建方，以之立体，是拘守其一，而欲蔽其全矣。故《易》可以该律，律不可以尽《易》。犹《易》可以衍历，历不可以限《易》。盖历者象数已然之迹，而非阴阳往来之神也。故一行智而京房迷矣。

伯阳之以十二时火符进退为《复》《姤》，以子寅为《屯》《蒙》，执而不可易。故交变错综之捷于往来者，不能与知，而画阴阳之墟使相敌战，因摈自《姤》以往为必退之符。则将使天地之气断而不续，有小智之观时，而无大仁之安土也。

卦言乎象，爻言乎变。故四千九十六，从人事之类以取决于阴阳。《元包》《潜虚》，录卦而废爻，方有涯，体有定。则将使人事之理有静而无动，守不流之仁，而无旁行之知也。

《畴》演《洛书》，而七十二之位，不能摩荡于风雷水火之变，是冬无燠日而夏无阴雨也，《尧》《汤》不异治而政教不合施也。建一极以准福极，则无知命之变迁，而亦无敦土之繁备也。

乃其尤倍者，则莫剧于《玄》焉。其所仰观，四分历粗率之天文也。其所俯察，王莽所置方州部家之地理也。进退以为鬼神，而不知神短而鬼长。寒暑以为生死，而不知冬生而夏杀。方有定而定神于其方，体有限而限《易》以其体。则亦王莽学周公之故智。新美雄而雄美新，固其宜矣。

要而言之，之数者皆索神于方，而疑数于体。其于《易》也，犹爝火之于日月。何也？"神无方而《易》无体"，《易》与神合，而非因物以测神。神司变而物蔽物，《易》弥纶天地，而彼袭天地之绪余，则得失之相去，岂特寻丈哉？

夫数之有七八九六也，《乾》《坤》之有奇偶也，分二、挂一、揲四、归奇之各有象也，四营之积一三二二、十有八变之乘三六以备阴阳也，三百六十、万一千五百二十之各有当也，六变而七、九化而八之以往来为昼夜也，象数昭垂，鬼不得私，而任谋于人。五十而用四十有九也，分而为二，用其偶然而非有多寡之成数也。幽明互用，人不得测，而听谋于鬼。待谋于人而有则，则非适然之无端；听谋于鬼而无心，则非必然之有畛。是故推之律而在，推之历而在，推之符火而在，推之候气而在。凡彼所推者，皆待生于神。待者一隅，所待者大全。大全，则固未可以方方矣。

若夫五十六卦之综也，捷往捷来，而不期以早暮。《乾》《坤》《坎》《离》《大过》《颐》《中孚》《小过》之错也，捷反捷复，而不期以渐次。始交而《屯》，不以《复》《泰》；一终而《未济》，不以《剥》《否》。一奇一偶而六，六而四十八，四十八而三百八十四，三百八十四而四千九十六，四千九十六而出入于三百八十四之中。推之律而无定，推之历而无定，推之符火而无定，推之候气而无定。凡彼所推者，皆因生得体。因生者非可因，所因者无不可因。无不可因，则固未可以体体矣。

是何也？方者方而非众方，体者体而非众体；东西纬而不可伸以为经，南北经而不可展以为纬。耳目法天以虚，使举实而无力；手足法地以实，使誊虚而无权。故将以知取方而知不能守，以仁守方而仁不能取，以知用体而知不能举，以仁举体而仁不能用。方体有限而仁知偏诎也。

若夫道之于阴阳也，则心之于人也。方者其所字也，体者其所使也。俄而立于此，则此为东南，此为西北；俄而移于彼，则彼为西东，彼为南北。方其使耳目以视听，而手足不以实为扞格；方其使手足以持行，而耳目不以虚相浮荡。方惟其所字而皆非乱也，体惟其所使而皆不废也。一彼一此，则知可取；一彼一此而不乱，则仁可守；使之必任，则仁可举；使在此而彼不废，则知可用。是以知仁并用于心，而人鬼交谋于道。

盖无方者，无方之不仁；无体者，无体而不充；惟其有则，惟其无心而已矣。待谋于人者其有则，听谋于鬼者其无心，《易》之所以合神而与天地准也。由是而守其则，则可以安土敦仁而能爱；信其无心，则可以乐天知命而不忧；而弥纶天地之道建矣。

夫有则者，因器而无定则；无心者，万物皆见其心；则是惝恍者不足以遇之，希夷者尤不足以君之也。岂彼一技一理，足以与其大哉？然而乐广之言，犹曰"《易》以无为体"，是益求虚而限于滞矣。

有所谓为体者，既困《易》于体之中；有所谓无者，又立无于《易》之外。无不给有，天下无需于《易》而《易》废；体非其用，圣人用《易》而与《易》相违乎！夫不见七八九六之成于无心以分二，而无心所分之二，受则于七八九六而不过也乎？故托《玄》《老》以窃《易》，覆使

《易》有体而滞焉。善言《易》者，合天地以皆备，穷幽明物理以见心，其得辄立一体以拟之哉？

第五章

一

"书不尽言，言不尽意"，是故有微言以明道。微言绝而大道隐，托之者将乱之，乱之者将叛之，而大道终隐于天下。《易》曰："一阴一阳之谓道。"或曰，抟聚而合之一也；或曰，分析而各一之也。呜呼！此微言所以绝也。

以为分析而各一之者，谓阴阳不可稍有所畸胜，阴归于阴，阳归于阳，而道在其中。则于阴于阳而皆非道，而道且游于其虚，于是而老氏之说起矣。观阴之窈，观阳之妙，则阴阳瓦解而道有余地矣。

以为抟聚而合之一者，谓阴阳皆偶合者也，同即异，总即别，成即毁，而道函其外。则以阴以阳而皆非道，而道统为摄，于是而释氏之说起矣。阴还于阴，阳还于阳，则阴阳退处，而道为大圆矣。

于是或忌阴阳而巧避之，或贱阴阳而欲转之，而阴阳之外有道。阴也，阳也，道也，相与为三而一其三。其说充塞，而且嚣嚣然曰："儒者言道，阴阳而已矣。是可道之道，而非常道也；是沤合之尘，而非真如也。"乱之者叛之，学士不能体其微言，启户而召之攻，亦烈矣哉！

尝论之曰：道者，物所众著而共由者也。物之所著，惟其有可见之实也；物之所由，惟其有可循之恒也。既盈两间而无不可见，盈两间而无不可循，故盈两间皆道也。可见者其象也，可循者其形也。出乎象，入乎形；出乎形，入乎象。两间皆形象，则两间皆阴阳也。两间皆阴阳，两间皆道。夫谁留余地以授之虚而使游，谁复为大圆者以函之而转之乎？其际无间不可以游。其外无涯不可以函。虽然，此阴阳者，恶乎其著而由之，以皆备而各得邪？《易》固曰："一阴一阳之谓道。"一之一之云者，盖以言夫主持而分剂之也。

阴阳之生，一太极之动静也。动者灵以生明，以晰天下而不塞；静者保而处重．以凝天下而不浮，则其为实，既可为道之体矣。动者乘变以为常，锐而处先，故从一得九；静者居安以待化，辟以任受，故从二得十；则其数，既可备道之用矣。夫天下能治其所可堪，不能强其所不受，固矣。是以道得一之一之而为之分剂也。

乃其必有为之分剂者：阳躁以廉，往有余而来不足；阴重以啬，来恒疾而往恒迟；则任数之固然而各有竭。阳易迁而奠之使居，阴喜滞而运之使化，迁于其地而抑弗能良。故道也者，有时而任其性，有时而弼其情，有时而尽其才，有时而节其气，有所宜阳则登阳，有所宜阴则进阴。故建一纯阳于此，建一纯阴于此，建一阴老而阳稚者于此，建一阳老而阴稚者于此，建一阴阳相均者于此，建一阴阳相差者于此，建一阴阳畸倍者于此，建一阴少而化阳者于此，建一阳少而主阴者于此，建一相杂以统同者于此，建一相聚以析异者于此。全有所任而非刚柔之过也，全有所废而非刚柔之害也，两相为酌而非无主以浑其和也。

如是，则皆有分剂之者。子得母多而得父少，不奖其多，子必继父以立统。德逸于知而劳于能，不奖其逸，德要于能以成章。故数有多少而恒均，位有亢疑而恒定，极乎杂乱而百九十二之数不损。耳目长而手足短，长以利远而短以利近。手足强而耳目弱，强以载大而弱以入微。孰为为之而莫不为，则道相阴阳；孰令听之而莫不听，则阴阳亦固有夫道矣。

动因道以动，静因道以静。任其性而有功，弼其情而非不乐也。尽其才而不倦，节其气而不菀也。人之生也固然，溯而上之有天有地，以有山泽、水火、雷风，亦岂有不然者哉？

惟然，非有自外函之以合其离也，非有自虚游之以离其合也。其一之一之者，即与为体，挟与流行，而持之以不过者也。无与主持，而何以情异数畸之阴阳，和以不争而随器皆备乎？和以不争，则善也，其有物之生者此也，非有先后而续其介以为继矣。随器皆备；则性也，非待思为而立其则以为成矣。

是故于阴而道在，于阳而道在，于阴阳之乘时而道在，于阴阳之定位而道在，天方命人，和而无差以为善而道在，人已承天，随器不亏以为性而道在，持之者固无在而不主之也。一之一之而与共焉，即行其中而即为之主。道不行而阴阳废，阴阳不具而道亦亡。言道者亦要于是而已。

是故有象可见，而众皆可著也；有数可循，而无不共由也。未有之先此以生，已有之后此以成。往古来今则今日也，不闻不见则视听也。斡运变化而不穷，充足清宁而不乱。道之缊，尽此而已。如曰抟聚而合之也，分析而置之也，以是谓之曰一，道恶乎而不隐，《易》恶乎而不废哉！

二

人物有性，天地非有性。阴阳之相继也善，其未相继也不可谓之善。故成之而后性存焉，继之而后善著焉。言道者统而同之，不以其序，故知道者鲜矣。

性存而后仁、义、礼、知之实章焉，以仁、义、礼、知而言天，不可也。成乎其为体，斯成乎其为灵。灵聚于体之中，而体皆含灵。若夫天，则未有体矣。

相继者善，善而后习知其善，以善而言道，不可也。道之用，不僭、不吝，以不偏而相调，故其用之所生，无僭、无吝以无偏，而调之有适然之妙。妙相衍而不穷，相安而各得，于事善也，于物善也。若夫道，则多少阴阳，无所不可矣。

故成之者人也，继之者天人之际也，天则道而已矣。道大而善小，善大而性小。道生善，善生性。道无时不有，无动无静之不然，无可无否之不任受。善则天人相续之际，有其时矣。善具其体而非能用之，抑具其用而无与为体，万汇各有其善，不相为知，而亦不相为一。性则敛于一物之中，有其量矣。有其时，非浩然无极之时；有其量，非融然流动之量。故曰"道大而善小，善大而性小"也。

小者专而致精，大者博而不亲。然则以善说道，以性说善，恢恢乎其欲大之，而不知其未得其精也。恢恢乎大之，则曰"人之性犹牛之性，牛之性犹犬之性"亦可矣。当其继善之时，有相犹者也，而不可概之已成乎人之性也，则曰"天地与我同根，万物与我共命"亦可矣。当其为道之时，同也共也，而不可概之相继以相授而善焉者也。惟其有道，是以继之而得善焉，道者善之所从出也。惟其有善，是以成之为性焉，善者性之所资也。方其为善，而后道有善矣。方其为性，而后善凝于性矣。

故孟子之言性善，推本而言其所资也，犹子孙因祖父而得姓，则可以姓系之。而善不于性而始有，犹子孙之不可但以姓称，而必系之以名也。然则先言性而系之以善，则性有善而疑不仅有善。不如先言善而纪之以性，则善为性，而信善外之无性也。观于《系传》，而天人之次序乃审矣。

甚哉，继之为功于天人乎！天以此显其成能，人以此绍其生理者也。性则因乎成矣，成则因乎继矣。不成未有性，不继不能成。天人相绍之际，存乎天者莫妙于继，然则人以达天之几，存乎人者亦孰有要于继乎！

夫繁然有生，粹然而生人，秩焉纪焉，精焉至焉，而成乎人之性，惟其继而已矣。道之不息于既生之后，生之不绝于大道之中。绵密相因，始终相洽，节宣相允，无他，如其继而已矣。以阳继阳而刚不馁，以阴继阴而柔不孤，以阳继阴而柔不靡，以阴继阳而刚不暴。滋之无穷之谓恒，充之不歉之谓诚，持之不忘之谓信，敦之不薄之谓仁，承之不昧之谓明。凡此者，所以善也。则君子之所以为功于性者，亦此而已矣。

继之则善矣，不继则不善矣。天无所不继，故善不穷。人有所不继，则恶兴焉，利者，侥得侥失者也；欲者，偶触偶兴者也；仁者，存存者也；义者，井井者也。利不乘乎侥得，安身利用不损乎义，惟其可贞也；欲不动于偶触，饮食男女不违乎仁，惟其有常也。乍见之怵惕，延之不息，则群族托命矣；介然之可否，持之不迁，则万变不惊矣。学成于聚，新故相资而新其故；思得于永，微显相次而显察于微。其不然者，禽兽母子之恩，嗃嗃麌麌，稍长而无以相识；夷狄君臣之分，炎炎赫赫，移时而旋以相戕。则惟其念与念之不相继也，事与事之不相继也尔矣。从意欲之兴，继其所继，则不可以期月守。反大始之原，继其所自继，则终不以终食忘。何也？天命之性有终始，而自继以善无绝续也。川流之不匮，不忧其逝也，有继之者尔。日月之相错，不忧其悖也，有继之者尔。知其性者知善，知其继者知天，斯古人之微言，而待于善学者与！

故专言性，则"三品""性恶"之说兴；溯言善，则天人合一之理得；概言道，则无善、无恶、无性之妄又燀矣。大者其道乎！妙者其善乎！善者其继乎！一者其性乎！性者其成乎！性可存也，成可守也，善可用也，继可学也，道可合而不可据也。至于继，而作圣之功蔑以加矣。

第六章

拟《易》以所配，其义精矣。非密审其理者未易晰也。故天阳而地阴，天地亦阴阳也。春夏阳而秋冬阴，四时亦阴阳也。而仅配阴阳于日月者，谓夫阴阳之例成而不易者也。

天道有阴，地道有刚，以言天地，不可矣。四时密相禅，而生杀各有其时，以言四时，不可矣。故日月而后其配确也。日行出为昼而入为夜，月明生于夜而死于昼，相与含吐而各保其时，相与匹合而各贞其德。各保其时，则广有畛而大有涯；各贞其德，则有通理而无变化。斯以为阴阳之例成而不易者尔。

若夫广大者，阴阳之用也；变通者，阴阳之制也。

其为用也，日月、风雷、山泽，赅而存焉，非日月所能尽也。合一岁以成功，储其无穷以应气机，非四时之有待也。非天地，其孰有此不匮之神邪？

其为制也，四时均此一日月，而无分阴分阳之象；统此一天地，而流行于广大之中。当其移易也，微动而无垠；当其著效也，专致而不备。故冬之变春，老阴之上生一而七也；夏之变秋，老阳之下化一而八也；春之通夏，少阳之上生二而进九也；秋之通冬，少阴之下化二而退六也。任生者奇，任成者偶。六而七，九而八，各用奇而生；七而九，八而六，各用偶而成。生者外生，成者内成。外生变而生彼，内成通而自成。故冬以生温于寒，夏以生凉于暑；夏以成温而暑，冬以成凉而寒。力有余而数未尽，则损益各二以尽之。数已终而力竭，功必以渐而不可骤，则损益各一以渐易之。酌其虚盈，变必通，穷必变；酌其多少，为度于数；故曰阴阳之制也。

七曜之或进或退，通也，而历以推；十二宫之上生下生，变也，而律以调。律历本于《易》之变通，而于阴阳之例而为质，广大之体而为用者，则未之有准也。故《易》可以推律历，律历不可以尽《易》。无所准于天地，则德行废；无所准于日月，则成质亏。久矣，卦气之说碍于一隅矣。

是故备乎两间者，莫大乎阴阳，故能载道而为之体，以用则无疆，以质则不易，以制则有则而善迁。天之运也，地之游也，日月之行也，寒暑候气之节也，莫不各因其情以为量，出入相互，往来相遇，无一定之度数，杂然各致，而推荡以合符焉。

故圣人之于《易》也，各因其材以配之，形象各得，生成各遂，变化各致，而要不相为凌背，则吉凶著而化育成矣。若守其一隅，准诸一切，则天理不相掩，而人事相违，又恶足以经纬乎两间哉？故曰："神无方而《易》无体"，广大之谓也。

乃为《月令》之说者曰："春夏阳，秋冬阴。王者继天而为之子，春夏用赏，秋冬用刑。"是春夏废阴而秋冬废阳也。赏以法阳，刑以法阴，一如日月之悬象，俪一成而不易，昭垂于庶民，使其以昼夜之行为吉凶，则刑赏之法日月是已。变刑而先赏，变赏而先罚，通赏以五等，通刑以三刺，则变通以情理，犹冬无凄阴，夏无酷暑也。赏以劝善而恶者愧，刑以惩恶而善者安，非刑无阳而赏无阴，则上下进退之生积备矣，岂规规然画四时以生杀乎？如其画赏于春夏，画刑于秋冬，抑无以待人事之变，而顺天命天讨之宜。卒有肘腋之奸，待之数月而戎生于莽；大功既建，而印刓未与；倘其不逮期而溘先晨露，将勿含憾于泉壤哉？故曰："赏不逾时，罚不旋踵。"无所待以昭大信也。

然则《月令》之书，战国先秦道丧而托于技，盖非圣之书，而吕不韦、刘安以附会其邪说。戴氏杂之于《礼》，后儒登之于经，道愈裂矣。变复之术，王充哂之，亦知言者夫！

第七章

天地无心而成化，故其于阴阳也，泰然尽用之而无所择：晶耀者极崇，而不忧其浮也；凝结者极卑，而不忧其滞也。圣人裁成天地而相其化，则必有所择矣。故其于天地也，称其量以取其精，况以降之阴阳乎？

圣人赖天地以大，天地赖圣人以贞。择而肖之，合之而无间，圣人所以贞天地也。是故于天得德，于地得业。尊天之崇，不以居业；顺地之卑，不以宅德。借不然者，违其量不择其精。务过高之伪行，不与百姓相亲；安不足之凉修，不与禽兽相别；行过高，而业不称义之宜；修不足而德不掩道之充，乃为之说曰："大德若不足。"或为之说曰："究竟如虚空。"恒得阴阳之过而倒循之，其邪说诐行之成，有自来矣。

夫以崇法天，以卑效地，圣人以择之既精者判然而奠位。然非其判然奠位而遂足以贞天地也。

天终古而崇，无所留以为滞；地终古而卑，无所隙以为浮，其位是已。而一往一来，一动一静，其界也迥别而不相袭，其际也抑密迩而不容间。故天崇而以其健者下行，地卑而以其顺者上承，虚实相持，翕辟相容，则行乎中者是已。"行乎其中"者，道也，义也。道以相天而不骄，义以勉地而不倍。健顺之德，自有然者，而道义行焉矣。

继善以后，人以有其生，因器以为成性，非徒资晶耀以为聪明，凝结以为强力也。继其健，继其顺，继其行乎中者，继者乃善也。行乎其中者，则自然不过之分剂，而可用为会通者也。

知因虚以入实，其用下彻；礼用器以载道，其用上达。下彻者，要崇而纳之于不浮；上达者，致卑而升之于不滞，绍介以使之相见，密络以不使之相离。故知、礼者、行乎天地之中，以合其判然者也。

惟然，故圣人有门以上而遵道于天，有门以下而徙义于地。天不以处之尊，恝然舍人而养其高；地不以位之实，颓然舍人而保其广。于彼不舍者，于此得存。故存天存地，而行乎其中者，成性固存之矣。

奚以明其然也？天虚而明，地繁而理。礼法繁理，手足为容；知效虚明，耳目任用。下彻者虚明之垂也，上达者繁理之积也。虚明下彻，故日星风雨，足以析物之根荄而酨为授；繁理上达，故草木虫鸟，足以类化之菁华而登其荣。是故知无不察，所知者不遗于毫毛；礼无不备，所体者不舍乎仁孝。著龟感于无形，吉凶者居室之善否也；俎豆修于在列，昭明者上帝之陟降也。不然，异端浮其量以为知，崇而不来，觉识无以作则；祝史滞其文以为礼，卑而不往，歌哭无以发情。知礼不相谋，崇卑不相即。笃实之性，去于异端；哀乐之性，去于祝史。去者不存，不存则离。天亢上而地沉下，匪特其中之离也，抑无以安其位矣。

大哉！圣人之用《易》也。择其精，因其中，合其妙，分以剂之，会以通之，人存而大地存，性存而位存，析乎其有条也，融乎其相得也，斯则以为"存存"也。玄者之窃《易》曰："存存者，长生久视之枢也。"释者之窃《易》曰："存存者，不生不灭之真也。"夫百圣人存之而如一圣人，一圣人存之而正万愚不肖，要以设人位而贞天地之生。彼之固命以自私，灭性以远害者，其得窃文句之似以文其邪哉！

第八章

《大过》之初，阴小处下，履乎无位，其所承者，大之积刚而过者也。以初视大，亢乎其相距矣；以大视初，眇乎其尤微矣。以其眇者视其亢者，人之于天，量之不相及也。阳虽亢而终以初为栋，阴虽眇而终成《巽》以入，人之事天，理之可相及者也。若此者，其象也。圣人因以制事天之典礼，斟酌以立极，则非拟议不为功。《易》曰："借用白茅，无咎。"非拟议之余，因象以制动，亦恶足以知其慎哉？

是故圣人之事天也，不欲其离之，弗与相及，则取诸理也；不欲其合之，骤与相及，则取诸量也。荐之为明德，制之为郊禋，不欲其简，以亲大始也；不欲其黩，以严一本也；则取诸慎也。

日至以月之，上辛以日之，骍白以牲之，三月以涤之，升歌以和之，天尊而人事事之，以登人而不离于天。陶匏以将之，三焴以献之，茧栗以进之，玄酒以求之，大裘以临之；天迩而神事事之，以远天而不亵于人。不敢亵者量，不忍离者理。通理以敦始，故方泽不敢亢于圆丘；称理以一本，故上帝不可齐于宗庙。《传》曰"绝地天通""错诸地"之谓也，虽有几筵重席，不敢登矣。《诗》曰"上帝临女""借之用茅"之谓也，视诸扫地无坛，则已加矣。扫地以质，借茅以文。要求诸质，进求诸文，求诸文而借之茅焉。虽然，亦止于此而已矣。不逮此者则已简，过此者则已黩，岂慎也哉！

且夫人之生也，莫不资始于天。逮其方生而予以生，有恩勤之者而生气固焉，有君主之者而生理宁焉。则各有所本，而不敢忘其所递及，而骤亲于天。然而有昧始者忘天，则亦有二本者主天矣。忘天者禽，主天者狄。羔乌之恩，知有亲而不知有天；蹛林之会，知有天而不恤其亲。君子之异于禽也，岂徒以禋祀报始哉？巡守则类焉，民籍则献焉，钦承以通之，昭临女之毋贰也，故曰"乾称父，坤称母"。若其异于狄也，则用重而物则薄也，天子之外未有干焉者。等人而专于天子，而抑又用之以薄，非能侈然骤跻于帝之左右矣。狄之自署曰"天所置单于"，黩天不疑，既已妄矣。而又有进焉者，如近世洋夷利玛窦之称"天主"，敢于亵鬼倍亲而不恤也，虽以技巧文之，归于狄而已矣。

呜呼！郊祀之典礼至矣哉！不敢昧之以远于禽，不敢主之以远于狄。合之以理，差之以量。圣人之学《易》，于斯验矣。德业以为地，不敢亢人以混于杳冥；知礼以为茅，不敢绝天以安于卑陋。故曰："惟仁人为能飨帝。""知其说者之于天下，其如示诸掌乎！"慎之至而已矣。

《大过》之初六，克肖之矣。柔而安下，不敢或黩；成《巽》顺入，不敢或简。故曰："齐乎《巽》。"齐也者，齐侧皆切也，被一其德以即于慎，岂有咎与！而不见夫上六乎？跻而升积阳之上，以致其说，无礼而黩，有巫道焉，则地天通而阴阳乱，"灭顶"之凶，亦可为不慎者之戒矣。

第九章

太极之在两间，无初无终而不可间也，无彼无此而不可破也，自大至细而象皆其象，自一至万而数皆其数，故空不流而实不窒，灵不私而顽不遗，亦静不先而动不后矣。夫惟从无至有者，先静后动而静非其静；从有益有，则无有先后而动要以先。若夫以数测者，人由既有以后测之而见者也。象可以测数，数亦可以测象。象视其已然，静之属；数乘其自有，动之属；故数亦可以测象焉。要此太极者混沦皆备，不可析也，不可聚也。以其成天下之聚，不可析也；以其入天下之析，不可聚也。虽然，人之所以为功于道者，则断因其已然，而益测之以尽其无穷；而神而明之，分而剂之，哀而益之，则惟圣人为能显而神之。

其测以数者奈何？太极之一。○也，所以冒天下之数也，而恶乎测之？测之者因其所生。动者必先，静者必随，故一先二，二随一，相先相随，以臻于十。和者非有益于倡者，则无所事于和矣。一而二，二而三，三而四，由是而之于十，皆加一者，相对之数也。阴欲值阳而与之对，必虚阳之所值而实其两端，以辟户而受施，不然则相距而龃龉，故一不可对三，二不可对四。一对三则中央相距，二对四则两端相距也。二一而二，二二而四，由是而二五而十，皆倍加者，阴承阳一，因其增益之性以为习，使可辟而有容也。一而三，三而五，由是而之九，皆增二者，阳感阴化，因其所辟而往充其虚也。从一合六以得七，由是而从五合十以得十有五者，因生数之终，加其所进以为成，成不能成，功因乎生也。生数止五，成数尽十者，从太极测之而固有之也，

太极，○之实有也。动者横以亘，无不至也，故为径；静者张以受，无不持也，故为交；动流而不滞，故为圆；静止而必齐，故为方；外齐者其中径也，故为弦。于径测之，亘一而一矣；于交测之，乂而二于所径矣；于圆测之，○流动中规，而三于所径矣；于方测之，□四距中矩，而四于所径矣；于弦测之，上弦◠二有半，下弦◡二有半，合实计之，而五于所径矣。五则中实，中实则可为主于外，而地效其充以相成。生始于阳而终于阳，成始于阴而终于阴。性情之起，功效之登，一也。

于方测阴而得四，阴体定矣。以其交者而自实，以方函交，⊠而六于所径矣。交、方皆阴也，阴数纯备而为老阴。阳函阴，动有静，以圆纳方，◉而七于所径矣。阳外成，则体阳而为少阳。天包地外，而亦行乎地中。天行地中，施其亘化，以方纳圆，径一充之，⊡而八于所径矣。阴外成，则体阴而为少阴。天固包地，尽地之用，地道无成，竭其功化以奉天，以圆纳方，方有其交，⊗而九于所径矣。浑天之体，于斯而著，故为老阳。"阳知大始，阴作成物"，物数之成，于阴而讫，合径一、交二、圆三、方四、⊠而十于所径矣。至于十，而所以测太极之术尽矣。无以测之，而天地之数一终矣。

若夫有径━而无竖┃者，天地之际甚密，不可以上下测。测之以竖者，《太玄》《元包》《潜虚》之所以成乎其妄也。太极之有十，浑成者也。非积而聚之、剖而析之也，而何所容测焉？

乃数因于有象，象则可测矣，可测则可积矣。故积之以二十有五，积之以三十，而天地之数纪焉。积之者，天地以为功而无穷，圣人既于其象而灼知之。虽然，固然之积引于无穷者，尤存乎分剂而衰益之，则《易》兴焉。

天地之数五十有五，大衍之数五十。其差五者，以积计之，裁地之有余，同天之不足。健行者速而得廉，顺承者迟而得奢，亦勉地而使配天行也。且静者无由以得数，因动而随，则虚中而重其两端，数斯立矣。两端建而中皆虚一，所增者仅与天及，外密而反以中疏，是五位皆缺其一，而数亦二十有五矣。

以乘计之，北南东西者，阴阳老少之位，中无定位，以应四维。阴不适主，阳之珠聚者，❖与太极同而无所歉。故以天乘地而为五十。天乘地而非地承天者，一可以生十，二必不可以成九，数之固然也。裁而成之，称量而承之，而大衍之数登焉。

大衍五十而一不用。一者，天之始数也，亦地之始数也。一一而二，二固始于一也。由是而十，由是而五十，皆以一为始。太极之有数生于动，《易》之变化亦动也。动，君动，则一可不用，以君四十有九。故自此而七八九六，合符而不爽，岂非其固然者哉？

不用之一，以君动而不以君静，故大衍之数，常者五十，而乘乎变者四十有九。一因动以为君，未动则合五十而为一。合而为一者，太极混沦周遍之体，而非动而倚数，于五十之中立一以为一矣。立一以为一，而谓之太极，韩康伯之臆说也。立一于数外，与四十有九参立，乃自外来而为之君，此老氏之所谓一也。《易》固不曰"挂一以象太极"，太极不可与阴阳析处而并列也。由是而变矣，则数以测象矣。自挂一象三以后，及于万一千五百二十之象，万物皆有成则之可法；分而为两，无成数而托于无心者，神之所为无心而成化也。有成则者，范围天地之成化，所以显道；无成数者，上迓太极之无心，所以神德行也。道显于有则，故恒而可由；由德神而无心，故与时偕行，故曰："神无方而《易》无体。"非然，则吉凶仰成于必至，谁与为"《震》无咎"之功，谁与为"忧悔吝"之几也哉？以天治人而知者不忧，以人造天而仁者能爱，而后为功于天地之事毕矣。

乃若四营、十八变之数有则者，亦与无心者相间，而后道无不显而德无不神。象两象三，四时闰期，万物之数，象各有当，其有则焉固矣。

其揲四之数，六揲而二十四，七揲而二十八，八揲而三十二，九揲而三十六，六七八九，《河图》之成数，水火木金之化也。归奇之十三、十七、二十一、二十五，三四五六以乘四而加一，其一为余，余者奇之归，皆挂一不用，以为一爻之君也。初变之余皆五九，再变、三变之余皆四八者，因其盈而多余之，因其虚而少余之，自然之樽节而不滥也。三变之数，中分无心，其所变者初揲一、二揲二、三揲三、四不足于揲，自五以至四十四，凡百九十六变，奇九十，偶百有六。三变之偶多于奇者十六，积十八变而多于奇者九十六。偶多而奇少者，称其固有之数，阳少而阴多也。而筮者之所得，未尝见偶多于奇，周流于六十四，各足于百九十二，阴虽多而无心之化必平也。

大衍之数，六积而三百，天地之数，六积而三百三十。裁地以相天，则诎其三十而为衍；相天以冒地，则伸其三十而为期。故《乾》《坤》之策三百六十，天行之度，不息之健，虽少而恒速，亦固有之也。

四十有九，六积而二百九十有四，六十四积而万八千八百十六，老阳之余七十八，少阳之余百二十六，少阴之余百有二，老阴之余百五十，《乾》《坤》之余二百二十八，二篇之余七千三百八十。其不逮四十有九之策万一千六百有四，较之二篇之策不相值者七十有四，凡此，皆无心而不期于肖也。铢铢而期之，节节而肖之是阴阳无往来，而吉凶无险阻矣。揲者有则，天地之成理；余者无心，天地之化机。以化归余，而不以余归揲。君子贞其常以听变，非望之福不以宠，非望之祸不以惊，优游于变化之至，固不取截然均析以为体，如邵子之四块八段，以归于无余也。

呜呼！道之大也，神之无方也，太极之动，奇一偶－－而已。非可与神者，其孰能与于斯！然而圣人终尽之于乾坤，则奇一偶一者，万变之取为实而随化皆始者也。圣人约之于仁知，贤者充之以知能，"可与酬酢，可与佑神"，此物此志也夫！

第十章

天下非特有深也，絫浅而积之，则深矣。天下非特有几也，析大而详之，则几矣。舍浅而浚之，略大而察之，谓有深且几者立于天下之外，捷取焉而以制天下，岂不悖哉！然则天下非特有神也，行乎浅而已深，图乎大而已几，有所以至而人莫测其即此而至，斯天下之至神者矣。是故至深者天下也，至几者天下也。莫深于天下之志，莫几于天下之务也，故足以相因而底于成与通也。

奚以明其然也？天下之志亦浅矣，而求其通，则深也。天下之务亦大矣，而溯所成，则几也。中人以上极于圣，中人以下极于顽，或敝屣天下，或操刃锱铢，或愿尽闺堂，或图度荒裔，其不相通而欲通之，则杳乎其未易测矣。一事之本末，变之不胜其繁；一代之成毁，开之不俟其钜；质文之尚，达乎幽明；喜怒之情，动乎海岳；俟之后王而万祀，逮之编氓而九州，其不易成也而欲成之，则纤乎其无所遗矣。夫未易测者以为通，无所遗者以为成，圣人之于天下，鼎鼎焉，营营焉，爱而存之，敬而尽之，存其志，尽其务，其不敢不忍于天下者，以是为极深而研几也。

是故不曰"我高以明而天下之志不足知，我静以虚而天下之务不足为"。极天下之固有，攘君诤母，皆志之所必悉；极天下之大有，酒浆瓜枣，皆务之所必勤。固有者象也，大有者变也。小大有象，往来有变。无小无大，无往无来，一阴一阳之间，有其至赜而极详者。岂以增志之所本无，而强务以所不必也哉？

是故金夫之女，负乘之子，不食之飞，得敌之鼓，志无穷而象与之无穷；濡之衣袽，系之苞桑，前禽之失，得妾之子，务靡尽而变与之靡尽。未易测者，小大之生生不可测也。无所遗者，往来之亹亹不可遗也。若此者，藏天下于爻，府天下于卦，贞天下于《乾》易《坤》简，以其易简，推之近远，抵之幽深，会其参伍，通其错综，然后深可极而几可研。要岂立易简于事外，以忍于不知，而敢于不为也哉？

是故志下通于愚贱，而顽谗可格；务积成于典礼，而天鬼不违。《诗》曰"求民之莫"，极深之谓也；《书》曰"所其无逸"，研几之谓也。夫乃以大通而集成矣。

彼何晏、夏侯玄之流，麦菽不知，萧墙不戒，遁即荒薄，而窃其目以相题，戕其身而祸人家国，盖有由矣。《春秋》之纪事也，篡君召王，无不志也；蜮蜚鸲石，无不详也。采物之覆亡，阴阳之愆伏，与《易》为表里。故曰："《易》言其理，《春秋》见诸行事。""守经事而知宜"，以极深也；"遭变事而知权"，以研几也；而固已早合于神矣。太子弘废商臣之篇，王安石恣"烂报"之诬，宜其与何晏、夏侯之徒异车而同债也。

第十一章

是故性情相需者也，始终相成者也，体用相函者也。性以发情，情以充性，始以肇终，终以集始，体以致用，用以备体。阳动而喜，阴动而怒，故曰性以发情；喜以奖善，怒以止恶，故曰情以充性；三时有待，春开必先，故曰始以肇终；四序所登，春功乃备，故曰终以集始；无车何乘？无器何贮？故曰体以致用；不贮非器，不乘非车，故曰用以备体。六者异撰而同有，同有而无不至。至则极，无不至则太极矣。

"《易》有太极"，固有之也，同有之也。太极生两仪，两仪生四象，四象生八卦，固有之则生，同有之则俱生矣。故曰"是生"。"是生"者，立于此而生，非待推于彼而生之，则明魄同轮而源流一水也。

是故《乾》纯阳而非无阴，《乾》有太极也；《坤》纯阴而非无阳，《坤》有太极也。《剥》不阳孤，《夬》不阴虚，《姤》不阴弱，《复》不阳寡，无所变而无太极也。卦成于八，往来于六十四，动于三百八十四，之于四千九十六，而皆有太极。策备于五十，用于四十九，揲于七八九六，变于十有八，各尽于百九十六，而皆有太极。故曰"《易》有太极"，不谓"太极有《易》"也。惟《易》有太极，故太极有《易》。

所自生者肇生，所已生者成所生，无子之叟，不名为父也。性情以动静异几，始终以循环异时，体用以德业异迹，浑沦皆备，不漏不劳，固合两仪、四象、八卦而为太极。其非别有一太极，以为仪、象、卦、爻之父，明矣。

故太极之于《河图》，未有象也，于《易》未有数也，于筮未有策也，于卦未有占也。象皆其象，数皆其数，策皆其策，占皆其占。有于《易》以有《易》，莫得而先后之。

故吉凶日流于物，大业日兴于事，智礼日行于两间，道义日存于人心。性善而情善，情善而才善；反身而诚，不远而复。天下之道冒，而圣人之藏亦密矣。冒者于彼于此而无不被，密者于彼于此而无或疏也。是太极有于《易》以有《易》，《易》一太极也，又安得层絫而上求之？

《乾凿度》曰"有太易，有太初，有太始，有太素"，危构四级于无形之先。哀哉！其日习于太极而不察也！故曰："阖户之谓乾，辟户之谓坤。"有户，则必有材以为户者，则必有地以置户者。阖，则必有阖之者；辟，则必有辟之者。为之置之，阖之辟之，彼遂以为是太极也，且以为太易、太初、太始、太素也。夫为之置之，必有材矣，大匠不能抟空以造枢根；阖之辟之，必有情矣，抱关不能无司以为启闭。材则其阴阳也，情则其往来也。使阴阳未有之先而有太极，是材不夙庀，而情无适主；使仪象既有之后，遂非太极，是材穷于一用，而情尽于一往矣；又何以云"《乾》《坤》毁则无以见《易》"也乎？

故不知其固有，则绌有以崇无；不知其同有，则奖无以治有。无不可崇，有不待治。故曰"太极有于《易》以有《易》"，不相为离之谓也。彼太易、太初、太始、太素之纷纭者，虚为之名而亡实，亦何为者邪？彼且曰："有有者，有无者，有未始有夫有无者。"或且曰："七识以为种子，八识以为含藏，一念缘起无生。"呜呼！毁《乾》《坤》以蔑《易》者，必此言夫！

第十二章

一

夫缊者，其所著直略切也。著者，其所归也。归者，其所充也。充者，其所调也。是故无以为之缊，既郛立而不实，亦瓦合而不浃矣；既绝党而相叛，亦杂类以相越矣。而不见天地之间乎，则岂有坚郛外峙，而庞杂内塞者乎？

今夫阳以成男，阴以成女，其以达情，即以达性也。饮以养阳，食以养阴，其以辅形，即以充神也。然而牝、牡异质，姬、姜异宗，水、土异产，甘、咸异味。夫妇之合，非巧媒所能介也。荣卫之分，非良庖所能齐也。于此于彼而各有宜，于此于彼而互有成，宜以不乱，成以不过，则谁为为之而有非其著焉者也？

以为即器而保器，器无情者也，而恶乎保之？以为离器而用器，则器贱矣，贱者惟贵者之所使，则胡不惟其情之所便以相昵，惟其形之所可受以相取，而又恶乎相调而各有司邪？且盈天地之间，则皆有归矣。有其表者，有其里者，则有其著者。著者之于表里，使其二而可以一用，非既已二而三之也。盈天地之间，何非其著者之充哉？

天位乎上，地位乎下，上下之际，密迩而无毫发之间，则又恶所容其著者？而又非也。天下济而行，地上承而合。下行之极于重渊，而天恒入以施。上合之极于层霄，而地恒蒸以应。此必有情焉而必有性焉，必有以辅形而有以充神焉。故《乾》曰"时乘六龙以御天"，《乾》者所以御天而下济也；《坤》曰"牝马地类，行地无疆"，《坤》者所以行地而上承也。盈天地之间皆器矣。器有其表者，有其里者。成表里之各用，以合用而底于成，则天德之《乾》，地德之《坤》，非其缊焉者乎？

是故调之而流动以不滞，充之而凝实以不馁，而后器不死而道不虚生。器不死，则凡器皆虚也；道不虚生，则凡道皆实也。岂得有坚邪峙之以使中屡空也？岂得有庞杂窒之而表里不亲邪？故合二以一者，既分一为二之所固有矣。是故《乾》《坤》与《易》相为保合而不可破。破而毁，毁而息矣。极乎变通，而所缊者常与周旋而不离，而《易》备。

故夫天下之赜，天下之动，事业之广，物宜之繁，典礼之别，分为阴，分为阳，表里相待而二，二异致，而一存乎其人，存乎德行。德行者所以一之也。在天地为《乾》《坤》，在人为德行。《乾》《坤》固以其德行充两间而调之，而后器不死而道不虚生。

由此思之，七八九六之数，上生下生之变，吉凶悔吝之辞，以实道而虚器，大哉，充满流通于天地之间，岂不一诚而无忘哉？若夫悬道于器外以用器，是缊与表里异体，设器而以道鼓动于中，是表里真而缊者妄矣。先天之说，橐籥之喻，其于《易》之存人以要天地之归者，又恶足以知之！

二

"谓之"者，从其谓而立之名也。"上下"者，初无定界，从乎所拟议而施之谓也。然则上下无殊畛，而道器无易体，明矣。天下惟器而已矣。道者器之道，器者不可谓之道之器也。

无其道则无其器，人类能言之。虽然，苟有其器矣，岂患无道哉？君子之所不知，而圣人知之；圣人之所不能，而匹夫匹妇能之。人或昧于其道者，其器不成，不成非无器也。

无其器则无其道，人鲜能言之，而固其诚然者也。洪荒无揖让之道，唐、虞无吊伐之道，汉、唐无今日之道，则今日无他年之道者多矣。未有弓矢而无射道，未有车马而无御道，未有牢醴璧币、钟磬管弦而无礼乐之道。则未有子而无父道，未有弟而无兄道，道之可有而且无者多矣。故无其器则无其道，诚然之言也，而人特未之察耳。

故古之圣人，能治器而不能治道。治器者则谓之道，道得则谓之德，器成则谓之行，器用之广则谓之变通，器效之著则谓之事业。

故《易》有象，象者像器者也；卦有爻，爻者效器者也；爻有辞，辞者辨器者也。故圣人者，善治器而已矣。自其治而言之，而上之名立焉。上之名立，而下之名亦立焉。上下皆名也，非有涯量之可别者也。

形而上者，非无形之谓。既有形矣，有形而后有形而上。无形之上，亘古今，通万变，穷天穷地，穷人穷物，皆所未有者也。故曰："惟圣人然后可以践形。"践其下，非践其上也。

故聪明者耳目也，睿知者心思也，仁者人也，义者事也，中和者礼乐也，大公至正者刑赏也，利用者水火金木也，厚生者谷蔬丝麻也，正德者君臣父子也。如其舍此而求诸未有器之先，亘古今，通万变，穷天穷地，穷人穷物，而不能为之名，而况得有其实乎？

老氏瞀于此，而曰道在虚，虚亦器之虚也。释氏瞀于此，而曰道在寂，寂亦器之寂也。淫词炙辊而不能离乎器，然且标离器之名以自神，将谁欺乎？

器而后有形，形而后有上。无形无下，人所言也。无形无上，显然易见之理，而邪说者淫曼以衍之而不知惭，则君子之所深鉴其愚而恶其妄也。

故"作者之谓圣"，作器也；"述者之谓明"，述器也。"神而明之，存乎其人"，神明其器也。识其品式，辨其条理，善其用，定其体，则默而成之，不言而信，皆有成器之在心而据之为德也。

呜呼！君子之道，尽夫器而已矣。辞，所以显器而鼓天下之动，使勉于治器也。王弼曰："筌非鱼，蹄非兔。"愚哉，其言之乎！筌、蹄一器也，鱼、兔一器也，两器不相为通，故可以相致，而可以相舍。形而上者谓之道，形而下者谓之器，统之乎一形，非以相致，而何容相舍乎？"得言忘象，得意忘言"，以辨虞翻之固陋则可矣，而于道则愈远矣。

《周易外传》卷五终

周易外传卷六

系辞下传第一章 *章句依朱子《本义》*

一

为治水之术者曰"堙其所自溢"，是伯鲧之术，而白圭袭之者也。则为安身利用之术者曰"杜吉凶悔吝之所从生"，亦犹是而已矣。

天下固有此潆洞浩瀚之流行之地中，中国自足以胜之。惊其无涯而堙以侥幸，禁其必动，窒其方生，汨乱五行，而不祥莫大焉。知吉凶悔吝之生乎动也，则曰"不动不生，不生则不肇乎吉，不成乎凶，不贻可悔，不见其吝，而以逍遥乎苍莽，解脱乎火宅"。呜呼！无以胜之，而欲其不生，则将谓"稻麦生夫饥，丝麻生夫寒，君师生夫乱，父母生夫死"，亦奚为而不可？其云"大盗生于圣人，无明生于知见"，犹有忌而不敢昌言。充其所操，惟乾坤父母为古今之大害，而视之若仇雠。乃要其所挟，则亦避祸畏难之私，与禽兽均焉而已矣。

夫圣人亦既知之，曰"吉凶悔吝生乎动"者矣。而吉者吾道也，凶者吾义也，悔者吾行之几也，吝者吾止之时也。道不可疑，义不可避。几不可逆，时不可违，恒有所奉以胜之。故诊衣、鼓琴而居之自得，夏台、羑里而处之不忧。怨艾以牖其聪明，而神智日益；退抑以守其坚忍，而魄骨日强。

统此者，贞而已矣。惟其贞也，是以无不胜也。无不胜，则无不一矣。

且夫欲禁天下之动，则亦恶从而禁之？天地所贞者可观，而明晦荣凋弗能禁也。日月所贞者可明，而阴霾晕珥弗能禁也。天下所可贞者君子之一，而得失忧虞弗能禁也。当其吉，不得不吉，而固非我荣；当其凶，不得不凶，而固非我辱。

如曰"无吉则无凶，无凶则无悔吝"，则莫如舍君子而野人。野人之吉凶，不出乎井庐者也，则莫如舍野人而禽鱼。禽鱼无所吉，而凶亦不先觉也，则莫如舍禽鱼而块土。至于块土，而吉凶悔吝之端泯，终古而颓然自若也。乃天既不俾我为块土矣，有情则有动，且与禽鱼偕动焉；抑不俾我为禽鱼矣，有才则有动，且与野人偕动焉。抑彼自谓绌才去情，以偕乎野人，而抑以擅君子之实，思以易天下，有道则有动，必将与君子偕动焉。姑且曰："胡不如野人之贸贸，胡不如禽鱼之狘狘，胡不如块土之冥冥"？以摇天下蕙畏偷安者，而自命为道。

呜呼！勿忧其无冥冥之日也。死则亦与块土同归，动不生而吉凶悔吝之终离，则虚极静笃，亦长年永日而宴安矣。故其为道也，与禽为嬉，与鱼为泳，与土为委，与野人为偷，与死为灭，与鬼为幽。

乃其畏凶而惮悔吝也，畏死而已矣。畏凶者极于死，畏悔吝者，畏其焦肺怵心以迫乎死。然而与死为徒焉。此无藉之子逃桁杨而自雉经之智计，亦恶足比数于人类哉！

其为心也，非无所利于吉也，畏不得吉，无可奈何而宁勿吉也。夫君子则无所利于吉，而何畏乎非吉？故守贞而一之，而道乃无穷。其示天下，不可无吉也，无吉则道不行；不可无凶也，无凶则义不著；不可无悔也，无悔则仁不复；不可无吝也，无吝则志不恒。

故不知进退存亡，而龙德乃备；不惮玄黄之血，而天地以杂而成功。则天下日动而君子日生，天下日生而君子日动。动者，道之枢，德之牖也。《易》以之与天地均其观，与日月均其明，而君子以与《易》均其功业。故曰："天地之大德曰生。"离乎死之不动之谓也。

彼异端者，导翁妪瓮粟之欲，守稚子衽席之逸，虽哤琐曼延，而虑不出乎此；乃窃《大易》之言，曰："'吉凶悔吝生乎动'，吉一而凶三。天下皆羿之彀，不如室其动以绝其源。"洄湍汪洋，亦何从而测其所归哉！

二

乐行而不释其焦劳，忧违而不改其欣适，贞夫一矣。则得失皆贞也，吉凶悔吝可以俱忘，而奚有于卜筮以审其疑邪！

夫天下之有所大疑者二，得之思保之，未得思致之，未失思存之，失而思安之：位也、财也。天下之得失尽于此而已矣。蔑君罔亲而图之者，奸人也。诎节菲廉以利之者，庸人也。图功取誉而终身以之者，当世之士也。如是，则圣人奖当世之士，而启庸愚奸宄以争疑信于不必得之中，则何贞之有哉？

曰：非然也。位者仁之藏，"何以守位曰仁"，"仁"字当如字。财者义之具也。故天下无吉凶，而吉凶于财位；君子无吉凶，而财位有吉凶。此所谓与百姓同其忧患者也。察原观化，浑万变而一之，浑涵于仁义之大有，则位恶得而不宝，财恶得而不聚乎？

且位恶从而设于伦类，财恶从而流行于事物哉？愚者见位，知其贵而已也，而骄肆以丧其仁；愚者见财，矜其富而已也。而鄙吝以堕其义。故位非其位，而财非其财。若夫位则有所自设矣，若夫财则有所自殖矣。

天地之大德者生也，珍其德之生者人也。胥为生也，举蚑行喙息、高骞深泳之生汇而统之于人，人者天地之所以治万物也；举川涵石韫、夷荣落实之生质而统之于人，人者天地之所以用万物也。胥为人矣，举强武智文、效功立能之生理而统之以位，位者天地之所以治人也；举赋质修事、劝能警惰之生机而统之以财，财者天地之所以用人也。

不得其治，则叛散孤畸，而生气不翕，天地于此有不忍焉。不任以用，则委弃腐萎，而生道不登，天地于此有不倦焉。故翕天下以位而人统乎人，人乃以统乎物；登天下以财而人用乎人，人乃用乎物。故天地于其所生，无所靳置于已生之余。莫之喻而喻，使之自相贵而位以定；莫之劝而劝，使之交相需而财以庸。然则位者，天地不忍不治之仁，因以秩之；财者，天地不倦于用之义，因以给之。

圣人钦承于天，而于天步之去留，天物之登耗，殚心于得失之林，弗容已矣。其得也，吉也；其失也，凶也；其悔也，欲其得也；其吝也，戒其失也。请命于天，与谋于鬼，大公于百姓，兴神物以使明于消息存亡之数，尚德而非以奖竞，崇功而非以导贪，而天地之德，亦待圣人而终显其功。

呜呼！彼骄语贫贱，何为也哉？"金夫不有躬"，非其财也。"负乘致寇至"，非其位也。"君子于行，三日不食"，以安位也。"困于赤绂，乃徐有说"，以节财也。非然者，贫其身以贫万物，异于床而丧资斧；贱其身以贱天下，折其足以覆公悚。于陵仲子以馁成其不义，延陵季子以让成其不仁，君子将厚责之，况乎创越人熏穴之言，拾食蛤遨游之说，桎梏宝命，尘垢天物，以绝仁弃义，而刬天地之生者哉？

故圣人之于《易》也，据位、财为得失，以得为吉，以失为凶，以命之不易、物之艰难为悔吝，与百姓同情，与天地同用，仁以昌，义以建，非褊心之子所可与其深也。故《洪范》以福极为向威，《春秋》以失地亡国为大恶，诚重之也，非徒与陶、猗争区区之廉，莽、操争硁硁之节也。

第二章

法象莫大乎《乾》《坤》。法皆其法，象皆其象，故曰大也。资始资生而万物之数皆备，易知简能而天下之理皆得，是尽天下之象而无以当之。故佃渔耒耜以给养，交易以利用，弧矢门柝以御害，舟楫服乘以致远，宫室棺椁以卫生而送死，书契以纪事而载道，民用之所以浃，王道之所以备，而皆不足以当《乾》《坤》。

衣裳之垂，其为生人之用，亦与数者均尔。且其始于毛革，继以丝枲，冬以温，夏以清，别嫌疑，厚廉耻，犹其切焉者也。若夫上衣下裳，施以绣，间以绘，采以五，章以十二，配以六冕，缀以韨佩，应乎规矩，中乎准绳，炎非以适，寒非以温，为之也劳，服之也若赘。乃圣人独取《乾》《坤》之法象以当之，而以天下之治系之，呜呼！孰有知其为天地之大经，人禽之大别，治乱之大辨，以建人极而不可毁者乎？

夫法象之于天地，亦非有其功德之切，与于人物者也。悬日月星辰于上，而人有不可法之知；奠海岳邱原于下，而人有不可效之能。始有所以始，而可观者非能为美利；生有所以生，而昭著者非能为变蕃。然而文之所著，变之所自察；理之所显，化之所自宜；无功之功，启群伦之觉；无用之用，安万汇之宜。天地不事以其德业詹詹与万物寡过，而治莫尚焉矣。故水、火、雷、风，不能越其广大；六子、五十六变，不能乱其崇卑。

大哉法象乎！而生人之事，圣人所以继天而致治者，孰足以当此乎？天位尊，地位卑，上下定矣；天成象，地成形，文章著矣。上下定，故万物戢然而不敢干；文章著，故万物欣然而乐听其命。戢然而不敢干，欣然而乐听其命，则天地可得而治万物，人可得而治物，君子可得而治野人，而非此者，则乱。

古之圣人，思有以治天下，而其心殚矣。久而乃得之于法象焉。人之所可受吾治者，惟其敬爱而已矣。怵然不敢干之心生，则敬兴；欣然乐听其命之心生，则爱兴。触目而天地之法象在焉，莫或不敬也，莫或不爱也。人成位乎中，而君子者野人之耳目也。人成位乎中，则可以效法天地而无惭；君子为野人之耳目，则利用其敬爱法象之心，以作其敬爱而受治。

故衣裳之垂也，上下辨焉，物采昭焉，荣华盛焉。洁齐，以示无散乱也；宽博，以示无虔骛也。天地方圆之仪则，天产地产之精华，咸备焉；阴阳损益之数，律度规短准绳自然之式，咸在焉；以示人极之全也。而天下悉观感以生其敬爱，于是而圣人者亦有其无功之功，以与天地相参。故惟衣裳可以配《乾》《坤》，而非他制器尚象所得而拟焉者也。

呜呼！衣裳之于人，大矣哉！可敬者义之府也，可爱者仁之缊也。是善恶之枢也，生杀之机也，治乱之司也，君子野人之辨也，而尤莫大乎人禽之别焉。鹩鸪负叶以覆露，水鹳畜磐以御寒，瓯蛋文身以辟蛟，秽貊重貂以履雪，食衣裳之利而去其文，无以自殊于羽毛之族而人道亡，则《乾》《坤》之法象亡矣。黄帝以前，未之备也，及其有之而乾坤定。赵武灵以后，沦于替也，浸以乱之而乾坤伤。妲己男冠以亡殷，何晏女服以覆晋，宋齐邱羽衣而灾及其身，王旦披缁而辱逮于死。小变而流于妖，祸发于当年；大变而滥于禽，祸且移于运会矣。古之圣人，法象治之而有余；后之王者，干戈争之而不足。《易》曰："《易》不可见，乾坤或几乎息矣。"是殆《易》毁而乾坤将息之日也与，悲夫！

第三章

天下无象外之道。何也？有外，则相与为两，即甚亲，而亦如父之于子也。无外则相与为一，虽有异名，而亦若耳目之于聪明也。父生子而各自有形，父死而子继；不曰道生象而各自为体，道逝而象留。然则象外无道。欲详道而略象，奚可哉？

今夫象：玄黄纯杂，因以得文；长短纵横，因以得度；坚脆动止，因以得质；大小同异，因以得情；日月星辰，因以得明；坟埴垆壤，因以得产；草木华实，因以得财；风雨散润，因以得节。其于耳启窍以得聪，目含珠以得明，其致一也。象不胜多，而一之于《易》。《易》聚象于奇偶，而散之于参伍错综之往来，相与开合，相与源流。开合有情，源流有理。故吉凶悔吝，舍象而无所征。乾非六阳，无以为龙；坤非六阴，无以为马。中实外虚，颐无以养；足欹铉断，鼎无以烹。推此而言，天下有象，而圣人有《易》，故神物兴而民用前矣。

汉儒泥象，多取附会。流及于虞翻，而约象互体，半象变爻，曲以象物者，繁杂琐屈，不可胜纪。王弼反其道而概废之，曰："得象而忘言，得意而忘象。"乃《传》固曰："《易》者，象也。"然则汇象以成《易》，举易而皆象，象即《易》也。何居乎以为兔之蹄、鱼之筌也？

夫蹄非兔也，筌非鱼也。鱼、兔、筌、蹄，物异而象殊，故可执蹄筌以获鱼兔，亦可舍筌蹄而别有得鱼兔之理。畋渔之具伙矣。乃盈天下而皆象矣。《诗》之比兴，《书》之政事，《春秋》之名分，《礼》之仪，《乐》之律，莫非象也。而《易》统会其理。舍筌蹄而别有得鱼得兔之理，舍象而别有得《易》之涂邪？

若夫言以明象，相得以彰，以拟筌蹄，有相似者。而象所由得，言固未可忘已。鱼自游于水，兔自窟于山，筌不设而鱼非其鱼，蹄不设而兔非其兔。非其鱼兔，则道在天下而不即人心，于己为长物，而何以云"得象""得意"哉？故言未可忘，而奚况于象？况乎言所自出，因体因气，因动因心，因物因理，道抑因言而生。则言、象、意、道，固合而无畛，而奚以忘邪？

盖王弼者，老、庄之支子，而假《易》以文之者也。老之言曰："言者不知。"庄之言曰："言隐于荣华。"而释氏亦托之以为教外别传之旨。弃民彝，绝物理，胥此焉耳。

呜呼！圣人之示人显矣。因像求象，因象成《易》。成而为材，动而为效。故天下无非《易》而无非道，不待设此以掩彼。俱无所忘以皆备，斯为善言《易》者与！若彼泥象忘理以支离附会者，亦观象以正之而精意自显，亦何必忘之而始免于"小言破道"之咎乎？

第四章

君用独以统群，民用众以从主，君制治而民从法，故莫要于立君以主民，而民但受治焉。

君子恒顺，小人恒逆，而卦之阴阳肖之。奇一也，偶二也，阳卦以一阳统二阴，以奇为君，以偶为民，是一君而二民也，故曰顺。阴卦以二阳归一阴，以偶为君，以奇为民，是二君而一民也，故曰逆。

试论之。道之流行于人也，始于合，中于分，终于合，以始终为同时同撰者也。始者生也，终者死也，中者今日是也。

君子以人事天，小人以鬼治人。以人事天者，统乎大始，理一而已。理气一也，性命一也。其继也，合于一善而无与为偶。故君子奉一以为本，原始以建中，有条不紊，分之秩之，两端审而功满天下。一念之诚，一心之健，推而准之于无穷，皆是物也。若其所终，则无事逆挽以求合。言满天下，行满天下，斯以为全归而已矣。故谨于知生而略于知死。

若夫小人之道，则亦有一之说矣，而必先之以二。君二者，因中以归终也。"载营魄"以始，"抱一"以终；"万法"以始；"归一"以终。从多致寡，从寡致无，以鬼统人，而返人于鬼。是故期于知死，而忽于知生。先后、制从之间，逆计而挽其末流，则志慑而气亦萎矣。

故圣人之与异端，均言一矣；彼曰"归一"，此曰"一贯"；彼曰"抱一"，此曰"一致"。抱以归者所终也，处后而从治之绩也；贯以致者所始也，处先而制法之主也。故君子君一而小人民一。民一而未尝不一，小人乃无忌惮而以一傲君子矣。

是以异端必滥于鬼，而圣人必本于天。惟然，故习于小人之道以应吉凶之务者，亦君子恒顺而小人恒逆。君子之动也，荣辱贵贱、安危生死之殊绝，喜怒忧乐、酬赏重罚之洊用，敦土以旁行，安身以定交，皆本一诚以先，而洋溢敷施，万变而无必然之信果。究其所归，尧、禹异治，姬、孔异教，天下见君子之大，而不见君子之一。君得所丽，民得所纪。亦犹深宫无亵见之天颜，而比屋有可书之间党矣。

小人之动也，一荣一辱而志移，一喜一怒而情变；持两端以揣势，分两念以图全；一以为祸福而瞿然恐，一以为善恶而恧然畏。早作夜思，双行于义利而庶几其可合。机深巧售，终以自得，曰吉凶之万变于前而终归于画一之算也。则小人亦利赖其一以安矣。先利而后义，先成败而后是非。要其所君，则中庸模棱为固藏之宗主，拥戴而高居者也。

呜呼！以一为君，德主天而行主义。以二为君，德尚鬼而行尚利。鬼、利者，阴之性也。一乱其统，疾入于小人之道而不复。《巽》之"频"，《兑》之"来"，《离》之"沱若"，且不自保，而况其变焉者乎？

第五章

一

天地之间，流行不息，皆其生焉者也，故曰"天地之大德曰生"。自虚而实，来也；自实而虚，往也。来可见，往不可见。来实为今，往虚为古。来者生也，然而数来而不节者，将一往而难来。一嘘一吸，自然之势也，故往来相乘而迭用。相乘迭用，彼异端固曰"死此生彼"，而轮回之说兴焉。死此生彼者，一往一来之谓也。夫一往一来，而有同往同来者焉，有异往异来者焉，故一往一来而往来不一。化机之妙，大造之不可为心，岂彼异端之所得知哉？

尝论之。天地之大德，则既在生矣。阳以生而为气，阴以生而为形。有气无形，则游魂荡而无即；有形无气，则髊骼具而无灵。乃形气具而尚未足以生邪！形盛于气则壅而萎，气胜于形则浮而枵，为夭、为尪、为不慧，其去不生也无几。惟夫和以均之，主以持之，一阴一阳之道善其生而成其性，而生乃伸。则其于生也，亦不数数矣。

男女构精而生，所以生者诚有自来。形气离叛而死，所以死者诚有自在。圣人之与异端，胥言此矣。乃欲知其所自来，请验之于所自往。气往而合于杳冥，犹炊热之上为湿也。形往而合于土壤，犹薪炭之委为尘也。所以生者何往乎？形阴气阳，阴与阳合，则道得以均和而主持之。分而各就所都，则无所施和，而莫适为主。杳冥有则，土壤有实，则往固可以复来。然则归其往者，所以给其来也。

顾既往之于且来，有同焉者，有异焉者。其异者，非但人物之生死然也。今日之日月，非用昨日之明也；今岁之寒暑，非用昔岁之气也。明用昨日，则如镫如镜，而有息有昏；气用昨岁，则如汤中之热，沟浍之水，而渐衰渐泯。而非然也。是以知其富有者，惟其日新，斯日月贞明而寒暑恒盛也。阳实而翕，故昼明者必聚而为日；阴虚而辟，故夜明者必凝而为月。寒暑之发敛而无穷，亦犹是也。不用其故，方尽而生，莫之分剂而自不乱，非有同也。

其同者，来以天地之生，往以天地之化，生、化各乘其机而从其类，天地非能有心而分别之。故人物之生化也，谁与判然使一人之识亘古而为一人？谁与判然使一物之命亘古而为一物？且惟有质而有形者，可因其区宇，画以界限，使彼此亘古而不相杂。所以生者，虚明而善动，于彼于此，虽有类之可从，而无畛之可画，而何从执其识命以相报乎？夫气升如炊湿，一山之云，不必其还雨一山；形降如炭尘，一薪之粪，不必其远滋一木。有形质者且然，奚况其虚明而善动者哉？则任运自然，而互听其化，非有异也。

是故天地之以德生人物也，必使之有养以益生，必使之有性以纪类。养资形气，而运之者非形气；性资善，而所成者丽于形气。运形者从阴而浊，运气者从阳而清。清浊，互凝以成既生以后之养性，浊为食色，清为仁义。其生也相运相资，其死也相离相返。离返于此，运资于彼。则既生以为后，还以起夫方生。往来交动于太虚之中。太虚者，本动者也。动以入动，不息不滞。其来也，因而合之；其往也，因往而听合。其往也，养与性仍弛乎人，以待命于理数；其来也，理数绍命，而使之不穷。其往也，浑沦而时合；其来也，因器而分施。其往也，无形无色，而流以不迁；其来也，有受有充，而因之皆备。抟造无心，势不能各保其固然，亦无待其固然而后可以生也。

清多者明，清少者愚；清君浊者圣，浊君清者顽。既已弛人而待命矣，听理数之分剂，而理数复以无心，则或一人之养性散而为数人，或数人之养性聚而为一人。已散已聚，而多少倍蓰因之以不齐。故尧之既崩，不再生而为尧，桀之既亡，不再生而为桀。借其再生，则代一尧而国一桀矣。

清聚者，积中人而贤，积贤而圣，清散者，分圣而数贤，分贤而数中人。浊散者，分顽而数中人，分中人而数贤；浊聚者，积贤而中人，积中人而顽。清本于阳，二十五而不足，故人极于圣，而不能无养。浊本于阴，三十而有余，故人极于顽，而不知有性。又极而下之，则狗马鹿豕、蚓蠋枭獍之类充矣。要其方往而方来之际，或聚或散，固不可以刻桅而问遗剑也。

使此一人焉，必死于此而生于彼，魂魄既分于升降，又各寻其合，而营营往来，交午于道，亦纷诡而必迷矣。故往之或来，来之必往，可信其自然，以为天地之大德。而往来之冲，聚散多寡之际，听乎理数之无心，则所谓"过此以往"者也。有心可亿以因心，无心无定以召亿。"未之或知"，岂复有知此者哉？虽欲知之，而不能强无心者以听我，徒眩而忧。忧而召妄，固将悲其往而幸其不来，则生老病死皆苦，抑将灭情绝识，居长策于无生矣，则又何贵乎知之邪？不必知之，而圣人之利用以贞来而善往者，固有道矣。

生化之理，一日月也，一寒暑也。今明非昨明，今岁非昔岁，固已异矣。而实而翕者，明必为日；虚而辟者，明必为月；温而生者气，必为暑；肃而杀者，气必为寒；相因以类，往来必贞。故人物之生，莫之一而自如其恒。特其用也，阳数寡动，以喜来而大；阴数多静，以喜往而小。养与性均，以有生。养数多，下逮乎虫鸟；性数少，递杀于中人。多者不恤其往，寡者重予以来，圣人之所以必尽性而利天下之生也。

性之数既寡，而人抑不能存之，且亏替之。大宝在位，而聪明强力之足任，则为功于往来以节宣阴阳者，存乎其人矣。充性以节养，延于他日，延于他人，而要有余清。充养以替性，延于他日，延于他人，而要有余浊。故成周之刑措百年，衰晋之五胡云扰，善恶之积，亦有往来，率数百年而一复。然且圣人忧之者，化不可知而几甚危也。

是故必尽性而利天下之生。自我尽之，生而存者，德存于我；自我尽之，化而往者，德归于天地。德归于天地，而清者既于我而扩充，则有所埤益，而无所吝留。他日之生，他人之生，或聚或散，常以扶清而抑浊，则公诸来世与群生，圣人因以赞天地之德；而不曰"死此而生彼"，春播而秋获之，铢铢期报于往来之间也。

是故《诗》《书》《礼》《乐》以敦其教，纲常秩叙以峻其防，功不预拟于将来，事必先崇于今日。为埤益之，勿吝留之，正婚姻以厚男女之别，谨饔食以制饮食之度，犹日无朒朓而月有盈虚也，犹寒暑相半而和胜于寒以助温也，则圣人与天地之相斟酌深矣。

且今日之来，圣人之所珍也；他日之往，圣人之所慎也。因其来而善其往，安其往，所以善其来。物之来与己之来，则何择焉？是则屈于此而伸于彼，屈于一人而伸于万世，长延清纪，以利用无穷，此尺蠖之信而龙蛇之伸，其机大矣。故生践形色而没存政教，则德遍民物而道崇天地。岂舍安身以求入神之效也乎？惟然，故不区画于必来，而待效于报身也；抑不愁苦于必往，而苟遁于一来不来也。

然则天下之淫思而过虑者，何为也哉？释守性以为己真，老守命以为己宝，以同所异而异所同，立藩棘于荡平之宇，是亦共、驩朋党之私，屠酤固吝之情已耳。故曰："君子和而不同。"与天下万世和也，而不怙必同于己也。

然则何以见其义于《咸》之九四也？《艮》，男之成也；《兑》，女之成也。三、四之爻，男女相感之际，人道之终始，往来之冲，而取诸身者为心。心感而思，感思以止，秉贞而尽道之常，不安养之悦以叛性，不专己而绝物，故曰："圣人感人心而天下和平。"天下和平，则己之思虑释矣。若夫迷于"往来"之恒理，惑其"憧憧"，而固守己私，以觊他生之善，谓死此生彼之不昧者，始未尝不劝进于无恶。而怙私崇利，离乎光大以即卑暗，导天下以迷，而不难叛其君亲。圣人有忧之，故于此三致戒焉。

呜呼！圣人之时，彼说未来也，而知人思虑之淫，必有疑于此者，故早为之剖析于千岁之上，可不谓"前知"者与！列御寇西方圣人之说，又何诬焉！虽然，圣人之于此，广矣，大矣，《易》道备矣，岂独为《咸》四言之与？

二

"归"者其所自来也，"致"者其所自往也。天下有所往非其所自来者乎？则是别有一壑，受万类之填委充积而消之，既归非其归，而来者抑数用而不给矣。由此言之，流动不息，要以敦本而亲用，恒以一而得万，不强万以为一也，明矣。

异端之言曰"万法归一"，一归何处？信万法之归一，则一之所归，舍万法其奚适哉？是可截然命之曰"一归万法"，弗能于一之上索光怪泡影以为之归。然而非也。万法一致，而非归一也。致顺归逆也。

夫彼之为此说也，亦有所测也。谓天下之动也必增，其静也必减；其生也日以增而成，其死也日以减而灭。千章之木，不给于一埈之灰；市朝之人，不给于原皋之冢。初古之生，今日而无影迹之可举。因而疑天下之始巨而终细。也独不日前此之未有，今日之繁然而皆备乎？

且以为由一而得万，如窍风之吹于巨壑，或疑其散而不归，浸以万而归一，如石粟之注于蠡瓢，不忧其沓而难容邪？强而归之，必杀其末以使之小，是以轻载重，以秒承干，而化亦弱丧以不立矣。

且夫"同"而"一"者非其少也，"殊"而"百"者非其多也。天下之生，无不可与道为体。天下之理，无不可与道为本。成熟扩充，以臻于光大，随所入德而皆有。其大备而量有不齐，则难易差焉。故君子择其精粹以为之统，则仁首四端而孝先百行，其大凡也。立本者，亲始者也。序立而量能相给也。亦非有一之可执以臣妾乎万有，况得有一立于万有之余以吸万而为之藏哉？

天地之间大矣，其始终亦不息矣。盈然皆备而咸保其太和，则所谓"同归"而"一致"者矣。既非本大而末小，亦非本小而末大。故此往彼来，互相经纬而不碍。夫道，则必与天地相称也。彼之言曰"世界如腰鼓颖"矣，抑以道为两端小而中大，则是天地之两端有余而道之中央无顿舍也，其亦不相掩以相称矣。

且其谓津液暖气之属归乎地水火风，亦既粗测夫即化之归，而要以致辨于知死。知死而不知生，是故地水火风之精粹，听往来以利天下之用，来归而为生者，顾略而不审。又恐其断灭而说不立也，则取乎既同既一之化，栉比而丝续之，曰"死此而生彼"。乃"殊涂""百虑"之不可齐者，横立此疆彼界于大同之中，思其无可思，虑其无可虑，乱始终之条理，而曰"芥子纳须弥"。"纳"者，不受而强致之也，亦未知芥子、须弥之同原而异理也。惊天下于往来而昧其生道，则其为害岂胜道哉！

子曰"天下同归而殊涂，一致而百虑"，一本万殊之谓也。借曰"殊涂而同归，百虑而一致"，则二本而无分矣。同而一者，所以来也；殊而百者，所以往也。过此以往，为殊为同，为一为百，不容知也。子曰"未之或知"，岂复有知之者？而必推本以观其往来，岂强知之哉？亦以明其不可知者而已。殊涂百虑，不胜知矣。稍进而亲始，不胜知者，亦可以止思虑之滥，而作"憧憧"之防。"书不尽言，言不尽意。"圣人之意，莫与绎之，将谁纪以别于异端？

三

下生者其本立，积之再三者其本盛，故《乾》《坤》其蕺以加矣。未至乎《乾》《坤》者，《艮》，阴之盛也；《兑》，阳之盛也；《泰》，阴阳之盛也。阴盛于《艮》，《乾》道乃致一而成之；阳盛于《兑》，《坤》道乃致一而成之；阴阳盛于《泰》，《损》乃致一而成之。三致一阳于上，上乃下交而为友。未盛者，授之成而不能成，欲致之而未可致也。故曰："天地纲缊，万物化醇。"时雨将至，炎气隆隆；宿霭欲消，寒清肃肃。炎之薄而密云无以成其膏泽，寒之浅而旭日无以成其涤清。天地且不能强致，而况于人乎？

三人行，则可损一人矣。三人损一以行，则友得矣。藉其惟一人之踽踽，欲往合而定交，非徒其损极而无以自存，佻佻之子，物亦且疑之，而孰令听之乎？故曰"介于石，不终日"；匪介于石焉，终日而犹忧其速也。

武王之所以养之于十三祀，而耆定于一朝也。故曰"安其身而后动"，其身不安焉，民不与而伤之者至矣。孔子之所以天下莫与而莫能伤也。故曰"成器而动""动而不括"；器不成焉，弗能不括而遽释也。孟子之所以三见齐王而不言事也。

是故损之为德，俭人之所修；致之为功，惠人之所乐；友之为益，通人之所尚；而纲缊者，莫之能逮。夫纲缊者，而岂易言哉！旁薄以充阳之能，欲怒以发而不为《震》之"虩虩"，欲洊以至而不为《坎》之"不盈"；凝固以厚阴之藏，欲利其入而不为《巽》之"纷若"，欲丽其明而不为《离》之"突如"；动静交贞以奠阴阳之所，欲往合其孚而不为《恒》之"浚"以"振"也。夫然后以之损而可损，钜桥之发，非李密敖仓之发也；以之致而可致，囧、毕之命，非襄王河阳之命也；以之友而可友，庸、蜀、羌、髳之合，非苏秦洹水之合也。

故威不厚者不可以恩，恩不笃者不可以威；知不彻者不可以行，行不慊者不可以知。周公七年而定宗礼，非叔孙绵蕝而创汉仪也；孔子五十而学《大易》，非扬雄泚笔而作《太玄》也，博学不教者，内而不出；多闻而阙者，必慎其余。道溢于事，神充于形。神充于形，则不谓之耳目而谓之聪明；道溢于事，则不谓之功名而谓之学问。

故损其有余以致诸天下之不足，雷雨之《屯》犹惜其不满，火风之《鼎》犹虑其不足以安。然后行者其三人也，非睘睘而呼将伯也；致者可一人也，非连鸡而相观望也。故曰："《乾》道成男，《坤》道成女"，《震》《巽》《坎》《离》让其成以蹊《艮》《兑》久矣。偕行者众，而投之于可迁之地，求之不深，给之不捷，天地且然，而况于人乎？

大哉，纲缊之为德乎！阳翕以固，景融所涵，极碧霄，达黄垆，而轮困不舍。阴辟以演，滋膏所沁，极碧霄，达黄垆，而洋溢无余，不息者其惟诚也，不间者其惟仁也，不穷者其惟知也。

故君子以之为学，孳勤而不倦，以之为教，循循而不竭；以之为治，彻百姓之场圃筐篚而皆浃乎深宫之志；以之为功，体万方之壶浆歌舞而勿贰其旄钺之心；而后道侔于天而阳施于首出，德均于地而阴畅于黄裳。天下见其致而乐其仁，天下见其损而服其义，天下见其一而感其诚。亦孰知损之而不匮，二阳仍定位于下。致之而不劳，三、上非用爻。自有其植本之盛乎？

"三"者，数之极也，天地人之合也；"行"者，动之效也，阴阳之和也；"损"者，有余之可损也；"致"者，致之所余而能受也；"得其友"者，交无所歉而后无所疑也。皆絪缊之所可给也。致其一焉，斯醇矣。故举天地之大德，万物之生化，而归之于《损》三，岂虚加之哉！

第六章

道之见于数者，奇偶而已矣。奇一偶二，奇偶合而三，故八卦之画三，而数之分合具矣。

然此者，数之自然，未能以其德及乎天下也。推德以及天下，因其自然而复为之合。三亦奇也，偶其所奇而六，故六十四卦之画六，而天地之德合。合以成撰，撰备而体不缺，德乃流行焉，二其三，三其二，而奇偶之变具矣。

然此者，天地之德固然，人未有以与之也。迓天地之德，以人谋参之，因其固然而复为之合。六亦偶也，奇其所偶而十八，故四营之变十有八，则三极之往来尽矣，而奇偶之分合止矣，过此者皆统于此矣。

要而论之，奇偶合用以相乘，《易》与筮均是物也。筮者，人之迓天者也，三其六，以奇御偶，圆数也，圆而神者以通神明之德。《易》者，天地固然之撰也；二其三，以偶御奇，易简之数也，易以贡者以体阴阳之撰。故筮用十八，而《易》尽于六。六则德以合矣，体以全矣，无有缺焉，抑岂有能缺者哉？

夫阳奇阴偶，相积而六。阳合于阴，阴体乃成；阴合于阳，阳体乃成。有体乃有撰，阳亦六也，阴亦六也。阴阳各六，而见于撰者半，居为德者半。合德、撰而阴阳之数十二，故《易》有十二；而位定于六者，撰可见，德不可见也。阴六阳六，阴阳十二，往来用半而不穷。其相杂者，极于《既济》《未济》；其相胜者，极于《复》《姤》《夬》《剥》；而其俱见于撰以为至纯者，莫盛于《乾》《坤》。故曰："《乾》《坤》，其《易》之门邪！"

《乾》之见于撰者六阳，居以为德者六阴；《坤》之见于撰者六阴，居以为德者六阳。道有其六阳，《乾》俱见以为撰，故可确然以其至健听天下之化；道有其六阴，《坤》俱见以为撰，故可颓然以其至顺听天下之变。尽见其纯，以待变化之起，则天下之相杂相胜者生矣。借非然而已杂已胜，天下亦且日以杂胜为忧，而务反之纯，安能复与之为相杂而为相胜乎？故门立，而开阖任乎用。牖无阴，开而不能阖；墙无阳，阖而不能开。德不备而撰不能以相通矣。

由此观之，阴阳各六，而数位必十有二，失半而无以成《易》。故因其撰求其通，窥其体备其德，而《易》可知已。于《乾》知六阴，于《坤》知六阳也，其杂胜也，能杂于六，而有能越于十二者哉？

何以明其然也？《易》以称天地之量，而不能为之增减。增者外附而量不容，减者内馁而量不充。《乾》无六阴，阴从何来，而《坤》为增矣。《坤》无六阳，阳从何来？而《乾》为增矣。相胜者：《夬》《姤》一阴，而五阴何往？《复》《剥》一阳，而五阳何归？相杂者：阴阳之或少或多，已见者在，而未见者何亡？以为本无，则《乾》《坤》加于数外矣。以为本有，则余卦缩于象中矣。以为一有而一无，一多而一寡，则无本之藏，离合起灭于两间，亦妖眚之不数见，而疢疟之时去来矣。

夫由《乾》而知道之必有六阳也，由《坤》而知道之必有六阴也，《乾》《坤》必有而知数位之十二皆备，居者德而见者撰也，是故有往来而无死生。往者屈也，来者伸也，则有屈伸而无增减。屈者固有其屈以求伸，岂消灭而必无之谓哉？

阴阳各六以为体，十二相通以合德，而可见者六以为撰。既各备其六以待变化，故不必其均而杂胜起。要非可尽之于可见，而谓爻外无位，位外无数也。爻外有阴阳，杂者岂忧其越哉？由可以来，知其未来者之必有数以储俟；由可以往，知既往者之必有位以居停；由相胜相杂而不越于《乾》《坤》，知未见之数位与已见者而相均。爻外有阴阳，而六外有位，审矣。

然可见者，所撰者也。有撰者可体，故未有撰者可通。圣人依人以为则，准见以为道，故曰："过此以往，未之或知也。"未过此者可知以所见，形色之所以为天性，而道之所以不远人与！

今夫门有开阖，则近而比邻，远而胡、越，皆可用吾往来也。今有人焉，行不自门，驰魄飞形而以往以来，为怪而已矣。故用而可见者以为之门，《乾》《坤》各见其六以待变化之起，则亦民行济而得失明矣。若其实有夫十二者，则固不可昧也。故学《易》者设十二位于向背之间，立十二数于隐见之异，以微显阐幽则思过半矣。

第七章

时有常变，数有吉凶。因常而常，因变而变，宅忧患者每以因时为道，曰“此《易》之与时盈虚而行权”者也。夫因常而常，气盈而放逸；因变而变，情虚而诡随；则常必召变，而变无以复常。今夫月之有盈虚也，明之时为生死，而魄自贞其常度也，借明死而遂失其十有三度之节，则终古虚而不足以盈矣。而何云“因变而变”邪？故圣人于常治变，于变有常，夫乃与时偕行，以待忧患。而其大用，则莫若以礼。

礼之兴也于中古，《易》之兴也亦于中古。《易》与礼相得以章，而因《易》以生礼。故周以礼立国，而道肇于《易》。韩宣子观《易》象与《春秋》，而曰“周礼尽在鲁矣”，殆有以见其然也。

《易》全用而无择，礼慎用而有则。礼合天经地纬以备人事之吉凶，而于《易》则不敢泰然尽用之，于是而九卦之德著焉。《易》兼常变，礼惟贞常。《易》道大而无惭，礼数约而守正。故《易》极变而礼惟居常。

其以中古之天下已变矣，变不可与变，则莫若以常。是故谨于衣裳袺襘，慎于男女饮食而定其志，则取诸《履》；裒其多以为节，益其寡以为文，执平施之柄，则取诸《谦》；别嫌明微，克己而辨于其细，则取诸《复》；失位而必应，涉于杂乱而酌情理以不拂于人心，则取诸《恒》；柔以惩忿，刚以窒欲，三自反以待横逆，则取诸《损》；因时制宜，如雷风之捷用而条理不穷，则取诸《益》；君子为小人所掩，守礼自尽，不竞而辨，则取诸《困》；挹之于此，注之于彼，施敬于人而不孤恃其洁清，则取诸《井》；情之难格，行之以顺，理之以正，出之以让，权度情理，以入乎险阻，则取诸《巽》。

夫九卦者，圣人以之实其情，酌其理，束其筋骸以强固，通其志气以聪明，岩岩乎其正也，折折乎其安也，若不知有忧患之故，而卒以之涉忧患，而道莫尚焉。盖圣人反变以尽常，常立而变不出其范围，岂必惊心耀魄于忧患之至，以与为波靡也哉？

故得舆如《剥》，中行如《夬》，在苦而甘如《节》，有积而必散如《涣》，乃至飞于天而如《乾》，行于地而如《坤》，非无以大治其变者而有所不敢用，则以智勇加物而己未敦，道义匡物而情未协，固不如礼之尽诸己而达于情，为能约阴阳之杂而使之整也。故晏子曰："惟礼可以已乱。"刘康公曰："威仪所以定命。"安危之理，生死之数，于此焉定矣。

夫礼，极情守经以用其盛，非与忧患谋，而若与忧患反。故世俗之言曰："救焚拯溺而用乡饮酒之礼。"诮其不相谋而相反也。而非然也，苟乡饮酒之礼行焉，君子以叙，小人以睦，闾井相亲，患难相恤，于以救焚拯溺也。固优为之，岂必求焦头从井之功于饮博椎埋之攘臂者乎？变者其时，，常者其德。涉其迹者疑其迂，体其实者知其大。而奈何曰"因变而变，而奚礼为"也？

老子曰："礼者，忠信之薄而乱之首也。"因之以剖斗折衡，而驵侩乱于市；因之以甘食美居，而嗜欲乱于堂。诈伪方兴，而愚天下以乘其变，而天下亦起而愚之矣。文王因之，则无以事播恶之主；周公因之，则无以革淫酗之俗；孔子因之，则无以惧乱贼之党。故三圣人者，本《易》以治礼，本礼以作《春秋》，所谓以礼存心而不忧横逆之至者也。

且夫圣人之于礼，未尝不因变矣。数盈则忧患不生，乃盈则必溢而变在常之中。数虚则忧患斯起，乃虚可以受而常亦在变之中。故天地必有纪，阴阳必有序，数虽至变，无有天下地上、夏寒冬暑之日也。圣人敦其至常而不忧，则忠信无往而不存，斯以厚其藏而物咸受治，亦因乎理之有定者焉尔。

彼驰骋天下而丧其天则者：一为聃、周之徒，游万物而自匿，则以礼为薄；一为权谋之士，随万物而斗智，则以礼为迂。此李斯之所以亡秦，而王衍诸人之所以祸晋也。而末世之忧患不瘳矣。

第八章

经文"其出入以度外内"句、"使知惧"句，详见《稗疏》。俗以"其出入以度"断句者不通。

今且设神物而不能自运也，登爻象于书而不能自诏也，立位于六而不能使数之即位也，该数于奇偶而不能使位之受数也，然则兴神物、合爻象、奠数于位、通位于数以用《易》者，岂非人哉？故曰："苟非其人，道不虚行。"

是故六位无常，刚柔相易，其变亦大矣。天地固有其至变，而存之于人以为常。尽天地之大变，要于所谋之一疑；因所谋之一疑，通天地之大变。变者非所谋，谋者不知所变。变在天地而常在人。

四营十八变之无心，人自循其常耳，非随疑以求称所谋而酌用其多寡也。执常以迎变，要变以知常。故天地有《易》而人用之，用之则丽于人，而无不即人心之忧。故曰：变在天地而常在人。

若夫世之言《易》者，居而不迁：居之以律，居之以气，居之以方，居之以时。则是《易》有常而人用之以变也。于变以得常，则人凝性正命，以定阴阳之则；取常以推变，则人因仍苟且，以幸吉凶之移。故彼言《易》者，有吉凶而无忧患，历忧患而不知其故。盖外内有定形，不从其出入以致吾度，数伸而理屈，罔于其故而莫知所惧，而何以云"洁静精微，《易》之教也"哉？

夫立法以制之从，师保之职也；从无造有以成其性命，父母之道也。父母无心以授之生，而必予以成；师保立法以导之从，而不保其往；故师保不足以配父母之大。《易》以无心之变为其生生，授人以变，而人得凝以为常，明其故以处忧患，而非但示以吉凶。则如所性之受于父母，而尽之在我，不仅趋其所趋，避其所避，规规然奉师保之诏以为从违，而冀以去祸而就福。故《易》者，正谊明道之教，而非谋利计功之术也。神道以教，而用终在人。典常在率辞之后，而无有典要立于象数之先。然则邵子且未之逮也，而况京房、管辂之徒乎？

第九章

　　夫象者材也，爻者效也。效者，材之所效也。一木之生，枝茎叶花合而成体者，互相滋也；一车之成，辐毂衡轴分而效用者，功相倚也。其生也，不相滋则破而无体；其成也，不相倚则缺而废用。故爻倚象以利用，抑滋于象以生而成体。吉凶悔吝之效，未有离象以别有指归者也。故曰："观其《象辞》，则思过半矣。"

　　有如曰："《易》者意也，意者乘人心之偶动，而无定则者也。"无定则以求吉凶之故，抑将率之位与应而止，《比》之初亦《坤》之初矣，《履》之五亦《乾》之五矣。位齐应均，而情殊道异，则位岂有定，而应岂有准哉？

　　夫筮以得象，则自初至上而积为本末。《易》之有卦，则六位皆备，而一成始终。积以相滋，而合之为体，是故象静而爻动。动者动于所静，静者固存也。仅乘其感以据所处之位而为得失，感之者无本，据之者滞，将任天下之意知，诡天则以为善败，恶能原始要终，以为通变之质乎？君子以人合天，而不强天以从人。则奈何舍所效之材，以惟意是徇邪？

　　夫《易》，广矣，大矣。学《易》者，或有所择矣，然亦择材而非择效。择材则专，择效则固也。故颜子用《复》，曾子用《泰》，以择德也。文王、箕子同事暗主则皆用《明夷》，《既济》《未济》共临坎险则胥伐鬼方，以择用也。择德者从其性之所近，择用者从其心之所安，咸必其材之具成，而后始成乎其章。故利用者，亦以静为主，而动于其静。故动亦大矣，非乘于一效之偶著，而舍所主以从之，为能应天下之赜也。盖静者所生，动者其生。生于所生，则效固因材而起矣。

　　《乾》惟利贞，是以上过贞而龙亢。《坤》惟先迷，是以初在迷而履霜。《师》利丈人，是以三稚而舆尸。《履》阳不疚，是以阴孤而虎咥。《复》期七日，是以上失期而君凶。《剥》戒攸往，是以五承宠而得利。《遁》小利贞，是以二能执革。《壮》宜大正，是以五必丧羊。《夬》无即戎之功，是以前趾不胜。《姤》非取女之道，是以无鱼而起凶。《萃》亨于大人之见，是以三、上遇小而咨嗟。《升》志在南征之行，是以上六北辕而不富。《兑》道在贞而乘于苟说，故三凶于上。《巽》命必申而利于攸往，故四吉于初。

凡此数者，或《象》方致誉，而爻以凶；或《象》非有功，而爻无惧。然且即《象》以推，存亡具在；况其相因以起义，《象》爻道合，如无首之后夫，女贞之中馈者哉？然则《象》外无爻，而效必因材也，不亦审与！

惟析《象》爻以殊物，则抑谓三圣之异宗。多歧既以亡羊，后来弥多标指，故且曰："有文王后天之《易》，有庖牺先天之《易》。"天且剖先后以异道，而况于圣人？则义、文自为门户，周、孔各为朋党，亦奚恤哉！

彼将曰："《易》者意也，圣人各以其意遇之也。"圣人有其意，则后之为术数异端者，亦可有其意矣。私意行则小智登，小智登则小言起。故或以律为《易》，或以兵为《易》，或以节候为《易》，或以纳甲为《易》，或以星度为《易》，既偶测其偏，而纳全体于一偶；由是而王辅嗣以重玄为《易》，魏伯阳以炉火为《易》，李通玄以十玄六相为《易》，则滥淫于妄，而诬至道以邪辞，亦曰"意至则《易》存，意不禁则易无方"。故《易》，讼于庭而道丧于室，非一晨一夕之故矣。

且夫《象》之效而为爻，犹爻之效而为变也。极四千九十六于三百八十四之中而无异占，极三百八十四于六十四卦之中而岂有殊旨哉？焦延寿尝屑屑以分矣，卒无别研之几，故但有吉凶而无忧患之故，则亦恶用此纷纷射覆者为也！

故君子之于《易》也博，用其简。细人之于《易》也锢，用其繁。用其简，则六十四《象》之中以备杂物撰德而不遗；用其繁，则极延寿之四千九十六占，以讫于邵子万万有奇之策，以测其始终本末而不能该。故曰："观其《象辞》，则思过半矣。""易简而天下之理得。""日新""富有"，岂他求之哉？

或曰："元亨利贞，《象》与《文言》殊矣，则文王、孔子非异意与？"曰：四德者，合体用而言之也。体一成，而用有先有后，有生有成。仁生礼，义成信，故"元亨"以元故亨，"利贞"贞而得利。二篇之辞，终无曰"元利"而"贞亨"者，体用相因之序也。《文言》四德之目，又岂邵子四块八方、瓜分瓦合之说邪？而又何疑焉！

第十章

"悉备"者，大全统乎一端，而一端领乎大全也。《易》之六位，有天道焉，有地道焉，有人道焉，为《易》所备，而非奉以为典要也。

道一成而三才备，卦一成而六位备。六位备而卦成，三才备而道成。天地有与来，而人有与往。都往来之通，凝天地之交，存乎其中，人乃以肖道而主天地。凝而存之，成位乎中，故于德有中焉，于位有中焉。德有中，贞之以二为中也；位有中，悔之以五为中也。然德位有定矣，神而明之，通人于天地，非有定也。时在退，初、四俱为藏密之人事；时在进，三、上俱为尚往之人谋。故曰：三才之道，《易》所悉备，而非有典要之可奉也。

且夫天地之际，间不容发，人与万物，皆天地所沦肌浃髓以相涵者也，道所必动，生生者资二气以变蓄之。乃物之生也，因地而形，因天而象，赅存乎天地，不能自有其道而位亦虚。人之有道也，成性存存，凝继善以妙阴阳之会，故其与天地也，数有盈虚，而自成乎其道。有其道者有其位，无异本者无异居。故可别可同，而与天地相往来焉。喜德者阳之生，怒刑者阴之发。情以盛之，性以主之。于天地之外而有道，亦入天地之中而备其道，故人可乘六位以御天而行地。故天地之际甚密，而人道参焉。相容相受，而人终不自失。别而有其三，同而统乎人。《易》之所以悉备乎广大也。

今夫凡言位者，必有中焉，而《易》无中，三之上、四之下无位也；凡言中者，必一中焉，而《易》两中，贞之二、悔之五皆中也。无中者散以无纪，而《易》有纪；两中者歧而不纯，而《易》固纯。

何以明其然也，有中者奇，无中者偶，奇生偶成。聚而奇以生，散皆一也；分而偶以成，一皆散也。故曰："喜怒哀乐之未发，谓之中。"未发者，四情合一，将盈天下皆一，无非中矣；已发者，各形为理，将盈天下皆道，不见中矣。朴满一室，始终内外，浑成一中，而无有主辅之别，当位皆实，中不可得而建焉。故《易》立於偶，以显无中之妙，以著一实之理，而践其皆备者也。一中者不易，两中者易。变而不失其常之谓常，变而失其常，非常矣。故曰："执中无权，犹执一也。"

中立于两，一无可执，于彼于此，道义之门。三年之哭无绝声，哀亦一中矣；燕射之终无算爵，乐亦一中矣。春补秋助而国不贫，恩亦一中矣；蜡社絜鬣而民不叛，威亦一中矣。父师奴，少师死，俱为仁人；伯夷饿，太公封，俱为大老。同其时而异其用，生死退进而各一中矣。则极致其一而皆中也。

其不然者，移哀之半，节乐之全，损恩之多，补威之少，置身于可生可死之中，应世以若进若退之道，乃华士所以逃讥；而见一无两，可其可而不可其不可，畸所重而忘其交重，则硁硁之小人所以自棘其心也。

一事之极致，一物之情状，固有两涂以合中，迹有异而功无殊。两中者，尽事物而贞其至变者也。故合体天地之撰而用其盈，则中之位不立，辨悉《乾》《坤》之德而各极其致，则中之位可并设而惟所择。故曰：三才之道，大全统乎一端，而一端领乎大全也。非达于天人之际者，无以喻其深矣。

若陋者之说《易》曰："初为士，二为大夫，三卿，四公，五天子，上为宗庙。"或曰："二为臣，五为君，上为师。"以人之位限天之理，以物之滞，锢道之灵，技术之鄙，训诂之愚，学《易》者斥而绝之久矣。

第十一章

夫以易心而行危道者，汤、武是已。其行危，其时盛，故处危而不疑。处危不疑，道一而已矣。顺百姓之心，已无惭于后世；承非常之庆，而不背于先猷。以德以福，一而已矣，故道不疑而心恒易。其心易者其辞易，故《书》简而直，《诗》至而和。

若夫以危心而行危道者，其惟文王乎！其君明夷也，其世密云也，决于飞而非其小心，安于潜而无其余位，进则革命于崇朝，退则不保其囚戮。季历之事，势不能为；武王之举，心不忍发；迟回郑重，终守侯服。非仅末世难济之可忧，抑亦盛德难终之足恤矣。盛德欲终，惧以终始，则心不敢易而疑生焉。心不易者词不易，故岐土无《诗》，崇征无《誓》，简直和至之言沮，而洁静精微之义著也。呜呼！此文王之所以为盛德也。

灵承者天，周知者人，昭对者心。以俯以仰，以外以内，以出以入，而皆有参差两不相承之数，则疑天、疑人，而还自疑其心。于是精白齐祓，疑其所疑，舍天人之信，而讫用其疑。是故《易》者，谋天下之疑也。谋天下之疑，道恒不一。不一，故大。大，故百物备焉。阴阳之险阻，祥变之消长，悔吝之往来，可生可死，可危可安，可难可易，一皆象数之固然，为百物之自有。阅百物而莫不有其道，故进不必为武王，退不必为季历，以退让事天，以忧悯恤人，以战栗存心，无所从违而道乃定。故备百物以安于数，要危惧以养其德，安数者乐天，养德者敦仁，尽仁知于震动之介，而德终以不衰。

是故以德，则文王阳也，纣阴也；以位，则殷阳也，周阴也。有德不恃，故阳亢而戒其灾，阴中而幸其有庆；守位不革，故阳失当而代为之忧，阴乘时而不欲其长。命与义争而命胜者，天也；理与命争而理胜者，文王也。争则危，危则疑。疑以教天下之疑，而民用之，吉凶悔吝，咸得用其疑以存忧患而审几微。抑将曰天下之大疑，有甚于文王与纣之时者乎？而文王犹然其无咎矣，则危何不可使易，倾何不可使平，研几于百物不废之中，而载惧以终始，则亦何咎之有哉！是故文王以西伯终，《周易》以《未济》终，惧以终也。

自公羊高谓文王，受命称王而异说滋。董仲舒、何休、蔡邕附会而为之征，而圣人之道隐。夫文王受理而不受命。假使受命而不必受理，则道一而无疑，事不危而辞易，陈《诗》以歌先公之德，称《誓》以暴独夫之罪，当不俟武王而蚤为之矣，乃斤斤然仅托危辞于《易》象乎？

六国亡，秦欲亟自尊以争衰周之统，九鼎、三川未亡，早计而捷得之，故为之说曰"先受命而后伐商"，以自文其僭诞也。汉儒因之，不亦愚乎！武王有《诗》《书》，文王有《易》，圣人之情见乎辞矣。

第十二章

阳健阴顺，积阳以纯健而《乾》成，积阴以纯顺而《坤》成。积故能至，纯故至，而天下之至者莫至也。至健而易，至顺而简，易简而险阻知，惟其纯也。

若夫一变而六子，再变而五十六卦，阴阳多少之数畸而不积，杂而不纯，然且吉凶定而亹亹成，以分功于《乾》《坤》，则何也？

曰：因此而知阴阳之数，凡卦而皆六，未有缺矣。阴阳各十而六二，其来也有位，其往也必有居。以其来知其往，亦因而知向背之位，凡卦皆十二位，而未有缺矣。

昨日谋之，今日行之，是行者来之位，谋者往之位也。今日行之，他日改之，是行者来之位，改者往之位也。不可见而有其理，方可见而有其事。理与事称，六位相准而必均。然而盈虚多寡之不齐，则谋与行舛错于物变，而行与改参差于事情也。理与事称，吉凶非妄，而事有理。事与理称，吉凶不虚，而理有事。事有离合，理有柔刚，理事各半。事在理之中而居理之半，理在事之中而居事之半。合离柔刚各分其所半，互相乘以成乎半。故阴阳之各六，与十二位迭运于往来而相若焉。

数与位之相若，则与六位相若也，与一位亦相若也。故以往以来，而健顺之至者，恒一成具在而无不足。往来相期，存发相需，多寡相倚，理事相符。有其至积，成其或畸；有其至纯，治其或杂。六子五十六卦，皆具六阴六阳于向背之六位，无不具者无不至，无不至者无不知，而又何疑邪？

老阳之积，老阴为冲，少阴为委。老阴之积，老阳为冲，少阳为委。其冲也，道以配而相制；其委也，道以渐而不穷。故用九用六之余于爻外，输其委也；八错五十六综，反其冲也。有所可输，有所必反。是阴阳本至，而一日、一事、一物，无或歉缩矣。一日无缩，一事无歉，故可尽无穷于一象，而皆其健顺之至。用其往者以待其来，居其来者以听其往，故阴阳无极盛不复之理，恒用其半以运于无穷，而纯以必杂，杂而不失，积以必畸，畸而不亡，数赜而存，位留而有待。故《乾》可以有《坤》，《坤》可以有《乾》，《乾》《坤》可以有六十二卦，六十二卦可以有《乾》《坤》。《乾》《坤》恒有，则健顺恒至，恒至而恒无不知。则六十二卦之效法听治于一存一发之《乾》《坤》，而又何疑乎？

且夫天下何以有阴阻邪？健者过刚以峻岌，阴往遇之，坚峭而不能入，则阻生。顺者过柔以潬弱，阳往莅之，沉没而不能出则险生。是险阻者，阴阳德行之固有，而相交不偶之必然也。

健以成阻，顺以成险。当其至，则本天亲上，本地亲下，相与应求而德位称所驰骋，故《乾》易而未有险，《坤》简而未有阻。其偶有者，亦初、上之即于冲委尔。及其积者可畸而必畸，纯者可杂而必，杂畸杂以交相遇茌，阴行于阳而触于峻岌，阳行于阴而蹈于潭弱，险阻者六十二卦之固有也。

因其畸杂而险阻生，有其至足而险阻在。相敌则疑，偏孤则忧。以至生不至，则险阻起，以至治不至，则险阻消。消之者即其起之者也。健顺本予天下以险阻，按其怀来，知其情伪，达其性情，辨其药石。使非至足者交乘乎向往以相往来，亦孰从于其不足知其有余，于其有余知其不足，以备悉乎险阻之故，而通其消息哉？

夫不至而险阻生，至而易简得。不至者因于至，故险阻亦至者之必有，易简亦不至者之赅存。向背往来，蒸变参差而无所少，其数全也，其位全也，数全、位全而时亦全也。故曰：无有《乾》而无《坤》之一日，无有《坤》而无《乾》之一日，无阴阳多少不足于至健至顺之一日。要所用者恒以其数位之半，相乘于错综而起化。故气数有衰王而无成毁，蒸陶运动以莫与为终始，古今一至，而孰有不至者哉？

邵子曰："天开于子，消于亥；地辟于丑，消于戌。"不知至健之清以动者，何容施消？至顺之浊以静者，何所以受其消也？此殆陈抟狃侮阴阳之言，非君子之言理气之实也。

《周易外传》卷六终

周易外传卷七

说卦传

一

天下有截然分析而必相对待之物乎？求之于天地，无有此也；求之于万物，无有此也；反而求之于心，抑未谂其必然也。故以此深疑邵子之言《易》也。

阴阳者，二仪也；刚柔者，分用也。八卦相错，五十六卦错综相值，若是者，可谓之截然而分析矣乎？天尊地卑，义奠于位；进退存亡，义殊乎时；是非善恶，义判于几；立纲陈常，义辨于事；若是者，可谓之截然而分析矣乎？

天尊于上，而天入地中，无深不察；地卑于下，而地升天际，无高不彻。其界不可得而剖也。进极于进，退者以进；退极于退，进者以退。存必于存，邃古之存，不留于今日；亡必于亡，今者所亡，不绝于将来。其局不可得而定也。天下有公是，而执是则非；天下有公非，而凡非可是。善不可谓恶，盗跖亦窃仁义；恶不可谓善，君子不废食色。其别不可得而拘也。君臣有义，用爱则私，而忠臣爱溢于羹墙；父子有恩，用敬则疏，而孝子礼严于配帝。其道不可得而歧也。

故麦秋于夏，萤旦其昏，一阴阳之无门也。金炀则液，水冻则坚，一刚柔之无畛也。齿发不知其暗衰，爪甲不知其渐长，一老少之无时也。云有时而不雨，虹有时而不晴，一往来之无法也。截然分析而必相对待者，天地无有也。万物无有也，人心无有也。然而或见其然者，据理以为之铢两已尔。

今夫言道者而不穷以理，非知道者矣，言道者而困其耳目思虑以穷理于所穷，吾不敢以为知道者也。夫疏理其义而别之，有截然者矣；而未尽其性也，故反而求之于吾心无有也；而未至于命也，故求之于天地无有也，求之于万物无有也。天地以和顺而为命，万物以和顺而为性。继之者善，和顺故善也，成之者性，和顺斯成矣。

夫阴阳者呼吸也，刚柔者燥湿也。呼之必有吸，吸之必有呼，统一气而互为息，相因而非反也。以燥合燥者，裂而不得刚，以湿合湿者，流而不得柔，统二用而听乎调，相承而无不可通也。呼而不吸，则不成乎呼；吸而不呼，则不成乎吸。燥之而刚，而非不可湿；湿之而柔，而非不可燥。合呼吸于一息，调燥湿于一宜，则既一也。分呼分吸，不分以气；分燥分湿，不分以体，亦未尝不一也。

是故《易》以阴阳为卦之仪，而观变者周流而不可为典要；以刚柔为爻之撰，而发挥者相杂而于以成文；皆和顺之谓也。和顺者性命也，性命者道德也，以道德徙义而义非介然，以道德体理而理非执一。大哉，和顺之用乎！

故位无定也：《坤》位西南而有东北之丧，《小畜》体《乾》《巽》而象西郊之云，《解》体《震》《坎》而兆西南之利，《升》体《坤》《巽》而得南征之吉；行六十四象于八方之中，无非其位矣。序无定也：继《乾》《坤》以《屯》《蒙》而消长无端，继《屯》《蒙》以《需》《讼》而往来无迹；运六十四数于万变之内，无非其序。

矣盖阴阳者，终不如斧之斯薪，已分而不可合；沟之疏水，已去而不可复回；争豆区铢絫之盈虚，辨方四圆三之围径，以使万物之性命分崩离析，而终无和顺之情。然而义已于此著矣，秩其秩，叙其叙，而不相凌越矣。则穷理者穷之于此而已矣。

今夫审声者，辨之于五音，而还相为宫，不相夺矣。成文者，辨之于五色，而相得益彰，不相掩矣。别味者，辨之于五味，而参调已和，不相乱矣。使必一宫一商，一徵一羽，序而间之，则音必瘖；一赤一玄，一青一白，列而纬之，则色必黯；一苦一碱，一酸一辛，等而均之，则味必恶。取人禽鱼兽之身，而判其血气魂魄以各归，则其生必死；取草木谷果之材，而齐其多少华实以均用，则其效不成。子曰："使回多财，吾为尔宰。"假令邵子而为天地宰也，其成也毁，其生也死，又将奚赖哉！

故参天两地，一义也；兼三才而两之，一义也；分以两挂以奇，变以十八，一义也；天地山泽雷风水火之相错，一义也；出乎《震》，成言乎《艮》，一义也；始以《乾》《坤》，历二十六卦而继以《坎》《离》，历二十卦而继以《震》《艮》，历四卦而继以《巽》《兑》，一义也。皆命之所受，性之所成，和顺因其自然，而不可限以截然分析之位者也。

理数既然，则道德之藏从可知矣。诚斯几，几斯神。几不可期，神不可测，故曰："神无方而《易》无体。"故疑邵子者，非从疑之于性命也，且疑邵子之于理也，执所见以伸缩乎物，方必矩而圆必规，匠石之理而已矣。京房分八宫为对待，不足于象，而又设游魂、归魂以凑合之，尤其不足言者也。

故所恶于执中之无权者，惟其分仁义刚柔为二而均之也。穷理而失其和顺，则贼道而有余。古今为异说不一家，归于此而已矣。

二

两间之有，孰知其所自昉乎？无已，则将自人而言之。今我所以知两间之有者，目之所遇，心之所觉，则固然广大者先见之，其次则其固然可辨者也，其次则时与相遇，若异而实同者也，其次则盈缩有时，人可以与其事而乃得以亲用之者也。

是故寥然虚清，确然凝立，无所不在，迎目而觉，游心而不能越，是天地也。故曰"天地定位"。谓人之始觉知有此而位定也，非有所在有所不在者也。

有所不在者，平原斥碛之地，或穷年而不见山，或穷年而不见泽。有所在，故舟居而渔者，穷年见泽而不见山；岩栖而锄者，穷年见山而不见泽。乃苟见之，则一如天地之固然，峙于前而不移也。故曰"山泽通气"。陟山而知地之固不绝于天，临泽而知天之固不绝于地，非截然分疆而不相出入也，固终古恒然，无与为期者也。

抑有不可期而自有期者，遇之而知其有，未遇不知其何所藏也。盖阴阳者恒通，而未必其相薄，薄者其不常矣。阳欸薄阴而雷作，阴欸薄阳而风动，通之变也。变则不数与之相遇，历时而知之，始若可惊，继乃知其亦固然也。故曰"雷风相薄"。惟其不可期也，而为两间之固有。其盈也，人不得而缩之；其缩也，人不得而盈之；为功于万物，而万物不得执之以为用。若夫阳燧可致，钻木可取，方诸可聚，引渠可通，炀之沦之而盛，扑之埋之而衰，虽阴阳之固然，而非但以目遇，以心觉也，于是而始知有水火。故终之曰"水火不相射"。合致其功于人，而人以合阴阻之感者也。

可亲者顺之德，有功者健之德。道定而德著，则曰"山泽通气，雷风相薄，水火不相射"；德至而道凝，则曰"水火相逮，雷风不相悖，山泽通气"。其理并行而不相拂矣。

夫动乎暄润之几，成乎动挠之用，底乎成以欣悦乎有生，此变化以成物有然者，然而非已所固然而见其然矣。无已，则察乎他物以知之。固然而有天地，见其位定；固然而有山泽，见其气通；时而知有雷风，见其相薄；与其事而亲之以为功，则知有水火，疑其相射而终不相射也。此人之所目遇而心觉，知其化有然者。

惟然，故"后天、先天"之说不可立也。以固然者为先天，则以次而有者其后矣。以所从变化者为先天，则已成者为后矣。两者皆不可据也。以实言之，彻乎今古，通乎死生，贯乎有无，亦恶有所谓先后者哉？无先后者天也，先后者人之识力所据也。在我为先者，在物为后；在今日为后者，在他日为先。不贰则无端委之殊，不息则无作止之分，不测则无渐次之差。故曰："神无方而《易》无体。"

东西南北者，人识之以为向背也。今、昔、初终者，人循之以次见闻也。物与目遇、目与心喻而固然者如斯，舍所见以思所自而能然者如斯。要非理气之但此为先，但此为后也。

理之御气，浑沦于无门，即始即终，即所生即所自生，即所居即所行，即分即合，无所不肇，无所不成。彻首尾者诚也，妙变化者几也。故天之授我以命，今日始也；物之受性于天，今日始也；成形成色，成生成死，今日始今日终也。而君子以之为体天之道：不疑未有之先何以为端，不亿既有之后何以为变，不虑且无之余何以为归。夭寿不贰而死生贞，学诲不倦而仁智定。乃以肖天地之无先无后，而纯乎其天。不得已而有言，则溯而上之，顺而下之，神明而随遇之，皆无不可。而何执一必然之序，橐括大化于区区之局格乎？

"天地定位"至"八卦相错"为一章，"数往者顺"三句为一章。《本义》拘邵子之说，合为一章。其说牵强支离，出于陈抟仙家者流，本不足道，而邵子曰"此伏羲八卦之位"。伏羲至陈抟时，将近万年，中间并无授受，其诞可见。盖抟师吕嵒，或托云"伏羲不死而授嵒"也。

三

象自上昭，数由下积。夫象数一成，咸备于两间，上下无时也，昭积无渐也，自然者无所谓顺逆也。而因已然以观自然，则存乎象；期必然以符自然，则存乎数。人之仰观俯察而欲数之，欲知之，则有事矣。有事则有时，有时则有渐，故曰：象自上昭，数由下积。

象有大小，数有多寡。大在而分之以知小，寡立而合之以为多。象不待合小以知大，数不待分多以知寡。是犹掌与指也：立全掌之象于此，而拇、食、将、无名、季指之别，粲乎分之而皆可知；掌象不全，立一指焉，弗能知其焉何指也。若以数计指也，则先拇以为一，次食以为二，次将以为三，次无名以为四，次季以为五，而后五数登焉。未有先五而后得四、三、二、一者也。

故象合以听分，数分以听合也。合以听分，必先上而后下；先下而后上，则上者且为下所蔽矣。分以听合，必先下而后上；先上而后下，则下者枵而上无所载矣。象，阳也；数，阴也。日月之照，雨露之垂，自高而及下；人物之长，草木之茂，自卑而至高。

是故《畴》成象以起数者也，《易》因数以得象者也。《畴》，人事也，而本乎天之自然；《易》，天道也，而行乎人之不容已。《畴》因《洛书》，起九宫而用阳；《易》因《河图》，以十位合八卦而用阴。《畴》以仿，《易》以谋。仿务知往，谋务知来。《畴》征而无兆，《易》兆而无征。

《畴》之始五行，以中五始也；《洛书》象见有龟，龟背隆起，中五在上。次五事，以戴九先也；次八政五纪而后皇极，履一在下也。详具《思问录外篇》，蔡氏旧解非是。五行，天也，天所垂也。人法天。天垂象，人乃仰法之，故《畴》先上而后下。

若《易》之本于《河图》也，水一火二，水下火上，则先一而后二，先少而后多矣。先少而后多，故卦首初，次二，次三，次四，次五，以终于上。十八变之策，由少而多；六爻之位，由下而上。下不先立，则上浮寄而无所承。《易》因数以得象，自分以听合，积下以渐上，所由异于《畴》也。

夫自上下者顺，自下上者逆，故曰"《易》逆数"也。逆以积，积以成，人迓天而后天牖人。其往也逆，则其来也顺。非数有顺者而《易》不用，顾用其逆者以巧为合也。

故《乾》一索而得《震》，再索而得《坎》，三索而得《艮》；《坤》一索而得《巽》，再索而得《离》，三索而得《兑》；无非逆也。其曰《乾》一、《兑》二、《离》三、《震》四，阴自上生，以次而下，乃生乎《巽》《坎》《艮》《坤》，以抵乎纯阴而阳尽无余，吾未知天地之果有此象焉否也。若夫数，则必无此悬虚建始于上，而后逮于下之理矣。

《易》之作也以蓍，蓍之成象也以数，故有数而后有象，数自下积，而后象自上昭。自有《易》以来，幽赞于神明而倚数者必无殊道。伏羲氏邈矣，见闻不逮，授受无人矣。以理度之，亦恶能外此哉？故言《易》者，先数而后象，先下而逆上，万世不易之道也。

四

蓍其往，则人见其往，莫知其归矣；饬其归，则人见其归，莫知其往矣。故川流之速，其逝者可见，其返而生者不可见也；百昌之荣，其盛者可知，其所从消者不可知也。虽然，耳目之限，为幽明之隔，岂足以知大化之神乎？大化之神，不疾而速，不行而至者也。故曰："阖户之谓《乾》，辟户之谓《坤》，一阖一辟之谓变，往来不穷之谓通。"

阖有辟，辟有阖，故往不穷来，来不穷往。往不穷来，往乃不穷，川流之所以可屡迁而不停也；来不穷往，来乃不穷，百昌之所以可日荣而不匮也。故阖辟者疑相敌也，往来者疑相反也。然而以阖故辟，无阖则何辟？以辟故阖，无辟则何阖？则谓阖辟以异情而相敌，往来以异势而相反，其不足以与大化之神，久矣。

是故动之使合，散之使分也，其势殊矣；润之使柔，暄之使劲也，其质殊矣；止之使息，说之使作也，其功殊矣；君之使动，藏之使静也，其德殊矣；则疑乎阴阳有名致之能，相与偶立而不相浃，而非然也。

统此大钧之中，雷浡风申，晴薰雨蒸，川融山结，健行而顺受，充盈于一日，沦浃于一物，而莫之间矣。抑就其分用者言之：雷迅则风烈，风和则雷起；极暄而雨集，至清而日霁；山夹硐以成川，川环邱而成嶂；天包地外而行地中，地处天中而合天气。故方君方藏，其错也如响之应声；方动方散，方润方暄，方止方说，如影之随形。为耦合也，为比邻也。无有南北隔乎响背，东西四隅间乎方所，划然成位，而各止其所，以不迁也。

位《乾》健于南，而南气何以柔和？位《坤》顺于北，而北气何以刚劲？位《离》于东，而春何以滋膏雨？位《坎》于西，而秋何以降水潦？则《震》《巽》《艮》《兑》之非定位于四隅，抑又明矣。顾不谓《乾》不可南，《坤》不可北，《离》不可东，《坎》不可西也。错综乘乎化，方所因乎时，则周流八方，唯其所适，而特不可以偶然所值为之疆域尔。

故动散合势，暄润合质，说止合功，君藏合德；一错一综而阖辟之道立，一错三综而阖辟之道神，八错二十八综而阖辟之道备。故方言雷而即言风，方言雨而即言日，方言《艮》而即言《兑》，方言《乾》而即言《坤》。钧之所运，轴之所转，疾以相报，合以相成。一气之往来，成乎二卦，而刚柔之用全。则散止以著动说之往，君暄以饬藏润之归。君子之于《易》，无往而不得妙万物之神，曾何局于方，划于对，剖于两，析于四，淆于八之足云！

五

《震》东《兑》西，《离》南《坎》北，因《河图》之象，奠水、火、木金之位，则莫之与易矣。若夫《乾》《坤》者，经乎四维者也。《乾》非隅处于西北也，位于西北而交于东南；风者天之余气也，风莫烈于西北，而被乎东南，故《巽》为《乾》之余，而受位于《乾》之所经。《坤》非隅处于西南也，位于西南而交于东北；山者地之委形也，山莫高于西南，而迤于东北，故《艮》为《坤》之委而受位于《坤》之所经。《震》《兑》《坎》《离》之各有其位，受职于天地，居其所而不相越。天地经水、火、金、木而运其化，故络贯乎其间，而与《巽》《艮》合其用。《乾》《坤》非隅也，行乎四维而各适有正也。《震》《兑》《坎》《离》非正也，受《乾》《坤》之化而各司其一偏也。谓之"正"，谓之"隅"者，人之辞也。大圆普运，无往而非正也。此八方配卦之大纲也。

夫八卦有位焉，虽天地不能不与六子同乎其有位也，昭著乎两间者有然也。《乾》《坤》有神焉，则以六子效其神而不自为功者也，体两间之撰则实然也。位者其体也，神者其用也。体者所以用，而必有其定体，虽无用而自立乎其位，用者用其体，而既成乎用，则无有定位而效其神。神不测，则六子之用，相成相济而无其序。

乃丽乎万物而致功，则神且专有所主而为之帝，帝则周流于八方，以有序而为始终。故《易》不可以一理求者也。参观之而各有其理，故在帝言帝，于是而万物之生成有序，亦因之以为序焉。故曰"帝出乎《震》"，帝于《震》乎出，非谓《震》方之德为所出之帝也。

由是以行乎《巽》而"齐"，行乎《离》而"相见"，行乎《坤》而"致养"乎地，行乎《兑》而"说"，行乎《乾》而争功于天，行乎《坎》而"归"，行乎《艮》而一终以更始，历其地则致其功，逮其期则见其效，而果谁为之帝乎？

妙万物而丽乎物者也。或动或挠，或燥或说，或润或止者也。故六子之神，周流于八卦，而天地则在位而为午贯之经，在神则为统同之主。妙矣哉！浑沦经纬，无所拟而不与道宜。故"神无方"者可为之方，"《易》无体"者不可为之体。同别合离，体用动静，罔不赅存于道，而《易》妙之。惟然，则岂滞于方所者之所与知哉？

夫《易》于象有征焉，于数有实焉，于化有权焉。拟之以其物，奠之以其位，象之征也。上生者积以生变，下生者节以成合，逆而积之，得乃知之，数之实也。彻乎数而与之为损益，行乎象而与之为盈虚，化之权也。

拟物者必当其物，以《乾》为金，以《艮》为土，则非其物也。奠位者必安其位，位《乾》于南，位《坤》于北，则非其位也。阳可变八，而所下生者七，阴可合七，而所上生者八；《乾》生《兑》，《坤》生《艮》，则非所生矣。逆而积之而数非妄，得乃知之而数无方，而变从上起，限以其序，则无实而不可与尽变矣。彻乎数而皆在，往来无时也，而序之以天时人事之一定，则有不周矣。行乎象而皆通，帝之由出以成，阅八位而皆有功也，而限之以对待倚伏之一局，则不相通矣。

况夫位者，资数以为实，资化以为权，而尤未可据者也。《大畜》之"天衢"，在《明夷》而为"入地"；《小过》之"西郊"，在《既济》而为"东邻"；《贲》无水而"濡如"，《随》无山而"用亨"；《睽》火亢之极而"遇雨"，《巽》东南之卦而"先庚"。然则数涵而起变，化运而因时，帝之所临，初无必然之衰王，神之所集，何有一定之险夷？故冀、代之士马，或以强，或以弱；三涂、四岳之形胜，或以兴，或以亡。天无拘方之生杀，人无据位之安危，其亦审矣。

盖《乾》《坤》之德具行于六子，六子各禀《乾》《坤》之撰，六子之用遍历乎八卦，《乾》《坤》亦载六子之施，《易》之所以妙万物而无典要，故六十四象、三百八十四变之大用显焉。典之要之，而《易》理限于所域，此后世术数之徒所以终迷于大化也。

不然，天无乎不覆，地无乎不载，健顺之德业无乎不行，且无有于西北、西南之二隅，又何《乾》南《坤》北之足言乎？今夫天圆运于上，浩乎其无定畛也；人测之以十二次，而天非有次也。配之以十二辰者，不得已而为之验也。局之以分野者，小道臆测之陋也。黄道密移而皆其正，昏旦日改而皆其中。《易》与天合者，可以悟矣。

六

天地府大用而官之，《震》《巽》《坎》《离》《艮》《兑》受材于《乾》《坤》而思肖之，繁然各有其用。故天地之间，其富矣哉！圣人受材以肖阴阳之德，阴阳之富有，皆其效法也。将繁然而尽用之乎？繁然尽用之，则纯者、驳者、正者、奇者，弗择而求肖之，必将诡而趋于不经。故有所用，有所不用；有所用以兴利而不以立教，有所用以立教而不兴利。惟圣人为能择于阴阳之粹精，故曰："赜而不可恶，动而不可乱。"

是故《震》雷、《巽》风、《坎》水、《离》火、《艮》山、《兑》泽，象之盛者也，他有象而不足以拟其盛也。然而《大过》《益》《升》《井》《鼎》《渐》《涣》《中孚》，则退风之功而升水于用者，乘木而观往来之通塞，贤于风之拂散而无功也，故君子择于《巽》而利用木也。

《传》曰："雨以润之，日以烜之。"舍水火而用雨日，日不偶月而配雨，择之尤严者也。雨性足于润，日性足于烜。乃以润以烜，岂徒以其性之足者哉？徒以性，则水丰于雨，火烈于日矣。以者，有所施也，润之烜之；有所丽也。施以为恩，丽以为效，则润烜之德，水火不及雨日之用矣。何也？水火之德不胜刑，雨日之刑不胜德；雨俭于水，故鲜沦没之害；日和于火，故无焚灼之灾也。

天地之生化消息万物者，有以藏之，有以散之，有以止之可以弗忧其盛而难继矣。而尤授水火以刑害之权，则万物其伤矣乎！老氏之言曰"上善如水"，其有刑之心也夫！故言刑名者、言兵者皆祖之。然后知天地之生，圣人之德，用雨日而非用水火也。

乃若天地之最无以为功于万物者，莫若月焉。继日以明，而不能废夜作之炬；秉阴以清，而不能减暑夕之炎；照物若暴，而不能灵濡湿之气；漾物若流，而不能津既暵之草。一盈一虚，资日而自掩其魄，类无本者。疾行交午，以争道于阳，类不正者。特其炫洁涵空，微茫晃烁，以骀宕人之柔情，而容与适一览之欢，见为可乐，故释氏乐得而似之。非色非空无能无所，仅有此空明梦幻之光影，则以为"法身"，则以为"大自在"，则以为"无住之住"，以天下为游戏之资，而纳群有于生化两无之际。然则非游惰忘归之夜人，亦谁与奉月以为性教之藏也哉？故其徒之覆舟、打地、烧庵、斩猫也，皆月教也。求其明且润者而不可得，乃曰此亦一明也，亦一润也，岂不悲乎！

是故圣人知月非天地之用，而终不以月为用。《中孚》之四，《小畜》之五，阴中而"月望"，"月望"而阳疑，故"既雨"不能免《小畜》之凶，"匹亡"而后谢《中孚》之咎，则斟酌其功过之实，以为扶抑，其亦审矣。

故天地之所可弗用者月也，其次则风也。佐阳以行令而不能顺承以兴利，则可散而不可聚。乃释氏则又效之以为教矣，其言曰："愿风持世界。"无实于己，而但求动焉；蘋末之起无端，怒号之吹自己。盖将以散之者持之，而破亡摧折之余，其得存于两间者能几也，而曾足以持之不毁乎？

是故《易》之于水火也，不用以教而用以利，用以利而尤不尽用之。敛其炎，取之于日；节其淫，取之于雨。其于风也，不用以利而用以教，用以教而尤不尽用之。或取之木，以使有实；或取之风，取其及远而已矣。其于月也，无所取之也。故《诗》曰："彼月而食，则惟其常。"天地之间，即无月也，而亦奚损？而或以侵阳，则害生焉。是故伐鼓责阴，而端冕请阳，贵日而贱月，则利存而教正。君子择阴阳之德而慎用之，岂徒然哉！彼纳甲之例，以月为卦体，益陋而不足录矣。

七

阴阳不孤行于天地之间。其孤行者，欹危幻忽而无体，则灾眚是已。行不孤，则必丽物以为质。质有融结而有才，才有衰王而有时。为之质者常也，分以为才、乘之为时者变也。常一而变万，其一者善也，其万者善不善俱焉者也。才纯则善，杂则善不善俱；时当其才则善，不当其才则善不善俱。才与时乘者万，其始之因阴阳之翕辟者一；善不善万，其始之继善以成者一。故常一而变万，变万而常未改一。是故《乾》《坤》六子，取诸父母男女，取诸百十有二之象，无不备焉。

呜呼！象之受成于阴阳，岂但此哉？而略括其征，则有如此者。大为天地而无惭，小为蟹蚌荠蘸而无损；贵为君父而非僭，贱为盗妾而非抑；美为文高而不夸，恶为臭眚毁折而不贬；利为众长而非有缺，害为寡发耳痛而不能瘳；皆阴阳之实有而无所疑也。

实有无疑，而昧者不测其所自始，而惊其变。以为物始于善，则善不善之杂进，何以积也？必疑此不善之所从来矣；以为始一而后不容有万，则且疑变于万者之始必非一也；故荀悦"三品"之说以立。其不然者，以不善之无所从来，抑且疑善所从来之无实，故释氏之言曰："三界惟心，万法惟识。"如束芦之相交，如蕉心之亡实，触目皆非，游心无据，乃始别求心识消亡之地，亿为净境，而斥山林瓦砾之乡以为浊土。则甚矣，愚于疑者之狂惑以喙鸣也！

夫天下之善，因于所继者，勿论矣。其不善者，则饮食男女以为之端，名利以为之缘。非独人有之，气机之吐茹匹合，万物之同异攻取皆是也。名虚而阳，利实而阴；饮资阳，食资阴；男体阳，女体阴。无利不养，无名不教；无饮食不生，无男女不化；若此者岂有不善者乎？才成于抟聚之无心，故融结偶偏而器驳；时行于推移之无忧，故衰王偶争而度舛。乃其承一善以为实，中未亡而复不远，是以圣人得以其有心有忧者裁成而辅相之。

故瞽者非无目也，蹇者非无足也，盗之憎主非无辞也，子之谇母非无名也；枭逆而可羹，堇毒而可药；虽凶桀之子，不能白昼无词而刃不相知之人于都市。有所必借于善，则必有缘起于善矣。故曰：常一而变万，变万而未改其一也。

是以君子于一得善焉，于万得善不善之俱焉，而皆信以为阴阳之必有。信而不疑，则即有不善者尘起泡生于不相谋之地，坦然不惊其所从来，而因用之以尽物理。奚况山林瓦砾，一资生之利用，而忍斥之为浊乎？

是故圣人之教，有常有变。礼乐，道其常也，有善而无恶，矩度中和而例成不易，而一准之于《书》；《书》者，礼乐之宗也。《诗》《春秋》兼其变者，《诗》之正变，《春秋》之是非，善不善俱存，而一准之于《易》，《易》者，正变、是非之宗也。

《鹑之奔奔》《桑中》诸篇，且有疑其录于《国风》者矣。况于唐太子弘者，废读于商臣之弑，其能免于前逸而后贼也哉？天下之情，万变而无非实者，《诗》《春秋》志之。天下之理，万变而无非实者，《易》志之。故曰：《易》言其理，《春秋》见诸行事。是以君子格物而达变，而后可以择善而执中。贞夫一者，所以异于执一也。

序卦传

《序卦》，非圣人之书也。

《乾》《坤》并建而捷立，《周易》以始，盖阴阳之往来无淹待而向背无吝留矣。故道生于有，备于大，繁有皆实而速行不息，太极之函乎五行二殊，固然如斯也。

有所待非道也；续有时则断有际，续其断者必他有主，阴阳之外无主也。存诸无用则出之不力，出其存者必别有情，往来之外无情也。是故六阴六阳，十二皆备，统天行地，极盛而不缺，至纯而奠位，以为之始，则万物之生，万物之化，质必达情，情必成理，相与参差，相与夹辅，相与补过，相与进善；其情其才，其器其道，于《乾》《坤》而皆备。抑无不生，无不有，而后可以为《乾》《坤》，天地不先，万物不后。而《序传》曰："有天地，而后万物生焉。"则未有万物之前，先有天地，以留而以待也。是以知《序卦》非圣人之书也。河内女子献于购书之时，传于专家之学，守文而困于理，昧大始而破大成，故曰非圣人之书也。

其为说也：有相因者，有相成者，有相反者。相因者，"物生必蒙"之类也；相成者，"物稚不可不养"之类也；相反者，"物不可以苟合"之类也。因之义穷则托之成，成之义穷则托之反，惟其意之所拟，说之可立而序生焉，未有以见其信然也。

天地之间，皆因于道。一阴一阳者，群所大因也。时势之所趋，而渐以相因，遂私受之以为因，亦无恒而统纪乱矣。且因者之理，具于所因之卦，则《屯》有《蒙》，《师》有《比》，《同人》有《大有》，而后卦为赘余矣。况如《随》之与《蛊》，《渐》之与《归妹》，错卦也，相反之卦也，本非相因，何以曰"以喜随人者必有事""进必有所归"邪？如是者，因义不立。

受成者器，所可成器者材。材先而器后。器已成乎象，无待材矣。前卦之体象已成，岂需后卦乎？假无后卦，而前卦业已成矣，而何以云"履而泰然后安""革物者莫如鼎"邪？若《无妄》之承《复》，《萃》之承《姤》，阴阳速反而相报，非相成明矣，而曰"复则不妄""相遇而后聚"。如是者，成义不立。

阴阳各六，具足于《乾》《坤》，而往来以尽变。变之必尽，往来无期。无期者，惟其无心也。天地之既无心矣，淫兀孤虚，行乎冲委，而不辞其过。故六十四象有险有驳而不废，一隆世之有顽谗，丰年之有莠稗也。险而险用以见功，驳而驳用以见德，胥此二气之亭毒。险易纯驳，于彼于此，不待相救而过自寡。谓寡过者必待后起之救也，吾未见《贲》立而《噬嗑》之合遂不苟，《遁》来而《恒》可舍其所而弗久居也。以此卦之长，补彼卦之短，因前卦之屈，激后卦之伸，然则南粤之暄，致北胡之冻，诘旦之风，解今日之暍乎？是以极重相争者与艰难之际，抑亦乱必安之土而强施檠括于阴阳矣。如是者，反义不立。

三义不立，而舞文句以相附合，故曰非圣人之书也。

然则《周易》何以为序邪？曰：《周易》者，顺太极之浑沦而拟其动静之条理者也。故《乾》《坤》并建而捷立，以为大始，以为成物。资于天者，皆其所统，资于地者皆其所行。有时阳成基以致阴，有时阴成基以致阳。材效其情而情无期，情因于材而材有节。有节则化不溢于范围，无期则心不私于感应。

藉其不然，无期而复无节，下流且不足于往来；有节而复有期，一定之区，一形之范，将一终而天地之化竭矣。此京房八宫世应之术、邵子八八相乘之数所以执一以贼道，而《周易》之妙，则固不然也。

故阳节以六，阴节以六，十二为阴阳之大节而数皆备；见者半，不见者半，十二位隐见具存，而用其见之六位，彼六位之隐者亦犹是也。故《乾》《坤》有向背，六十二卦有错综，众变而不舍《乾》《坤》之大宗。阖于此阖，辟于此辟，节既不过，情不必复为之期。消长无渐，故不以无心待天佑之自至；来往无据，故不可以私意邀物理之必然。岂必《乾》左生《夬》、下生《姤》，《坤》左生《剥》、下生《复》之区区也邪？

虽然，博观之化机，通参之变合，则抑非无条理之可纪者也。故六十四卦之相次，其条理也，非其序也。夫一阖一辟而情动，则皆道之不容已。故其动也，极而正，不极而亦正。因材以起万变，则无有不正者矣。《乾》《坤》极而正者也，六十二卦不极而亦正者也。何也？皆以其全用而无留无待者并建而捷立者也。

《坎》《离》，《小过》《中孚》，合其错而阴阳各六，视《乾》《坤》

矣。六十四卦向背颠倒而象皆合错，象三十六，其不可综者八，凡综之象二十八，其可综者固可错也。合四卦而一纯，则六阴六阳之全再备矣。错者捷错，综者捷综，两卦合用，四卦合体，体有各见而用必同轴。故《屯》《蒙》之不可离析，犹《乾》《坤》也；《颐》《大过》之无所需待，犹《乾》《坤》也。非始生必蒙，不养则不可动也。化不停，知之所以周流；复不远，仁之所以安土也。《乾》《坤》并建以捷立，自然者各足矣。

天地自然，而人之用天地者，随其隐见以为之量。天地所以资人用之量者，广矣、大矣。伸于彼者诎于此，乃以无私；节其过者防其不及，乃以不测。故有长有消，有来有往，以运行于隐见之殊，而人觉其向背。《易》以前民用，皆言其所向者也，则六位著而消长往来，无私而不测者行焉。消长有几，往来有迹，而条理亦可得而纪矣。

《乾》《坤》定位，而隐见轮周，其正相向者，值其纯阳，旋报以纯阴则为《乾》《坤》；欹而侧也，则或隐而消，或见而长，为《泰》《否》《临》《观》《剥》《复》《遁》《大壮》《夬》《姤》。故消长之几，为变化之所自出，则之十二卦者以为之经。

《乾》《坤》合用，而乘乎不测，以迭相屈伸于彼此，其全用而成广大之生者，则为《乾》《坤》；《乾》不孤施，阴不独与，则来以相感，往以相受，分应于隐见之间，而为《坎》《离》《震》《艮》《巽》《兑》。故往来之迹，为错综之所自妙，则之八卦者以为之经。此二经者，并行而不悖者也。

自两卦而言之，错者捷错，综者捷综，《乾》《坤》通理皆在，而未尝有所缺于阴阳健顺之全。自八卦之所统、十二卦之所络而言之，往来不以均，消长不以渐；交无适交，变无定变，故化不滞，进退乘时之权也；盛不益盛，衰不浸衰，故道不穷，阴阳弥纶之妙也。自六十四卦、三十六象兼二经而并行者言之，于消长有往来焉，于往来有消长焉；消往不同时，长来不同域，则流形无畛，而各成其欣合。

盖以化为微著，以象为虚盈，以数为升降，太极之动静固然如此，以成其条理。条理成，则天下之理自此而出。人以天之理，为理而天非以人之理为理者也。故曰相因，曰相成，曰相反，皆人之理也。《易》本天以治人，而不强天以从人。观于六十二卦之相次，可以亡疑也。其图如左：

因三画八卦而重之，往来交感，为天地、水火、雷山、风泽之定体，其卦八，其象六：

乾☰ 坤☷ 坎☵ 离☲ 震☳ 艮☶ 巽☴ 兑☱

《乾》《坤》首建，位极于定，道极于纯，十二位阴阳具足，为六子五十六卦阖辟显微之宗。《乾》见则《坤》隐，《坤》见则《乾》隐。隐者非无也，时之所乘，数之所用，其道在彼不在此也。以其隐而未著，疑乎其无，故方建《乾》而即建《坤》，以见阴阳之均备。故《周易》首《乾》《坤》，而非首《乾》也。

其次为《坎》《离》。卦以中位为正，《坎》得《乾》之中，《离》得《坤》之中也。《乾》《坤》，《坎》《离》，有错而无综。天虽周行而运行乎上，地虽四游而运行乎下，而高卑不移，虚实不改；水火无变，不从不革，不曲不直，其性不易，其质不迁。

四卦为往来之定经，而《震》《艮》，《巽》《兑》以交为往来，一经一纬之道也。阴阳之动，一上一下，变之复也；阳先阴后，理之顺也；故《震》《艮》先而《巽》《兑》后。《震》《艮》，《巽》《兑》，有错有综，《震》错《巽》，《艮》错《兑》；用综而不用错，阴阳不宅其中，则以捷往捷来见运行之神。《乾》《坤》，《坎》《离》既已著阴阳十二之全有矣，于此而著气机流行之妙，经以设而静，纬以积而动也。凡综卦合四卦而见阴阳之本数，非《震》《艮》之有八阴，《巽》《兑》之有八阳也。

因六爻而消长之，《乾》《坤》，《泰》《否》，《临》《观》，《剥》《复》，《遁》《大壮》，《夬》《姤》，阴阳屈伸之数，其卦十二，其象七：

乾☰ 坤☷ 泰 临 剥 遁 夬

《乾》《坤》首建，极阴阳之至盛，以为变化之由，故曰："《乾》《坤》，其《易》之门邪！"消长之数，皆因此而生。惟极盛也，而后可以消，可以长，可以长而有其消，可以消而复能长。若谓自《复》而上，历《临》《泰》《大壮》《夬》而至《乾》；自《姤》而上，历《遁》《否》《观》《剥》而至《坤》。则是本无天地，因渐而成矣。无其理，无其实，无其象，无其数，徒为戏论而已。此京房候气之鄙说也。

《乾》《坤》立而必交，其交有多寡，多因谓之长，寡因谓之消，非消遽无而长忽有。其交之数，参伍不容均齐，阴阳之妙也。继《乾》《坤》

以《泰》《否》，不以《复》《姤》，则非渐长；不以《夬》《剥》，则非渐消。继之以《泰》《否》者，《乾》《坤》极盛，《泰》《否》次盛。其位实，其德均，其变纯，六阴六阳隐见于向背，则为《乾》《坤》。凡二卦而阴阳全，错综于向背，六阴六阳，其位固纯，则为《泰》《否》。即一卦而阴阳全具，则《泰》《否》亦立于极盛以起变者也。

又次而《临》《观》，又次而《剥》《复》。消长之机，阳先倡之，长则必有消，用之广则必反之约，故次以二阳之卦二，次以一阳之卦二也。阳变则阴必合，故次以二阴之卦《遁》《大壮》，次以一阴之卦《夬》《姤》也。《临》阳长也而先《观》，《复》阳生也而次《剥》，《遁》阴长也而先《大壮》，《姤》阴生也而次《夬》，阴阳迭为主，一翕一辟，而先后因之也。

由《乾》《坤》而生《泰》《否》以下之十卦，十卦皆《乾》《坤》所有之通变也。由《乾》《坤》《泰》《否》而及《临》《观》以下之八卦，八卦皆天地相交之变通也。以次而变合，不以次而消长，天地浑沦无畛之几固然也。

《乾》《坤》定位以交感而成六子，六子立而与《乾》《坤》分功，则《乾》《坤》亦自有其化矣。凡《乾》《坤》之属其卦二十六，其象十四：

屯䷂　　需䷄　　师䷆　　小畜䷈　　泰䷊

同人䷌　谦䷎　　随䷐　　临䷒　　噬嗑䷔

剥䷖　　无妄䷘　颐䷚　　大过䷛

《坎》《离》之属，其卦二十，其象十：

咸䷞　　遁䷠　　晋䷢　　家人䷤　　蹇䷦

损䷨　　夬䷪　　萃䷬　　困䷮　　革䷰

《震》《艮》之属，其卦四，其象二：

渐䷴　　丰䷶

《巽》《兑》之属，其卦六，其象四：

涣䷺　中孚䷼　小过䷽　　既济䷾

乾坤之德纯，其数九十而得中，《乾》《坤》之数，老阳则五十四，老阴则三十六；少阳则四十二，少阴则四十八。皆合为九十。故其卦多。《坎》《离》之位正，其数九十，与《乾》《坤》均。《坎》之数，老阳则十八，老阴则二十四，为四十二；《离》之数，老阳则三十六，老阴则十二，为四十八。合为九十。《坎》之数，少阳则十四，少阴则三十二，为四十六；《离》之数，少阳则二十八，少阴则十六，为四十四。亦合为九十。阴阳合德，水火相入，热入汤中，油升焰内，浑合无间。故其卦次多。《震》《艮》毗阳，《巽》《兑》毗阴，德既不合，用亦相违，其数非过则不及，《震》《艮》老阳皆十八，老阴皆二十四，为四十二，合八十四。少阳皆十四，少阴皆三十二，为四十六，合九十二。《巽》《兑》老阳皆三十六，老阴皆十二，为四十八，合九十六。少阳皆二十八，少阴皆十六，为四十四，合八十八。故其卦少。《巽》《兑》之属虽六卦，而《既济》《未济》与《乾》《坤》相为终始。《乾》《坤》，纯之至者也；《既济》《未济》，杂之尤者也。一致而百虑，故始乎纯，终乎杂。则《既济》《未济》不系乎《巽》《兑》而自为体，是《巽》《兑》之属四，与《震》《艮》均也。《颐》《大过》，《乾》《坤》之用终。《中孚》《小过》，六子之用终。《颐》《大过》《中孚》《小过》，四隅之经，与《乾》《坤》《坎》《离》相为维络者也。故《既济》《未济》，绍合天地之初终，而错综同象，为卦变之尽神者，以成乎浑沦变合之全体焉。

　　天地之交感以阳始故，一索得《震》，再索得《坎》，而为《屯》；再索得《坎》，三索得《艮》，而为《蒙》。阳倡其先，阴定其体，故为物始生而蒙昧之象焉，此以继天地之生者也。自此而天以其神生水者为《需》《讼》，地以其化成水者为《师》《比》，而皆以受天地之中者成天地之化矣。天乃以其全体生《巽》生《兑》，而交乎阴，为《小畜》《履》。天既交阴，则合乎地而为《泰》《否》，天于是乎成火而为《同人》《大有》。地受天施而效其化，亦以其全体应乎阳，生《艮》生《震》，而为《谦》《豫》。天地屡交以施生，则其化且错，故《随》《蛊》阴阳交杂而自相错。《随》《蛊》者，杂之始，少长相耦而不伦，而天地之纯将变矣。地于是乎生《巽》《兑》而为《临》《观》，以效天化之《履》《小畜》也。而又杂变乎《噬嗑》《贲》，《震》杂《离》，《离》杂《艮》，亦阴阳之不相伦而尤杂者也。凡相杂者，以未定者为未离乎纯；已定其伦，则成乎杂矣。故《随》《蛊》《噬嗑》《贲》未成乎杂，而地之生《剥》生《复》犹纯也。乃孤阳之仅存，而地之用亦讫矣。地之生也，极乎《震》《艮》；天之生也亦因之，故《无妄》《大畜》为天化之终也。《震》《艮》者，帝之终始，故合而为颐，而天地之终始备；其错为《大过》，则泽风以备地化而应乎顺者也。《颐》之有位者纯乎《坤》,《大过》之有位者纯乎《乾》,盖亦《乾》《坤》之变,而反常之象有如此者。而《颐》象《离》,《大过》象《坎》,则又以起《坎》《离》焉。此二卦者,天地水火之枢也。

《坎》《离》者,阴阳相交之盛者也。阳得《乾》之中而为《坎》,阴得《坤》之中而为《离》,于是而备阴阳交感之德。故其为属也,始乎《咸》《恒》:《离》中之阴升而上,《坎》中之阳升而三;《离》中之阴降而初,《坎》中之阳降而四;水火升降之始也。《坎》中之阳升而三以应乎天,则为《遁》;《坎》中之阳降而四以聚乎阳,则为《大壮》;皆《坎》之合乎《乾》者也。而《晋》《明夷》,《离》之丽乎地者也。《离》中之阴降而四,为《家人》,升而三,为《睽》;火之自化者也。《坎》中之阳升而三,为《蹇》;降而四,为《解》;水之自化者也。《离》中之阴升而三,《坎》中之阳升而上,为《损》;《坎》中之阳降而初,《离》中之阴降而四,为《益》;水火之交化者也。《离》中之阴升而上,为《夬》;降而初,为《姤》;皆火之应乎天者也。《离》中之阴升而上,为《萃》;降而初,为《升》;火之应乎地者也。《坎》欲交《离》,而《离》中之阴升而上,为《困》;降而初,为《井》;火不与水应而杂者也。于是水用不登,而火道亦替。《离》中之阴降而初,为《鼎》;升而上,为《革》;火自化而无水以济之,水火之道变矣,故曰"《革》去故"而"《鼎》取新"也。凡水火之属,火之化多于水者,水生于天,行于地,与雷、风、山、泽为依,而火自生灭于两间,其为用独多也。若《屯》《蒙》,《需》《讼》,《师》《比》,《同人》《大有》,则义从天地,水火不得而私之;《既济》《未济》,水火之交不失其位,与《泰》《否》同其为经者,则阴阳终始之几,《坎》《离》固不得而属之。

《震》《艮》,《巽》《兑》,阴阳杂而不得中,故其卦仅有存者。《巽》道犹存而《震》变,阳杂起而上于三,则为《渐》;《震》道犹存而《巽》变,阴杂起而上于三,则为《归妹》;交错之卦,象之杂者也。《震》存可以交《巽》,而《巽》阴升乎二,不与《震》应,为《丰》;《艮》存可以交《兑》,而《兑》阴降乎五,不与《艮》应,为《旅》;此《震》《巽》,《艮》《兑》之将交而以杂不合,杂之尤者也。《巽》存可以交《震》,而

《震》阳升乎二，不与《巽》应，为《涣》；《兑》存可以交《艮》，而《艮》阳降乎五，不与《兑》应，为《节》；此《巽》《兑》之变，与《丰》《旅》其尤杂者也。故是四卦相错，杂出于《震》《艮》《巽》《兑》之间，互为往复，其相比附也，密迩呼应。杂不可久，将反贞也。反其贞，而《巽》《兑》交而为《中孚》，《震》《艮》交而为《小过》。于是而《震》《艮》，《巽》《兑》之体定，杂之必贞也。《震》《艮》，《巽》《兑》之体定，而有《坎》《离》之象，则六子之体咸于此定，故继以水火交合之定体焉。《既济》《未济》，水火交定，而《乾》《坤》相交之极致，亦于是而成。一上一下，水火相接而成化；一阴一阳，《乾》《坤》相错而成章。其于《震》《艮》《巽》《兑》也，则《既济》《震》阳上升于五，《巽》阴上升于二，《艮》阳下降于五，《兑》阴下降于二；《未济》则《震》阳上升于二，《巽》阴上升于五，《艮》阳下降于二，《兑》阴下降于五；皆升降相应，往来而得中者也。自《屯》《蒙》以来，阴阳相交相错，迨是而始定，乃殊涂之极则，百致之备理也。故列《乾》《坤》于首以奠其经，要《既济》《未济》于终以尽其纬，而浑沦无垠，一宽万变之理皆具，此《周易》之所以合天也。

凡错而不综之卦八，即以错相从，见六阴六阳皆备之实：

乾☰☰　颐☶☳　坎☵☵　中孚☴☱

坤☷☷　大过☱☴　离☲☲　小过☶☳

《乾》《坤》《中孚》《小过》以为始终，《颐》《大过》《坎》《离》以位乎中，天地水火之有定体也。《颐》《大过》外象《坎》《离》，内备《乾》《坤》之德，其有位者，一《乾》《坤》之纯也。《中孚》《小过》外象《乾》《坤》，中含《坎》《离》之理，其致用者，一《坎》《离》之交也。凡不综之卦，非不可综也，综之而其德与象无以异，其志定，其守贞，其德凝，故可以始，可以终，可以中，而为变化之所自生也。

凡错综同象之卦，其卦八，其象四：

泰　随　渐　既济

否　蛊　归妹　未济

错综同象，其德成乎异之甚，虽变更来往而亦不齐也。故《泰》通而《否》塞，《随》从而《蛊》改，《渐》贞而《归妹》淫，《既济》成而《未济》毁；非若《屯》《蒙》相仍，《师》《比》相协，《同人》《大有》相资，《损》《益》相剂之类也。《泰》《否》者，《乾》《坤》之大机；《随》《蛊》《渐》《归妹》者，雷风山泽之殊用；《既济》《未济》者，《坎》《离》之极致。《随》《蛊》从乎《乾》《坤》，雷风山泽之承天地也；《渐》《归妹》之际乎《震》《艮》《巽》《兑》，从其类也。

凡综卦有错，用综不用错者，以大化方往方来，其机甚捷，而非必相对待，如京氏、邵子之说也。故曰"《易》圆而神"，"神"以言乎其捷也，"圆"以言乎其不必相为对待也。其卦四十八，其象二十四：

屯 需 师 小畜 临

鼎 晋 同人 豫 遁

噬嗑 剥 无妄 咸 家人

井 夬 升 损 解

震 丰 巽 涣

卦相次而各成象，象立而有德，因德以为卦名而义行焉。其综卦相次者，以捷往捷来，著化机之不滞，非因后起之名义而为之次，明矣。故二卦相综，名义有相反者，如《剥》《复》，《家人》《睽》之类；有相合者，如《屯》《蒙》，《咸》《恒》之类；抑有以错而相反者，如《需》《晋》，《剥》《夬》之类；有因错而相合者，如《蒙》《革》《师》《同人》之类；抑有于错于综，名义绝不相涉者，如《小畜》于《履》，《谦》于《豫》之类。盖卦次但因阴阳往来消长之象，天之所以成化也。名义后起于有象之余，人之所以承天，初非一致也。

《乾》《坤》为化之最盛，以该十卦之成，凡消长者皆自此而出。凡《乾》《坤》之属，其卦八，其象四：

屯 需 师 小畜

《泰》《否》者，三阴三阳适得其均，消长之不偏者也。分体《乾》《坤》之纯，故足以继《乾》《坤》之盛。凡《泰》《否》之属，其卦六，其象三：

同人 谦 随

《临》《观》二阳之卦，《泰》《否》之阳渐消。凡《临》《观》之属，其卦二，其象一：

噬嗑 ☲☳

《剥》《复》阳再消而为一阳，阳之消止矣。消则必长。《泰》《临》皆先而《复》独后《剥》，以起阳也。凡《剥》《复》之属，其卦八，其象六：

无妄 ☰☳　　颐 ☶☳　　大过 ☱☴　　　坎 ☵☵　　离 ☲☲　　咸 ☱☶

《遁》《大壮》，阴之消以渐也。凡《遁》《大壮》之属，其卦八，其象四：

晋 ☲☷　　家人 ☴☲　　蹇 ☵☶　　　损 ☶☱

《夬》《姤》阴消之极，消亦且长，于是而阴阳交相为进退，以极变化之繁。至于《既济》《未济》，而后复于《泰》《否》之交。凡《夬》《姤》之属，其卦二十，其象十一：

萃 ☱☷　　困 ☱☵　　革 ☱☲　　震 ☳☳　　渐 ☴☶

丰 ☳☲　　　巽 ☴☴　　涣 ☴☵　　中孚 ☴☱　　小过 ☳☶

既济 ☵☲

凡二变而得阴消之卦三十二，二阴则四阳，二阳则四阴。乃消之卦多系之阴消阳长，而不系之《临》《观》，《剥》《复》者，阳不可久消，阴不可久长，《周易》扶抑之权也。

《乾》《坤》者，众变之统宗，故其属卦八，酌其中也。《泰》《否》则减，而属卦六。《临》《观》，二而已。《剥》《复》而复八，消极则长也。《遁》《大壮》阴消之始，其卦八。《夬》《姤》阴消之极，阴消而阳大有功，故属卦最多，天化之昌昌于此，人事之赜赜于此也。

《象》曰："刚柔始交而难生。"刚柔者，《乾》《坤》也。《屯》《蒙》阳生阴中，以交阴而消之，消之故难生。一阳始交于二阴之下，继交于二阴之中。为《屯》；继交于二阴之中，遂交于二阴之上，为《蒙》；阳道不迫以渐升。阳用其少以丽于阴之多，变之始也。始交乎阴，不致一而内外迭用二阳，变之未甚，其数犹丰也。《需》《讼》二阴交阳之卦，阴之未长者也。《乾》以二阳交阴为《屯》《蒙》，《坤》以二阴交阳为《需》《讼》。阴阳盛，各致其交，于此四卦为始合。阳生得中，阴生不得中，阴之始化不足以中，柔道然也。初长而即消：《师》《比》，《乾》之消也；《小畜》《履》，《坤》之消也。凡消长之理，不遽不渐，出入百变，旋往旋复，旋复旋往。验之呼吸，而知阳消则阴长，阴消则阳长。阳长而《小畜》《履》失中，阴长而《师》《比》未失中，刚道然也。要所谓消长者，自其显而见者言之；若合其隐而藏者，则无有消长。故《屯》《蒙》之错为《鼎》《革》，《屯》《蒙》生也，《鼎》《革》化也，生化合而六阴六阳之用全矣。《需》《讼》之错为《晋》《明夷》，皆争卦也，消长渐盛而争矣。《师》《比》之错为《同人》《大有》，皆和卦也，阴函阳而不使失中，阳亦养阴而使得中也。《小畜》《履》之错为《谦》《豫》，阳安阴，阴亦不得危孤阳也。凡错卦合四卦而道著，皆仿比。六十二卦皆《乾》《坤》之有，而独此八卦系之者，自其化之纯盛者而始动于微则如此。

　　《否》长二阳于初、三为《同人》，《泰》长二阳于四、上为《大有》。长必二者，大化无渐长之几，能长则必盛也。阳长而阴不失其中，阳之消阴，不遽夺其正位，君子道也。《泰》长二阴于初、二为《谦》，《否》长二阴于五、上为《豫》。阴阳迭为消长，消长必二，阴阳之变同也。阴长而据阳之中位，小人道也。且消长所临必参差，亦于此而见化机无对待之理矣。前有《师》《比》《小畜》《履》，后有《同人》《大有》《谦》《豫》，夹《泰》《否》于中，消长相互，天地之交乃定也。阴长不已，无即至于《临》《观》之理；阳长不已，无即至于《遁》《大壮》之理。消长必乘乎大变，《随》《蛊》者，大变之卦也。《泰》仅留上一阴下一阳，而中位皆变，为《随》；《否》仅留上一阳下一阴，而中位皆变，为《蛊》，二卦错综同德，其变大矣。变之极而后《临》《观》乃来，阳非极变，不遽消也。

　　《临》《观》，《泰》《否》之消长也。消不可久，消盛则变。《复》长一阳而杂之阴，居中位得势而安。《噬嗑》阳迁于四，与所长之上九合而函五；《贲》阳迁于三，与所长之初九合而函二。盖《临》《观》，《剥》《复》之际，阳道已微，不能顺以受消，杂乱起而后阳乃不绝。故《噬嗑》为强合，《贲》为强饰。其错为《井》《困》。《噬嗑》《贲》刚合柔，《井》《困》柔掩刚，皆以迎其长而息其消也。

　　《剥》《复》，阳消之极矣。消之极，则长之不容不速。其长也，必有所因。《剥》余《艮》上之一阳，《复》余《震》下之一阳，而《震》《艮》皆阳体，故可以召阳而为君。《坤》之错《乾》也，长之速而反其所错，为《无妄》《大畜》，其错为《萃》《升》。当乍长乍消之际，消者相保，以诚而聚，以聚而兴，四卦之德，所以适《剥》《复》，《夬》《姤》也。

《剥》《复》之属，《无妄》《大畜》而已。自《颐》至于《咸》《恒》六卦，则统三十二阳卦而尽其消长之变。《剥》长为《大畜》而《艮》体存，《复》长为《无妄》而《震》体存。《震》《艮》者，阳之所自终始，故合《震》《艮》而为《颐》。《颐》《大过》《坎》《离》《咸》《恒》，皆乘消长之机，相摩相荡而为之枢者也。《颐》之错为《大过》。至于《颐》而阳卦之变止矣，则见其所隐，而《大过》以来。《颐》，阳消之极也，有位之位，皆阴处之。《大过》，阳处于位而阴摈矣，阴消之尤也。迭相为消，所以为变化之枢也。消则必长，失则必得，往来之机，速于响应，故《颐》有《离》象而失位，二阳旋得乎中，则为《坎》；《大过》有《坎》象而失位，二阴旋得乎中，则为《离》。《颐》《大过》《坎》《离》定位于中，而阴阳消长乃不失其权衡。权衡定而阴阳渐反于均，则《大过》阴生于二而为《咸》，生于五而为《恒》。抑此二卦，乃《坎》《离》中爻之升降，相摩荡以复《泰》《否》之平，而特为感通以可久，则自《泰》《否》以来，消长之机一终，而阴消之卦起矣。《咸》《恒》之错为《损》《益》。《咸》《恒》起《遁》《大壮》，《损》《益》起《夬》《姤》，其义一也。阴阳均定，而消长生焉。《咸》《恒》《损》《益》，久暂多寡之待酌者也。

《遁》《大壮》，阴于是而消矣。消则必长，《晋》《明夷》阴长而据其中，阴进而阳伤也。其长甚则又消，《家人》《睽》阳又长而阴反其消。《明夷》阳上长居九五之中而为《家人》，《晋》阳下长居九二之中而为《睽》，闲有伤，散其进也。阴不久消，长乎初、上而为《蹇》《解》，其中犹《家人》《睽》也。此四卦互相为错，捷隐捷见。盖自《遁》《大壮》以来，阴阳衰王之冲，不适有宁，再消再长而定之以《损》《益》。《损》三之阳不复为《泰》以益上，《益》四之阳不复为《否》以益下，所以平其争而后阴安于消也，则《夬》《姤》可来矣。《晋》《明夷》者，《需》《讼》之错也。《需》《颂》阳初起而疑，《晋》《明夷》阴将伏而争，皆大变之机也。

《夬》《姤》阴消之极矣，故阴愤盈而骤长，阳乃聚处而保其位于五，为《萃》；于二，为《升》。长极而渐消，阳乃渐生以得中，而终陷于阴中，为《困》《井》。《困》《井》杂矣。水火相贸，因《困》《井》之《巽》

《兑》，而水贸为火，以增长乎阳，为《鼎》《革》。阴之暴长，凡三变而始消，阴之难于消也如此。亦惟其难于消也，相持之久而终诎，故其消以定，于是而为《震》《艮》。阴虽长而体则阳，阳乃召阳以长居于中位，而为《渐》《归妹》。《渐》《归妹》，错综合之卦也，变之尤也。自是而《丰》《旅》《涣》《节》，阴阳皆均。阴上下皆中而为《丰》《旅》，阳上下皆中而为《涣》《节》，四卦交错以相均。《震》《艮》《巽》《兑》，四卦交错以互胜。消长迭乘，而一阴一阳之局汔成，则阴阳各相聚合以持消长之终。阳长而保阴以为《中孚》，阴长而含阳以为《小过》。《中孚》一《离》也，《小过》一《坎》也。相杂而安，则天地之化，于斯备矣。长之无可复长也，消之无可复消也，而一阴一阳尽。《泰》《否》之交，《既济》《未济》，斟酌常变，综之则总十卦消长之文，错之则兼《乾》《坤》六阳六阴之质，无有畸焉，无有缺焉。故《周易》者，浑成者也。

是故《易》有太极，无极而太极。无所不极，无可循之以为极，故曰无极。往来者，往来于十二位之中也。消长者，消长于六阴、六阳之内也。于《乾》《坤》皆备也，于六子皆备也，于《泰》《否》《临》《观》《剥》《复》《遁》《大壮》《夬》《姤》皆备也，于八错之卦皆备也，于二十八综之卦皆备也。错之综之，两卦而一成，浑沦摩荡于太极之全；合而见其纯焉，分而见其杂焉，纯有杂而杂不失纯，孰有知其始终者乎？故曰："太极无端，阴阳无始。"

为之次者，就其一往一来之经纬而言之尔。往来之序，不先《震》《巽》而先《坎》《离》；消长之几，不先《复》《姤》而先《泰》《否》。道建于中以受全体，化均于纯以生大用，非有渐也明矣。如以渐而求之，则《乾》必授《震》，《坤》必授《巽》，《乾》必授《姤》，《坤》必授《复》。强元化以稚、老、生、死之几，而元化之始终可执，其不肖天地之法象明矣。

无待也，无留也。无待，而后卦不因前卦而有；无留，则前卦不资后卦以成。浑沦之中，随所变合，初无激昂，又何有相反？而规规然求诸名象以刻画天地，不已固乎！

二经交错，各行其化，属卦之多寡，阴阳之登耗，不相值也。故六子之属，与十二卦之属，犬牙互相函受，而无同分之畛以成断续之迹。取诸法象，则日月五纬经星之相错，旷万年而无合璧连珠之日，《易》亦如是而已矣。故曰："神无方而《易》无体。"

动静，其几之见尔；吉凶，其时之偶尔；贞淫，其象之迹尔。因而为之名，名不相沿，如鱼鸟木石之各著也。因而有其义，义不相倚，如君父刑赏之各宜也。在天有不测之神，在人有不滞之理。夫岂求秩叙于名义，以限天人之必循此以为津涂哉？故曰：《序卦》，非圣人之书也。

杂卦传

夫错因向背，同资皆备之材；综尚往来，共役当时之实；会其大全而非异体，乘乎可见而无殊用。然则卦杂而德必纯，德纯而无相反之道，其亦曙矣。而《杂卦》之德，恒相反者，何也？道之所凝者性也，道之所行者时也；性之所承者善也，时之所承者变也；性载善而一本，道因时而万殊也。

则何以明其然邪？一阴而不善，一阳而不善，乃阳一阴一而非能善也。坚软合则熨之而不安，明暗交则和之而必疑，求与勤则施之而不忘，非能善也。其善者，则一阴一阳之道也：为主持之而不任其情，为分剂之而不极其才，乃可以相安相忘而罢其疑，于是乎随所动而皆协于善。

虽然，阴阳之外无物，则阴阳之外无道。坚软、明暗、求与，赜而存焉，其情不可矫，其才不可易也。则万殊仍乎时变，而必有其相为分背者矣。往者一时，来者一时，同往同来者一时，异往异来者一时。时亟变而道皆常，变而不失其常，而后大常贞，终古以协于一。小变而输于所委，大变而反于所冲，性丽时以行道，时因保道以成性，皆备其备，以各实其实。岂必其始之有殊心，终之无合理，而后成乎相反哉？故纯者相峙，杂者相迁，听道之运行不滞者，以各极其致，而不忧其终相背而不相通。是以君子乐观其反也。

杂统于纯，而纯非专一也。积杂共处而不忧，如水谷燥润之交养其生，生固纯矣。变不失常，而常非和会也。随变屡迁而合德，如温暑凉寒之交成乎岁，岁有常矣。杂因纯起，积杂以成纯；变合常全，奉常以处变；则相反而固会其通，无不可见之天心，无不可合之道符也。

是以《乾》为刚积，初则"潜"而不"飞"；《坤》有柔成，二则"直"而不"括"。《比》逢乐世，"后夫"抱戚于"无号"；《师》蹈忧危，"长子"谐心于"三锡"。《未济》男穷，"君子"之晖有"吉"；《夬》刚道长，"独行"之愠"若濡"。即此以推，反者有不反者存，而非极重难回以孤行于一径矣。

反者，疑乎其不相均也，疑乎其不相济也。不相济，则难乎其一揆；不相均，则难乎其两行。其惟君子乎！知其源同之无殊流，声叶之有众响也，故乐观而利用之，以起主持分剂之大用。是以肖天地之化而无惭，备万物之诚而自乐。下此者，惊于相反而无所不疑，道之所以违，性之所以缺，其妄滋矣。规于一致，而昧于两行者，庸人也。乘乎两行，而执于一致者，妄人也。

夫君子尽性不安于小成，因时不徼其极盛。性无小成，刚柔之向背而同体；时不徼盛，忧乐之往来而递用；故道大无私，而性贞不乱。其不然者：一用其刚，一用其柔，且有一焉不刚不柔，以中刚柔而尸为妙；一见为忧，一见为乐，且有一焉不忧不乐，以避忧乐而偷其安。则异端以为缘督之经，小人以为诡随之术矣。

异端者，小人之捷径也。有庄周之"寓庸"，斯有胡广之"中庸"；有庄周之"至乐"，斯有冯道之"长乐"。曰："盛一时也，衰一时也。盛德必因于盛时，凉时聊安于凉德，古人之道可反，而吾心之守亦可反也。吾自有所保以怙成于一德，而他奚恤哉？"怙成于消而迷其长，严光际光武而用《蛊》；怙成于往而迷其来，许衡素夷狄而用《随》。其尤者：谯周卖国而自鸣其爱主，可云《既济》之定；张邦昌篡位而苟托于从权，且矜《大过》之颠。匡之以大，则云"吾从其一致"；责之以正，则云"吾善其两行"。始以私利为诐行，继以猖狂为邪说，如近世李贽之流，导天下以绝灭彝性，遂致日月失其贞明，人禽毁其贞胜，岂不痛与！

天之生斯人也，道以为用，一阴一阳以为体。其用不滞，其体不偏，向背之间，相错者皆备也；往来之际，相综者皆实也。迹若相诡，性奚在而非善？势若相左，变奚往而非时？以生以死，以荣以贱，以今以古，以治以乱，无不可见之天心，无不可合之道符。是故神农、虞、夏世忽徂，而留于孤竹之心；《周礼》《周官》道已坠，而存于东鲁之席。亦奚至惊心于险阻，以贼道于贞常也哉？

是以君子乐观其杂以学《易》，广矣、大矣，言乎天地之间则备矣。充天地之位，皆我性也；试天地之化，皆我时也。是故历忧患而不穷，处死生而不乱，故人极立而道术正。《传》曰："苟非其人，道不虚行。"圣人赞《易》以俟后之君子，岂有妄哉！岂有妄哉！

《周易外传》卷七终

《周易外传》全书终

书经稗疏

钦定四库全书总目简明目录

《书经稗疏》四卷，国朝王夫之撰。其诠释名物，多出新意，虽醇驳相半，而纰缪者极纰缪，精核者亦极精核，不以瑕掩瑜也。

钦定四库全书总目提要

　　《书经稗疏》四卷，国朝王夫之撰。夫之有《周易稗疏》，已著录。是编诠释经文，亦多出新意。其间有失之太凿者，如谓《虞书》自"戛击鸣球"以下至"庶尹允谐"，皆《韶》乐之谱；"以咏"二字贯下"祖考来格"三句为升歌，以配笙瑟之诗；"鸟兽跄跄"为下管之所舞；"凤凰来仪"为第九成吹箫之所舞；"百兽率舞，庶尹允谐"为乐终击磬之所舞。又谓"作歌""赓歌"即《大韶》升歌之遗音，夒以被之管弦者，故系之"庶尹允谐"之后；前数语不用韵，如乐府之有艳、有和、有唱，其三句一韵者，如乐府之有辞。其说附会支离，全无文义。其论《洛书》配九畴之数，以履一为五皇极，而以居中之五为一五行，虽推衍百端，画图立说，终于《经》文本数相戾。其于地理，至以昆仑为洮州胭脂岭，尤为武断。然如蔡传引《尔雅》"水北曰汭"，实无其文，世皆知之，夫之则推其致误之由，以为讹记孔安国"泾属渭汭"之传；谓裸非《周礼》之裸，类非《周礼》之类，五服五章亦不可以周制解虞制，与陈第论周之五玉不可解虞之五玉者，同一为古人所未发，引矍相之射，证"侯以明之"，谓以与射不与射为荣辱，非以射中不射中为优劣，因《周礼》日月辰次，正《泰誓》十三年为辛卯；引《说文》《大戴礼记》，证螵珠非蚌珠，蔡传不知古字假借；引《周礼》"玉府供王食玉"证玉食；引《左传》证奄与淮夷为二；引《丧大记》证狄人；引《说文》羑字之训以解"羑若"，驳苏轼传及蔡传之失，则大抵词有根据，不同游谈，虽醇疵互见，而可取者较多焉。

书经稗疏卷一

虞书

尧典

中星

唐一行以尧演纪之岁冬至日在虚一度，推北正虚九度为秋分昏中，南正星七度为春分昏中，东正房二度为夏至中星，西正昴七度为冬至中星。以理数求之，有不然者。今以一行所测度量之：冬至日在虚一度，而中星在昴七度，则春分日当在胃十一度，夏至在柳十四度，秋分在氐九度。而虚一度之去昴七度，胃十一度之去星七度，柳十四度之去房二度，氐九度之去虚九度，其远近多寡之不齐，或差一度，或差二度，未有准也。若用郭守敬所测度数合之，则参差益甚。今大概而言：冬至日躔之次，与秋分昏中之星恒差一宿。虽二十八舍度数多寡之不同，而考之《月令》《月令》中星以节言，故曰："仲冬昏东壁中"。历家则以中气言。与此星鸟、星昴，则无有不然者。以秋分昏虚中求之，冬至之日，其躔于女必矣，故郭守敬推尧演纪日在女虚之交，以破从来躔虚之说，亦可于此征之也。日在女末而中星在昴，盖一行测度，不如守敬之精。虚实八度九十五分，而一行割女之一度零五分以为十度。且西至大梁四十四度三分，则固以昴六度强为中，而不在昴七度，则亦两端交缩，而日在女十一度，昏中昴六度，相去百度，亦与三仲之日躔昏中若合符契矣。若一行所云，冬至昏中实在胃二度，夏至昏中实在尾十一度，而昴七度冬至昏在午东十八度，房二度夏至昏在午西十八度，则晷之长短使然。而《经》所云者，以四序进退，不逾午正，非必以人间之昏旦为昏旦，此其说于理数皆合，不必如郑氏"坐北面南向明出治"之说，取必于所面之午也。今为考正日躔昏中星度于左。

冬至日在女十一度，西正大梁昴六度为中，以晷短，故昏中胃二度临午。春分日在胃十三度弱，昏中张二度合午。夏至日在柳十二度强，东正大火房二度为中；以晷长，故昏中尾十一度临午。秋分日在氐十度弱，昏中虚八度强合午。郭测虚实八度九十五分，无九度。

四岳

朱子言：四岳乃管领十二牧者。故通九官、十二牧为二十二人，《周官》言"内有百揆四岳"，则百揆是朝廷九官之长，四岳乃十二牧之长，尧"咨四岳巽朕位"，不成尧欲以天下与四人？其说本于苏氏《古史》，而蔡氏因之。

以实求之，四岳实四人，而非一也。十二牧分治诸侯，而统于一人，则此一人者，岂不代持天子之权哉？帝王命官，法函三为一之义。而以一统三，则以四统十二。主于一人，则公天下之心亦于是而可见矣。

九族

汉孔氏以高祖洎玄孙之亲为九族，蔡氏用之，林少颖以为如此止是一族，其说良然。且夫人即寿考，未有下见玄孙者。且以同出高祖三从之兄弟为高祖之族，则必以出于玄孙者为玄孙之族，愈亦远矣。若以与高祖、玄孙为等辈者谓之九族，则当云"世"，而不当言"族"。乃一家九辈，一时并存，亦世所少有。古所传张公艺之事，亦谓九代不析产，非一时同在之谓。况史臣所纪，在尧未耄期之时，其不得有玄孙之裔亦明矣。故少颖以父四、母三、妻二言之，而朱子亦以为然。其说本于《白虎通》与杜预《左传集解》。今考诸《尔雅》，有姑、王姑、曾祖王姑、高祖王姑、从祖姑、族祖姑，则是父族六也；母之考族妣族与从母，母族二也；妻则父母一族而已。其异于林说者，本族不与，至亲不可与他族齿也。无姊妹之夫，女子子之夫，姊妹年与己近，女小于己，尚未有族也。外王母之母族与妻母之母族不与者，族愈疏也。较之《白虎通》所说，于理为长。

日月星辰

《经》言"日月星辰"，系辰于星之后，则辰者，日月五星次舍之统词。其以治历，则今《七政历》所推日月及木火土金水所在之度是已。《国语》记武王伐纣之岁，岁在鹑火，月在天驷，日在析木之津，辰在斗柄，星在天鼋。岁木月日辰水星土者，言三辰也。鹑火张星柳天驷房析木其尾柄建天鼋，皆辰也。而唐孔氏乃曰"举其人之所见谓之星，论其日月所会谓之辰"，则是以二十八宿为星，而非五星，合朔之舍为辰，而非日躔月离五星出入伏留之次，其疏可知。乃蔡氏因其说而曰"辰以日月所会，分周天之度为十二次"，则尤为不审。夫日躔与合朔之不齐，明矣。十二次者，孔颖达所谓正月会亥，辰为娵訾；二月戌，降娄；三月酉，大梁；四月申，实沈；五月未，鹑首；六月午，鹑火；七月巳，鹑尾；八月辰，寿星；九月卯，大火；十月寅，析木；十一月丑，星纪；十二月子，玄枵也。今按此十二辰者，日躔之次，而非与月会之次也。盖日，日行一度，则一月之日行三十度一千五百三十九分度之六百七十三分二秒，秒母六。则所躔之次，沿一岁十二中，兼气盈而后可分为十二也。若月行度数，历家自有推月离之术，与日躔舛异。月，日行十三度有奇，其周天以二十七日有奇，而合朔以二十九日有奇。如尧时冬至日在女虚之交，非十一月之合朔亦在女末虚初也。以冬至日躔与十一月合朔勘之，如唐开元十二年十一月二十七日癸未冬至，日在斗九度半，上推本月合朔，已相去二十七度，月之会日，当在尾十二度。又如隋开皇十一年十一月二十八日丙午冬至，其时日在斗十二度，上溯本月合朔，已相去二十八度，则月之会日，当日躔尾十四度之时，而会于析木矣。倘以冬至后十二月合朔言之，如刘宋元嘉十九年十一月初三日乙巳冬至，下去合朔二十七日；陈太建十年十一月五日戊戌冬至，下去合朔二十五日。元嘉冬至日在斗十四度末，太建冬至日在斗十二度。太建十年十二月朔，日会月于女五度，元嘉十九年十二月朔，日月会于女初度，虽同在星纪，而相去已远。又如至元十七年庚辰岁十一月二十日己未冬至，日躔箕十度，为析木之次。而十一月合朔之日己亥，日尚在斗十五度，为星纪之次，则日躔与日月会次原不相侔。而己未冬至之日，去己亥合朔二十日其日夜半后六刻冬至，月去斗十五度二百六十七分度有奇，日在析木，月已在大梁矣。此固不可以十二次为日月相会之度，审矣。若云日躔者在此十二次，而日月会者亦不离此十二次，是十二次为虚设之词，何不竟言天而必曰辰邪？况夫五星次舍，亦可以十二次求之，岂必日月？然历家终不以十二次步月与星者，则以十二次之设，原因一岁十二中，而设分周天为十二，以纪一中三十日六百七十三分有奇日行之度；而闰积成月，则一年而日月之会有十三次者，不可以十二限之，况五星之疾迟不恒者乎？盖日有日之辰，月有月之辰，五星有五星之辰，而其相与为会者，又各有辰。十二次者，日躔之辰也，而非月与五星及其会合之辰也。抑孔氏所云："正月会亥，辰为娵訾"，则又据汉太初讫唐开元冬至日在斗而言尔。若尧时冬至日在虚，则十一月在玄枵，十二月在娵訾，正月在降娄。迨至元丁丑，郭守敬推得日在箕十度，以六十七年岁差却一度求之，讫万历辛亥岁已差五度，计今冬至，太阳所躔已在箕四度，则十一月析木寅、十二月星纪丑、正月玄枵子，与尧时相去已二舍，而较孔颖达之时相去已一舍矣。然则颖达以李唐之日躔为陶唐之日躔，且以限将来之日躔，其亦未通矣。乃今之为六壬之说者，不知雨水日在子，犹以正月亥将推之，求其亿中也，不亦难乎！

妠汭

蔡注引《尔雅》曰："水北曰汭。"今按《尔雅》并无此文。盖孔氏"泾属渭汭"之《传》有此言，而蔡氏误识之也。《金史·地理志》蒲州有妠水、汭水。《汉郡国志》云："南流者妠，北流者汭。异源同归，混流西注而入于河。"则是妠、汭固为二水也。又许慎说："汭，水相入也。故言洛汭者，洛入河也；渭汭者，渭入河也。然则妠汭者，亦妠水入河之称。乃水之以汭名者，若《周礼》"其川泾汭"，亦以汧源之汭水、与泾并流而入渭，则雨水相入之间，中复有一水附入焉，则谓之汭。此亦妠水入河之介，别有一水从中附入而为汭也。蔡氏抑云："妠水出河东历山，入海。"不知妠汭去海且数千里，由河达海，而非竟入于海。蔡氏生长东南，目所未见，更不留心参考，其鲁莽乃有如此者！又此"厘降二女于妫汭，嫔于虞"，于文似复。《尧典》文极严简，不当作此赘句。孔《传》谓舜能"以义礼下二女之心"，解殊迂谬。考之《后汉郡国志》，河东大阳吴山上有虞城，皇甫谧《世纪》曰："舜嫔于虞，虞城是也。"大阳在今平陆县，直涑水之东南，而妫汭水自蒲州入河，在涑水之西北，相去盖三百余里。舜之室二女也，在平陆，而尧之降二女也，于蒲州。盖降者，犹"昌意降于若水"之降。尧以妫汭二水之地，为二女食邑，使即封于彼，而其归而为嫔，则在舜所复封先代虞幕之旧邑，平陆之虞城也。则所言"降于""嫔于"，词意各别，不嫌赘矣。

舜典

四门大麓

孔传云："诸侯来者，舜宾迎之。"朱子亦以为使为行人之职。而蔡氏乃谓："兼四岳之官"，盖疑行人职卑，非百揆所宜下兼。今按古今官制之隆杀，因时为上下，不可以今例古。若《礼记》所云："建天官六大"之大史、大祝、大士、大卜，"天子五官"之司士，在殷则与大宰、司徒、司马、司空并列，而周则下大夫之职。殷周相踵，其异已然，况唐虞乎！考舜所命之九官，当时之所重。而大司乐在周则中大夫，司服、司兵在周则中士，虞在周为中士，衡则下士，乃以命夔、垂、伯、益者，如彼其郑重。然则官之贵于虞而贱于周者，岂但行人？且周之大行人为中大夫，汉之谒者为九卿，而国初至列之杂职，其员至百余人，逮后屡升，不过从七品。以古况今，贵贱自殊。盖古者天子于诸侯敦舅父之谊，则往而礼宾者，所使必贵。觐礼使大行人劳、卿戒、大宗伯摈，固不如后世郡县建而天子尊，可抑行人而卑之也。是"宾四门"者，固无嫌其为大行人矣。倘以为四岳，则尧廷固有其人，"师锡帝尧"者是也。未闻旷职，胡为使舜兼之？而舜摄政之初，曰觐四岳，又岂更有一人也邪？此蔡说之不可从者也。

若大麓之纳，古今积疑。以理求之，孔传所谓"大录万几之政"者是已。其以为主祭者，不知所主何祭？小祭祀之事，本有司之职。"纳"者，非所职而纳之谓，小祀不得言纳。若大祭祀，则惟天地之祭，不于庙中。

按《礼》：郊祀社稷，在丧犹越绋而行事。天子岁一见帝，固不容摄。其有摄者，则后世一切苟简之为。尧未陟，舜未摄，即欲试舜，其奈何亵天地而趋苟简乎！以人事言之，则试舜为重，以事天较之，则试舜为轻矣。且麓者，山足也。圜丘方泽，坛皆在郊。郊者，坰之外也。"为高必因邱陵，为下必因川泽。"山既非下，足抑非高，安得即坡陀以为坛乎？王氏曰："大麓，泰山之麓。"后世封禅之说，附会于此。封禅之说，虽出不经，然且陟泰山之巅，升中而告成，犹依附于本天亲上之义。奈何圣人之于大礼，反面高山而祀于其足邪？若司马迁、苏辙以为"入山林，相视原隰"，则于时鲧方治水，不当命舜侵官。使然，则鲧罪亦有所分，而羽山之殛独委之鲧，以冀天下之咸服，难矣！又天下之大，洪水之滥，禹八年而始得其条理。舜三年之中，最后纳麓，计其为期，不满一岁，安得尽穷原隰之形势？且洪水怀山，何有于麓？即云水所不至，而麓处势卑下，林木郁弇，所视不能及远，不登其巅，乃循其麓，曾何异于面墙？况乎遇烈风雷雨而惧者，圣人之所以敬天威也。若登高山，入深林，曾无惧于风雷者，血气之勇、矫饰之士皆能为之。蔡氏醇谨之儒，或所未辨，而谓"非聪明诚壹、确乎不乱者不能"，则夏侯玄胜于孔子，而唐庚贤于王吉矣。司马迁好言禨祥，而后世儒者又因六代闰主，假录尚书之名，文致其攘夺，因绌"大麓"而从山麓之说。不知尧且以天下与舜，而何有于大录？因惩篡夺者之逼上，并欲灭帝迁天下之迹，将后世有罗吉之钳网，遂谓孔子之不为司寇，有八王之擅争，遂谓周公之未辅成王，诛二叔？若遇风雷不迷，固不如孔传"阴阳和，风雨时"之说为得正，而无事以椒邱诉之勇，张绪之达，拟大舜之德也。

类上帝、遍群神

类之为祭，在周为祈。太祝掌六祈，一曰类，《诗》云"是类是祃"，《尔雅》曰"师祭"者，是已。又《小宗伯》"兆五帝于郊、四望、四类亦如之"，郑司农众以四类为"三皇、五帝、九皇、六十四民"，郑康成以为日、月、星、辰，盖以事类祈告，而非岁事之经祀也。周之郊祀，一曰禋祀，以祀昊天上帝。蔡邕《独断》云："《昊天有成命》，郊祀之所歌也，《桓》讲武，类、祃之所歌也。《时迈》，巡狩告祭，柴望之所歌也。"此周禋类告祭之别也。今考之经传，陶唐无郊祀之文，其曰"有虞氏禘黄帝而郊喾"者，舜即位以后之事。摄政之初，自当一循尧制。故此于上帝言类，六宗言禋，然则周之禋非唐之禋，周之类亦非唐之类矣。"类于上帝"者，即陶唐郊祀之名，文质异制，名实异称。五礼之沿革，盖多有之，不但禋类为然也。虞之祭六宗者，周以祀上帝，则唐之祭上帝者，周以为师祭，亦不足疑。固不得泥类帝为巡狩之告祭也。类，似也，又聚也。古以类似为义，天神远，而求之仿佛。周以类聚为义，萃群神而合祈也。缘《经》文言"肆"者，承上言七政既齐之后，岁时有恒，因以定一岁之祀典，则上帝、六宗、山川、群神，次第举行，实非谓舜以摄政故告而祭之。下纪辑瑞、巡狩、封山、浚川、明五刑、放四罪，统此二十八载之政，而非一时之事。非一时之事，则类岂非岁事之常乎？天曰神，地曰示，人曰鬼，三者之异名，古今无易词也。"遍于群神"而言神，其为天神可知。孔氏乃云"邱陵坟衍，古之圣贤"，则乱示、鬼于神矣。群神者，风伯、雨师、司中、司命、司民、司禄、灵星、龙星之属，从乎天之类者也。示与鬼之不可言神，非但其名而已。燎、瘗、沈、埋，腥熟之物各异焉，周大祝之所为辨六号也。今乱地示、人鬼于一坛，反绌天神不使与，孔氏之谬，而蔡氏从之，亦未顾名而思义矣。苏氏《古史》乃以类、禋、望、遍合为一祭，神祇杂乱，地天交通，为风雨、见怪物之精灵，亦俨然与上帝《同》坛合享，乱而不经，莫此为甚。后世圜丘有列星从祀之坛，固不以地示、人鬼黩配上帝，识者犹讥其非礼，况于古之祀典，惟宗庙为有合食，而三辰四方群祀百物，各以其利见之时，坛于相称之位。物昭其德，礼杀其文，自非水旱兵戎，急遽疾告，断无越礼逾时之祭，而虽在六祈之造次者，犹必从其方位，各为营兆，安有如苏氏之乱而无别者乎？饮客者不以其类，则既醉而争，况圣人之以接天地鬼神者乎！"类于上帝"，周之禋祀也。"禋于六宗"，周之实柴也。"望于山川"，周之血祭沈埋也。"遍于群神"，周之炒燎也。坛异地，祭异时，一岁一遍，舜摄尧而定其典也。

巡守

巡守之不可一年而遍，势之必然，虽有给辨，无所取也。朱子以末载"归格于艺祖，用特"证其必然，遂以衡山为非今之衡山，而谓在嵩山之南。既惑于汉武易天柱为南岳之邪说，而不思《禹贡》"岷山之阳，至于衡山，过九江，至于敷浅原"，地脉井井，不可乱也。嵩山之南，是为唐邓。冥厄以北，熊耳以东，一望平原，朱子欲指何者培塿以配泰、华邪？且即移南岳而近之，乃由河东以至泰安，由泰安以至嵩县，由华州以至易北，皆千里而遥。吉行五十里，必三旬而后达。祁寒暑雨，登顿道路，天子即不恤己劳，亦何忍于劳人邪？往还之外，馆于方岳不过浃月，一方诸侯沓至，朝请唯日不给，况能详讨其所守而绌陟之乎？则亦急遽涂饰以塞责而已矣。《易》曰："至日闭关，后不省方。"北岳之守，独非省方之谓与？此所谓"尽信《书》，则不如无《书》"也。其或然者，《周易》所云，商周之礼，唐虞则不以冬至省方为嫌，而一岁遍至四岳，则必其不尔。抑或五载之内，初年春东巡，次年夏南巡，又次年秋西巡，又次年冬北巡，而以其一年即冀州而治中国。其云"归格于艺祖，用特"者，举一以该三，系于北巡之后，于文宜省，可以例推也。《王制》亦有一岁四巡之说，要出于汉儒，不足深信。

百姓、遏密

孔传以百姓为百官，朱、蔡以为圻内之民。孔说是也。《论语》所云"百姓足"，自春秋时语，不可通于往古。春秋之始，无骇、挟、柔、溺皆仅称名，则大夫而有无姓者，非命官也，况于民乎！《尧典》以"百姓""黎民"分言之，圻内之民，岂独不谓之黎民？"周余黎民"，圻内之民也，足知百姓非民也。众仲曰："天子建德，因生以赐姓。"其制始自黄帝。春秋之季，上下相僭，不赐而自为姓，或附姓于他族。附姓于他族者，《诗》所谓"谓他人父"是也。《仪礼》："臣为君，诸侯为天子，斩衰；庶人为国君，齐衰三月。"唐虞丧礼，大略皆简于周。棺椁祭葬，古质后文，丧服不宜徒重。且庶人者在官之称，犹今律所谓无禄人也。春秋下士称人，人固别于民矣。庶人则服齐衰，黎民则否，周制且然，况唐虞乎？诸侯轩县，八音始备，大夫无备乐，士唯琴瑟，黎民不得有乐，非犹今之皂隶仆厮，凡婚葬而鼓吹竞奏，民无八音，而亦何所遏密？遏密者，诸侯也。以此知周之诸侯服天子斩衰，而唐虞不尔。诸侯之丧天子，止乐而已，不似王朝百官之如丧考妣也。至于黎民，则虞周固皆无服。是以《孟子》言

"帅天下诸侯为尧三年丧"，而不及民。盖以义言之，卑不敢与至尊为礼；以情言之，生不服勤，不传贽不见，疾不养，死不临，则哀亦无从而生。倘以帝德广被，民报以厚，则是人用其私情之厚薄，以违礼而事主，民即欲行之，舜亦得而裁之。臣不得以非所得而加之君，此之谓也。黎民而为天子服，盖自秦始。秦强天下以不及情之哀，汉文知其失而不能为之等杀，概降为二十七日之丧，亲若子，贵若臣，而一与民同，其已悖矣。矫枉过正，则得枉。唯虞周之典，亲疏贵贱之间，一天秩也。

文祖

朱子谓尧庙当立于丹朱之国，"神不歆非类，民不祀非族。"今按：舜始摄政，"受终于文祖"。"受终"云者，受之于尧也，其不当于舜之私庙明矣。唐虞夏后之先，同出于黄帝。唐，玄嚣之族也。虞夏，颛顼之族也。故唐虞洎夏，皆以轩辕为祖。推本所同出，则此云"祖"者，盖黄帝之庙也，故虞夏皆禘黄帝。而《祭法》所谓"祖颛顼"者，则商均、夏启以后之事，观《祭法》言"宗禹"可见。黄帝始正姓氏，定昏姻，玄嚣、昌意各为一族。唐虞族别，故二女可嫔虞，而舜之"受终"也于黄帝。虞夏同为一族，故昏姻不通，而禹之受命也，不必于文祖，而仅于神宗。然则神宗者，其颛顼乎？若有虞之后，以尧为宗，则以虞氏衰微，待尧而兴，郑氏所谓"尚德"者是已。虞夏以黄帝为祖，而以颛顼为宗。宗者，即后世所谓大宗也。故舜娶尧女，不为无别，以其同出者在黄帝定姓氏之先，而受命之所格，追所同出，则以著"受终"之有本，斯以析群疑亡惑矣。

猾夏

猾无骨，展体见肉以诱虎，虎吞而不能啮，入虎腹中，自内噬，穴虎腹而出，俗谓之虎刺。《春秋·传》"无助狡猾"，此之谓也。此言"蛮夷"者，如《诗》言"蛮荆"，《禹贡》"岛夷""莱夷"之属，非能称兵相向，但潜入腹里为奸窃如猾尔。故可以士师五刑流放治之，不劳征战。其有所犯而听之不以明允，则有如近者杨应龙之事，祸亦从此而长，与盗贼之积小致大者盖同，故舜于皋陶申戒焉。唐虞之世，未有荒远之夷窥犯边陲之事。盖中国、夷狄消长不同时，以皋陶为兼主兵者，失之。舜所命主兵之官，不见于史。其后命禹徂征，则六师或统于百揆。而《南齐·职官仪》云"虞、夏以弃居夏官司马之职"，未审所出，要非合兵刑而一之也。

伯与

《世本》："伯余始作衣。"此伯与疑即伯余，余、与音同。然衣裳之制，始于黄帝，则《世本》所言伯余，当亦轩辕时人。乃古者以字为氏，如厉王时有家父，桓王时又有家父，则此伯与或始作衣者之苗裔，以孙而蒙祖号。又古善射者，唐有后羿，夏亦有后羿。习其技者可同其名，缝纸之工俱得名为伯余邪？殳斨主兵器，伯与主服。工以器服为重，唐虞之所尚也，故《易》曰："尧舜垂衣裳而天下治。"抑车室耒耜，沿流已熟，不待为之置官，人知为之乎？

三十在位

舜历试三载，摄位二十八载，通三十年，下即续以"五十载，陟方乃死。"史称舜百有十岁，则尧崩之明年，舜即嗣为天子，未尝俟三年之丧毕也。孔子称"君薨，百官总己以听于冢宰"，为世及之嗣君而言。舜承尧位，自当有别。且云"听于冢宰"，则嗣子不言，冢宰代言。舜虽摄政，而居必有位，号必有官。既无二天子之理，又不应如王莽之称"摄皇帝"，为不正之名实。然则升闻之日位百揆，而通居摄之时，位亦止于百揆也。故受终之后，未尝以百揆命他人。而禹作司空，进位百揆，则在"格于文祖"之后。唐虞之有百揆，即周之冢宰。仲长统以冢宰为尧官，经传既无所征，又与百揆职位相嫌，统言盖妄。尧崩之时，舜实居冢宰之位，即元德显功如禹者，仅位司空，舜虽欲服丧不言，亦无可代己之官也。即使自舜以外，别有冢宰之可听，乃舜之于尧，臣也，冢宰之于尧，亦臣也，臣之服斩衰者均也，舜不言，而彼独可以言乎？舜受尧禅，未尝为尧后也。为尧后者，尧之子也。尧之子服子之服，则谅暗不言。舜服臣之服，非有谅暗及丧毕吉服之礼。且舜已摄，而又有摄舜者，亦危疑而靡定矣。故"月正元日，格于文祖"者，即尧崩之明年，而非三年丧毕之明年也。

逾年改元，始终之大义，苏氏《古史》之致疑于孔氏者，斯为当矣。臣为君，子为父，斩衰则同，而谅暗则异。至若《孟子》"避尧子"之说，固古今之积疑，要不可使三年之内，天下旷然无君。临川吴氏乃以三年之内舜未为天子，而史特以纪年属之。比诸汉王入关之明年，史称汉元，则曲为之说，而以扰攘拟清晏，其凿甚矣。

皋陶谟

五服五章

蔡元度以公九章，侯伯七、子男五、孤三、卿大夫一，为五服，蔡氏用之。今按：公之服自衮冕以下，至卿大夫服玄冕而下者，周制也。王之服，则有大裘而冕。《益稷》篇有十二章。盖日月星辰，自周以上登于衣裳，至周始画于旒为大常，殊天子以大裘，而不殊之以十二章也。若唐虞，则三辰在衣，其登降之数必有不同者。孔氏谓天子服日月而下，诸侯自龙衮而下至黼黻，士服藻火，大夫加粉米。自周以上，诸侯之爵三，大夫、士为二，故有十二牧、胤侯、崇伯之称。《周官》亦云："外有州牧侯伯。"是无公与子男而有牧也。卿之号始见于《商书》，则九官者亦大夫而已。百僚、百工，则士也。以"降杀以两"之义度之，盖牧九章、侯七、伯五、大夫三、士二，而天子之升以三者，取其益隆也。若以"牧于天子降杀以三"准之，则牧九、侯六、伯三、大夫二、士一，卑者数而尊者疏也。二说既无可定，要必居一于此。两蔡以周例虞，不足为征。而孔氏以天子入五章之数，则命德讨罪，皆言天子制下之事，《经》有明文，固不得屈帝服以与其列。

益稷

四载

樏，旧谓樏以铁为之，形似锥，长半寸，施之履下，以上山，不蹉跌。以理度之，盖非也。乘者，坐立而乘之。谓履下施锥，盖今屐类。不得谓之乘。且施半寸之锥于履下以登山，使为石山也，则其仆必矣；即使为土山也，锥深入而拔出亦难。且铁不能施于革上，必间之以木，层累高锐，足不与地谋，而徒加重焉，蹑此以登山，一步一蹉跌矣。谢安石登山以屐，彼固从容雅步，用远泥滓，非如禹之有事于相导。而安石所登，又皆修治之蹊途，若木未槎，道未通，屐且不可入，况施之以锥也？愚久居山中，每雨湿，屐行则喘息，奔急屡至蹶蹶。传注家老死堂上，妄意履下施锥可以登涉，固其宜也。樏之为字，从木而不从金，则必以木为之。今其制不可考，大抵如诸葛木牛流马之类，有机以转运，前后互为首尾，施四轮而高庳各半，登则庳轮前而高轮后，降则庳轮后而高轮前。其上载人者，则亦舆而已。或以人，或以牛马，皆可推挽。禹自乘之，而槎木开道、从行之役人不与焉。禹位司空，即躬亲劳苦，亦不至与役人争道汗流，从事于坡陀。若役者之入山，则莫便于草履。何为违其所甚便，使蹑此痴重尖欹之履哉？《经》文云"予乘四载"，亦足知仅禹乘之矣。颜师古、洪迈谓禹山行所乘，即今之山轿。然人车自桀始，恐非禹制。

鲜食

鲜，当作上声读，少也。与"艰食"义相为类。通渔猎所得，非有耕穫之艰难，而不能多获，故曰鲜。稼穑所敛，或粒米狼戾而不致鲜乏，然必终岁勤动而后有秋，故曰艰。肉曰鲜，粒曰艰，皆有郑重之意。古人命名不苟如是。若以为腥鲜之鲜，则以肉为粻者，必为腊为脯而后可继，安得比日而烹鲜哉？

决九川

禹之治水，其事凡二。先儒多合而为一，故聚讼而无所折中。《尧典》所谓"洪水方割"者，大抵河水为害也。龙门未凿，河之上流壅滞于冀、雍之域。九河未宣，河之下流弥漫于兖、豫之野。而兖、豫之患为尤甚。盖河自出太行而东，南北两崖平衍沙壤，水无定居，随所奔注，辄成巨流。故禹既治壶口，分播九河，则水患息。孟子亦以疏九河，瀹济漯为首功者，此之谓也。大河既平，中原底定，人得平土而居之，此则治滔天之洚水者，其一也。若禹所自言"决九川距四海，浚畎浍距川"者，则洪水既平之后，因以治天下之水为农计也。故曰"烝民乃粒"，又曰"荒度土功"，《论语》亦曰"尽力乎沟洫"。而《禹贡》所纪定田赋，六府孔修，庶土交正，不复以民免昏垫为言，此则遍履九州，画其疆场，作其沟洽，涝患可蠲，旱亦获济，故《诗》称之曰："维禹甸之。"此以开三代井田之基者，又其一也。所以然者，当禹之时，大河北流，未与淮通，而南条诸水，限以冥厄、潜、霍、楚塞诸山，则势不得与江淮相接。至荆之南土，梁之西陲，较豫、兖之野，高下相去不知几百里。使浩浩滔天，漫及荆、梁，则兖、豫、青、扬深且无涯，久不复有人矣。若云大河、江、淮及诸小水同时各涨于其地，则必天下同时皆苦霪雨，而河源远出绝域，彼中晴雨必无一揆之理。江、汉之涨，则因雪液。河水莫大于矾水，在春夏之交。汉水盛于夏，江水盛于秋，其他小水多盛于春，此涨彼落，不能九州而同，况九年而如一日也？雍、梁、荆之地，山高岸峻，水即壅泛，不足为民患，何必措力于随盈随涸之流，以自劳而劳民也哉？然则九川之决，畎浍之浚，平土也；龙门之凿，九河之播，平水也。舜曰"汝平水土"，两纪其功也。先后异时，高下异地，浚治异术。合而为一，则紊矣。

侯以明之

"明"之为言辨也。"侯以明之"，当大射之时，差次其等，摈顽谗，使不得与，以明辨其不肖而辱之。如孔子矍相之射是已。射以观德者，所以纳君子于轨物。侯以明恶者，所以显小人之斥罚。倘如蔡氏所说，不先察其顽谗，而一取决于射，是略其已著之善恶，而征之于或然之得失。藉有养由之技，汉成之容，非比于礼乐之为难，遂谓其贤于羊叔子邪？"侯明""挞记"，其义一也。"挞"以见及为辱，"侯"以不与为罚，皆先知其顽谗而以是惩之也。

搏拊琴瑟句以咏祖考来格句

自"戛击鸣球"以下，至"庶尹允谐"，皆《韶》乐之谱也。"以咏"者，即以下三者为咏也。"祖考来格"，如《周颂》之咏"绥予孝子"也。"虞宾在位"，如《周颂》之咏"我客戾止"也。"群后德让"，犹《周颂》之咏"式序在位"也。此皆升歌以配磬瑟之诗，其辞不传，而大旨所咏，则不外此三者也。"鸟兽跄跄"，下管之所舞也。"凤凰来仪"，《韶》第九成吹箫之所舞也。"百兽率舞，庶尹允谐"，乐终击磬之所舞也。乐以昭德而象功。舜之德，格祖考，礼虞宾，感群后，谐庶尹；功则平水土，若鸟兽而致凤凰。故夔或以歌咏之，或以舞写之，犹《大武》之歌《武》《贲》《桓》，而舞则北出灭商，疆南国，分周、召，复缀以崇也。"蹌蹌"，趋貌。鸟兽之害人者消，趋而避之也。"率"，顺也。兽顺其道，而戢其搏噬，顺其步趋，有若舞也。"戛击鸣球，搏拊琴瑟，下管鼗鼓，合止柷敔，笙镛以间，搏石拊石"者，八音之奏也。"以咏祖考来格，虞宾在位，群后德让"者，诗歌之言也。"鸟兽蹌蹌，凤凰来仪，百兽率舞，庶尹允谐"者，九舞之容也。始乎人声，间以八音，成以舞箾，《韶》乐之美善虽不易知，而大概尽于此矣。

先儒以格祖、礼宾、群让、鸟蹌、兽舞、凤仪、尹谐，为乐之应。夫祖考之格与否，既非人之所能知；虞宾则固已在位，不因乐感；庙中群后，各以其事为序，无所于争，则亦无所于让，不待闻乐而始加谦挹。若圣人尽鸟兽之性，亦惟使安于自然而已。以飞鸣攫拿之物，宜在郊野者，一旦翔舞于庙堂，是物违其性，亦为妖为怪，而不得为顺矣。匏巴鼓瑟，游鱼出听，师旷奏清角，玄鹤来集；南卓击羯鼓，群羊踯躅。言出稗官，不根而亡实。即令有之，一技之士固能之，而何待舜夔？且使淫夫酣歌于室，而鸧鸽不翔，凶人狂哮于衢，而虎狼不至，何徒《韶》奏于庭，能动兽心而不爽邪？凤凰感德而至，和之致祥，理有然者。乃谓其来在作乐之顷，则彼凤凰者，非素止于百里之内，安能遄飞速集而不爽其期？即其疾飞捷至，有逾凡鸟，亦不得有飞耳长目，能闻声见舞于千里之外，以遽然而整翮。不然，岂和气所蒸，旋结一凤鸟之形，如虹如电，而非有其真乎？孔子作《春秋》，而西狩获麟，获之于郊也，固不追随于子之室，而睥睨简册之间，则凤亦安能爱止于夔之侧，而错综干羽之列邪？鄂楼黄鹤，普贤白象，牛头衔花之鸟，介象盆水之鱼，仙释之幻谈，知不足为圣诬矣。若庶尹之谐，自舜之德教使然，尤不在作乐之一日。使待作乐而乃谐也，将前乎此与后乎此之遂不谐与？德不足及庶尹而恃乐，其亦末矣。德盛而乐至，故曰：乐其所自成，非德待乐而始成也。后人因乐之音容，以知古人之心迹，故曰"闻其乐而知其德"，非乐之即为德也。故童子"视端行徐"之说，亦出流俗所传，不足深信。童子之智，不应贤于魏文侯。古乐不能警文侯之卧，敬仲所传之《韶》其能感童子之眸乎？《韶》之为《韶》，非仲尼、季札有不能尽知者，岂尽当时之鸟兽而圣如仲尼、贤如季札哉？汉儒好为瑞应之言，宋儒乐道天人之际，惟怪与神，子所不语，学者所不当语也。

虞宾

前禹已言丹朱殄世，则此虞宾，非朱可知。旧注未之考也。丹朱不道，尧处之于丹渊。今淅川县。而尧之别子，如《孟子》所言"九男"者，自绍唐封于平阳，以奉尧祀，范宣子所谓"自虞以上，为陶唐氏"是也。丹朱不但不有天下，并不得有其故国，而舜必无迁尧宗庙社稷于丹水之理。况舜之于朱，年齿亦应相上下，使朱且在位，而特继嗣未生，安知其不晚年得子，禹何逆料其殄世而豫诅之乎？且"殄世"云者，朱已身殂无子，而在位者其弟之为唐侯者也。亦犹商均受封于房，而夏之时又有虞思。至周徙唐于蓟，徙虞于陈，而后唐为叔虞之国，虞为虞叔之国矣。若唐之在夏为御龙氏，虞之在商封于遂者，又其支子，非虞宾、虞思之嫡裔，不可概而一之。

庸作歌飏言

"敕天之命"二句，"念哉"六句，击之"作歌"之下，而下文又有"乃歌""乃赓"之文，盖前数语不用韵，如后世乐府有艳、有和、有唱。"股肱喜哉"云云，每三句一韵为一歌，则如乐府之有词也。此歌盖舜及陶所作，而夔以被之管弦，则亦《大韶》升歌之遗音，故系之"庶尹允谐"之后。功成乐作，而推本治原者，以此歌叹泳之，犹周乐之以《关雎》为乱也。孔传云："用庶尹允谐之政，故作歌以戒。"陈氏曰："用夔言功成乐作之意而用之歌。"皆泥于庸字之义，而不知史家记事之体也。班固《乐志》，前序汉乐而后载乐府辞，盖师此为之。

《书经稗疏》卷一终

书经稗疏卷二

夏书

禹贡

既载壶口

先儒俱云禹治水始自壶口。朱、蔡独以为治水当先从低处下手，故先决九川之水使通于海，又浚畎浍之水使通于川，下流之水杀，则上流之水渐浅。以实求之，固不尔也。中国之形势，从西北而下，山势逶迤于东者散为数条。两山之间，中为平野，川于是流。在北，则巨鹿以至于天津。在中，则荥阳以至于淮安。在南，则洞庭以至于吴会。其相间之际，各有冈脊，两川之必不相通者，冈脊间之，非人之所能强也。洪水之患，河实为之，虽云"怀山襄陵"，亦必不能北逾井陉，南漫楚塞。是他川之涨落，固无与于河流之淤通矣。今帝都沦污，人民垫隘，乃欲远疏他州畎浍之水，待其渐归于海，而后治冀州之上流，此犹痈在头而刺其足，不亦慎乎？

河之为泽水也，塞于吕梁，又障于龙门。其在上流，既漫入于汾、绛，为帝都之害；而其下流，又为太行诸山所厄，坌出水必且不循故道，蓄极横溢滥，灌于大名、曹、濮以及汴、宋之郊，非但治他州之川，漠不相与，即令治河下流，亦无与于龙门之阻。且弥漫四散，河身不现，智如神禹，当亦无从下力。而人治于下，水潴于上，蓄极必泄者沓至而日增。下淤渐去上溃，骤通，治水丁夫，即极数万夫之力，而此数万人者，分之则各以一身尔，长不满七尺，力不任百钧，就淤涨之下，横加疏凿，所凿既泄，溃涌倾下，不转盼间而此数万人者皆鱼鳖矣。治之先自上者，以水治水也。先自下者，以人治水也。使以人治水，将所谓疏瀹者，如王安石之用济川杷为儿戏乎？亦将以镵锸开高坚之地，勒水而强之上，如李昌言、贾鲁之为乎？乃昌言之回河，不十年而复决；贾鲁之挑黄陵冈，至洪武初而已绝，徒劳无益，弃地殃民，必非禹之所屑为而忍为者。且以人治水，由下及上，即有神术，能令水降而人不漂，乃下流之渠，浚治方净，而龙门、壶口、吕梁以西停积之水，乍然得通，其泥淤、浮沙、朽木、颓石，乘涨俱下，迨及山东平衍之地，势广安流，淤梗不行，则晋、冀之木石沙壤尽注于大伾之东，向之所开者有限，今之所淤者无穷，尽弃前功，而兖、豫仍为泽国矣。惟先上而后下，辟吕梁，凿龙门，使河之自保德、岢岚溢入汾、晋者，渐得其道，循孟门以出河曲，因积水浩瀚之力，推淤梗而溯湃以东。待之良久，积水既尽，则淤者成岸，激者成川，高下之形，大略已定。其有阻滞者，亦可施其分合疏通之力矣。得尺则尺，得寸则寸，渐东渐下，放于海而皆安流。故曰恶其凿而行所无事也。龙门之西，地形之高于九河者，不知其几百里。塞于千仞之下，安能使千仞之上泛滥横流？而况荆、扬之川，分阻汉东之山，梁州之川，尽绝剑阁、终南之险，其不相与为通塞也，皎若列眉，朱、蔡不知禹之治洪水与浚川浍者，各为一役，乃欲措百万生灵于建瓴累卵之下，以施迂阔徒劳之功，足知治水之智，自别有条理，非可坐筹之于几席也。乃《经》云“既载壶口”，大义炳然。犹立意见以破古人之成说，则非我之所敢知。

既修太原至于岳阳

蔡氏以此为治汾。乃汾水之所以待治者，河壅之也。河壅于孟门，则汾水无所宣，逆上北溢于太原。迨河既通，汾在河下，而浊河故淤留于汾岸，故因加修治之功，乃但自太原、岳阳而止。平阳以下，龙角、襄陵，群山所束，水落崖高，不待修也。冀州言修治而他州不言者，天子之都，一皆司空之所有事，若他州在侯封之内，大水既平，小有未修，一付之诸侯之自治，不待禹之遍治也。覃怀以东且在所略，况八州乎？于此亦可见禹之治水不先畎浍也。马碧梧谓"余州无事"，陈新安云"以例余州"，皆失之。

衡漳

孔氏曰："漳水横流入河。"蔡氏因之。今按：河水自孟津至大伾，向海东北流。而浊漳水自壶关出伏牛山，南向阜城，亦东北流。其入河也，夹流俱下而相凑，非横入也。《水经》言："浊漳水在冀州城西北，衡水入焉。"《信都记》云："衡水历下博今深州城北，而迤逦东北注，谓之九争曲，水味苦咸，俗称苦河，亦谓之黄漳河。"则衡、漳盖二水。言衡漳者，犹言妫汭、河洛，从其合流之地而纪之也。

衡漳、九河、恒卫、大陆、碣石

自周定王时，河徙砱砾，失禹故道，至汉夺漯水以南，自今利津县入海，其一枝夺济，南流入淮，而禹河故道，议者以无稽而争讼。乃考之于《经》文，参之以地势，则当禹之时，大河固夺漳水以流也，大河之东，自出河阴，入于沙衍之墟，土弱形夷，既无高岸以束之，其上流所迁，差以寻尺，则下流浸相悬远。而所趋之地必就低下，他水之流，先有川焉，是自然一定之低下，必见夺而与俱流者也。故或北或南，俱夺他水之流以入于海。而水所不流，故为崖岸，则必其高焉者，势不得舍其低下旧通之径，横激而上越陵阜，以复求低下于他所。故汉初夺漯而与俱行，其后夺济而与俱行，又其后夺淮而与俱行，宋夺大清河而与俱行，元夺会通河而与俱行，今则全注徐州，南夺淮而与俱行。自非溪涧小水，必不冒之以过，他水自纵而河自横也。禹河故道，既得漳水夺与俱行，必不能溢于漳北，明矣。凡大山大泽之势，高下之形，以山水为准。去山近，则其高也迤逦渐下，以至于川。去水近，则其下也迤逦渐高，以至于山。必无有山焉崛起污下而忽高之理。北条之山，沿大行而北而井陉，又北而恒山，又北而紫荆，又东北而居庸，东而天寿，又东而古北，又东而密云、遵化，又东而山海关，则《经》所谓"恒山至于碣石"者也。而凡此诸山之趾，必无忽然遽下之理。则保定以东，放于蓟州、永平之南境，皆山之趾，而高于大名、广、顺、深、冀、河间者也。漳水之流，东北经浚县，故《经》云"至于大伾"，又北过广平县，又东北过威县，又东过南宫县，又东北过冀州南，故《水经》云："北过堂县、扶柳，东北过信都。"而蔡氏所引"古泽渎自唐贝州经城北入南宫，贯穿信都"，亦显与漳合，故《经》云"北过洚水"。而所谓大陆者，自当在景州、交河之境，固不当谓即巨鹿，亦不可谓在西山之麓也。浊漳水自清河、故城、景州，至交河而与清漳水合。自此而北，则天津、静海之南，其为九河之故道无疑矣。

禹之导河，自洛汭北流，经怀、孟、阳武，东至浚，又东北至内黄、魏县，得漳而夺与俱流。其合漳也，不于临漳，既以彰德地形，因林虑之余高为之阻隔，则程氏以孟康所云王莽河为禹河者，既不察于邺城高下之势。而既夺漳流以后，恒水自深州东来，与清漳合流而下，卫水自灵寿县与滹沱合流而下，至于交河，二水又合乎浊漳而与河俱行，故《经》云"恒、卫既从"，从者，河水在南，东北流，恒、卫在北，亦东北流，施道同行，至交河而随之以下也。河夺漳流，与至交河，则去海近矣。去海已近，地形必极乎下，故于此而东北播为九河，以达于海，此自然之势也。

天津之南，盐山、无棣、沾化、利津，九河之委流也。东光则有胡苏，沧州则有徒骇，乐陵则有鬲津，海丰则有马颊，渐次分疏，而非如指掌之平列。故许商云："自南以北，相去二百里。"李垂云："在平原而北。"赵称云："自冀抵沧、棣，始播为九河。"盖其去天津密迩，河益大，地益平，非漳流之能胜，故因上流既治之后，推洗垫下，任其支分，而洪水略定，沙渚渐出，高者岸而下者河。已成九道，则下者阔之，高者培之，行所无事，而河已安流入海矣。

古迹俱存，众论固定。程氏无端矫立之说，而朱、蔡因之，以为九河在碣石入海，则当自交河而北，舍近下之径，逆挽而又北之，不然，则当自冀州而掘高坚之土，挽河而悬载之于保定，绝呕夷、桑乾、直沽、滦水、潢水，过乐亭，榆关，而以达于碣石。吾不知河之越此呕夷、桑乾、沽、滦、潢之五大水者，何以不随五水东下，而能凌空飞度以北也？且所经之地，皆滨海卤舄之土，禹何能遏之而使不通？如其筑海岸数百里之地，斸山麓数百仞之渎，塞五水入海之道，尽挽而北之，则河之为害，远之惟恐不速，乃业已近海，而又勒之以陕五百里之人民，即至愚者不为，而况神禹！矧筑海岸，塞大水，掘山麓，即役使鬼工，演幻术，而亦万无可成之理也哉！诸儒不察，乃信新莽佞臣王横之言，以尽反古今之成论，非予之所知也，且横之言曰："天尝连雨，东北风，海水溢西南，出浸数百里，渐没九河之地。"今据北海曲岸之形势，自蒲台而东至于长芦，北抵直沽，则岸曲向东，历马城、乐亭、至山海关，而益以东矣。山海之东，北连宁、锦，陆地数千里，去海逾远。使九河而在碣石，必东南风吹簸登、莱以北之海水，溢于西北，而后九河以没。今云东北风海水西南溢，则碣石之水且随风南去，而沙汀以出，其受溢而渐没者，必天津以南之海岸可知已。是横固无以证九河之在碣石。其从而附会者，郦道元之过也。况乎当横之时，韩牧已知九河之有迹而未尝没乎？若《经》所云"夹右碣石入于河"者，以纪岛夷之贡道所经过之地，文从其略，言岛夷自北而来，夹碣石以渡大洋，达于天津，而后入于河也。碣石去河虽远，要可约略纪之。如扬州言"沿江、海，达淮、泗"，江、淮入海异道，不妨捷言之也。且所云岛夷者，辽水之东海、盖、金、复之地，欲至于天津，故径碣石。假令河水在永平之境，则径当从弓弦山渡洋为近，不必更绕碣石之左矣。《经》云"至于碣石"，本以纪山，而非以纪河也明甚。山自有山之条理，水则以下为趋。惟壶口、雷首、底柱，山夹河行，出山以后，河自南而山自北。河南而东，至天津之南。山北而东，至永平之北。河云"入于海"者，流之合也。山云"入于海"者，支之尽也。安得概以为一哉！

《经》言"导水"，不言"载水"。《孟子》言"水由地中行"，不言"水由侧山行"。故曰"禹之治水，行其所无事也"。今乃云"载之高地"，又云"穿西山之趾"，则明异《经》文，而大背乎《孟子》之说。为此言者，不过见江南田野有壅水而载之山趾，以为堰灌田，而妄意河之亦可如此。不知禹将全堰大河之水，使过冀之北土，其亦如塞堰者收灌溉之利乎？且堰能分溪流，而不能回全溪以他往，况大河之莽莽者哉！西山之趾，其高过于魏、博、沧、瀛者，不知其几许。如必欲挽河使北，不知当掘最高之地深至几百仞，而后河流可通，计非八年之所能竟。且为此言者，使行冀北永平之地，求其故渠，将何所指以为是？岂禹运神力以开之，后复有神力以堙之者邪？且使禹不揣而掘山以载水使北矣，乃其在大伾之野，水有自然之低下之道其怒，即可保其穿山以后之束于岸而不溃。而当初北之地，虽横筑数十丈之堤，亦不足以当下流不快，上流日增之势，崩溃漂流，千里鱼鳖，惨哉！其背天常，致彝伦而圮族于无穷，曾谓禹之不仁不智，乃至此乎？

《经》纪九河，在兖而不在冀，而与"雷夏既泽"之文相连。若碣石，则固系之冀矣。是河之入海，终始于兖，禹之不移兖害于冀也，亦以徙移害冀而终不能分兖之灾也。如云禹因河画州，天津、静海、顺天、永平之南境，皆为兖土，则又何以纪兖之贡道但及济、漯，而不纪滦、潢、直沽、桑乾、呕夷之五水也？以此考之，言禹载河于高地者，无一而可。乃宋人之为此言者，则有故矣。熙、丰间，王安石倡为回河之邪说，吕大防踵其误以敝宋，而始终力主顺河自流之议者，惟苏氏兄弟也。洛、闽诸贤迁蜀党之怒，暗中安石之毒而不察，乃欲诬禹以障水回川，逆天殃民之事，其所据为指证，若王横、郦道元之言，皆安石之所尸祝者也。使然，则吴安持之功不在禹下矣。藉令诸君子能公心宅物，不以人废言，而一存苏氏之说，则岂有此蔽哉？若南渡诸儒，画江以居，而不识兖、冀之事，又其偏信之病所自深也。

灉沮会同

蔡注以汴为灉，睢为沮。按《经》纪此二水于兖州。而汴水出荥阳县河南开封府大同山，过中牟、祥符，故《水经》云"出阴沟于浚仪北"。东过宁陵，与睢水合。又东过亳州蒙城县，故《水经》云"东至梁郡蒙县为睢水"。又东至怀远县荆山口入淮，其与《水经》言"至彭城入泗"小异，则以为黄河所夺，挟之南下，淤其入泗之口也。睢水出睢州东北，经归德府东过宿州，故《水经》云："出梁郡鄢县。又东过睢阳县。又东过故相县。当萧县南入于泗。"睢之或合于汴，或合于泗，古今小异。然其所自出，一在荥阳，一在睢州，则豫州之域；其合也于蒙城，其入也，于萧县，则徐州之域；不于兖土而会同也。沂在泗北，泗在睢北，睢在汴北，徐州之境北尽东平、巨野，东直费县、海州。安得兖土南侵徐、凤乎？则灉非汴、沮非睢可知。此纪灉、沮上连雷夏，下接桑土。雷夏既在濮州，桑土者，郑玄《诗谱》说为卫之东境，自濮以南则为曹、鲁之地，而桑土属卫，必在濮北，《后汉书》注引《博物志》云"桑土在濮阳"者是也。则灉、沮之会亦近是。《尔雅》"水自河出为灉，济为濋"。晁氏以沮有濋音，谓沮即濋。但言灉自河出，则凡河之枝流皆可谓灉，犹自江为沱，而成都之繁昌、荆州之枝江皆有沱水也。汉以后，河日南徙，故枝流亦在南。而汴谓之灉，禹之故道河在北，则灉亦在北也。禹河自大伾而北，夺漳渠以去，去济绝远。兖之贡道乃云"浮于济、漯，达于河"，则河之经流虽相去邈绝，而其枝流尚有会同之处。盖兖土卑下，斜出成川，旁午不一，非如峡岸之流，彼此无相合之势也。然则此灉水者，盖在大名、广平之交，河水旁出，南溢达于东郡濮阳之境，而沮者，则济水于曹州之北旁出，北流以与灉会于濮，以俱下而流于济南。其会同之处，固兖之西土也。济以达沮，沮以达灉，灉以达河，故曰"灉、沮会同"，言河、济之于此会同也。王氏炎曰"沮出濮阳，灉出曹州"，盖为近之。然濮在北，曹在南，河在北，济在南，则沮当在曹州而会灉于濮东。濮去禹河既远，不得有旁流之河。倘以为灉、沮非河、济之旁出者，则兖西为沙壤，无有水源，其不能别成一渠于曹、濮，而必因于河、济，亦明矣。若今无此二水者，以河、济迁则灉、沮竭，可以今之地理求，难以今之川泽求也。汴、睢云乎哉？经纪兖州之水，独详于曹、濮之间者，以此土北邻浚、魏，南距睢、归，河流其北，济绕其南，二渎交控，无高山广阜以限之，故易为灌漫而治水之功倍也。功倍则辞详矣。

草木

谷之产，因于地之宜。地之宜，验于草木之生。故《经》于辨土之后，纪其草木之别，所以物土宜而审播种也。南北异地，九土异质，风气异感，故草木异族，而百谷亦异产矣。

由、条、渐、包、夭、乔者，草木因土性之故别，非由治水而始然也。当洪水泛滥之时，草木畅茂，榛芜秽塞，土荒兽逼，故益焚山泽，务芟除，而不务蕰崇之。林氏乃谓洪水为患，草木不得其生，至是始遂其性，岂知草木之性遂，适以害嘉谷、塞途径、深沮洳、酿岚蛊、蕃禽兽，以与人争命乎！古之建国者，以拔木通道为事。《诗》所谓"拔柞械"、《春秋》所谓"启山林"是已。如以草木芜盛为平成之绩，则今猺之有峒，苗之有箐，其将平成于中土哉？则《经》纪草木，以物土而非序绩可知已。由，亭茂也，草之茎生者也。渐，进长也，进而渐长不已，草之蔓生者也。夭，少长也，草之台生者也。条，长也，细而长也。木之孤干独擢者也。包，丛也，木之科丛盘生者也。乔，高大也，木之枝干兼伟者也。三州所产，族类之不同如此。犹土有白黑，坟壤之异也。土不因水已治而改其质，草木亦不因水之治而异其状也。所以惟兖、徐、扬三州纪草木者，此三州平衍之区，无高山大谷，草木鲜生，可以区别，而六州之或山或谷，或原或泽，其地不齐，一州之间，各自殊别，不可定也。王氏炎曰："南方地暖，草皆少长，而木多上竦。河朔地寒，虽合抱之木不能高也。"得之矣。

大野

蔡注引《地志》"在山阳巨野县北"，又云："郓州中都西南，亦有大野陂。"中都，今汶上县。巨野之北，正值汶上之南，非有异也。大野于宋为梁山泊，汇南旺湖而为一。及永乐中，开运河，始画而为二。南旺之东又有蜀山湖，亦谓之南旺东湖。凡此三湖，弥漫三百六十里，皆大野之所潴也。大野之水，其源本于汶，而不因于济。济水自由张秋过寿张，掠湖而东北以注于济南。大野之水则南下鱼台而注于徐、邳。《山海经》云："济水绝巨鹿泽。"郭注云："今在高平。"绝者，绝而过之之谓，非言济水毕注于此。若《水经》所云："济水至乘氏县南分为二，南为菏，北为济。"郦道元谓"一水东北流入巨野泽"，盖当后魏时，济水之枝流偶注焉。而桑钦所云"菏水"者，下又云"东过湖陆县今鱼台入于泗"，则亦与汶俱流，至鱼台而南，未尝绝而无所往也。天下无绝而无所往之水，蔡氏以菏为巨野，既徇末失本，而又以为济水所绝，则尤不审于《山海经》"绝"字之义。若何承天云"北连清、济"，则连济而非原于济，承天初未有失，而济水掠大野之北，徐地尽于大野之南岸，徐终不得有济也。蔡氏生于东南，当山东沦陷之后，一惑于道元之说，虽以当时显著之梁山泊且不之察，而况其他乎！

蠙珠

蠙，《说文》正作玭。宋弘云"淮水出玭珠"，即此。古之珠，皆以玉为之。后世南粤既通中国，合浦之珠始登服饰，而谓之真珠。"真"云者，言其不假琢而圆也。若以蚌甲为珠，则物贱而色黯，古谓之"蜃"，以饰器物，所在有之，不必淮夷。按《说文》，玭即瑂也。琢美石以为珠，赤者曰琚，白者曰瑂。《大戴礼》所谓"玭珠以纳其间"，盖佩玉之一也。佩以象德而有玭珠，岂佩蚌甲而可以象德乎？蠙珠之贡，盖以供佩。玭之为蠙者，借用也。若蠙字正音蒲边切，虫也。唐张蠙梦名虬，登第而改名蠙以应之，则蠙固非蚌，蔡氏之疏，两失之矣。

浮于淮泗

汳汳通水至蒙为灉水。东入于泗者，汉河南徙之道也。泗入淮，故淮合泗。汶入泗，故泗合汶。汶在巨野，合济之支流。济合灉。灉源于河，则经所谓"浮于淮、泗，达于河"之道也。蔡氏两引许慎《说文》，未决所从。当以后说为定。盖禹河故道，自洛汭、孟津，北过怀庆，合卫河而入浚、魏。初未自河阴南下，经荥阳、祥符之境，则汳水、阴沟水皆无从得受河以成流。当禹之时无汳水。汉河南徙而濮州无灉，时异水迁，不可强同已。

三江

《经》于此言"三江"，后导汉云"北江"，导江云"中江"。传注家合二为一，故徒滋繁讼。以实求之，彼云"东为北江"，"东为中江"，自上游而言，浔阳以西之江也。此云"三江"者，自下游而言，芜湖以下之水也。知然者，以《经》云"三江既入，震泽底定"，犹徐州所云"大野既潴，东原底平"。大野潴而东原平，大野者，东原之浸。三江入而震泽定，三江者，震泽之源与支流也。苏子瞻惟不知此，乃欲以味辨之，其亦细矣。

江水自芜湖而东，其下采石，过应天、仪真、镇江，至通州入海者，所谓扬子江，大江之经流也。乃海潮之上，直至小孤山，则小孤东北，水势已平漫，特江南有雁山、九华诸山麓以束之，江北有石镜、巢山诸山麓以束之，则岸高而不能旁泻。至牛渚之南，敬亭一带，山势已尽，采石北阻，不能尽纳大江之流，而芜湖东南地势污下，可容旁溢，故分水别注。

自高淳、溧阳抵于宜兴之南，所在潴积，为丹阳、固城、长荡诸湖，而注于太湖。其一则分自贵池、迳宁国县，由广德、长兴而注于太湖。《水经》所谓"东至石城县南，分为二。南江又东南径宣城之临城县，_{今青阳。}又东与桐水合，_{广德之桐池。}又东径宁国县南，又东北为长渎，东则松江出焉"者是已。是震泽，三江之首也。今其水之径溧阳者，中江之名固存也。而既入太湖以后，其经流上承中江径直之势，自鲇鱼口经苏州太仓入海者，一江也。_{今娄江。}其自吴县长桥东北，合庞山湖，过松江、上海之北入海者，一江也。_{今松江。}自大姚分支，过青浦之淀山湖，东至嘉定县界，合上海之黄浦，经嘉定、江湾，自上海之南入海者，一江也。_{今东江。}凡此三江，皆太湖之委也。委流顺，则从出之泽亦平。故三江入海，而震泽以定也。《史记正义》及《吴地记》之说，皆确有可据。要其上流则皆自芜湖东南分大江之支流者也。朱子以薛士龙之言为信，与蔡氏所引唐仲初之说，要为不诬。故《水经》亦云："江水奇分谓之三江口。"其与后所纪之北江、中江，相去千余里，强而合之，则愈迷乱而不知所从矣。若大江自采石东下之经流，《经》不纪者，自然之渎，未之加治也。

九江孔殷

殷之为言，中也，盛也。物中则盛，故殷亦为盛也。"九江孔殷"者，言九江之流甚盛也。所以然者，以"江、汉朝宗，九江孔盛"义相连，汉合于江，江行以缓，故九江为之盛也。

汉九江郡治在寿州，其地则今凤阳和州是已。至隋，始以寻阳为九江。而《汉地理志》云："寻阳南有九江，东合为大江"者，则寻阳之小水也。汉寻阳县在江北，今之望江、宿松也。若今九江府之德化县，在汉为柴桑县，然则《汉志》之九江，盖皖水之源，其出有九。云"寻阳南"者，县在怀宁之南，望江之北，皖自其南而入江也。若《寻阳记》所称乌、蚌诸江，则洲渚之分，诚有如蔡氏所驳者。而晁公武乃云："一江而称九江，犹太湖一湖而称五湖，昭余祁一泽而称九泽。"殊不知昭余祁者，九泽之一，或不审而名之曰九。湖之有五，则长荡湖、射贵湖、上湖、滆湖，与太湖而五，本非一也。湖本有五，泽别有八，而九江安得一也？乃朱、蔡以洞庭为九江，尤有疑者。《经》云"过九江，至于东陵"，东陵者，巴陵也。九江在巴陵之西，而为江水之所经过。若洞庭则在巴陵之南，江水未尝过之也。《水经》"九江在长沙下隽县西北"，下隽亦巴陵也。洞庭在巴陵之南，固不在其西北，亦明矣。《楚地记》曰"巴陵潇湘之渊，在九江之间"，初不言九江在巴陵潇湘之间。又《经》云："岷山之阳，至于衡山，过九江至于敷浅原。"经文虽简，而衡山之于九江，九江之于敷浅原，虽限以大江，其山势必有相因者。洞庭之浦，东西相去四百余里，山形阔绝，不相连接。《经》盖言衡山自长沙岳麓而下，顺洞庭西岸，沿石门、慈利，滨江东北行，至荆江口，逾江而为蒲圻、兴国诸山，过德化以讫于庐阜。则过九江者，非过洞庭亦明矣。唐诗"落日九江秋"，注云："江自荆南而合于汉沔间者有九：一曰川江，即大江；二曰清江，源出施州卫之西，至长阳入于江；三曰鲁洑江；四曰潜江，出自汉水而会于江；五曰沱江，夏水也；六曰漳江，出南漳，合于江；七曰沮江，出房县；八曰直江，公安之油水也；九曰汉江。"盖此九水，自长阳而东，渐合于江，至汉口而后江、汉水合。则汉阳以南，城陵矶以西，皆为九江合流之地，江势大盛，故曰"孔殷"也。而此上下三百里间，正在巴陵之西北，故《水经》云："在下隽西北。"乃九江之首，起于长阳，故《经》云："过九江至于东陵。"而湖北诸山，随江西下，放于江、汉之间，然后逾江而过武昌之南，岳州之北，于"导山"之文，亦无不合契者，斯以为《禹贡》九江之定论也。皖口、柴桑、洞庭之释，要于《经》文无取。

沱潜既道

"潍、淄其道"，潍水、淄水至寿光而合入于海也。道之为言通也。"沱、潜既道"，沱、潜合一而江、汉通也。沱者，今之夏水。楚庄王灭陈，乡取一人以归，谓之夏州，居之于此水之侧，故曰夏。夏水首出于江，在江陵县东南，东过华容今监利，至云杜县今潜江入于沔。盖潜水分汉于潜江之南，而沱水自监利北注之。江、汉之支流，早已相通于汉口之上，特其岸狭渠小，故江、汉之经流必至于汉口而始大合，但有水可道，则漕贡之舟取其径直平夷，可以捷至汉水，而避自荆、岳达鄂，浮江溯汉七八百里迂险之冲，故下云"浮于江、沱、潜、汉"，此之谓也。

云梦

江北为云，江南为梦。盖平原大泽，地势相连，而江水分画其中也。其地在江南者为松滋、石首、公安、安乡，在江北者为监利以西至于江陵之东，跨江濒湖，南尽于澧而北尽于汉也。《汉地志》华容有云梦泽，华容至梁始徙县于南平郡之南安，则今县是。而故华容今为监利。故《水经》亦云："云梦泽在华容县东。"而郭璞《尔雅注》以为巴邱湖者，今俗谓之西湖，其滨在江南之梦，而云在其北也。《子虚赋》所云"方八九百里"，虽为侈言，要尽汉南、湖北，亦几几近之矣。蔡氏所云"华容、枝江"者良是，而又云"江夏、安陆"，则跨江而东，逾汉而北，势已辽绝。且江夏有黄鹄、凤凰诸山峙立江岸，安陆居章山陪尾之麓，为原为阜，亦不得谓之为泽。德安之有云梦县，则西魏侵地汉上，欲夸其境土之远，而以江介泽薮之名被之于汉北。南北分争，侨置郡县，名实相谬，沿而不改，若此类者众矣。

柣干

蔡氏谓"柣木可为弓干"，而以柣干为一木，不知柣即椿也。其木脆而易折，不中弓干之用。人家田园所植，芽为人采，多不易长。深山所有者，或大至十余围，色赤而理坚，可锯为材用。性辟虮蚤，故今人以作床榻。茎叶固如蔡氏所云"似樗"者，贡之以为什器尔。此木惟荆土多有。闽、广人不食其芽，动见砍伐，固宜蔡氏之不识。而又当宋末武备弛废之时，抑不知弓干之不可以椿为。柣自柣，干自干。孔氏以干为柘，当之柘而云干者，犹《诗》言"伐檀"而云"伐轮"也。

伊

《山海经》言："熊耳之山，伊水出焉。"郭璞注："熊耳在上洛县南。"《汉地志》："卢氏有熊耳山，伊水出。"蔡氏以郭说辨《地志》之非，不知弘农、商洛之间有三熊耳山。一在陕州之南，卢氏之北，达磨之所葬。蔡氏疑卢氏止有此熊耳，因谓伊水不出其下，固是。在商州之南，武关之西，与郭璞所云"在上洛县南"者相乱。蔡氏遂以为伊水出此，而疑其与卢氏相远，因以辟《地志》之非者也。南召之西，内乡之北，洛水之南，有熊耳山，与东关鸾堂毛葫卢之地相接，《水经》所云："洛水东径熊耳山北"者，此则伊水所出，其地亦隶于卢氏，而斜系商州之东南，则郭璞所云，与《汉地志》本一而非二也。《水经》云"伊水出南阳县西蔓渠山。"今谓之闷顿岭，地隶卢氏。从此而东，过陆浑<small>今嵩县</small>、新城、伊阙<small>俱伊阳</small>以入于洛。盖《山海经》《汉地志》所言熊耳者，统纪其地。而《水经》之蔓渠，今之闷顿，则直溯其源也。要以伊水所自出在武关之东，而不在其西，系之商洛，则失其实矣。

荥波

荥、波言潴，必有聚水。盖济溢南流，至于荥阳之东，以地势平下而聚，则所谓荥泽是已。至汉已堙为平地，而不复有泽。波自洛出者，《水经》所谓"洛水径宜阳县故城南，又东北出散关南，又东，枝渎左出"者也。迹其下流，居宜阳之左，则必在洛汭之西而与河会，去荥绝远。乃《经》合荥言潴，又系于伊、洛、瀍、涧入河之后，其在洛东可知。固当以《山海经》之波水为正，盖洛东小水合于荥泽者也。

菏泽

导者，因势而下导之也。水之东流，水之势也。地之西高而东下，地之势也。蔡氏以曹州之荷水为此菏泽，则水本在东，逆西上而被孟潴，岂理也哉！菏泽者涡水也。许慎曰："涡水受扶沟、浪荡渠、东入淮。"《水经》云："阴沟水出河南阳武县浪荡渠，东南至沛为涡水。又东至下邳、淮陵县入于淮。"盖此菏泽由阳武东径祥符之铜瓦箱，东南过兰阳北，又东过仪封南，又东过睢州北，又东至虞城，被孟潴而过之，又东过夏邑，东南过丰县，东至沛州飞云桥，乃得"涡"名，东由徐达邳而入于淮。今其下流谓之涡，其上流谓之阴沟，亦云浪荡，而《经》则即浪荡而予以菏泽之名尔。出于豫，经于豫，而入于徐。若曹州之菏东北会汶，与孟潴阔绝，且源出于徐，不宜纪于豫也。《汉志》："睢水受浪荡渠，东至取虑，音秋间。入于泗。"则菏泽在汉盖与睢合，或自徐州小浮桥注于吕梁矣。虽古今迁徙于沙壤者流委不一，然孟潴为下流，菏为上流。源发于豫，不发于徐，则《经》文之不可易者。其为铜瓦箱所分之河渠，无疑矣。黄河南徙，则此菏泽为其经流也。蒗荡渠之"菏"从草下河，曹州之"荷"，从草下何，《经》文自别。

嶓

东西二汉水，其下流皆名曰汉。其所出之山皆曰嶓冢。相承淆讹，合而为一者。缘《经》言"嶓冢导漾"，与《水经》以西汉水为漾、东汉水为沔，而云漾出嶓冢、沔出沮县东狼谷，遂使古今失据，合二汉水二嶓冢而一之也。

杜佑《通典》云："嶓冢有二：一在天水，一在汉中。在天水者，西汉水之所出。在汉中者，东汉水之所出也。"以地考之，无有如佑之切者。《汉地志》："汉阳郡西县故属陇西，有嶓冢山，西汉水。"此杜佑所谓"一在天水"者也。若《经》所云"嶓冢导漾，东流为汉。又东为沧浪之水，至大别入江"者，杜佑所谓"一在汉中"者也。盖西县天水今并入秦州，在南条山脊之北，于《禹贡》属雍而不属梁，则此"既艺"之嶓，其在天水之"嶓"可知。而天水嶓冢所出之西汉水，自秦州嶓冢之南，流经凤县大散关，南过略阳之西，又南过阶州之东，又南过昭化、剑州、广元、阆中，又东南过南充、邻水，又南至江津之北入于江。其始出也虽近于东汉，而其过汉中，既限以青泥、鸡头之阻，其入川北，又隔以金牛、衰斜之险，则终不得合。迨其下流，早已合岷江于重庆之西，不随东汉为沧浪，过三澨、至大别而后入江也。则《经》之言漾，非西汉之源，而《经》之言嶓，非秦州之嶓明矣。若东汉水之下流，既一一与《经》为合，而所出之嶓即此"既艺"之嶓，在梁而不在雍。其以东汉为沔、西汉为漾者，《水经》之失也。孔氏曰："泉始出山为漾水，东流为沔水，至汉中东流为汉水。"如淳曰："北人谓汉曰沔。"漾、沔、汉，盖东汉一水而三名，西汉不得谓漾也。

此之嶓冢，在今宁羌州之北，两当县之南，宋王仁裕放猿之地。两当在汉为武都，故《华阳国志》曰"东汉水出武都县"，固梁州之北境也。汉水始出为漾，南过宁羌，又南过略阳之东，始与沔合。沔水一曰河池水。略阳，汉沮县也。故《华阳国志》曰："沮县，河池水所出东狼谷也。"桑钦之纪沔水，与《国志》同，特不知沔非东汉之源，东汉自出于宁羌之嶓冢，在略阳之北谓之漾，至略阳合沔水乃谓之沔，至沔县而东过汉中府，始名曰汉。《经》云"嶓冢导漾，东流为汉"者，此也。其不言沔者，沔入汉，而非汉之源也。桑钦不达于漾为东汉源，沔合于漾，而以漾名加之于西汉。郦道元乃昏于二汉之源流各别，乃云："东西两川，俱出嶓冢，同为汉水。"桑钦知有秦州之嶓冢，而不知有《禹贡》所艺梁州、宁羌之嶓冢。郦道元遂合二嶓冢而为一，乃不知西汉之自雍南入梁而达于江，今谓之嘉陵江。东汉自梁之北境，东沿雍、梁之界入荆，而后达于江，今固谓之汉江也。蔡氏既知西汉水径葭萌入江矣。又惑于郦说，强二汉以同归，合两嶓而为一，而曰"嶓冢一山跨于两县"，不知秦州之去宁羌，相去三百余里，中隔西和、成县两邑二百余里之原隰，又有空同、天井、仇池、朱圉诸山之间隔，两县不相为接壤，而亦安得为"跨"乎？秦州之嶓冢，北连汧、陇，其为雍地无疑。宁羌之嶓冢，在汉中之西，与巴、蜀共为益州，共为华阳，则亦共为梁州也。

沱潜

水自江出者皆为沱。蔡氏以郫县、汶江皆有沱，而不知沱之大者在新繁也。盖江水始发，未为峡束，随平壤而四溢，沱不一矣。《水经》云"沱在湔口之东，都安之上"。湔口在石泉县。都安，今之灌县。沱之在郫西者也。《华阳国志》云："大江自湔堰至犍为有五津：始曰白华津，二曰里津，三曰江首津，四曰涉头津，五曰江南津。"五津之地，上溯石泉，下汔井研，皆江、沱之道，旋出旋入，而共合于嘉定也。旧云水自汉出为潜，按《经》所纪汉，皆东汉也。东汉之潜，自在荆土。今此系之梁州，则此潜者，非自汉出，而即西汉之别名。西汉不见于《经》，盖在古谓之潜，而不谓之汉，《地志》所云"巴郡宕渠县西南，潜水入江"者是已。宕渠西南，今邻水县，嘉陵江之入江也于此。郦道元"潜水入大穴"之语，细碎而不经，盖不足信。唯西汉之即潜，故下云"逾于潜"者，言溯潜而上，至于略阳、凤县之间，西汉水与东汉水相去已近，而二水不相为通，则陆运至略阳之东，而后复浮于汉，亦可证《经》之不混二汉为一水矣。道元亦知西汉之即潜而非漾，故又曰"自西汉溯流而届于晋寿，界阻漾、枝津，南历冈北，迤逦接汉、沔"，则以明潜、漾之源委各别，不相通矣。而为说纷纭，自相矛盾，盖杂采他说以成书，得失并存而不知所裁。蔡氏惑其所失，而不考其所得，徒知沔、渭之间绝水百余里，乃不知东汉、西汉之间绝水亦百余里，乃以疑《经》"逾于沔"之文，不亦疏与。

和夷

和水出天全六番招讨地。天全六番，宋之和州也。和水下流注于青衣水。晁氏径以为清衣江者，误。晁氏又曰："夷水出鱼复，至夷道入江。"此乃施州卫所出之清江，至长阳县入江者，与和川相去东西三千余里。和在梁而夷在荆，不得连类并纪，如"覃怀""原隰"之文而属之"蔡、蒙旅平"之后。和夷者，和川之夷，犹言岛夷、莱夷。曾氏所云"严道有和川，夷人居之"是已。天全六番至西魏始入版图，禹因平蔡、蒙而及之，以循水之源而为治江水之资也。

西倾

西倾在洮州卫之南，与松潘接壤。"因桓是来"者，因于桓水而来贡也。桓水，今谓之羌水，自文县千户所绕南山、太白而入于西汉。《水经》以桓水入于南海者，误。羌水西南，正当坤维之脊，地势极高，而又有西番之亦思八思今河，董卜韩胡之乞里马出河，皆东流合于江。桓水安能缘之以南邪？西倾不属雍而属梁者，虽在岷、洮之西，而实与太白、剑门南北相值也。

渭汭

蔡氏云："汧源县弦蒲薮有汭水，即《诗》之芮鞫。"今按《诗》言"芮鞫之即"纪公刘迁邠之事，芮自在邠，去陇州之弦蒲薮几四百里。公刘之国，其疆域不至汧西，则芮者乃邠州之小水，今所谓宜录川是已。若弦蒲薮所出之水，乃汧水也。汧自宝鸡入渭，而不与泾属。使以汧为汭，而汧不连泾，径达于渭，则当云"泾汭属渭"，不得言"泾属渭汭"也。汭在邠，而泾过邠东，汭水因东流注之，故曰"泾属汭"。宣言"泾属汭、渭"，乃先渭而后汭者，则以汭小而渭大尔。

漆沮

雍州有二漆水。其一出永寿县，东过同官北，至耀州，东合于沮。沮水出中部县，南过宜君，今子午水，东南至耀州，合于北洛水。此二水，皆非径入于河，而由北洛。北洛合二水直入于河，而不由渭以达河，蔡注云"入渭"者，误。乃《经》文云"既从""攸同"，则皆主渭而言，而非以河言。然则此漆者，盖扶风、杜阳之漆水。而沮水无考，则或麟游、沣水之类，古今异名也。晁氏之言，深为有据。乃程氏以《经》序渭水节次不合疑之，不知由泾而汭，由汭而漆、沮，由漆、沮而澧，自北迤南，以纪入渭之诸水，节次未有乱焉，何得屈由洛达河之漆、沮，强所本不然者而诬之入渭乎？《吉日》之诗曰"漆、沮之从"，盖亦谓此。朱子以北洛当之，周王不应度泾而北，从禽于三百里之外也。

原隰、猪野、三危、黑水

蔡注因《诗》以原隰为邠州之隰原，据《地志》以猪野为凉州之休屠泽，今按邠之去凉几三千里，而中又间之以泾、渭，限之以黄河，不得言"至于猪野"也。《经》所纪者，因近渐远，势必相邻，若覃怀之于衡漳是已。上志鸟鼠，下纪邠地，则既越陇坂之阻，逆回而东者千里，又遽北折而西，及于凉土，迂回辽阔，序次乖张。《禹贡》一篇，无此义例。则原隰、猪野，皆在鸟鼠之西南无疑已。"鸟鼠"以上纪洮东，"原隰"以下纪洮西，则此猪野，盖洮州卫之青海也。西宁亦有青海，俗呼之讹尔。广平曰原，下湿曰隰，原隰所在而有，非有适名。冷地峪以西，临洮以南，滨河以至于青海，其地平下，皆原隰也。

三危山，《汉书》注，以为在沙州燉煌县，以地按之，盖亦失实。《后汉书》曰："西羌之本，出自三苗，姜姓之别也。其国近南岳，及舜流四凶，徙之三危，河关之西羌地是也。滨于赐支，至乎河首，绵地千里。"赐支者，《经》之析支也。汉河关县属金城郡，今兰州。后改属陇西郡，今巩昌。今之河州卫是已。《地志》云："积石山在河关西南，河水所出。"三危在河关之西，当与积石相近。以地度之，则其在河州之南，洮州之西，叠溪之北，滨于大河之东，而非在凉州，亦审矣。《水经》云"在敦煌县南"，远纪之也，实则有湟南湟北，河东河西之别，而相去几千里矣。意河西四郡，当禹之时未入中国，而雍、梁二州极西之地，止于积石，非能远至瓜、沙之境，故"导山"之文，始于岍而卒于岷，北不逾湟水，而南不至越嶲也。

黑水为梁、雍二州之界，而梁州断无跨河以北之理。云"导黑水至于三危"，则三危亦梁之西北而雍之西南，皆足征其为岷、洮之境也。旧志谓黑水在肃州者，其亦误耳。《山海经》之言黑水者屡矣。见于《西山经》者曰："昆仑之邱，河水出焉，而南流东注于无达。郭云出山东北隅。黑水出焉，而西流于大杆。郭云出西北隅。"所谓昆仑邱者，去渤泽四百里也。渤泽亦青海。见于《海内经》者曰："西南黑水之间，有都广之野，后稷葬焉。"又曰："流沙之东，黑水之西，有朝云之国、司彘之国。黄帝生昌意，降若水，生韩流。"黑水既为后稷墓田，必不能远在嘉峪之西，而与若水相迩，则固在西南，而不在西北也。《王制》言："自西河至于流沙，千里而遥。"西河者，同、韩之间，去流沙止千里而遥。黑水又在其东，则必非酒泉之黑水愈明。是以孔颖达亦以居延之流沙去中国太远，而辨《地志》之非。则黑水之更在流沙之东者，从可知矣。蔡氏不能为之折中，随其篇册，既登《水经》出张掖南至敦煌之说，又杂采《地志》出犍为、南广今叙州。之文，或疑樊绰之指为丽江，而终取夫程氏西洱河之言以为定。不知在张掖肃州则既不得为梁境，在犍为则去三危绝远，不能越峨眉、岷、嶓而挽之北行，且泸、叙不应为雍土，若丽江、洱河，其差弥远，又不待言矣。出南广者，泸水也。丽江者，出腾冲卫徼外茶山长官司，至云南巨津州为金沙江者也。西洱河者，出鹤庆府为样备江，至大理府为滇海者也。泸水入江，而不入南海。丽水、洱水虽由交趾达南海，而皆在梁州极南之境，去三苗所居之三危，山川修阻，几五千里。樊、程拘于"入南海"之文，而蔡氏生于宋季，云南不入版图，因以忖度滇北之连乎西羌，而不知其舛之甚矣！以实求之，黑水当在西倾、积石之间，或朋拶河、出河之类，又或其即为湟水，古今异名，遂无可考。其云"入于南海"者，因文字之讹，以入于"南河"为"南海"。河在积石之外，行于番夷，当中国之坤位，故曰"南河"。守文以核地，不如按地以定《经》。要以黑水既至于三危，则川、陕西陲近自岷山、瓦屋、大相、小相，远则大雪山，而极于于阗、天竺，崇高连亘，断无可至于南海之理。此《经》文之必当传疑，而不可强为迁就者也。以黑水在肃州，则洮河、积石、临洮、巩昌、甘、凉、西宁，俱应为梁州之地，而雍之西界，应在亦集乃，^{亦集乃，海名。}是雍不当有弱水、三危。以西河为黑水，则全川皆雍州之地，而大理以南始为梁州。凡此皆悖谬之尤，随文立诂而不相通也。奚可哉！以《后汉书》定三危之所在，而原隰、猪野，弱水、黑水、昆仑、析支，皆相栉比，不致滋古今之大惑矣。

昆仑

昆仑一山，古今积为夸远之说，倡始于汉之术士，而成于王嘉之诞说。蔡氏破群迷而曰"在临羌"者，定论也。临羌于汉属金城郡，在今金县之西，河州之东，与积石密迩。《山海经》所云"昆仑之邱，河水出焉"者，据其入中国之始。直谓之出，则以内夏外夷，而不必穷其源也。《经》以昆仑与析支、渠搜而并叙，亦知其为附徼西戎之地矣。桑钦惑于邪说，乃云"去嵩高五万里"。使其在五万里之外，安能与西戎同其就绪哉？司马迁不知近有昆仑在雍州之境，顾远征之张骞，而曰"乌睹所谓昆仑"，好奇之过，曾不察夫《禹贡》之本文，为罔而已。《山海经》之言昆仑者曰"邱"，非有崇高莫并之山也。必求其地，则临洮之胭脂岭，兰州之皋兰山，河州之普赞山，洮州之雪山，皆足以当之。古今异名，无从定耳。后人不察，乃指肃州玉门以西北狄之山为昆仑。胡元侈其境土之大，又以阿以伯站之赤耳麻卜莫剌山为昆仑，而昆仑之实愈晦。据《禹贡》之本文，守蔡氏之定说，以折妖妄之论，其尚求昆仑于河、洮之间哉！

渠搜

蔡氏据《水经》谓渠搜地近朔方，不知朔方之渠搜在河湟、丰州之东，受降之南，于中国为北，于种类为狄。而下云"西戎即叙"，则与析支同为西戎，其非朔方之渠搜明矣。夷狄以部落显，不以地著，迁徙而仍其故号。或此戎当商、周之世徙于朔方，秦、汉有其地，因筑为城。抑或当秦之时，斥地河、湟，徙渠搜于北河之南，俱未可知。要当虞、夏之世，渠搜固在昆仑、析支之间也。析支西去河关千里，盖今逊川贵德之壤。渠搜非北近宗哥，则南濒朋掭，世移事易，名实互贸，我知其为西戎而已，其他阙疑可也。

导山

导山之说，王、郑以三条、四列分之。蔡氏辨其非，是也。而蔡氏南北二条复分为二，则亦与王、郑之说相去无几。盖以我测《经》，不若以《经》释《经》之为当。《经》云"九川涤源"者，一弱水，二黑水，三河，四漾，五江，六沇，七淮，八渭，九洛也。弱水，黑水，皆雍川也。河亘雍、豫、冀而濒于兖。漾出梁，濒雍而入荆。江出梁，过荆而入扬。淮出豫，过徐而入扬。渭在雍。洛在豫。非九州之各自为川。而青本无川，亦不能张皇小水以与大川亢衡。《禹贡》纪治水，因所涤以为川，不似《周礼》《职方》因已定之土，各立川浸，强小大而比之同。则"九山刊旅"亦非一州之各有一山，审矣。青、徐、扬、兖，下流平衍之区，一行所谓"四战之国"也。必欲于无山之州，立冈阜之雄者以敌崇高之峤，官天府地者之所不为也。

夫导者，有事之辞。水流而禹行之，云导可也。山峙而不行，奚云导哉？然则导者，为之道也。洪水被野，草木畅茂，下者沮洳猪停，轨迹不通，禹乃循山之麓，因其高燥，刊木治道，以通行旅。"刊""旅"之云，正导之谓矣。青、兖、徐、扬，或本无山，即有山而亦为孤峦，不能取道。雍、冀、豫、梁、荆，则山相连属，附其麓而可届乎远。乃以崖壑崟欹，草木荒塞，振古而为荒术，禹乃刊除平夷，始成大道，由西迄东，其道凡九也。岍、岐、嶓冢言道，而他不言者，其故未有道，则禹导之，其故有道，因而修之者，不言导也，非自禹而导之也。

九山者：一，岍为首，而属岐、荆。二，壶口为首，而属雷首、太岳。三，底柱为首，而属析城、王屋、太行。四，恒山为首，而属碣石。五，西倾为首，而属朱圉、鸟鼠、大华。六，熊耳为首，而属外方、桐柏、陪尾。七，嶓冢为首，而属荆山。八，内方为首，而属大别。九，岷山为首，而属衡山。"过九江，至于敷浅原"者，九山之余也。近者详之，远者略之。恒山去碣石千余里，岷山至衡三千余里。中无所纪，略也。九江之东，纪以敷浅原，而匡庐东南不之纪者，非《禹贡》之幅员也。恒山西北飞狐、句注、五台、贺兰不之纪者，北塞而非旅道也。徐、扬之潜、霍，青之大岘、福山、成山，《经》之不及。兖之岱山，仅见于州壤，而不著于导山者，孤嶂不可为道也。梁之峨眉，荆之二西、五岭不之纪者，南塞而非旅道也。若谓九山各于其州为旅祭告成之明祀，则当如《职方》所纪，随州分志，不应别纪三条、四列，而反遗九山之宜载见者矣。九山之次第，自西北而东南。均乎南北，则先西。均乎西，则先北。"导岍及岐，至于荆山。岍在陇州，视壶口底柱恒山则西，视西倾则北，自岍而西北，禹迹不至，地本狄戎，因此足见瓜、沙、甘、肃之弱水、黑水、三危、昆仑、猪野非禹甸，而后人蒙之以名也。导岍自陇坂，东至于岐，又东而至于富平之荆山，皆在渭北，虽间以泾水，而云阳之山与醴泉相接，故岍、岐、荆虽三山，而为渭北之道，一也。逾于河而山穷矣。导岍之次，宜纪西倾，而及壶口者，因逾河之道，壶口与荆南北相值，即以顺而东也。始壶口河岸，自吉州、九原、玉壁而南，以至于雷首，虽间以汾水，而两岸相接，形势均高，则折而东北，沿羊角、三尧以至霍太山，其东北为太原平衍之区，水尝灌之矣。故壶口、雷首、太岳三山为河东之道，一也。由此而南，画之以安邑、平陆舄卤之地，山势既绝，中条初起，则底柱为河北诸山之首。由底柱循河岸而东北，至垣曲为析城，至阳城而王屋，至泽州而太行、轵关、天井，道以通焉。由此以东，至于彰、卫而山绝。故底柱、析城、王屋、太行四山而为河北之道，一也。于是而与岍，岐南北相值之山穷矣。魏、博、邢、赵、放乎山东平衍之区，水落则道出，而无所事于刊通矣。于是而北，则燕、赵迤北达于榆关者，以恒山为首。以东西计，宜后于西倾。以南北计，则先于西倾。且因太行之所绝，迤东而顺及之也。恒山以西，出倒马关，缘繁峙而抵乎岢岚、偏关以逾河，而放于延绥，非禹甸也。恒山而东北历飞狐、居庸、天寿、密云，逾滦以东尽于碣石，为舜幽州之境。绕塞以达岛夷，凡千余里而山相属，其为幽、燕之道，一也。"入于海"者，尽词也。逾陇而西，秦、徽、阶、文之间，重山叠嶂相仍，而西穷雍、梁之疆域所止，则西倾为之首，其西则戎也。从西倾而东，秦州则朱圉，北而临洮则鸟鼠，顺渭水之南，鸡头、空同、大散、斜谷、太白、甘泉、终南、子午，达临潼而出乎华岳，山麓相属。又东放乎崤函而山势尽。故西倾、朱圉、鸟鼠以达太华，丛山之以名著者四，而为关西、渭南之道，一也。出关而东，河、洛为水国，而抑为平壤，惟洛表为荆、豫之脊，则以熊耳为首。熊耳者，卢氏之熊耳，非永宁之熊耳。熊耳以东，自陆浑以达偃师，虽间以伊水，而伊阙之山与偃师相接，循之以东，得嵩山为外方。嵩山之南，自女几沿汝水又南至宝丰，冈势未断，迤平氏而抵乎桐柏。若桐柏之东，裕州之野，汝宁之郊，皆平壤而山绝矣，不复东行，而为之南通楚塞，过平靖、应山以终乎德安之陪尾。泗水亦有陪尾，非此陪尾。其南则江汉之泽国也。由此而东，穆陵、黄土、潜、霍、司空，南尽于江，禹盖未之道也。熊耳、外方、桐柏、陪尾起豫抵荆，而为洛南楚塞之道，一也。西倾之东，梁北之山，嶓冢为首，以东西计，岷先于嶓。以南北计，嶓先于岷也。嶓冢东下为汉南，沿褒斜而东，自汉中放乎西乡、兴安、平利、白河，东达于均，或麓或谷，山道以通，循武当而尽乎南漳之荆山，故嶓、荆千余里，而为汉南、蜀北之道，一也。其为山势，至南漳而尽。东出襄阳，则又为平壤矣。内方之山，北界以襄、宜，不属于荆山，南界以荆门、长坂，不属于岷阳。故江北之山，以内方为首。内方、大别，相去无几，而得名一山者，江、汉下湿，赖此道以通荆土，故为汉南、江北之道，一也。"岷山之阳"云者，犹言岷阳也。山南曰阳。岷山按剑门以东下，其南麓自成都过重庆、广安、万州而抵夔州。乃归、巴、巫山之险不可逾，则避峡中之厄，自夔渡江，南过石柱，又南至铜仁，出辰、沅，东下宝庆以达于衡山，而为自梁入荆南之道焉。其间虽纡回数千里，而山势相接，有通谷巨壑以达之，其为川、湖之道，一也。重庆而南，放乎滇、黔，则固为禹甸之所不至，以此益知以丽江、洱海为黑水之非矣。若"过九江至于敷浅原"，则因衡山而纪荆州东北入扬之山道。以衡山之余，西绕湘西，连属不绝，故不得别纪一山以为首。而自衡山东北至长沙，则地势卑下，渐为泽国。故为依山开道，自湘乡而北至于常、澧，循洞庭之西岸，渡江至荆州，沿江而过云梦之北，复渡江以抵通山、大冶，而尽于柴桑。九江之过，虽无高山崇阜，而于江、汉之中为脊，则江、湘之水即泛，固可通也。乃自辰、沅径可达常、澧，不必南至衡山，则经本互文。自衡可循山至澧，而自辰亦可出澧而过九江，故为岐路之词，言自岷阳而东南可至衡，而东可过九江至于敷浅原也。乃其统为岷阳可通之道，则二而一也。若夫兖、青、徐、扬，地本卑湿，在治水之先，则于四载唯舟行；在水治之后，则平野而可容方轨。道不循山，无所事于刊除，虽有陵阜，不劳纪载矣。道山之说，必此为正。若夫三条、二条之说，则青鸟不经之论。禹非杨救贫、赖布衣之流，为人审龙以相宅阡葬，亦何用远捕沙水，若此之勤哉？何似即下文之九山，顺本文"至于"之次序，为分九旅 旅犹馆驿也。之得邪？

敷浅原

鄱阳县在彭蠡之东，隔以太湖，山不相属。晁氏谓敷浅原在彼，其说固非。乃蔡氏以庐山当之，亦未为得。高平曰原。匡庐矗起壁立，不得谓之原也。《水经》云："敷浅原在历陵县西南。"汉之历陵，今之德安。庐山在九江之东，德安在九江之西，敷浅原更在德安之西，则武宁、宁州之境矣。盖湖广武、岳之东北，兴国、大冶、九宫、钟台诸山，迤东而至于九江之西南，山势已尽，而垂乎德安之博阳。九江德安县有博阳山。又东则章水之濒，复为泽国。其东北之为匡庐者，亦孤嶂濒湖而无所往也。蔡氏以庐阜最高，所当纪志，不知《经》之所详，非水所待治，则陆道所经，若非水陆之冲，则冀之五台，扬之黄山、白岳，雍之褒斜，梁之峨眉、巫峡，荆之武当，徐之天柱，俱不见于篇，一匡庐云乎哉！朱子谓"人过而非山过。道所不过，禹不之导"，则块然匡庐，亦何足以登于《经》？

弱水合黎

甘州镇夷所有合黎山，旧云禹导弱水至此。《汉》《隋》《地志》皆云弱水出删丹县。今按：删丹在甘州东百二十里。合黎在甘州之西，"至于合黎"，合黎山下有水，即谓之合黎河。《一统志》乃谓合黎之水为黑水，而以瓜州之且乐水为合黎河，其谬甚矣。"余波入于流沙"者，《水经》"流沙在张掖居延县东北"，亦甘州也。弱水之经流，导之至镇夷所而止。镇夷而西，地属番夷，禹所不至，亦不问其何所归矣。余波则自删丹分支，导之至甘州而止。要以导弱水入夷地，绝其东流，毋滋河势。其下流所委，则一听之，不疲弊中国以治夷狄之水也。甘州虽在凉州之西，而于河、湟为近。禹因治黑水之便，渡湟治之。若西而酒泉、敦煌，地属西番，北而庄浪、宁夏，地属北狄，皆四载之未至。《隋志》谓"流沙在敦煌"，杜佑云"在沙州西八十里"，盖误以沙州之鸣沙山为流沙，其为荒远，不足信也。

同为逆河

"同"之为言皆也。"同为逆河"，言九河之皆为逆河也。凡水之行，以上流高而下流下，上流浅而下流深，上流狭而下流广为顺，反是为逆，水之入海，其从来虽陡速，而近海必平。且潮落则顺下，潮生则逆上。其随潮而逆上也，上流狭浅，则近海之地必且涌溢而漫流。故禹疏九河，于潮所可至之地，深阔其上流，以受潮之逆上，故曰"逆河"，所以救海滨之地岸，不为海蚀也。而九河之尾皆逆，非合而为一可知已。既播为九，以杀水势，复从而一之，一不足以纳九，则河以归墟不快，又泛滥旁溢以为害。且九河之地，南北相去三四百里，强九成一，则迂曲而必溃圮，欲并三四百里之地潴为一河，功既浩大而难施，且徒以召海水之入，而弃壤土于河，其于河之疏塞则固无益。即使尽壑冀、兖以为海，亦不足饱海之贪，而适以逆河之路，是平天成地者，适以裂地而滔天也。故《经》言"同"，而不言"会"，其亦九河皆为逆河而非一，亦审矣。云"为"者，人为之也。

东为北江入于海

郑樵以"东为北江入于海"为衍文，朱、蔡据以为是。今按江、汉之东下者，与《禹贡》正无少差。特《经》文错综，不易读晓，故穿凿者引水昧以强分之，而泥著者不知通《经》文之变而诬为失也。《经》言："东汇泽为彭蠡。"又云："会于汇。"则汇者，他水之聚而非谓汉之潴也。"汇泽"云者，所以纪章江也。章江上流濒乎百粤，禹迹所不至，故不见于《经》，而就其下流入江之次纪之，曰"汇泽于彭蠡"，又曰"会于汇"，言章江之会江、汉也。乃本文之连江、汉而为词者，章江之不能自为彭蠡，犹潇湘之不能自为洞庭也。江水东出之势，扼潇湘而为洞庭。江、汉东下之流，至小孤为潮水所阻，屯壅以扼章江，而汇为彭蠡。则为彭蠡者章水，而使之为彭蠡者江、汉也。朱子曰："彭蠡非有所仰于江、汉，而泉流之积，日遏月高，势已不复容江、汉之入。"是未详"会于汇"之文，初非谓汉之入为彭蠡，而抑不知小孤之潮，逐江、汉而却行，即时溢入彭蠡，亦势之所必有也。《经》云"南入于江"，则汉于此已为江所并，而汇泽之实，不复独归之汉矣。朱子曰："汉果汇于彭蠡，则汉水入江之后，便须有一洲介于其间，以为江、汉之别。又当各分为二，以为出入之辨。"是又未详于《经》之本文，上言"入江"，下言"北江"，而不复系汉之旨也。《经》言"南入于江"，则纪汉之事已毕。而汉自入江以后，江不得独有其流，故自大别以东入海之水可名为江，亦可名为汉。则武昌以下，通州以上，水所经过，不妨见于"导漾"之下，故于汉有"入海"之文，于江又有"会于汇"之纪。互举而并存焉，以著江、汉之两大也，彭蠡之汇，可属于"导江"之下，亦何不可属于"导汉"之下？系汉则失江，系江则失汉。而汉在下流，故两存而详于所近出者，非谓仅一汉水入为彭蠡而复出为北江，而江不与也。其言"东为北江"者，南人通谓水为江，此又以著北江、中江之称，以明"地从主人"之义，言汉在略阳之北谓之漾，略阳以东谓之汉，均州以东谓之沧浪，汉口以东谓之北江，一水而四名也。《山海经》云："大江出汶山，北江出曼山，南江出高山。"南江者，青衣江也。故《山海经》又云："高山在成都西。"北江者，汉也。曼山或即嶓冢。大江者，中江也。溯其所出，则嶓在岷北，及其东下，则汉口在前江口之北，故汉曰北江。青衣江出于黎雅，其与江合在叙州，于江为南江。南江合中江于叙，及其东下，已并为一。而南江源小，不足亢江，故《经》但言中江，而不及南。江、汉合流以后，荆人之称之者，不复目言江、汉，而以汉为北江，江为中江。《经》于其下流，悉其异名，以著土人之称谓有然者。"为"之为言，谓也。犹言"为汉""为沧浪""为济""为荥"之云，初不谓江、汉之各自成川于会汇之后也。其言"入于海"者，江入海，而汉与之俱入也。渭、洛纪入河，而不重言入海，河不与渭、洛敌也。漾、沇既入江入河，而重言入海，汉、济与江、河敌也。江与汉敌，故江、汉各立"入海"之文，而汉微逊于江，其东下又江先而汉后，故于汉水又著"入江"之目。使不先言"入江"，则失江、汉合流之实。不各言"入海",则大别以东,扬子之水,汉实居半,义不得全属之江也。《经》文为起错举之例,两言而并著之。犹济之业已入河,其溢为荥者,河、济合溢也,乃不欲使济为河掩,且屈河之支流以从济况江、汉之絜大争雄,并纪南国者乎!特彼则河有经流,故独系荥于济之下,而于河不再见。此则江全合汉,故必再著于"会汇""入海"之文。《经》之体物立义,其精如此。读者草次不察,欲擅大别以东之水全归之江,而诬《经》为衍文,然则《春秋》之会盟同地,而再言葵邱、首止,《诗》之"七月流火",而一篇三及者,其又何以通之也邪?

澧、九江、东陵

澧,谓洞庭之末流也。九江者,起清江至汉江,要其终于汉口而言之也。"过"者,言江水之经过,而因与之合也。东陵者,武昌以东,瑞昌以西,江之东岸诸山也。所以然者,蔡氏谓澧为山泽,既舍著明之水,别求无名之泽。胡、晁以九江为洞庭,不知江水实未尝经过洞庭,又有目者所共睹。若东陵之为巴陵,既无所考,且江亦何尝过洞庭,至巴陵而后东迤北也。《禹贡》之文,详内而略外,详近而略远。彭蠡源于章江,不言章江而言汇。洞庭实兼九水,西莫西于沅,南莫南于湘,不言洞庭、沅、湘而言澧,则以虔、吉为百粤之地,而当湖口者,我止知其为汇也。洞庭之纳九水,微者既不足纪,沅、湘出于黔、粤、苗、猺之地,而澧最居九水之末,则亦止知洞庭之为澧也。故王逸《离骚注》云:"洞庭谓之澧口。"犹河之所出,张骞所不能穷,而《禹贡》则断以积石为始,内中国故详,外夷狄故略,此圣人以义裁物之精意也。汇言彭蠡,而澧不言洞庭者,彭蠡湖濒于江,故湖水入江,水势平缓,泛江而下,过彭蠡,故彭蠡有与于江。洞庭自君山以北,不复为湖,高下殊势,故巴陵之水迅流以达于荆江口者四十余里。泛江顺下,不见洞庭,故割洞庭而无与于江也。《水经》云:"江水至长沙下隽县,澧水、沅水合,东流注之。湘水从南来注之。"盖水落洪出之后实有然者,而无所谓洞庭矣。洞庭者,夏秋则有,冬春则无,抑不如彭蠡之常为湖也。《水经》且不于江而著洞庭,况《经》之简核以立言者乎?朱子身游其地,乃不知江水之未过洞庭,屈从胡、晁之说,况蔡氏之遥为忖度,固守专家之学者哉!

沇济

沇水出今泽州之阳城县析城山，下有神池，伏流地下，至怀庆府济源县复出为济，《水经》以为出垣县者，析城在汉隶于垣，今垣曲。而后割入于阳城也。若其东至温县以后，则为河水所乱，古今差异，而不可刻舟以求剑矣。汉筑石门，而济随河合流，不入荥渎。王莽时大旱，济源枯绝，而不复有济。迨后复通流而为河所夺，则河之经流与济莫辨，虽荥泽再通，要不能析之为济矣。当宋之季，黄河南徙，济水径流，方回所云"清济贯浊河"，遂成虚论。宋、金之代则然。若今黄河之流虽南，而自温至汴，与济并流者数百里。禹河在北，南溢而为荥。今河徙南，北出而为仪封、曹城之小黄河。济为河水所挟以后，自张秋北去，经武定、滨州、利津，为今大清河以入海。今河南徙而势弱，则循禹故道，自华不注之北，径青州、博兴，为小清河以入海。要之，济小而河大，相去悬绝，为河所乱，则或南或北，亦不可复识其为济矣。《经》云"入于河"者，已明著济水之不能自达于海矣。其云"东溢为荥"，则以河东来，而济南出，适际其冲，与溢为荥泽相与比近，则河固溢而济亦溢，虽不可执荥为济之下流，亦不可径指为河之支流，故上冠以"入于河"，而下继以"溢为荥"。是河、济合溢，可以系之河，而亦可以系之济也。其不以系之河者，河大以经流为正，济小则溢流可存。可以系之济，固不必系之河矣。朱、蔡以苏子瞻"江、汉辨味"之说为童骏，而徒于济水之性求辨于劲疾，旁证于趵突，引验于阿胶，则犹夫苏之骏也。程大昌谓溢出者非济，而欲绝济于荥。蔡氏乃欲谓溢出者非河，而绝荥于河，程不知上固连济，蔡亦不知下已言入河也。盖自广武以东讫乎海，北至东昌，南至徐、寿，地既平衍，当洪荒之世，水初定位，即播为数渠。南起金末项城之河，北而正统间亳州之河，又北而梁靖口之河，又北而虞城之河，又北而曹州之小黄河，即荥。又北而定陶之河，皆河所分。济亦时随之俱往。间或河移于温，而济水特达，要亦未能始终而与河离。

《孟子》曰："疏九河，瀹济、漯。"九河为河下流之分支，济、漯为河上流分受之大渠。自非全河注荥，则荥虽兼受河、济，而岸狭水小，则河之浊者以渐就安流而向于清。今徐州、怀远以下，河之入淮者，亦不似汴、宋以西之混杂泥滓，亦犹江、汉之初出，乘涨混浊，至扬州、石头而泓然一碧也。故不必泥水之清者以为济矣。若阿胶之性劲重，则或驴鞟使然。而青州非济所经，所合白丸子，用彼中之水，亦与阿胶同功。要以地湿下而水咸则质重，不因济也。使济有疏痰之力，则何不于济源造胶，乘沇伏流之初出者，其效为尤大乎？此方技之卮言，不可荧听者也。漯受河，则济亦受河。荥受河，则亦受济。两水既合，谁与辨之？泥沙随瀑流而徙，且解散而四出，况其俱为水而同流邪？夫油轻而水重，水轻而泔重，此较然者。今以一瓮之油，一石之泔，投之溪流，不逾寻丈而已散乱，济独何能纪其类以自远于河哉？况济既劲下，则必趋其尤下者，乃舍大河经流之渎，而旁溢于支流，则必济水轻缓，为河所浮，若溪流之有芥羽，则集于洄也。若趋下，而清者之必不旁溢，亦审矣。画荥为济，非戏论与？《经》于此，一以志沇，一以志河之支流，故别其名曰荥，而不曰济。《禹贡》志约而义精，类如此。因以知禹河虽北，未尝不南。从古无纳黄河于一渎之理，则载河于山之说，益信其妄。若四渎之云，则以河分为二，在北合漳为河，在南入荥为济。通计中国之大川凡四，礼家谓之四窦，犹四窍也。刘熙曰："渎，独也。"亦纤陋之见。

九泽

大陆一，雷夏二，大野三，彭蠡四，震泽五，云梦六，菏泽七，孟猪八，猪野九。凡此九泽，见于《经》文者，具为缕悉。扬、豫庳下平衍之地，本有二泽，不得故黜其一。青濒海地狭，源短流疾，梁处丛山亘峡之中，皆不容有泽，无容强而使有。与九川、九山不以州分者同。孔、蔡泥上九州之文，别著山泽。信《传》固不如信《经》也。

五服

《禹贡》之书，成于舜之中年。盖禹受命治水在舜殛鲧之后。八年之后，而兖州之作又十有三载矣。蔡氏以尧都冀州为五服之中者也。然舜都于蒲，其正北直大同，而正西直河州，临洮府属。亦无二千五百里之远。若南抵衡山之阳，则且四千里矣。大同以北，沙漠之野，黄茅白苇，朔风飞雪，蒙古固有其地而不能耕，而洮、湟之外，河西四郡，其山川不见于《经》文，则非禹之所甸可知。盖中国之幅员，本非截然而四方，绝长补短，移彼就此，东西南北，原不相若，则五服之亦以大略言尔。且以王畿言之，而太康畋于洛表，则南赢而北缩，是甸服固有出于五百里之外者，亦可以纳米为之通例也。又先儒疑五千之服狭于周、汉，蔡氏又谓荒服之外别有区画，不知汉之以里计者道路，《禹贡》之以里计者土田。方五千里之田，方千里者二十五。以提封之井地计之，为亩者二百二十五亿万亩，较之《王制》八十一亿万亩为多三之二。或夏后氏之田一夫五十亩，方里之田四百五十亩，犹当一百一十二亿五千万亩，抵二百四十步之亩四十六亿八千七百五十万亩，而多于开元田数者尚三之一。又或古今步尺之长短有差，要以今六当古十，犹得二十八亿一千二百五十万亩，而多于开元十四亿万亩有奇者尚倍之，方疑禹甸之太遥，非唐全盛之所及。若汉之方田止于七亿万亩有奇者，又勿论已。或古之治道明而民情愿朴，汉唐则法圮民奸而多所隐射，要以世远而无从核实，乃禹甸之非狭而荒服之外无区画，则不足疑也。

甘誓

三正

三正者，子、丑、寅三统之正，而非但以岁首之建也。古者作历，必立历元，以为五星联珠、日月合璧之辰，而因推其数以定将来。自宋以上皆然，至郭守敬而后罢。以甲子岁仲冬甲子朔夜半冬至为元者，日月五星皆会于室，是谓天正。以甲寅岁孟春甲寅朔平旦冬至为元者，日月五星皆会于虚，是谓人正。后世盖两用之。惟地正后不复用，故亦无从而考。以二正推之，则当以刘歆《三统》之说自合于地统。地化自丑，毕于辰，而用甲辰岁孟春丙寅、前月季冬乙丑、甲辰朔鸡唱冬至为元，日月五星皆会于斗，为地正之元也。三元异建而历亦大同者，则亦人生之会上逮地辟，地辟之会上逮天开，岁差所积，日月五星之合，历一会而差一辰，揆之一元之全，则固合也。

颛顼之后，尧舜以前，帝喾之历，盖以甲子为元，天统也。尧以甲辰为元，地统也。三正异元，而授受有其合符。故古之帝王虽用一正，而不废二正，犹《春秋》以夏时冠周月，用子正而二三月皆称王也。舜承尧统，"在璇玑玉衡，以齐七政"，所以修明尧法，而甲辰之历未改，故曰"绍尧无为"。禹受终而易尧舜之历，用甲寅为元，以上同颛顼，为法以近而密，故孔子称"行夏之时"。禹之为功，平天成地。平天莫大于三正，成地莫大于五行。有扈氏之擅命不恭，生今反古，疑禹之革唐虞之正朔，不如舜之承尧，故不用夏政，威侮而怠弃之，以借口而生乱，当禹之时，慑不敢动。禹崩启立，称兵以与天子大战，固小人乘丧草窃之恒。其或如孔颖达所谓继父不服者，亦非臆度。由其不用夏后五行、三正之法，则以与子为称乱之名，亦其势也。蔡注于此大属未详。

攻左攻右

蔡氏曰："攻，治也。"今按：车左之射，车右之刺，皆莅之平日，其治不治非待方战而始饬之。攻，击也。左之攻左、右之攻右，古战阵之法也。两车相当，我之左值敌之右，我之右值敌之左。相值而相攻，于势虽近，而执弓者左手握弓靶，左足必视所射者而斜向之，右手驱弦，必曲而之外。使以左射右，则左足既为左箱所蹩，右手向后而为车后蔽所迫矣。右之执矛，左手近锋，右手近镈。近镈之手，力所从发，必曲而向外，若正刺则向后而无力。近锋之手，必直而向前，若正刺则曲向内而不审。且击兵在手，七在外，一在握，二在内，顺之以向敌，则镈必碍胸，抑或转镈使左，而右手之力为虚设矣。故两车相值，势必错攻，而不正相值也。使敌车在左，其右为箱之所隐，则可射者惟左；敌车在右，其左为箱之所隐，则可刺者惟右。彼隐而不能攻我，我亦攻其所相为攻者而已。古之行阵，因其自然，而使得尽攻之用，既画为一定之法，特当车驰马突之际，则有不尽于攻者，然犹使之必此为法，盖不令仓猝或乱，致失己之长而轻攻以取败。若在追奔逐北之际，有必胜之势，可以因利乘便，而亦终不听其违法刺射，以滥杀而无已。斯左必攻左，右必攻右，古人立法之情，非后世恃勇野战之所及。犹御必马之正，不得邀利取径，则败不致于偾车，而胜不致于贪杀也。《春秋传》所记两将相敌，皆左射左而不射右，亦古法之仅存者也。

胤征

仲康肇位

肇，建始也。羿距太康，夏祀欲绝。仲康就大河之南，复正天位，中兴之业，同于创始，夏民惊喜。若非所得，且不承国于先君，故不可云"即位"，而云'肇位'，史氏之例也。建始曰肇，以纪夏复兴之始。下云"胤后承王命徂征"，初不承"肇位"之文，则命胤侯掌六师者，在肇位之初，而承命徂征，则他年之事。蔡氏信虞门之说，以为仲康之元年，与《皇极经世》同，其实非也。《竹书纪年》一编，固多附会不经，而其纪甲子也，则精密而不可易。《皇极经世》以仲康元年为壬戌岁，上距尧元年甲辰一百九十九年，下距宣王元年甲戌一千三百三十三年。今以刘炫、一行、郭守敬历法参考之，仲康五年癸巳九月朔庚辰，日食于房二度，则知仲康元年岁在己丑，上距尧元年丙子一百九十四年，下距周宣元年甲戌_{《经世》与《竹书》至此始合。}一千一百二十六年。而历法所推，正得九月朔日食于房。是则《竹书》以尧元年为丙子，仲康元年为己丑，而记五年癸巳九月朔日食。仲康始命胤侯徂征义、和，其有征而非妄矣。《竹书》出于晋太康之世，非历家之言，而与刘炫、一行、郭守敬之法合符。则《皇极经世》以尧元年为甲辰、仲康元年为壬戌推之，无"日食于房"之事，其误审矣。盖尧用地正，以甲辰为历元。甲辰者，尧所推上古日月合璧、五星联珠之元，而非尧之元年也。注疏之精于历者，莫如刘炫。历之征今而信古者，莫如一行与守敬，三家合符以证《竹书》之确，贤于蔡之宗邵、邵之宗虞，其已远矣。谓尧以甲辰为元者，犹《颛顼历》之以甲寅为元，周历之以甲子为元也。而颛顼元年岁在乙卯，而非甲寅，且以颛顼元年乙卯，如《竹书》所纪，历一百四十一年正得丙子，又历一百九十四年正得己丑，又四年而正得癸巳，于法当以九月朔日食，则其编年之有所本也明矣。虞、邵之说，漫无征据，徒延其年岁以合于宣王元年之甲戌，遂使尧之元年丙子降二百一十三年，而为夏后相之二年，。仲康之元年己丑降二百有八年，而为夏王不降之二十九年；又四年而得癸巳，则为不降之三十三年，不知不降之二十九年己丑，日不以季秋食于房，则蔡氏之说为非。而《皇极经世》所纪仲康元年之壬戌，上差二百有八年，乃《竹书》

尧未即位以前十四年之岁。自壬戌以至丙寅五年之九月，日亦不食于房二度，则以"辰弗集于房"，征胤征在仲康五年癸巳，以癸巳九月朔庚戌，日食限在房二度，征"辰弗集于房"之文，《竹书》之与《经》合，而可为《经》释也。观乎武王克商之岁在辛卯，《竹书》所纪与《国语》吻合，而一行、守敬之术亦相协无异，惟《皇极经世》以为己卯者，则与《国语》不合，知三代以上之编年纪事，惟《竹书》之为可信已。又孔氏谓仲康为羿所立，蔡氏从之，其说亦非。使然，则仲康得国于仇贼之手，亦安足纪！且羿岂肯以兵权授之胤后邪？刘炫谓仲康为五子之一，蹰于洛汭，太康不返而仲康立，其说是也。

《书经稗疏》卷二终

书经稗疏卷三

商书

汤诰

商、亳

自契至汤号商，而八迁都亳。其名实淆乱，传注不能有画一之说。乃所谓商者有二：一曰商，今陕西之商州，舜封契之地也。故《诗》曰："帝立子生商。"而郑康成云"商在太华之阳"是已。一曰商邱，则今为县，隶归德府，尧迁阏伯于此。至武王克殷，乃以其地封微子。故郑氏《诗谱》云："武王伐纣，乃以陶唐氏火正阏伯之墟，封纣兄微子启为宋公。"而子产所言"商人是因，故辰为商星"，犹言唐人是因，故参为晋星。商，宋也。唐，晋也。此皆自周室分封而言，非谓殷、周以前也。其曰"以服侍夏、商"者，则专言唐而不言商。且谓服夏、商先代之祀事，非云在夏而有此侯服也。杜预泥于文句，因有"汤先相土封商邱"之说，《史记》亦惑焉。不知商在微子以前，实未尝一日立国于归德之商邱。盖商、洛之商，去归、睢远殆千里，而《诗》称"相土烈烈"，亦止颂其入为王官，出长侯伯，未尝如公刘、亶父有迁国之事。此以征相土无自商徙商邱之实矣。按《竹书》仲康七年，"世子相出居于商邱"，缘太康失河北，仲康居斟鄩，使世子处于商邱，渐西以图夏邑。乃"出""土"相近，遂讹"出"为"土"，而云相土封商邱，不知商之为商，自契已然。何待相土而始受封邪？《竹书》攒钉失实，又惑于帝相十五年"立商侯相土迁于商邱"之文。夫商邱既为帝相之都矣，则相土又安得据天子之都而迁之？或即郑氏所谓"入为王官"者，当帝相之世，相土盖尝官于商邱，而其国则固在太华之阳也。八迁之地，既不可考，以地势度之，则亦西起武关，东尽成皋，北讫偃师，南极卢氏。要为洛表之国，不能东北远至睢归也。

若所谓亳者，固有三亳：北亳，考城也；南亳，亳州也；西亳，偃师也。《春秋》"会楚子于薄"，南亳也。知然者，以在盂与鹿上之南也。考城直亳州之北，故曰北亳。若汤所都，则西亳也。故椒举曰："汤有景亳之命。"李善《文选注》云："景山在缑氏县西南七里。"杜预亦云："巩县西南有汤亭。"汤之居偃师也无疑。而或以为汤都在济阴之亳县，今曹州去考城为近，则是以北亳为汤都。又《汉书》注以景亳在蒙县，杜预亦云"薄县有汤冢"，抑以南亳为汤都，其误均矣。《诗》云："景员维河。"夏、商之世，黄河北出，不合于济。蒙县安得有"维河"之景亳哉？《皇览》云："偃师有汤亭、汤庙。"而伊尹自夏归商，会女鸠、女方于北门，使汤居南北二亳，则伊尹之归，当自西而不自北矣。汤之征也，尝伐有洛，灭温矣。温直偃师之北，有洛直偃师之南。盖远交近攻，必然之势。特《孟子》有亳与葛邻之说，而后人误以宁陵为不祀之葛，因疑考城、宁陵之相接壤。不知宁陵之葛，乃春秋同邾、牟觌鲁之葛人，周之葛，而非夏之葛也。然则与亳为邻之葛，盖亦温与有洛之俦与？

以实求之，契封于商州，八迁而汤居偃师，迨后仲丁迁嚣。嚣，敖也，河阴之敖仓也。皆在河南。河亶甲渡河以北而居相。相，彰德也。祖乙迁耿。耿，河津之耿乡也。祖辛迁庇。庇，邶也，汲县之邶城也。皆在河北。南庚渡河以南而迁奄。奄，曲阜也。当殷之世，黄河循禹故道，自大伾北流，则曲阜固在河南。而或自东平南决，则奄亦被水害，故盘庚复渡河以北而迁殷。殷，淇县也。河在大伾以西，合济东流。则亦与今河大同，而淇、殷固在河北。故盘庚云："惟涉河以民迁。"南涉而北，非北涉而南也。自盘庚以后至于纣，而未尝复迁于河南。至殷之亡，宋始受封于商邱。此自契至纣，商邑所都之大略，总未尝一日立国于南北二亳。北亳固帝喾之都，而非汤都。南亳于商、周之际，则淮夷之壤也。北亳自帝喾以后，为阏伯之封，至周而后为微子所有。南亳至春秋为吴、楚之争地，一曰城父。西亳则在周为王畿。井然自有其不易。昧于三亳之分，以乱二商之辨，又以周之葛为夏之葛，不祀之葛疑即长葛，或缯葛，皆郑地。相沿积讹，岂有艾哉！

伊训

祠于先王只见厥祖

孔氏以太甲元年汤崩逾月，太甲即位，奠殡而告为祠，居位主丧为见祖。其失也，蔡氏辨之详矣。而朱子徒守《皇极经世》之所纪，以为无外丙、仲壬嗣立之事，故于《孟子注》杂用程徽庵之说，以证太甲之嗣汤而非嗣仲壬。今按程氏之说，其谬实甚。商道亲亲，故立弟，《檀弓》所谓"微子舍其孙腯而立衍也。"春秋宋公之舍子立弟，亦不一而足。则外丙、仲壬虽幼，而殷礼不可乱，犹成王幼冲，而周道尊尊，必不可舍子而立弟也。《皇极经世》用虞邝不验之历，随意伸缩，以就尧元年之为甲辰，自不如《竹书》以丙子定尧元年之合于《胤征》《国语》。《竹书》所纪外丙元年乙亥，仲壬元年丁丑，太甲元年辛巳，合于日月五星之历数，昭然可据。而汤寿百岁，亦无既崩而有二岁、四岁之子。盖男子八八六十四而天壬竭，故古者六十而闭房。后世虽有耆艾生子之事，要君子之养性凝命者，自其不尔。而谓武王九十而生成王者，亦小戴征梦之驳说，实则武王未必有九十三龄之事也。蔡氏废邵、朱而从岐卿，其于理合矣。且在礼，三年丧毕，祔于庙，而后父称考，大父称祖。故丧礼卜葬命龟之词称父某甫，虞祔皆称尔。称父称尔而不称考，为不忍亡之之词。则亦知大父方殁，嫡孙为丧主，亦当称大父而不得称祖矣。此曰"只见厥祖"，知在成汤祔庙之后，三年丧毕之余矣。三年之丧不祭者，盖推父为嫡子服三年之义，以体祖考之心，仁慈其子孙之死，亦不忍闻乐而食旨，所谓事亡如事存也。陈大猷云："不以凶服入宗庙。"盖亦未达礼意。今此仲壬之丧未及小祥，而祠于先王者，则以仲壬非嫡长，于汤之恩为杀。而殷道亲亲，兄终弟及，既为常典，则与周之嫡长嗣绝，其弟与从子以小宗继大宗，"为人后者为之子"，其义不同，而礼亦别。故太甲虽继仲壬以为君，实不嗣仲壬而为后。故居忧之制，虽从其隆，而不废吉祭，亦自别有其义，不得引《周礼》以证商制也。若太甲果以"为人后者为之子"之服仲壬，则不特亲祭不可，而尹之摄行亦未为得矣。《经》文曰"祠于先王"，奉太甲"只见厥祖"，同系于乙丑之日，则因祭而奉甲以见，亦太甲之主祭，而摄云乎哉？

伊尹

旧说伊尹名挚，不知所出。蔡氏云："伊，姓。尹，字。"则尤不典。尹之言于太甲者，一则曰"尹躬"，再则曰"尹躬"，岂人臣而以其字称于君前乎？生而字，死而谥，自是周礼，商以前无之。然一人而或有异名，吕尚之为太公望，皋陶之或为庭坚是也。则曰挚，曰尹，要皆名耳。屈大夫名平，而抑曰"名予以正则"，亦此类也。要不可以后人一定之名字为古人分限。

造攻自鸣条

孔氏曰："始攻桀，伐无道。我始修德于亳。"朱子用之以注《孟子》。而蔡氏乃云："造可攻之衅者，由桀积恶于鸣条。"夫上云"皇天降灾，假手于我有命"，则已言汤而不言桀矣。假手于汤，故汤伸天诛而往攻。造，往也，自当音七到反。自，于也。往攻于鸣条，天假之手也。若"朕哉自亳"，则以起下文"惟我商王"而别为一意，言我之始受天命于亳，则惟汤之昭圣武而怀兆民也。《孟子》偶断章取义，孔、蔡遂联为一节，则文义隔塞不谐。且上已云"子孙弗率"，不当复及于桀之造衅也。若孙莘老所云"造为攻伐，自放鸣条"，则尤不通。鸣条在安邑，夏之都也。使桀终老鸣条，固已保其国都矣，而何云放哉？

太甲上

桐

桐宫密迩先王之墓，而远于亳。今偃师县有汤陵，盖非也。使汤墓在偃师，则太甲未尝一日去亳，但可云自野归庭，不得言归亳矣。成汤之墓实在山西荣河县，元癸未岁沦于河。今祀汤陵犹于此，而不于偃师。汤所以远葬于彼者，以汤既克夏，夏之王畿不以分封，而仍为商千里之邦畿。伊尹葬汤于彼，亦以镇抚夏民，即周公营洛之意。故后祖乙因之以迁耿。而太甲所徂之桐，则在今闻喜县，与荣河接壤。传注未为之考，固失之疏，而杜预以南亳有汤冢，尤为差忒。

盘庚

迁于殷

殷在盘庚以前称商，而不称殷。殷者，盘庚以所迁之邑为号也。殷墟之在淇县，见于经史者，班班可考。虽以姚馥老羌，亦知朝歌之为殷。而朱子曰"殷者，亳之别名"，蔡氏曰"殷在河南偃师"，何其疏而不察邪！殷之为字，本或作郼，音于机反。古者因、依声近，转借为殷。其地之在河北沫水之滨，罗长源考之已确。朱、蔡不审"涉河以民迁"之文，误以涉河而北为涉河而南，盖惑于《书序》"祖乙圯于耿"，连属"盘庚五迁"之上，乃不知有祖辛迁庇、南庚迁奄之事，而《盘庚》所云"我王来"者，谓南庚来奄，而非谓祖乙来耿也。大河在商，至大伾而北流。奄在河南，使盘庚迁亳，无事涉河矣。《序》云"盘庚五迁"，倘无奄、庇二都，不足五迁之数。孔氏以"汤居亳""我往居亳"，当五迁之二，则汤固居亳，不得云迁。而盘庚誓众之日，尚未迁之于新邑，亦不得云"于今五邦"。缘祖辛、南庚虽迁而无诰众之书，故《书序》略而不纪。孔氏泥于《序》而屈《经》"五邦"之明文以从之，其亦陋矣。蔡氏亦疑盘庚之前当有五迁，而以《史记》"祖乙迁邢"当之。乃其以汤所旧居之亳为一迁，则弊与孔同。若《书序》谓之亳殷者，或亦承讹。而自盘庚迁殷之后，既未尝有再迁沫都之事，直至于纣，终始称殷。则纣所居，武王所克之殷，即盘庚所迁之殷可知已。且《经》之称述先王以警臣民者，不一而足，使返居汤之故都，则当昌言此为兴王之地，烈祖缔造之艰难，宜在光复，以为饬正浮言之大义，何乃幽质鬼神，而不一述旧德先畴也哉？况汤居亳而号商，盘庚反亳而践汤之迹，正不宜革故号以作民疑，惟殷本为郼，而地在沫邑，故可就新邑以立新名，而示更始。则殷在河南之说，其误明矣。

说命上

说筑傅岩之野

孔传谓："傅氏之严，有涧水坏道，常使胥靡筑护之。说代胥靡筑以供食。"按自周以前，无有刑人筑作之法。《舜典》所谓"流宥五刑""金作赎刑"者，流止于徒，赎止于金，迨周穆王而未有改也。《周礼》之被刑者，亦但使守而不使作。以刑人充作役，则汉城旦、鬼薪之律耳。且当高宗之世，商法未敉，信令刑人操筑，亦不当使得雇人代作。且说既贤者，纵令乏食，自可就佣民间，何至辱身毁体，代罪人以求食乎？是知孔说之妄也。

但《孟子》固云"傅说举于版筑之间"，而蔡氏以筑为卜筑，则似过为说护困乏之短，而失其实矣。筑非居也。今人言卜筑者，亦谓作室之始，非言固居之也。赵岐曰："傅说筑傅岩。"亦谓亲操畚筑，所以《孟子》云"劳其筋骨"。盖傅说方贫处，操筑室之事，适与武丁往求之人相遇，固不知其为自筑，或为人佣筑，或旧为营筑之匠，而要其舍畚杵而应弓旌，则同此一日之事也。若《史记》胥靡之说，则子长好奇之过，与孔氏同其失也。

又傅说之"说"，本当如字读，或读作悦者非。悦非美德，古人不以命名。唐张说字道济，取傅说济川之义，而亦作失蒸其，其可证也。

说命中

大夫师长

《王制》《月令》《昏义》皆有九卿之文，郑氏以为夏、殷之制。《甘誓》称六卿。贾公彦云："六卿并三孤而为九卿。"《白虎通》曰："内爵公卿大夫，不变质文，内者为本，不改内也。"是殷之有卿明矣。殷有卿，而此不言卿，云"承以大夫"者，盖天子之卿或以诸侯入为之，或受地视侯而有百里之邦，则统谓之君公，而不谓之卿也。若诸侯之卿，自上大夫耳，不得称卿。后王有天下，君公有国，大夫有邑。有天下国者，建之邦。有邑者，设之都。卿或上视诸侯而有邦，或下视大夫而有都。卿为虚位，而无定禄，职守在廷之法纪，而不亲民事。故此言"建邦设都""以乱民"，皆为有定土者言，上不及卿，而下不及士也。

师者官师，秩亚于上士，而为有邦者治下邑者也。长，室老也，秩亚于中士，而为有都者宰私邑者也。大小相承，总为亲民分土之官。则士之仕于廷者，宜不得与。卿虽贵，而亦可略而不举也。此与《虞书》所言"有邦""有家"之义同，而非泛叙群爵。古人义例精严盖如此。

说命下

> 遁于荒野，入宅于河，自河徂亳

河云"入"，当是河内。亳云"徂"，亦以见小乙武丁之都于沫土，故居亳言往，而不言来也。高宗之所以遁者，以殷礼立弟。自祖丁之后，诸弟子争相代立，比九世乱。盘庚崩，弟小辛立。小辛崩，弟小乙立。小乙崩，子武丁立。以殷立弟以及嫡长子之序正之，则当立者盘庚之子，而非武丁也。所不当立而嫌于得立，故其在小乙存之时不能安于国，而必出遁以远嫌也。"入宅于河"，则渐逼矣。"自河徂亳"，则据先王之故都，而植之固矣。故小乙崩，得有所奉以入继，而废盘庚之子以立焉。《无逸》曰："旧劳于外，爰暨小人，作其即位。"即位而言"作"者，非所必承，作起而践大位也。故与祖甲之"不义惟王，旧为小人"同词，而非但如孔颖达所云："其父欲使知民之艰苦。"盖亦分义与时势所迫，如汉孝宣、唐宣宗之事矣。小乙终废殷法，舍其兄之子而立其子，是谓私恩。若高宗所承之大宗，则终宜以盘庚为正。乃高宗过隆其父，居丧则亮阴，典祀则丰昵，其亦顾私恩而违公议。雊雉之变，实为之应。故祖乙亟以为不正，而亦有难于显言者。特戒之曰"罔非天胤"，则推崇盘庚以折高宗之邪心，亦可谓婉而至矣。高宗之颠末，见于《书》者极为详核，要其遁于荒野，则小乙之始念，束于家法与公议，且亦如宋缪公属国于与夷，而使其子冯出居于郑，特渐引之以入，而又树之于故都，则其父子之密谋，有不可掩者矣。《竹书》称小乙命世子武丁居于河，亦纪之失实，武丁固不得有世子之称也。而高宗于此追述已事，虽以自叹其失学，而殊有追憾已往、欣幸今日之意。且其在野、在河、在亳，密谋汲汲而无暇日，亦可想见其窥伺天位之实。则卜相而先佯为不言，又托之梦以服众，要亦其巧心之熟试也。周公以之与太戊、祖甲并称，而《易》讥之"惫"。高宗非三代之令主也。

惟贤非后不食

"食"，旧皆以为食禄之食。今按高宗即非令主，然何至以富贵骄人而嫚士如此。"食"之为言，用也，举也，举而起收用之，如六博之食子也。亦犹茹之释度，羞之释进也。后须贤以治，贤待后而羞其行，故相须之急焉。不然，"代食维好"，贤者岂忧终馁而以口腹仰人哉？

西伯戡黎

西伯

吕伯恭诸儒皆以西伯为武王，朱、蔡以为不然，顾未有确证其非武王者。《竹书》记周之伐黎，在殷纣四十四年，为武王嗣位之三年，与《史记》异。顾《经》编《戡黎》于《微子》一篇之前。而祖伊所指陈纣之失德，亦未若微、箕所云之甚。使在文王既没之后，纣在位已久，恶已贯盈，而焚炙忠良、斫胫剖心之事，已习于毒，祖伊其能尽言不讳，而免于祸乎？且祖伊于纣末年而尚存，则武王克商，访箕子、式商容，而何不一及于伊邪？则祖伊已先殷亡而卒，非乘黎奔告之后，周师即至于牧野之西矣。况使武王因乘黎之势而师遂东，则下上党、出王屋、径按河北，又何迂道而渡孟津？则《竹书》之不足信，审矣。史以文王脱羑里专征伐之后，纣用费仲、恶来，诸侯益疏纣归周，西伯乃大举戡黎，在比干未死之先，而比干死于文王未薨之日，于《书》之次序为合，盖纣已释文王，赐之弓矢鈇钺，既置文王于膜外，而因诸侯归周，则又有忌周之心，故《序》曰："殷始咎周。"而文王之伐黎，则以塞殷人西向之路，使不得由汾、晋而窥河右，盖亦以自固，而非以为取商之奇术，则亦不害其为至德矣。必谓文王不宜有伐黎之事，则密、崇之役，亦非敌国不相征之义，又将何以曲为之讳哉！

《书经稗疏》卷三终

书经稗疏卷四上

周书

泰誓上

惟十有三年

武王克商之岁日月时，先儒纷讼不一。其以为己卯岁者，刘歆《三统历》与邵子《皇极经世》也。其以为辛卯岁者，《竹书》与唐一行也。以为武王即位之三年者，孔安国也。以为十一年起兵而十二年克商者，《竹书》也。以为十二年起兵而十三年克商者，《泰誓》经文与《家语》《管子》也。孔氏通文王受命之岁而计之，其诬妄不经，宋儒辨之详矣。

天子受天命，侯伯受王命，盖曰"受命"。《中庸》曰"武王末受命"，受于天也。文王受命专征伐，受于纣也。词同而事异，昧者因惑焉。其以为十二年伐商而十三年克之者，一行以为通成君之岁是也。文王薨于己卯，而克商以辛卯，历年十三。嗣子定位于初丧，逾年改元，或为周制。而武王初立，犹用殷制也。至于以甲子纪之，则为辛卯而非己卯。一行据《国语》"岁在鹑火，月在天驷，日在析木之津，辰在斗柄，星在天鼋"，上推千岁，合符不爽。建亥之月戊子日在箕十度，晨初月在房四度，建子月朔日庚寅，日月会南斗一度，辰星夕见斗二十度，惟辛卯岁为然。则一行之精密，非刘、邵之所能与矣。《三统历》以文王薨之己卯为克商之年，差十二年。而邵子以克商之辛卯为昭王之三年，乃以商武丁三年当王季即位之十七年。己卯岁为克商之年，其差七十二年，月不在房，辰不在斗，星不在天鼋，以岁差六十七年一度准之，日尚在斗杪，为星纪之初，而非析木之津也。则折中归一，其为武王逾年改元之十二年辛卯岁，定矣。朱子以四月有丁未推之，谓诸家历以此年二月有闰。不知所谓"此年"者，己卯乎？抑辛卯乎？如必辛卯而有闰，则非己卯亦审。闰之积差，未有相去七十三年，而同于建卯之后月无中气者也。文王薨以己卯，生以癸卯。武王崩以丙申，生以甲子。文王二十二而生武王，世传十三而举武王者，妄也。陈氏谓二十四而生武王者，亦误也。文王以己巳岁得太公以为师。其先因于羑里，太公未尝归周也。以武王生于甲子计之，年已六十有五，而后邑姜归焉。既无莫年方娶之理，若以为继室，则礼无二嫡，诸侯固不再娶，斯《礼记》梦龄之说，固不足信。武王实不以甲子生，而亦无九十三年之寿也。

至于克商月日之差，《汲冢书》云："一月丙辰旁生魄，若翼日丁巳，王步自于周，伐商。越若来二月既死魄，越五日甲子，朝至，接于商。四月既旁生魄，越六日庚戌，武王朝至，燎于周。"又曰："维四月乙未日，武王成辟四方。"以武王发周之日较之，《武成》亦异。今按《武成》所云一月者，建子之月也。以前建亥之月晦前一日戊子，月晨在房四度，周师初起，又五日而武王始出，知其为建子之月也。建子之月朔日庚寅，四日癸巳，王乃躬莅六师。其月二十九日戊午，渡河而北。建丑之月朔日庚申，五日甲子昧爽克商。建卯之月丁未祀于周庙，庚戌大告《武成》。甲子去丁未一百四日，建丑月五日去建卯月十九日止六十四日，而多四十日，则是年之闰，盖在周正三月之后，而不在夏正二月之后也，与朱子所引历家之言为殊。若如《汲冢书》之以丙辰为一月望后之一日，则云甲子八日，二月五日不得为甲子，而与其曰"既死魄，越五日甲子"者，自相背戾矣。其曰"既旁生魄，越六日庚戌"，以一行所推，建卯之月十六日甲辰望，十七日为旁生魄，六日而得庚戌为二十二日，则与《武成》合而不爽。今以一行之法，推《泰誓》《武成》之月日，则周师起于庚寅岁夏正十月之二十九日，或二十八日。武王即戎于夏正十一月之四日，灭商于夏正十二月之五日，武王反丰以夏正二月之三日，祀庙于十九日，柴望于二十二日。而蔡氏以戊午为一月二十八日，甲子为二月四日，既用《三统历》所推辛卯为建寅月朔，后《一行历》一日，而谓建子之月为二月，则以商正纪事，而不知史成于有周受命之后，称年而不称祀，则其为周正无疑也。以周正纪事，四月为夏正之二月，则十有三年春大会于孟津，亦以夏时冠周月。如《春秋》之所谓"春王正月"者，其实冬也。盖癸巳为建子月之四日，则甲子必为建丑月之五日。而林氏谓"日行三十里"，丰去孟津九百里，孟津县至西安府八百四十里。凡三十日而自丰至孟津，程期吻合。使以夏正十一月四日自周于征，而次年二月五日乃至孟津，则在涂凡九十一日，师老粮匮于未见敌之地，太公不如是之拙。而况注已明言一月二十八日，则非夏正建卯之二月为已明，徒于春会孟津之下，力辨其为夏正之春，借注之矛，攻注之盾，而已足矣。《春秋》以夏时冠周月，朱子力辨胡氏之非，因疑春会于孟津之误，不知孔子宪章文、武，作《春秋》以尊王，固必以周之所谓春而为春，则朱子之未达，而胡氏创制之说亦非矣。《诗》曰："四月维夏，六月徂暑。"言"维夏"则本非夏，而维时谓之夏也。"徂暑"者，往而向暑也。使为夏正之四月，则固然其夏，而不待曰"维夏"，六月暑已极，而不当言"徂暑"也。是周之纪四序，固一以建子为春矣。若《豳风·七月》之诗，以夏正纪时物，则以公刘迁豳在夏之世，承公刘而用夏尔。周师之起，以武王成君之十二年建亥月。武王于征，在其明年一月之四日，故谓之十有三年。若以夏正纪月，而用逾年改元之法纪岁，则孟津之会在武王十一年之十一月，而牧野之役在十二月。《序》用汉人已改夏正之时月，从周制逾年改元之典礼，谓之十一年亦可。此《经》文与《序》《竹书》与《唐历志》异说同揆，原不相悖也。而汉儒通算文王九年为武王之年，《经世》上涉武丁之己卯，《汲冢书》丙辰、丁巳之讹，则皆参差龃龉，其误易见，不劳辨而自破矣。上推往古之日月，是非固为难辨，诚有如朱子之疑。乃幸而有七政行度之可推，见于《国语》，则十三年春大会于孟津，实辛卯岁夏正十一月二十九日戊午。考于历而合，考于《经》而合，考于《国语》而合，斯可信已。

宜于冢土

注云："冢土，大社也。"按天子为民立社曰大社，自立社曰王社。诸侯为民立社曰国社，自立社曰侯社。有大师则设军社。军社为军而设，不在大社、王社、国社、侯社之列。《绵》之诗曰"乃立冢土，戎丑攸行"，明军社之为戎行设也。盖二社为国所凭依，无可迁行之礼，故《春秋传》曰："不有居者，谁守社稷？"则君行而社不与俱行矣。乃以大师所次，民聚而君在焉，则军舍而居然国容。以祈以报，不容无主，则别立冢土以为军行之社，师出则载以行。斯国社不移，而军自有社。故《诗》曰"戎丑攸行"，而礼谓之设，明其非大社矣。

周当太王之世，遵用殷礼，则预立冢土以待戎行，武王承之。至周公定礼，以冢土预立，无事则嫌于渎设，乃废预立之制。而有大师，则暂立焉，故小宗伯之职曰："若大师，则帅有司而立军社。"肆师之职曰："凡师甸用牲于社宗。"而郑玄曰："社，军社也。"武王以前，冢土预立，则师将行而宜祭亦于此社，周公以后，军社不预立，则先宜于大社，而后立军社。故《周礼·大祝》曰："大师宜于社，造于祖。"设军社先宜而后设，则所宜者非所设矣。而《春秋传》之"衬社衅鼓，祝奉以从"，祝为师祝，而社亦军社。其国社、侯社，固自若也。武王之所宜者，太王所立之军社。《周礼》所云"大师宜于社"者，自王畿之大社，既不可泥《礼》以说《书》，而太王为殷之侯国，有国社而无大社，则冢土不得有大社之名。《毛传》曰："美太王之社，遂为大社。"则又泥《礼》以说《诗》，均于失已。

牧誓

庸、蜀、羌、髳、微、卢、彭、濮

按此八国，传注多有疏失。今考：庸，上庸也，在今郧阳竹溪县西。蜀国本在成都，帝喾支庶所封，世为侯国。羌者，参狼、白马之羌，汉为武都之羌道，今文县千户所其地也。髳，按《说文》云："汉令有髳长。"大县曰令，小县曰长，今考《汉郡国志》无髳县，惟蜀郡属国有旄牛县，《华阳国志》云："旄，地也。在今黎州安抚司。"微者，《华阳国志》："上庸郡之微阳县也。"计其为国，当在竹山、房县之间。卢者，《汉郡国志》南郡有中卢县。《襄阳耆旧传》曰："古卢戎也。"《春秋传》："罗与卢戎两军之。"卢地近罗，罗在宜城西山中今南漳县地，则卢戎之国，当在谷城、保康之间矣。彭，苏氏以为武阳之彭亡聚，则是眉州之彭山县。《唐元和志》云："周末彭祖居此而死。"《汉志》亦云"有彭祖冢"，乃彭祖为殷大夫，而殷固有彭国，不因彭祖得名，则苏说非也。又《一统志》以成都之彭县为古彭国，乃天彭门之号，创于李冰，亦非古国名，而《经》文与卢、濮并举，不与羌、蜀相连，则亦非也。《春秋传》云："伐绞之役，楚师分涉于彭。"今酉阳平茶有彭水，于地太远。故杜预曰："彭水在新城昌魏县。"昌魏在房县北，则彭之为国滨于彭水，当在上津县之南也。濮与麇为邻，故《春秋传》云："麇人率百濮聚于选。"麇今郧阳府治，其东则楚也，其西则濮也。是濮之为国，夹汉水而处，居郧阳之上流，在白河之东南矣。在周之西南者，由庸而蜀，由蜀而羌，由羌而髳，皆以自东而西为序。在周之东南者：由微而卢，由卢而彭，由彭而濮，皆以自南而北为序。而庸、蜀、羌、髳亘处千里之外，微、卢、彭、濮聚于数百里之境，则大小远近固有不齐，要则《诗序》所谓"南国"也。庸宜连微、卢以纪，而连蜀者，或以其国之大而先之，或以庸居七国之中而为之统率也。传注谓微在巴蜀，彭在西北，濮在江、汉之南，羌为先零、罕开、彭为彭亡聚，同归于误。

以役西土

四字，孔传义既不谐，蔡注谓"勿迎击之，以劳役我西土之人"，则不恤彼之见杀，而以举刃为劳，其言亦甚不仁矣。役，服役也。以，用也，以归也。言降者勿杀，当以之而归，使服役于西土也。《经》文本皎然可见，何必巧于立说，以为惨刻之言哉！

武成

步自周

蔡注云："周，镐京也。"今按：武王迁镐，在武成之后，《文王有声》

之诗可考也。其诗之五章曰："丰水东注，维禹之绩。四方攸同，皇王维辟。"言四方会同于丰，以臣服于周，而武王成其为君也。其八章曰："丰水有芑，武王岂不仕。"言武王之有事者，始基于丰也。其六章曰"镐京辟雍，自西自东，自南自北，无思不服"者，言武王迁镐，当天下大定之后，四方皆服，不但底定东土而已也。其七章曰："考卜维王，宅是镐京。"言武王已正号称王，而始卜宅也。则迁镐在武成之后明矣。且此篇下文云："王来自商，至于丰。"其归也于丰，则其往也亦于丰。而蔡氏乃云："文王旧都，周先王之庙在焉。"夫迁国者必迁其宗庙，武王居镐而庙在丰，将庙不与并迁，而镐无庙与？是弃其祖考而远之也。抑丰、镐之皆有庙与？此汉丰沛高庙、唐东都太庙之所以为失礼，而武王不宜尔也。且丰、镐而皆有庙，则自可告武成于镐庙，抑不当舍镐而至丰矣。蔡氏之云尔者，以《召诰》亦云"步自周"，疑其同为镐京，不知《召诰》在迁镐之后，自可谓镐为周，词同而实异也。盖周本以岐之周原为国号，都屡迁而号仍故，亦犹商之十三迁而仍商洛之名，则岐本周也，丰亦周也，镐亦周也，乃至东迁郏鄏而犹然周也。岂得以《召诰》步自之周，为此步自之周哉！

放牛归马

孔传云："华阳、桃林，非长养牛马之地，欲使自生自死，天下不复乘用。"释《书》之童骏可笑，未有如此之甚者！华阳、桃林在王畿千里之内，亦民居之井庐也。放而使之逸，则其蹂践嘉谷者，为害既不可胜言，而虽以比屋可封之民，牛马在野，弃而弗问，亦未有不招系而奄有之者。使周民之朴愿至于此极，将《费誓》所云"窃牛马"者，徒非武王之天下，周公之国乎？假令群驱牛马于山野之地，不待匝月而尽为人有，不但人贪牛马，牛马固依人也。人有之而不禁，则无主之物，人所必争，是教之以攘夺也。如其禁之，则是悬之饵而驱民于阱也。且牛随牛，马随马，以至于人之阑厩，必欲驱之入山，亦奔走其民而日不给矣。况乎欲示销兵，则当自兵甲始。兵甲之用，唯以资战，而他无所庸，不如马之可以驾乘车，牛之可以驾收获之役车而尤可耕也。有可他用之牛马，弃之而唯恐死亡之不速，无可他用之兵甲，何不焚之沈之之为快乎？故曰"兵，凶器也"，不曰牛马凶器也。然且于兵则衅而藏之，于甲则橐而敛之，是所云不复用兵者，亦以安一时之反侧，而非谓永不复用也。吕氏谓与晋武之去武备，唐穆之销兵不同，其说是也；而又云但归放用以伐纣之牛马，而十二闲与邱甸之赋不废，则亦惑于孔氏之狂愚矣。伐纣之牛马，岂非十二闲与邱甸之赋乎？使王厩不用，民赋不取，武王何所更得牛马以成伐纣之军？倘前所取之厩中者弃之，而后更责圉人之蕃息，则是浪掷固有而别求之，其愚已甚。前所赋之邱甸者弃之，而后更派取于民以补之，其殃民不尤酷哉？君子敝帷不弃，以葬马也。驱盈万之牛马，蔽塞山谷，昼亡与秣，夜亡与栖，虎狼所噬，霜雪所侵，盗所攘食，不一年而死亡且尽。夫牛马者，固不能如虎豹犀象之耐处山林，而仰饲畜于人者也。用其力以定天下，而与虎豹犀象同其驱远，且致之必死之地而不恤焉，抑岂君子之所忍乎？华山之阳，桃林之野，其北则汉、唐之沙苑也，其南则邓析之壤也，固为畜牧之善地。孔氏何所见而谓非长养之地邪？"归"云者，归其所自来，厩归厩，甸归甸也。"放"云者，释之于衡轭之间也。马言"归"，牛言"放"者，互文也。放而弗乘，归之于牧，乃在由丰适洛，东诸侯朝周之孔道，使天下知兵车税驾，而纣所与同恶者且置勿讨，以俟其自新也。如其兵之再举，则必取之于厩牧，而号令早及于东人往来之道，天下亦共知之，而非火炎昆冈，因势便及之淫威矣。至愚者秦，销兵以为金狄而已，不及马也。乃以有用之牛马，视之如虺蛇之螫手，无可奈何而趣其自死，启戎心，召争窃，劳民害物，伤驯致之财，贻他日重赋之苦，嬴政之所不为，晋惠之所能知，而谓武王其然乎？故曰：童骏可笑，未有如此说之甚者也。

攻于后以北，血流漂杵

北，背也，背叛也。北之正训本为背叛。北方向阴而背阳。阳非所宜背者，故借北为坎位之方名。殷都虽在牧野之北，而奔溃之卒，势将四散，知"以北"之非以方言也。"攻于后以北"，犹《春秋》书"入于戚以叛"，谓背纣而为周用也。朱子以为自相践蹂，则败军奔逃，方自求免之不暇，践人者既仓皇而幸于得脱，为人践者业已仆而不能攻人，漂杵之血何从而有？陈氏谓："先驱，商之平民；阵后，纣之恶党。民怨之深，遂因此反攻之。"其说是已。"漂杵"，本或作"卤"，楯也。军中无杵臼之用，当以漂楯为正。杵字从午得声，古或与卤通。"漂"者，血溅而漂之。如风吹雨之所漂及。先儒谓"漂浮而动之"，说太不经。虽亿万人之血，亦必散洒于亿万人所仆之地，安能成渠而浮物邪！

洪范

十有三祀

孔安国曰："箕子称祀，不忘本。"孔颖达因谓此篇非史官叙述，乃箕子既对武王，退而自撰其事，故称祀。夫箕子既不臣周，则其陈《洪范》也，亦非乐于自见，奈何撰之简编，以侈其访道之荣乎？况业以周之十三年为十三祀，则已奉周正朔矣。奉周正朔，而加之以商祀之号，名不从乎主人，既为失实，且用其编年而徒爱"祀"之一字，是舍其大而争其小，箕子之义有愧于陶潜甲子之纪也。盖此之称祀者，《武成》所谓"政由旧"者是已。政者，名器制度之谓。由旧者，时所不暇，且以安天下之心，而非若急于革除，以自侈新国者之褊也。故"列爵惟五"，虽小改商制，而"分土惟三"，一仍商典。其改祀为年，易用天正，定名革制，秩礼作乐，皆周公之事。终武王之世，则但除纣之虐，而不易汤之典，如汉高帝之沿秦以十月为岁首。虽所因之得失不同，而其时之不暇，与古人存忠厚以敦谦让，义则一也。故鲁两生曰："礼乐必百年而后兴。"则武王于克商之余，不即易祀称年，亦明矣。《泰誓》之称年者，成王时史官追序之词也。此之称祀，武王时史官记述之文也，而岂箕子之以存商也哉！

阴骘

骘，牡马也。阴牝，阳牡。阴骘云者，言阴阳之用也。在阴阳之体曰阴阳，以阴阳之用施生者曰阴骘。天所以大生者，一阴一阳之道。纲缊而化生者，阴之骘之之用。五行一阴阳，阴阳一五行。"阴骘下民"，即五行之居上，以统八畴者也。八畴以体五行之用，而五行实秉二气之用，以用于八畴。武王闻道已夙，故知二气之用，必有以协于五行之位而不乱者，特于其始终次第、对待合得、以人赞天、上下一揆之理，俾人得顺其叙以成事者，或有疑焉，旧已闻箕子之深于其学，故自谓不知而问焉。

阴骘之用二，而畴有九，则叙立而无缺。畴有九，而自初一至次九，以顺而立。一九、二八、三七、四六、损益于五，以合而成。五四三八一六七二九，以序而行。一三五七九、二四六八，以类而辨。则居之协其位者，相求相因而伦以叙矣。合之而四十五。四十，阴也；五，阳也。离之而一二三四五六七八九。一三五七九，阳也，二四六八，阴也。阴有其体，而用亦阴。阳有其体，而用以骘。阳别言而阴即体为用者，阳施阴含之义也。九畴统于中五之五行。五行统于二气之阴骘。水、木、土，骘也。火、金，阴也。水之一，火之七，木之三，金之九，土之五，骘也。其六、二、八、四、十，阴也。则箕子所陈，正与武王所问者相得而章也。传注不此之察，而曰"骘，定也"，既不谐于骘字之本训，抑训阴为阴用之阴，而云"天不言而默定下民"，则天特不以口言，而鼓以雷霆，润以风雨，运以日月，凡天下之色皆天之色，天下之声皆天之声，何尝韬戢光响，暗有所定，而使人不得闻乎？暗用而故默之，是天可以有言而故不言，谚所谓悬羊头卖狗腿者，奚可以此诬天哉？史称西伯阴行善，君子谓之诬，以有心而近于奸也。文王且必无阴用，而况于天！若徒以无唇舌齿腭之哓哓者谓之阴，则将以大声疾呼为阳，其益陋矣。

九畴

九畴之叙，因于《洛书》。先儒相沿，无有谓其不然者。夫唯畴不因《书》，则亦可畴不合数，乃畴既因《书》而作，则畴之叙必与《书》之数相叶。而灭裂本数多寡之实，相生之序，相得之合，以至执《河图》之中为《洛书》之中，曰以其一居数始而为初一，乃至以其九居数终而为次九，岂非格物穷理之有未至乎？以履一为五行，则失自此始矣。天地之道，一本而万殊，殊则不可合为一矣。合万于一者，释氏之言也。万不可合而为一，则二亦不可合而为一，万亦殊，二亦殊也。凡物皆然，而莫甚于五行。今乃合水、火、木、金、土为一冶，而函之于《洛书》履一之〇中，其不相争而相息者无几矣。岂此一〇者，即太极之未分阴阳者乎？而又何滞于所履之一方，况其自阴阳而五行，业与太极之未分者差之三累乎？阴阳之于五行，一父母也。生者父，成者母也。方其未生，则父与母二也。及其既生，则业已五。譬如子之有兄弟，形体分而性情异，不可复一，岂待言哉！且自春木、夏火、长夏土、秋金、冬水，在天之五行言之，则尚为一贯之绪。今一水、二火、三木、四金、五土，因生者之多寡，以为所生者微著之序，则才各别位各建，其五而非一，尤不可诬已。且《洛书》之居于后而曰履，履者履于实也。后者成也，是成性以后，而非天人授受之始也。五行者，天以化而人以生，固非可履者也。以履为初，既无当于理数，乃无端隔三位，而以右肩之二为次二，顾曰二位在坤，其数则火气之著也，禀形赋色，妙合而凝。夫水火相息而不相养，以水火之妙合为凝者，丹家之言也。且右肩之去履，非父子之相承，非夫妻之相配，非兄弟之相踵，偏正异地，左右不均，而火不位离反位乎坤，方则七月，序则十月。徒析《河图》以附会《洛书》而不相就，其失甚矣。

《河图》之数，以大衍为父，阴阳为君，故五十极阴阳之盛，居中以生成夫水、火、木、金之四位，《洛书》之数，以阴阳为父母，五行为材，故五位因五行之各立，以居中而顺生八畴。阴阳为五行之母，而五为天五，十为地十。故可分配东西南北之四维，使水、火、木、金分取以奠位。五行既有，而行于人事，则不待离中而更分他位，则一九三七二四六八，随一位而五行皆全在焉，犹夫《河图》之随一位而皆有阴阳尔，安得复分为水、火、木、金生成之位？又况二在坤而为火，四在巽而为金，六在乾而为水，七在兑而为火，九在离而为金，位数乖离，漫不成理者乎！五行五而不可一，天之不容合也，圣人之所不敢洰也。皇极一而不可五，人之必致夫一也。勿贰以二，勿参以三。"德二三，动罔不凶"，而况可得而五之！且使以履一为初一，乃至戴九为次九，则但列一二三四五六七八九之目而畴在矣。洛未出书之先，岂大禹不知有此数，而何以必待天锡邪？二之为"五事"，八之为"庶征"，四之为"五纪"，要皆无征而不足信。未有智如神禹，苟且师心，不则于天锡之象，如世所列条约，随意以为初为次之理。箕子亦何所传？武王亦何用访此也哉？《书》之言曰"惟天阴骘下民"，言五行之所自生，因二气之用也。曰"相协厥居"，言五行之上生六七八九，下生一二三四，相得以成十，而五行各以偶建，衰多益寡，居之所由协也。曰"彝伦攸叙"，言初一次二至于次九，顺相因之次序，周回而不躐等也。曰"泪陈其五行"，言不知五行之离而合，损而益，序而行，合而得，以为八畴之叙也。五行者，二气之有迹者也。畴始于五行而不及二气者，敦人事以著阴骘之用，略天道而听阴阳之化，禹之所以就人心而凝道心也。五行之化为水火木金土者，天之所以生人、继善者也。五行之德为仁义礼智信者，人之所得于天、成性者也。八畴之用，要以五常为本而居中以应乎事，为之损有余，益不足，使相得而合乎中。一九、二八、三七、四六，俯处而受中五之裁成，则仁不失制，义不贼恩，礼不愚，智不荡，而信不为小谅也。故畴以五行中，而不以皇极中。尽仁义礼智信之性以立天下之大本，而不执一以为中，使亢而或悔也。以五行中者以五行始。以五行始而居中者，五行本天以治人，居上以治下。《洛书》出于龟背，中央隆而四旁库，是故居中高以为上而为初一。上以制治，下以禀法。制治者为初，禀法者为次，是故五以上而初一。《易》之自下上者，以人迓天也。畴之自上下者，以天治人也。《易》以数，数积少以至多。畴以象，象统全而分异。若夫皇极，则君之极也。五常丽乎君臣父子昆弟夫妇朋友，而君极其一也。统虽贵而为君，道虽至而为极，要亦五行贵治贱、贤治不肖之一理，本王相之化，而建诸好恶之情者也。五行之理，择而建之则皇极。故五行足统皇极，而五行之化非因皇之有极而始有，则皇极非中，而五行非偏，固矣。皇极之取数一者，非水之生数也。五行偶化，损四以施于戴九之余也。其象在龟之后，后者北也，王者居幽向明，南面而治天下之象也。极者，屋之栋也，天之北辰也。北辰以少统众而位于子，故一居子位，而为七畴之所拱。下栋上宇，栋履乎地之实，以仰戴夫宇。一履于下，以上载夫五行。履之实，履之信，居之幽，居之约也。是故皇极为履一，无疑也，则五行之为中五亦无疑也。旧说之苟简灭裂者不一，而其误之大者，莫大于五行皇极之互易其位。若七畴之或合或不合，要其合者，亦出于偶合，而于数无征。总之，其误以一为初一，二为次二，而不复顾《洛书》之位。蔡氏皇极九九之数，亦其缘此而失焉。今为考正《洛书》《洪范》九宫、九畴理数之符，顺行之序，相得之合，阴阳奇偶之故，为图如下，俾得览焉。

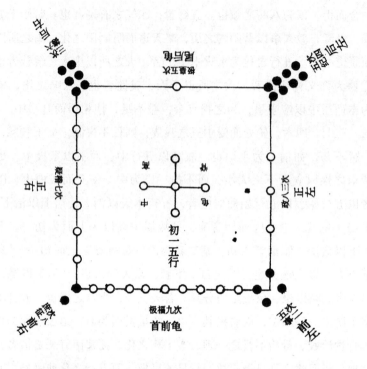

一、五行：中土，东木，南火，西金，北水也。龟背隆中而杀外，以高者为初，故从中宫始。五行，阴阳之殊而未合为人者也。故居初一。

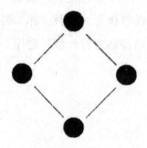

二、五事：视一，听二，言三，貌四。视思明，听思聪，言思从，貌思恭。思以行乎四者，四者皆有思也，故《书》数四，而《范》用五。法天左旋，由中宫五行顺左而向前左。五行为道，五事为器，道阳而器阴，故五明而中，四暗而偏。

三、八政：司空一、司徒二、司寇三。司空治地利，统食货；司徒治教民，统祀宾；司寇治刑，统师。《王制》之所谓三官也。用八而统于三，以三而治五也。左前顺下，次正右。

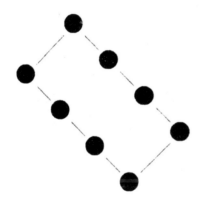

四、五纪：一岁，二日，三月，四星辰，五春，六夏，七秋，八冬。岁者，闰余所成也。星辰者，五星之周复于十二次也。四时者，历数也。历以十二中为数，分十二中为四时，以迎四气。故五曰历数，其分四也。此合为五纪而分为八也。顺正左，向右后，次左后，八政，人事。五纪，神用。人阳而神阴。故三明而正，八暗而偏。

五、皇极：皇，大也，君也。大哉君极，以修五事，治八政，察五纪者也；以宣三德，合稽疑，召庶征，行福极者也。居幽向明，主一治众，止其所，以待动。子曰："譬如北辰，居其所而众星共之。"此之谓也。艮上之一阳处乎后者，夏道用艮，以畴用《易》也，圣人所以洗心退藏于密也。

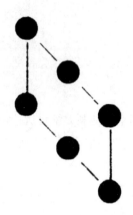

六、三德：平康一，高明二，沈潜三，正直四，柔克五，刚克六。质德三，得于天也。文德三，得于教也。以文造质，体性三而合教为六也。"强弗友""燮友"，气之偏者不可以为德。其克之者，则与高明、沈潜同功，故德六而无八也。皇极，道也。三德，德也。道阳而德阴，道显而德藏，故一明而正，六暗而偏。三德之教，修于五事。五事修，则三德成矣。故四六合而十。

七、稽疑：一雨，二霁，三蒙，四驿，五克，六贞，七悔。卜五，阴阳之兆于五行也。占二，五行之朕于二气也。左人事，右天道，故八政左而稽疑右。稽疑者，稽八政之所疑也。故三七合而十。

八、庶征：休征一，咎征二。征有庶而不出于恒与时也。稽疑以象告。庶征以形告。在天成象，阳也。在地成形，阴也。故七明而正，二暗而偏。五纪之顺逆，生庶征之休咎。庶征之省，以岁月日时星。故二八合而十。

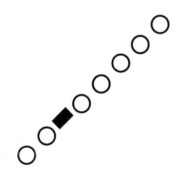

九、五福六极：一寿，二富，三康宁，四考终命；攸好德者，四福之本也。五凶短折，六疾，七忧，八贫，九弱；恶者，五极之本也。故福极十一，而向与威之用九。攸好德者，莫之向而好。恶者，非有威之使恶，而固恶也。庶征之事隐，五福六极之事显。隐，阴也。显，阳也。故九居上而明，上者君道也。皇极，体也。福极，用也。皇极之用，锡福锡辜；福极之本，向以明好，威以明恶。好恶敛于皇极，而向威显于福极矣。故一九合而十。左旋至于前而一周。刑赏者王道之末务。故曰：声色之于以化民，末也。五常之用，至刑赏而无余。五刑之施，至刑赏而已泰也。前者午位也，午者，人之承天之位也。人君南面而行刑赏，人事备，天道浃也。

土爰稼穑

"曰"之为言，"于"也。"爰"之为言，亦"于"也。《尔雅》："粤、于、爰、曰也"。《诗》"曰归曰归"，犹言于归也。《书》"爰立作相"，犹言"曰立"也。蔡氏谓："不曰'曰'而曰'爰'，非所以名也。"乃四行之言"曰"者，又岂以名其体哉？润下者非徒水，水亦非徒润下也。炎上非徒火，火亦非徒炎上也。珠亦润，而汞亦下；日亦炎，而草木之芽亦上也。水流而不滞，亦旁行而曲。火外景而明，亦丽木而革也。曲直者非徒木，木亦非徒曲直。从革者非徒金，金亦非徒从革也。角亦可曲而骨亦可直。玉亦可从而泥亦可革也。木生旁达而长以柔实，金坚能不散而恒能不腐也。然则土之非徒稼穑，而穑稼之并资水木而非徒以土，与彼四行又何别焉？要此五者皆以五行之情，致用于人者言之，而非纪其本体。故曰"曰"，"曰""爰"。"曰"之与"爰"皆"于"也。"于"犹往也，往而行其情于人也。 水性智也，火性礼也，木性仁也，金性义也。水体湿也，火体燥也，木体柔也，金体刚也。蔡氏以润下、炎上、曲直、从革为水、火、木、金之性，既误以情之致用者为性之居体者，又曰稼穑非所以名土，则曲直其可以名木，从革其可以名金乎？水、火、木、金、土，斯即名矣。过此以往，更无名矣。何必于"曰""爰"之间，区区为分同异哉！

咸苦酸辛甘

五行本无适味。如木则五味俱有。果与泽泻味咸之类。土、金无味。火不可入口，不得名味。水之咸者亦惟海及醝池、盐井而已。《经》文本云"润下作咸"云云，不言水咸、火苦、木酸、金辛、土甘也。盖自其一定者而言之，则天下之物无有正味。油入目则涩，入口则滑。中毒者嚼生豆而不辛，病热者食蜜而苦，有痞积者嚼土炭而甜，奚况蓼虫之甘人所辛，牛马之茹人所吐乎！是故五味者，合于人之舌与脏，而见以为咸、苦、酸、辛、甘尔。有所合者必因乎动。人动以欲，五行动以情。润下、炎上、曲直、从革、稼穑者，情也。作者，动也。作动以变，而五味生焉。水不咸，而润下者咸。可煮为盐者，水之润下者也。牛马所饮非咸水，而溲渤可煮为硝者，酿之润而出以下也。火不苦，而炎上者苦。芩、连、栀、蘗之属，其性速，亦炎上之性也。^{王宇泰以芩蘗为北方之味，不达于太阳寒水之义。}木不酸，而曲直者酸。一曲一直，拂其性，则生意菀腐而成酸也。金不辛，而从革者辛。听命者非所乐，改革者违所安。非所乐，违所安，则气躁发而螫人。顺其性则辛失，故姜与半夏相得。不强从，不相革，而两俱不辛也。土不甘，而稼穑者甘。资乎水木，养其长成，其收以和而成也。今桃李之酸涩者，再三移之则甘，稼所作也。果之未熟者不甘而熟乃甘，穑所作也。酿花为蜜，煮蘗为饴，皆此义也。《经》文次叙甚明，先儒谓金刃伤人则辛痛，两木相擦则齿酸，不知木石所击破肌理者，辛痛无异于金，以两金石之器相擦，齿亦为之酸，而岂必木邪？况五味本从舌出，而岂肌与齿之得与哉？穷理者正不宜如是。

五纪

岁者，天之行也。三百六十五日四分日之一，为一岁。计行三百六十六周天又一千二百分度之三百七十五。^{粗率如此。}月者，月之会也。一月二十九日一千五百三十九分日之八百一十七分，而月与日会。^{此用《统历》法，亦粗率也。}日者，日之周也。一日而恰一度，一岁而一周天。^{此用历家倒算法。}星者，五纬星也。所以知非言经星者，经星之行即天行也，天行不可知，^{西历云：有宗动天。}以经星所行者为天度也。辰者，五星所伏见，小周复合之次也。历数者，春夏秋冬，木火土金水分王之数也，历家所谓求冬至术、求土王术、求八节、求中部之算是也。其法以天行为岁而四分之，而岁差之实，六十七年而差一度，^{郭守敬推。}则天行之赢数也。以九十一日千二百分日之三百七十五为一时，^{如《三统历》则九十一日千五百三十九分日之四百八十七。}诸家不同，大率亦相去不远也。而又有气盈之一日零九万五千分日之五万二千八百七十五，则赢于日行之数也。以三月而成一时，而既有气盈，又有朔虚，则赢于月行之数也。若五星之气谓五行。分为四序，每时土王者十八日千五百三十九分日之四百四，而五行之气不因于五纬，则四时之不可以星推者也。十二辰为十二月之躔次，而以天正冬至为始，起于冬至而终于大雪，若四时之历数则以立春为始，大寒为终，则四时之不可辰求者也。故曰岁、月、日、星之外必加之以时，而历数乃成。此庶征以岁、月、日、时、星分省，而时有四，则与岁、月、日、星之四者相并成八，而当《洛书》左后之八也。古者分象命官，各司其一，岁官统岁差历元，月官统朒朓，日官统薄蚀，星官统伏见。复合四时之官，各统其气之应、候之至，与其暑影。此五纪之以人纪天者也。月先于日者，以右转言之，天疾于月，月疾于日，日疾于五纬也。以积言之，积辰得日，积日得月，积月得岁也。十二次在一岁为十二月，而在一日则子半日在大梁，亥半日在实沈冬至为正。也。历一也，而五分之，纪所以分其合。历数四也，而一纪之，相授受而合其分也。故亦五亦八，而纪定矣。

惟辟作福至民用僭忒

按上文所言"克"者，当从朱子说"人之资质沈潜者当以刚治之，高明者当以柔治之"为胜。盖皇极言作君之治，而此言作师之教也。君道尽而师道兴，故"三德"次"皇极"。"皇极"以向威行好恶，故一合九。"三德"以五事为克治，故六合四。此畴既专言教，则威福玉食之言，不相为伦。反复求之，盖错简也。"惟辟作福"当在"以为天下王"之下。"皇极"一章，凡两用"曰"字，皆引伸上义而广之也。"曰皇极之敷言"云云者，言凡皇极之彝训，君上承于天则顺于天，民上承于君则顺于君，君承天，君弗敢违训，民承君，民弗敢违训，则无有僭忒而近天子之光也。"曰天子作民父母，为天下王""惟辟作福，惟辟作威"云云者，言君履道居尊乘权而无所可假，故直当以王天下之任自重而作民父母，非以偏私于臣，则威福玉食弗有疑畏而以让于臣也。臣者民之所视。"人用侧、颇、僻"，则民亦不训于君而僭忒矣。两段文字皆以"曰"字起义，申衍上"凡厥庶民，惟皇作极""凡厥正人，归其有极"之义。盖皇极之数一，而居于北辰之所。一以统万，民之所以训之若帝；一孤尊而无偶，臣之所以不得分其威福也。条理井然，其为错简可知。不然，则威福玉食既非正直、刚克、柔克之事，文义不属，而上章言"曰天子作民父母，为天下王"，亦歇后语，而不以终"皇极"一章之文也。

玉食

诸家注疏，于"玉"字俱未考核，但云"美食"。则孔子之食精脍细，岂亦僭惟辟之食乎？食无恒味，适口为美。古重八珍，然亦士大夫之所公食也。天子之食，特多太牢。酒醴、醯酱、脯修、稻粱，则亦与下等。按《周礼·玉府》："王齐，则供食玉。"郑司农众云："王齐，当食玉屑。"郑康成云："玉是阳精之纯者，食之以御水气。"唯天子之齐则有之。然则玉食者，碾玉为屑，以供王之齐食，取其贵而非取其美。或疑玉刚坚刺齿，则亦如服药然，非必饱餐之也。唯王为有，公侯而下不得与焉，"惟辟玉食"之谓已。今世俗呼白粲为玉食，既鄙陋可笑，而操觚家有"玉食万方"之云，真不知其何等语也。

衍忒

衍之为推，于义未尽。衍者，引伸而习知之也。《易》云"大衍"，斯其义也。朱子谓："忒，变也；卜之经兆百有二十，其变千有二百，体色、墨拆、方功、义弓之类；筮之变，老少、阴阳，八为六十四,六十四为四千九十六之类。"其说较之蔡氏为得。蔡氏云："推人事之过差。"则卜筮者以考吉凶得失，而非以推人事之有过无过。善恶者，人谋之所得而推，而不以听之鬼谋也。但龟之为兆，其象虽烦，而定于一灼，不复有变。象而不数，则无往不象，而不可以过差言也。则"衍忒"之文，专承"占用二"而言，而非兼谓卜也。忒，过也，差也。过揲之七八九六，于归奇之差而见也。揲以四数，其余有一二三四者，过乎数者也。引伸其所忒以求七八九六之正，而后贞悔以知焉。朱子《启蒙》特发归奇之数，盖亦用衍忒之术，过揲之七八九六以为二十八、三十二、三十六、二十四，合乎揲者正也。据正而数之则烦难，而或以分筮者之心。其忒乎揲之一二三四而为十三、十七、二十一、二十五，衍之以知七八九六之老少阴阳则简易，而筮人之视听得以专壹。神事尚简，故衍其忒以知揲，而不必详数其揲，筮术也。卜则无定象，而亦何忒不忒之有？故知衍忒之专为占言也。

日月之行　四句

"日月之行，有冬有夏"，举二至以该一岁，言岁之统日月也。由日之行，南牛北井，积以为三道，则北极东井退而南，南极牵牛退而北。冬至之月行夏至之日道，夏至之月行冬至之日道，往复相积而岁成。故王省惟岁，卿月，尹日。虽各分休咎之应，乃日有咎而不终月，月有咎而不终岁，则其征为王乎？为卿尹乎？故此言日月积而因以有岁，以明卿尹之得失。积而为王，则咎终一岁，固专责之王，而卿尹不与，而一月之咎，一日之咎，虽有卿尹之咎，而王不得辞其责也。盖卿尹之得失，惟王之表帅，而一卿一尹之不臧，亦王政之阙，犹一月一日之咎征，皆岁功之忒也。卿尹所治而皆以成王政，日月之行而于以有冬至，其义一矣。"月之从星，则以风雨"者，月以会日为朔。月统日，卿统尹也。月，阴也。雨亦阴也。臣民皆阴象也。雨者风之反，风所以限雨者也。谚云："月如弯弓，少雨多风。月如仰瓦，不求自下。"风多则雨少矣。毕为天街，北胡南越。其中，则正中国也。孟秋之月，毕以旦中，则夏初夜半中，冬初日午中，春初薄暮中，与此土四孟之气相应，而其入地之中，恒反此焉。故阴离毕，则下施于此土而雨。其相差一百五十度而为箕，则阴气行乎他方，彼雨而此风矣。毕之值为心，不于心而于箕雨者，九道之所历则然也。从者，由也，如言风从东来之从，非随从之从。言月之取道，从毕从箕而行也。盖臣之于民，上下分定，而星经月纬，月非随星也。月行乎星。卿尹行乎民。月行乎星，则风雨应。卿尹行乎民，则治乱应。言民之怨咨和乐，有可以感召休咎之事，而实惟卿士之所施被者使之为怨为和，故不于民省而惟于卿省，犹星虽有好风好雨之殊，然必月从之而其好恶乃行，星力微而受气于月也。于某岁某月某日有休有咎，则谨司其岁月日之异，以警君臣而修德，若星之一日一周天，分为十二次，不复考之于十二时，以当二十八宿群星之所舍，而责之于民。此古占验之所为不凿而不细也，其与后世风角之小术不同矣。蔡传殊未清通。朱子之说，其以经历解"从"字者甚善，而云"箕簸扬而鼓风，毕漉鱼汁水淋漓而下"，乃星家形似之言，朱子误听而不揆之以理也。孔颖达"东木西金"之说，亦附会而无实。

旅獒

九夷八蛮

传注皆云："九、八，言其非一。"今按：《论语》称"九夷"，而朱子谓"八蛮"，今犹云然，则实种类有其九、八，不但以弗一言也。夷狄之并兼分析不恒，固不可执今以论古。乃见之《鲁论》者，在昭、定之世，固自与周初相同，而《职方》言"四夷"，《尔雅》言"六蛮"，则统九于四，统八于六，部领族也。九夷之名见于《后汉书》者，曰畎夷、于夷、方夷、黄夷、白夷、赤夷、玄夷、风夷、阳夷，乃范晔所纪，一本之《竹书》夏后来贡之夷。而《虞书》有隅夷，薛氏曰："今登州之地。"《禹贡》有莱夷，颜师古曰"莱山之夷"，即今莱州。《汲冢书》有良夷，孔晁曰："良夷者，乐浪之夷。"《左传》记："纪人伐夷。"杜预云："在城阳壮武县"。又"淮夷病杞"，范晔云："殷衰，东夷复盛，分迁淮岱。"则淮北、海东、日照、安东、赣榆之地，北迤青、沂，放乎登、莱，皆古之所谓夷也。乃《禹贡》扬州亦有岛夷，则淮南、江介、金山、崇明，亦古之夷地，而《春秋》所纪牟、介、根牟、郳、葛，皆为夷之附庸。要其始皆九夷之部，而后以分也。但考其为地，则青、徐沿海之滨，而非《汉书》所纪三韩、扶娄、濊貊、夫余之远也。

若八蛮之别，他无所考，要在三代时，荆、梁、扬三州之人近山者皆谓之蛮。《王会解》云："蛮播今播州。之翟，仓吾即苍梧。翡翠，鱼复今巫山。鼓钟，长沙鳖。"西至蜀，南至粤，皆蛮也。不仅武陵之西，苗、犵之种也。《左传》记卢戎，杜预云："卢戎，南蛮。"又"庸人率群蛮以叛楚"，则郧、均、内乡、淅、川、金、房之间，统为八蛮之地。《传》又称，楚人袭梁今汝州。及霍，汝州之霍阳山。以困蛮氏。是楚塞之北，内方之南，亦蛮部也。

《经》云："惟克商，遂通道于九夷八蛮。"原文王之时，西伯之命令已北行于狄，西行于戎，所以《经》文不及戎。而九夷在商郊之东，旧阻而未达；南蛮之在庸、濮以西者，虽已归化，其鱼复之外，江沱之南，汉汝之间，未尽入周之职贡，故《汝坟》之诗，且听命于如毁之王室，迨克商而后改道西向，无不络绎于关中矣。道通则旅达矣，旅达则贡咸致矣。

"旅"云者，宾旅之谓也。中国备礼，则谓之宾；蛮夷不备礼，则谓之旅。"西旅"云者，犹言南宾，北乡之谓也。八蛮自商、洛取道，九夷从殽、函取道，皆西向而旅进于宗周，以致贡其獒焉。此獒之贡实自东来而不自西来也。篇名"旅獒"者，犹言贡獒。乃传注不察于此，以西旅为西方蛮夷之国名，不知西方安得有蛮有夷？而未克商以前，西土已无不通之道。既克商以后，武王自商归丰，又未尝有从事西陲之役。则唯克商而通道于东南，惟东南道通而贡獒者乃西旅，于事文两顺。不然，则史氏当于"西旅底贡"之上，宜言"通道于戎"，而不当云"通道于蛮夷"。如必违心而谓西方有蛮夷，或诬古人之随意立名，一如今人之不通，谓戎、夷之可以互称，其又何以系之"克商"之下而曰"遂"邪？详释本文，西旅之非国名，奚待辨哉？

金縢

穆卜

《金縢》一篇，其可疑者不一。惟朱子亦云"有非人情者"，情所不协，必理所不出也，而今为胪辨之如右。

方武王构疾厉虐，世子幼，则君国之忧，周公所恤，亦二公所同也。二公曰"我其为王穆卜"，亦臣子情义之各致。周公何用辞二公而自以为功？此其可疑者一也。

如蔡氏所云："二公卜则必祷于庙廷，上下喧腾，而人心摇动。"乃周公之卜，为坛为墠，诸史百执在列，则在廷之人无不知者。使卜于廷，而廷臣知之，百姓尚未必知也。今曰"公归，乃纳册"，则此坛墠必在国门之外，除墠筑坛，驺驭戒道，其为喧腾摇动，岂不甚哉！且武王之疾既笃，辍朝命医，谁不知者？乃徒以一卜为疑，将谁欺乎？此其可疑者二也。

且使欲阂之以安人心邪？二公之贤，非不足与语者，此意亦何妨明告之。乃曰"未可以戚先王"，舍其忧国之诚，不以尽布腹心，而所云"未可戚先王"者，迨夫"屏璧与珪"之言出而为戚滋甚，则当其陈词之际，何以践"不戚"之言？上欺先王，而下欺同心同德之友，公亦何事为此诈谖以自昧其夙昔乎？此其可疑者三也。

《礼》"去祖为坛，去坛为墠"，以奉已祧之远祖，有祷则祭，无祷则止。亲疏之杀，所自别也。今文王考也，王季显考也，太王祖考也。以庙食之亲，不告于庙而祷于坛，是之亲而致疏之矣。岂周公以野祭胁先王，而徼其必听乎？于礼为忒，于情为逆。此其可疑者四也。

事先之礼，以西向为尊，盖无往而不然。南，阳也。北，阴也。人鬼以幽为尚，其异于天神者也。今三坛南面，而周公北面，乱阴阳，淆人神，此其可疑者五也。

礼之有昭穆，以别父子之嫌也。今以圭璧有事于先王，虽造次之时，伦不可乱，则太王西向，王季昭，文王穆，亦其一定而不可易者。乃三坛同墠，父子祖孙并列于南面，草野倨侮，而神固不安。此其可疑者六也

卜筮之礼，以邦事作龟之八命。其八曰"瘳"，有恒命也。卜非祈，祈非卜。祈则请命于天神地示人鬼，而卜则问于龟之灵。今使周公而卜焉，则所命者龟也。其词曰"假尔泰龟有常"，或曰"无有近悔"而已。三王非主乎龟者，则亦何用告之，而况于用玉？使周公而祈焉，以祖则宜用造礼，以三王同事则宜用祫礼，观其陈词以责三王，则宜用说礼。未闻有且祈且卜之礼也。且祈且卜，渎神无经。舍所宜命之泰龟而问之不预吉凶之人鬼，卜亦何由告之？此其可疑者七也。

人鬼之玉，天子用圭瓒，公侯用璋瓒。至于诸公所执之桓圭，则以宗觐会同于王也。今云秉圭，为圭瓒乎？为桓圭乎？使如孔氏所云桓圭，则是以贽人者事鬼而不智也。倘其为圭瓒也，则僭天子而不仁也。若夫璧者，所以祀日月星辰者也。秦人沈璧于河，盖周衰礼坏之所为，且亦以告山川，而不以奉祖考。植之三王之坛，尤为非物。且造祫之礼，牲币也，攻说则但币也。若卜，则玉币、牲醴皆所不用，缘卜者以迓幽明几介之爽于无方无体之神，莫适主而无所可致，则亦以质告而已矣。今牲币不将而用玉，为祈为卜无之而可，此其可疑者八也。

太祝掌六祝之辞，六曰策祝。策祝，远罪疾者也。今欲为王远疾，故用册祝。册亦策也。而策祝之辞，太祝所掌，非史之所司。如以卜也，则太祝视墨而已。命龟者，卜人也。以卜则不使卜人为命，以祈则不使太祝为辞而以属之史，何邪？且武王之世，太史则史佚也，是与太公、召公同

心以辅王室者也。周公何所忌于二公而欺之？何所昵于史佚而与密谋，且叮咛之而使共欺二公乎？此其可疑者九也。

卜筮之休咎，系币以比其命者，占人之职，岁终则计其占之中否。杜子春谓以帛书其占，系之于龟。郑氏谓书其命龟之事及兆。则《金縢》之书，当掌之占人，而公乃以属之史而乱其官守。岂史为公之私人，可相托以给二公乎？此其可疑者十也。

诸史百执之对曰："公命，我勿敢言。"孔氏谓周公使我勿道。蔡氏断"公命"为句，意以公无事于秘密，而非王莽之诡秘所得托，其说于理为近。但非公有命，而有司亦何为其不敢言邪？或公虽未嘱有司以共秘，而有司之见公弗言，因以不敢言，则公之始止二公穆卜者，既以安动摇之人心，则既得吉卜，体王无害矣，自应昌言于廷，以慰忧疑。岂公所云"予小子新命于三王"云云者，犹且附耳密语百执诸史，而唯恐二公之或闻者，又为何心？将以前者"未可戚先王"之语言犹在耳，而狙诈以不使二公分忧国之功者，翻云覆雨，无颜以复告之二公乎？则又小人技穷而怙过之奸状。公以忠孝大节，天日可质之心，抑何苦而为此藏头露尾之态邪？且金縢既启之后，彼二公者能不愈疑公之阴险而相待以薄哉？此其可疑者十一也。

王执书以泣曰："昔公勤劳王家，惟予冲人弗及知。"夫公之大勋纯忠效于王家者，岂但《金縢》之数语？区区一身代之词，情至者能为之，不待公也。成王即早涉不慧，待言而后寤，而《鸱鸮》一诗，哀鸣淋漓，较此策词，感怆百倍，乃昧于彼而欲消者，胡为信于此而遂泣也？此其可疑者十二也。

蔡氏曰："周公之卜，二公未必不知，册祝之文，二公盖不知也。"身代之语，亦偶然情至，不得已之极思耳。公不讳卜，则此区区之言抑何足隐哉？且使二公早无疑于公，则虽素所未知，自可一见而信，何事问之诸史百执而唯恐其为谖？如其疑也，则前云"未可戚先王"，而背二公以私卜者，为诈已穷，保非并卖此诸史百执而故为是书乎？且懿亲元老之肝胆不保，区区史执之一言，其安知非受赂而党奸乎？疑大臣而察于有司，疑君子而问之小人，此庸主奸相之以败亡其国者，而二公何为其然？况为流言者曰"公将不利于孺子"，非谓不忠于武王也。则此册词可以信公之忠于武王，而不可以信公之忠于孺子。即以管、蔡之恶，亦且成于武王既崩之后。则前日身代之言，不足以为后日解。胡为乎金縢未启之前，鬼车满载，金縢一启之后，阴噎咸消？将公生平至德元功，曾不如此儿女陈情之一册乎？此其可疑者十三也。

群疑所聚，有心有目者所共知。其得存于既删之余者，盖孔子以节取之，而为著居东作诗，雷雨反风之实，以见公忠而见谤之苦衷，与周初王室多故之迹。其出自史臣文胜之传闻者，亦以连章而无以施其芟割，则存乎后人之善论也。孟子于《武成》取二三策而不信其余，曰"尽信《书》则不如无《书》"，可为读《金縢》者之一法。

居东

居者，闲处而无所作之谓。《经》言"居东"，则其非讨殷可知。故《金縢》系《大诰》之前。以此知古注谓"我之弗辟"为"致辟"者，不如马、郑言避之当也。特所云东者，未目言何地，唯郑康成以为东都。东都者，洛也。地正值宗周之东，而时未营洛，不得言都，故但曰："东"。在《诗》则曰"东山"，"东山"者，山之东也。丰、镐与洛，一在太华之西，一在熊耳之西。虽地分雍、豫，而山相栉比。洛虽平壤，而北有虎牢，南有嵩少，则亦山中也。周公之于此而居洛者，东盖周公之国邑也。伯禽之封于鲁，以侯服嗣周公为小宗者也。周公之封于周，君陈继之，而传于周公孔、周公阅者，以别子为大宗者也。其先食邑在岐之周原，而克商以后，与召公分陕，周公东而召公西，各有国邑，以主其方之诸侯。则周公故邑于洛东，至此以避谤故，罢相而即于陕东，则赤乌衮衣，自行其治陕之事于其邑，内不摄政，而外亦未尝用兵也。或洛本周公之封，其后以致于王而营为东都，周公县内之封又他徙焉。虽无可具考，而康成之言，亦必有所受之矣。《诗》称"笾豆有践"，则在国而行飨祀之体。其曰"我公"，则东人固以为君。以此知居东之为致政而归国，避谤而非致辟音璧也，亦明矣。

天乃雨反风

反风禾起，朱子以为怪异。盖风能偃禾，不能起禾，其故然也。《金縢》之文虽多难信，然不应如此无理之尤。盖前云“秋大熟，未获。大雷电以风，禾尽偃”者，其时则周之秋。大熟者，稼之善而要未成实也。若其成实而可获，则偃不害获，不必起矣。雷电以风，不雨而徒风也。风而不雨，雷电空作，则黍稷之稼燥而偃也。偃则实不可以成，故邦人为之大恐。今之“乃雨反风”者，风反而后雨降也。云“乃雨”，则前之不雨可知。是则前之风为旱风，而今之风为夹雨之风，反风以得雨，则禾以润其膜而起立矣。禾起而后实以成也。故曰“岁则大熟”也。然则前之言“大熟”，逆亿其可以熟而未熟也。后之云“大熟”者，乃果熟也。未获者，未可获也，稼而未穑也。禾之偃，风偃之也。其起，雨起之也。不然，则安得有从泉壤而出之风，以起既仆之禾哉？《金縢》文理多互相纠缪，读者以意迎之可耳。

《书经稗疏》卷四上终

书经稗疏卷四下

周书

大诰

大诰多邦

在国而播命曰诰。临事而申戒曰誓。《大诰》之作，盖周师未出，而邦君庶士有疑于行，因作此以告用兵之期，故不扬文、武之德，不数武庚之罪，不悬赏罚，不戒进止。朱子疑其词缓不切，不知此特为诰，后且有誓，誓逸而诰存也。先儒多以黜殷之举为成王亲行，盖未察《大诰》为王在国播告之文耳。《竹书》记成王二年"迎周公于郊，遂伐殷""五年春，王在奄。夏五月，王至自奄"，则亦袭编《书》之次序而讹也。且《竹书》于四年正月记，"初朝于庙"，盖谓三年灭殷，因以伐奄，不克而归，四年夏始复伐之，是以周公未归政之先，成王两至东国也。今按：成王方在幼冲，周公摄政，凡郊飨觐会之事，公且代焉，况千里东征，其敢令冲人尝试哉？则诰者王，而行者实公耳。成王之初，周公东行者凡再。其始以避相位而居洛，王迎而归，则"我徂东山"之诗是也。罪人未得，公归无期，故曰"慆慆不归"。其云"行枚"者，君行师从、卿行旅从也。居东二年，罪人斯得，于后乃作《鸱鸮》之诗，而王仍未悟，则《金縢》所云

"秋大熟"者，作诗之后三年秋也。故《东山》之诗曰："于今三年。"以其时，则瓜苦在栗薪之上，盖秋杪矣。其以迎公西归为二年事者，误承"居东二年"之文，而不知《金縢》固有"于后"之语也。三年秋，公归，复摄政。而后二叔以流言之不行，疑怨益深，始挟武庚以叛。故《书序》曰："周公相成王，将黜殷。"则是公复入相，乃有黜殷之役。而曰"公相王，将黜殷"，则黜殷者公行而未行，从可知已。公以三年归相，乃以明年东征，则《破斧》之诗是也。其诗曰"四国是皇"，而郑笺亦云："周公既反，摄政。东伐此四国。"故曰"周公东征"，而不曰王也。若如《竹书》所记，王迎公而遂共东行，则于时武庚未叛，讵为祸先？《诰》何以云"越兹蠢"？且公席未安，遽偕王而东，是怒不旋踵，挟王以急报其怨，速取兵权以自张，而不顾国之未靖，公其将如刘裕之伐慕容超邪？况《大诰》之作，作于宗周，则安得有迎公遂伐之事哉？《诰》云："予惟以尔庶邦于伐。"云："予翼以于。"云："肆朕诞以尔东征。"言"予"言"朕"者，命自王出，则"以"者，固王"以"也。王命公"以"之，实王"以"也。能左右之曰"以"，不必躬行之辞也。若《多士》所云"朕来自奄"，则武庚已灭，二叔已刑之后，而奄复叛。时周公虽未归政，而成王年益长，国势益安，且奄以小寇无助，其凶焰不如殷孽三监之摇动天下，则奉王而行，可以无忧。而公之大勋已著于东征，则向者阻行之考翼亦无容疑畏，而听公之偕王以行矣。王之践奄，自在六年之夏。王归，遂迁殷民于洛，而营洛之事以起。其明年春，召公因行相宅。此《书》之始终历然可考者也。《多方》云："惟五月丁亥，王来自奄。"与《多士》所云"昔朕来自奄"者，同为一事。次《书》者先《多士》而后《多方》，编残简脱之余，其次序自不可泥，孔氏死守仅存之编次，乃云："周公归政之明年，淮夷、奄又叛。鲁征淮夷，作《费誓》。王亲征奄，灭其国。"其为疏谬，班然可晓。而蔡氏信之，亦同于鲁莽。《多方》曰："我惟大降尔四国命。"又曰："今尔尚宅尔宅，畋尔田。"皆初告之之辞，《多士》曰："昔朕来自奄，大降尔四国民命。"又曰："予惟时命有申。"又曰："尔乃尚有尔土，尔乃尚宁干止。""今尚"之尚，庶几也。"乃尚"之尚，犹几也。则皆申告之语，词意相仍，先后呼应。是《多方》前而《多士》后，审矣。则成王之践奄，惟在六年之夏。而三年黜殷，但命公往，不得以"昔来自奄"

为三年事，而谓王亲行也。周之于奄也，一伐而遂灭之，未尝再举。灭奄则公奉王以亲征，黜殷则王命公以帅师。见于《诗》《书》者甚为著明。《史记》《古史》，邵子《皇极经世》皆可佐证。而《蔡仲之命》亦云"惟周公位冢宰，正百工""乃致辟管叔"，亦见致辟者，公位冢宰之后，奉命以行矣。

至于《费誓序》云"徐夷并兴，东郊不开"，自别为一事。孔氏以合于践奄之役，其谬尤甚。奄在今曲阜县，盖即鲁之国都。成王六年践奄，迁其君于薄姑，今博兴县。奄灭，而后以其地封伯禽。奄之未亡，未有鲁也。祝鮀之言曰"因商奄之民"以封鲁。则有鲁而无奄，明矣。成王践奄，固因之而伐淮夷，奄灭而淮夷未灭。奄非夷，夷非奄也。奄在曲阜，淮夷则在淮北。《春秋》称"淮夷病杞"，迨鲁僖公世而尚有淮夷，其非已灭之奄可知。淮夷者，滨淮北而处。淮水自安东入海。淮夷之地盖在徐州之东，沂、莒之南，海州、赣榆、日照之境，故与胶、密相近而病杞。其去奄也，有汶、泗、沂、汶之隔，凡数百里。故鲁公征之，道出于费，因誓于费。而《序》云"东郊不开"，则夷在鲁东，而非即奄，较若指掌，何孔氏之懵然不察邪？《费誓》之役，《礼》有明文。《曾子问》所云"三年之丧，金革之事无辟""鲁公伯禽有为为之"者是也。则是周公既薨，伯禽服丧，徐、淮交侵，因往御之。其与成王践奄相去十六七年，必不可扭合为一。元吴澄不通《书》以说《礼》，而谓"伯禽居武王之丧"，不知周公东归之时，武王之丧已除，而《记》言"周公抗世子法于伯禽"，则成王初年，伯禽尚在宗周，安得遽即鲁而称公？且使武王之服未除，而成王、周公之黜殷伐奄，皆不避金革，老聃、孔子当称"成王有为为之"，胡为其但言鲁公乎？则澄之孤陋昏迷，为塾师而不足者也。《孟子》言"周公相武王，诛纣伐奄"，要以终举周公之相业，而立言之旨非以纪事，则檃括成文，实则相武伐纣，相成伐奄，陈师凯乃云"武王亦尝伐奄"，而谓奄凡三叛，周凡三伐，则不达《孟子》之文，而显背《武成》"一戎衣"偃武修文之义，宋、元之世，所谓儒者，大抵如是。世迁人降，固不足论也。

今详考经传，折中事理，则周公奉王命而东征三监，在居东既归之明年，以王命《大诰》于宗周而后行。公奉成王征奄，在营洛之前一年，还自奄而作《多方》。其明年营洛已讫,周公至洛而作《多士》。追成二十一年,周公薨,丧未除,淮夷、徐戎并兴,伯禽征之而作《费誓》。奄唯一叛,在殷亡之后,成王凡一伐奄而即灭之。费誓之岁去大诰之岁十八年,去伐奄之岁十六年,先后较若列眉。伐奄,王自行;黜殷,周公行;征徐戎,则周公薨而伯禽行,亦显然其无可混也。

小腆

孔传云:"殷后小腆腆之禄父。"则"腆腆"亦为不足之词。《说文》云:"膳腆腆,多也。"则古有'腆腆'之语,盖谓琐屑猥多,如殽馔之繁也。《春秋传》言"不腆",皆谓不能多有。而蔡氏曰"腆,厚也",则失其义矣。凡币言不腆,尚可释为不厚。赋言不厚,则车徒亦何以为厚邪?况此云"小腆",明为猥琐群聚之词。若武庚之党而能厚,则少康之一成一旅矣,矧"小厚"相连以为词,又其不成文理者乎!

考翼

考,父也。翼,犹辅也。谓父之辅翼旧人也。前云"考翼不可征",成王斥指武王之旧臣而言也。后云"考翼其肯曰予有后"者,谓弗有堂播者父之亚旅也,言考者,父已没之称。蔡氏谓父老敬事者,不但不达于下旧人之说,且呼他父老为考,尤所不可。盖东征之役,决于往者唯周公,而武王之旧臣皆不与公同心。故昔之流言,举国不能为公辨。至此为天变所警,二叔之恶已不可掩,虽能释疑于公,而终执己见以与公相异同,倡为不可征之论,以摇邦君庶士之心。故公就其所挟,以武王之辅翼自居。而以义折之也。所以然者,汤放桀于南巢之后,终不殄桀之裔,故武王亦封武庚于故殷。武王之旧臣泥于夏、商之已事,执武庚为先王所建、不可用兵之说,以阴为管、蔡地。而公之黜殷,以非常人成非常事,即在二公,亦未免为旧人之言而犹豫,且迟回于天命人心之不易。故公亦不复与诸考翼争是非,但就大诰邦君御事之中,指摇惑之所由兴,而以"弃基"之说,尽底里以警告之。言使我"弃基",则今日之阻我征者,他日又将责我矣,乃以始终执其邪说之必然而消之。而"民养劝弗救"之言,变"考翼"而言"民养",则正以君臣之分义,使不敢公为异同,而以"劝弗救"之言备责而深警之。"民养"也,"考翼"也,均为武王之旧臣,而或尊之,或贱之,则以义类相从而异其称,旧注有未悉也。

微子之命

微子

微子在殷,故封于东平之微,而爵为子。《商书》所谓"诏王子出迪"者,乃出即所封之国也。盖当纣之初年,微子虽受封于微,而犹居于商邑,为商贵戚之卿。纣恶既稔,不安于廷,乃就国于微,以绝嫌疑,而纣亦无庸其妒娟。《泰誓》曰"剥丧元良"者,犹"丧欲速贫"之"丧",言其失位于王廷也。殷爵三等,曰侯,曰伯,曰子。始终称子,则微子固未尝失爵,林氏所谓"遁于荒野"者,谬已。且史称微子抱祭器以归周,林氏既信其然矣,使遁于荒野,则归周之前,将委宗器于草莽,而怀宝以处旷野,不但理所不可,而抑有攘窃之忧矣。则微子初之出迪,自退处于其国。迨武王克商,诸侯咸宾,而微子亦至。于时武庚尚守殷桃,则微子于周初,亦仍国于微而未改也。商之宗器在殷而不在微。微子避处东平,亦何从抱之归周哉?伐纣之师不按微境,诸侯之归周者不但微子,又何面缚衔璧如逄伯之云邪?况其面缚牵羊,语自相悖,有如杨用修四手之笑者乎?纣虽亡,而微子之侯封如故。武庚未黜,而微子之子于微也自如。东征已克,殷祀再堕,微子乃由殷之子而进爵为周之公,自东平之微而徙国于睢阳之宋。吴澄之说盖亦近是,特其所谓即微子已封之宋国建之为上公,则读《乐记》不审之过也。盖《乐记》所云"武王下车,投殷之后于宋"者,非微子也。实武庚也。宋去朝歌不三百里,固在殷千里之畿内。武王伐纣,既分殷畿北邶南鄘而东卫,武庚自千里之圻,降而就百里之侯服。而妹土已分三叔,则武庚之封,非宋而何?武庚以宋而为殷后,微子自守东平。迨武庚灭,而后成王以武庚之地改封微子,自子而进爵为公,故曰"建尔于上公",自微而迁于宋,故曰"尹兹东夏"。《经》文自明,无容疑矣。《古史》记武王礼微子,使复其所者,复之于微也。又曰"更封微子于宋"者,明其前之未国于宋也。苏氏之纪较为正也。若《书》以《微子之命》名篇,而不曰"宋公之命"者,史氏志受封之始,当以人纪,不当以爵纪。言爵，则嫌乎后之嗣为宋公者。言人，则由是而位上公、尹东夏，其为宋公易知也。《康诰》之不言"卫诰"，《蔡仲之命》不言"蔡侯之命"其义一也。其后终称微子而不以谥显，则周公制谥法之始，不必人皆得谥，而犹以故号示别于？康叔、鲁公、蔡仲、曹叔皆无谥也。丁公而后，谥始遍矣。史册之言微子者多没其实，而微子之仁亦隐，故为考其初始如此。

康诰

乃洪大诰治

《康诰》简首四十八字，宋儒以谓非《康诰》之文，用破汉儒公摄称王之疑，是已。但以为在《洛诰》"周公拜手稽首"之上，则亦非是。《洛诰》乃周公告卜之书，始终皆公与王酬答之辞，与"周公咸勤，洪大诰治"之文为不相属。勤者，劳而抚之也。洪者，广敷其命也。诰者，以告百工播民也。今《洛诰》始终无劳下之词，亦无大敷治道以戒侯服之语。"拜手稽首，复子明辟。"其与"洪大诰治"之旨，何涉之有哉？既谓之错简，则不知所错者何编？意别有《书》为周公咸勤洪治之诰，此其简首，而今亡矣。新安陈氏谓《召诰》所谓"用书命丕作"，即此所谓"洪大诰治"者，其说为通。乃陈氏不能固信其然，拘牵于眉山之论，又曰："冠此九句于《洛诰》，方有头绪"，则曾不念《洛诰》非"用书命丕作"之词，徒冠九句于上，虽有头而不连项，虽有绪而不引端，则亦安得谓之头绪哉？定为逸《书》简端之错文，斯为允合。

惟君惟长

旧皆以君长指康叔而言，合之文义，不相伦比。古者王臣侯，侯臣卿大夫，卿大夫亦臣其私臣。为之臣者谓之君，犹赵简子之称主也，长者，官之长也。君则有家人，长则小臣、外正。此言食邑之君于其家臣，六官之长于其属贰，不以德相能而唯用威虐，则不可复以德义，而当施之以刑也。殷土承纣之乱，民则寇攘杀越，不孝不弟，庶子训人则违上行私，世家巨室则虐用刑威，所谓乱国也。故武王申言之，而皆使以刑止之。若废刑典于不用，则是汝不克敬法，而姑息以宽恶人，则"非汝封杀人刑人"，而人之自相刑杀，世禄巨室之私虐杀人者，多有之矣，斯岂文王之以敬天刑而忌疾恶者哉？则杀终不止，而其以裕民者，反底于不裕矣。盖《诰》之所谓慎罚，皆戒康叔以救法明刑，除奸保善。故曰"告汝于德之说，于罚之行"，言以罚而为德也。罚以为德，文王之所以裕民也。眉山矫金陵之说，一主于宽，朱子固力辨其失，而蔡氏间复用之者，非也。今但循文思义，则苏氏之说，不攻而自破矣。

酒诰

百姓里居

凡《六经》所言百姓，皆大夫以上赐姓之家也。古今语文迭变，至孔、孟之时，民亦得有百姓之称，则相沿之差，圣贤亦因时立名，实亦三代之赐族日就蕃衍，则赐姓之家降为编氓者多也。今此言"百姓里居"，则百姓者，百官之族，里居者，井疆夫里之氓也。蔡注以百姓为民，民则无非里居者，而蔡以国中、野外分之，亦不审矣。陈大猷以为百官族姓不仕而居闾里者，又误读孔传而附会之。百姓总以目世禄之家，固兼已仕未仕而言，里居则未有姓氏之氓，所谓"牵车服贾"者也。由诸侯百官世族以逮庶氓，《经》文毕举，井井有条理，括之无余而不乱，读而绎之，斯无不得已。

梓材

《梓材》一编，朱子疑其都不成文。蔡氏因摘"今王惟曰"以下为臣下进戒之辞，疑他《书》之脱简。今反复讽诵，文义固有可通者。为释之如右。旧以后简为左，从读者之左右也。凡予所撰列，以后简为右，从书册之正也。《春秋传》曰："地从主人。"安得以我之左为书固有三左体也哉？

王曰封以厥庶民至惟邦君

言邦君下洎庶民，上洎王，皆其可左右而传达者也。"以"者，能左右之词也。左右民，则当救法止奸，以安鳏寡，左右王，则当任法用义，使王可任德去刑，以和其民。以天子之尊，不能察小以明刑。以大家之强，或且凌弱以逞威，惟邦君之为监者，下达临大家，上达天子，当为天子宣其德威，而为臣民传其壅滞，则抑强扶弱，合天下以从王之责，其职有专属矣。

汝若恒越曰至戕败人宥

夫以邦君之职如此，汝既君矣。乃且以私恩贷其大家，而不念庶民之荼毒，若常作是言曰："我有此一国之众也，我有此司徒、司马、司空、尹旅也，是与我亲近而相与为国者。此臣暨大家也。"曰："予可不市之恩，而顾行威以杀其股肱邪？为君之道，亦惟是先以礼敬之，以恩劳之。故敬劳乎彼，彼亦莫不以敬我劳我相报。"徇此意也，则假其大家以威，而主威不立矣。故彼往奸宄杀人厉人，而亦赦之；亦有假借公事以显为之名而戕败人者，亦咸赦之。夫然，则是以私恩宠其臣与大家，而纵之殃民，下无以达小民之隐，上无以敷天子之教矣。王启监之意，其如是哉。

王启监至惟其涂丹雘

夫王启立邦君以为监，其所治之职，非使之专宠大家而私其臣也，盖为民也。其曰无相戕虐，而以高明害茕独，逮至于寡而必敬，妇而必属，共遵王道而相与容也。盖挟富贵强众而戕害人者，其恶之所被，必先于孤儿寡妇，而茕独者无所容。若此者宥而不杀，则茕独无告而王仁不下究，是岂王启监乱民之旨乎？王者以位高听远。不能下谋茕独之苦，则不得不委其事于邦君。其教邦君越御事者曷以哉？亦命之引王之所以养民下养其民，使无有鳏寡而弱肉强食以致于冻馁；引王之所以安民者下安其民，使无有鳏寡而不适有安以底于危亡。自古王者，其立法以诏监，俾奉天讨以整齐天下，皆若此，固非监之可以任意而自立法，以作威作福，宥奸宄以虐鳏寡也。惟王制法，监率行之，宥惟王宥，杀惟天讨。惟曰：若治田，王既已勤敷菑而稂莠必除，监惟陈修疆畎，明其赏罚之制而已。若作室，王既已勤垣墙而遏恶卫善，监惟涂塈茨，饰其赏罚之密而已；若作梓材，王既勤朴斫以削平邪慝，监惟涂丹雘，昭其赏罚之章而已。惟王制法而非监之所可意重意轻，则修其经界以不僭不越，饰其训典以不疏不漏，详其文教以不暗不紊，监之责也，而可自恣己意，宥有罪以害细民乎？

今王惟曰至受命

承天而子民者，惟敦天德而不尚威。遵王而监邦者，惟修侯度而不敢市恩。倘为之监者，诎法以纵其世禄之家，使戕虐于鳏寡，则王且不能为鳏寡主矣，是侯不侯而王以不王也。今王之所以可用德而辑四方者，惟曰"先王既勤用明德，怀远为近，而庶邦作享，兄弟方来"。大启土宇，置君启监，亦既用明德矣，则王之道尽矣。而有一国以为之后者，当以王之政典为式，诛暴禁乱，惠此小民，使之和辑，则尔庶邦乃克大享于王，而修其职。是王惟务德，而邦君不可不式典，则亦邦君式典，而后先王之用德者不虚也。是共主列侯之分所秩，而达庶民于天子，以中治之者，惟邦君，非若天子之不能遍式其典于天下，亦远近亲疏之势所由分也。远念古王之制如彼，近念先王之用如此。使汝而为王也，则漏网吞舟，以弘其德，犹之可也。今皇天既付中国于我先王矣承，则天用德者予一人之事。故我今惟以王道自责，惟德之用，以和怿之。民虽有迷在先，而今已觉，或及今不觉，而尚迷以相戕虐者，皆可和怿之而不事刑杀，以安先王所受之民，而非汝为监者之所得效也。

已至永保民

夫道则已然，使汝而能顺此道以为监也，岂过为威严而失人心哉？惟曰：戕虐之不禁，民不保矣。民之不保，将何以助王而永天命哉？则所式典而不私宥大家泪臣、以杀止杀者，亦欲万年作享于王，俾子孙遵守，以保民于无疆而已。盖殷之末造，朋家作仇，胁权相灭，故无辜顾天，以讫大命。及周之初，余风未殄，则君其土而为监者，不得借口用德，纵其大家，不惩之使改，乃新民怀保之切务。王既尽授其权于监，使一以重典整乱国，而后王可勤德以和怿之；《康诰》之奖其义杀，《酒诰》之督以尽拘，皆此意也。而《康诰》为封国之策，则辞加亲；《梓材》为命监之言，则辞加厉，故自称曰"王"不曰"予"，则天子命监之词，非寡兄诲弟之语也。其后管、蔡以小惠诱殷之故臣而倡乱，康叔不从其乱以辅周，^{见《汉书》}则武王之戒为已夙矣。

召诰

牛二

孔传云："用牲告立郊位于天，以后稷配，故牛二。"蔡氏乃谓："郊祭天地，故用二牛。"以实求之，蔡说非已。祭地于北郊，不见经传。《礼器》云："飨帝于郊。"《郊特牲》云："郊之祭也，迎长日之至也，大报天而主日也。"《周礼·大宗伯》亦但云"以禋祀祀昊天上帝""以血祭祭社稷"。自社以外，初无祭地于郊之文。若《大司乐》所云"夏日至，奏《咸池》之舞于泽中之方丘，则地示皆出，可得而礼"者，则《月令》所谓"祈祀山川百源，大雩帝，用盛乐"者，初非有北郊祀地，伉于南郊祀天之说也。郑康成以谶纬释经，析天为二，谓禘为祭天皇大帝，主北辰而配以喾，郊为祭耀魄宝等之五帝而配以稷，乃更以东井舆鬼之外天社一星为地祇而主方丘之祀。其说妖妄淫邪，宜王肃之力辟其诬也。朱子以《经》折纬，以道裁礼，灼知古无北郊，而云"郊但祭天，社则祭地"，用破从来之妄，如长夜一灯，何蔡氏之不能守师说而亟叛之邪？盖王者父天母地，则报地之恩者，均乎亲而异以尊。若崇地以与天伉，则贵养贱德，人道不立，而几乎禽兽。其尤悖者，合天地于一坛，而窃同牢之义，尤使地天之通不绝，而阴阳烁乱。今此《召诰》所纪，具为分析。

丁巳之用牲于郊者，郊以祭天也。戊午之社于新邑者，社以祭地也。郊之配以后稷，社之配以句龙，未之乱也。郊有牛二，而社云"牛一、羊一、豕一"者，盖地德阴，阴主味，其荐用熟，则折以为俎，一牢而可供后土句龙之祀，不如求天于气必特牛、而配者别一牛矣。今蔡云"天地用二牛"者，其二郊邪？其一郊而合祭邪？使如后代之礼，二郊并建，则丁巳一日，仆仆于南北二郊，祭天已竟，诚敬且弛，而用其余力以有事于方泽，苟且烦黩，其亦无以事神矣。故欲曲成蔡氏之说，则必合祭于一郊而后可。乃合祭之说，则王莽所以蛊元后，武曌所以窃唐鼎者，而谓周公为尔哉！且如王莽之邪说，天地同牢，而经云"牛二"，又何以曲为之说乎？夫天地同坛，既以夫妇同牢为其邪辞，将亦犹考妣同庙而共享矣。乃考妣合食，固曰以妃某氏配，则地祇亦将配天神矣。以地配天，则无所复容后稷。固未闻同牢合卺之席，容他人介于其侧也。既以地配，又以后稷配，一坛二配，位于何立？岂天地之皆南面，而后稷西向，如俗所绘家神然邪？且其祝也，不可以一后稷而并告配于天地，又将天神有配，而地示独无哉？况使其然，则上帝一牛，后土一牛，后稷又当一牛，而牛且三。岂周之不以后稷配天，而抑配者之但有其名而无牲，《礼》所谓"稷牛"者，又何以称焉？蔡氏之鲁莽，惑流俗而悖师说，于此不能辞其责矣。乱天地于一坛，而崇地以与天亢，阴敌阳，女夺男，下僭上。三代以还，典礼不修而天下大乱，皆此等启之也，可无辨哉！

太保乃以庶邦冢君

"以"者，相以之辞，如《春秋》"蔡人以吴子伐楚"之"以"。"取币"者，诸邦冢君各取币，而太保以之，与俱出入也。其锡周公以告王者，亦与庶邦冢君同陈其词，如今连名会稿之比。盖庶邦冢君皆有事于营洛，而洎其事毕，则合词告成功，而因以进戒也。其曰"拜手稽首旅王句"，"旅"者，众见之词，犹"旅揖""旅见"之旅，犹言旅拜稽首而进言于王也。"若公诰句，告庶殷越自乃御事句"："若"，顺也，言今者营洛之事，顺周公之诰，以告于庶殷偕侯甸男邦伯之御事而丕作鸠工，既顺公命而勤王事矣。此乃告丕作之辞。自"呜呼皇天上帝"以下，乃始偕庶君而进戒于王。至后"拜手稽首曰"以下，乃为召公一人之词，亦如今会议后之著勘语也。蔡注谓"洛邑之定，欲诰告殷民，其根本乃自尔御事"，于文义良多牵强，而召公与诸侯以币告功，必无不相及营洛役事之理。言事毕而后及于进戒，则文字之体固然其不可乱者也。孔传"诸侯在，故托焉"之释，亦近似而终不谐者也。

夫知

"知"字之训，注疏皆未之详。倘以为知识之知，则抱子携妇以顾天，亦何论知与不知？且业已顾之，而岂但知乎？按《易》"乾知大始"，知之为言主也。主其事，主其人，则皆其所谓知者也。犹今郡守曰"知府"，县令曰"知县"之谓。"夫"，对妇之辞，知，对子之辞。父为子之纲，则父以主乎子，而谓之知，犹言一家之主也。当时盖有此方语，犹"侯强侯以"之"以"，谓佣保为"以"，因用而立名。使汉人失传，则后世亦安知"以"之为佣哉？

洛诰

朕复子明辟

复辟之说，自汉儒承讹以启王莽之祸，王介甫首辨其非，程、蔡因之，以益证周公无居摄之事。乃天顺之初，徐、石犹窃汉儒之余沴，为复辟之文，以陷君父于不义，则亦文义未明之咎，使乱臣有挟以相违也。

古今文告之语，既已差别，所可证其是非者，即本文之前后，及他处之同词以相证尔，如介甫以《周礼》"复逆"证此之言"复"是也。程子曰"犹言'告嗣天子王'矣"，则亦与孔氏之说小异而大同，《立政》之言"告嗣天子王"者，归政之辞也。《洛诰》之作，本用告卜，故曰："怦来以图及献卜。"何为有此言哉？蔡氏谓"称子者，亲之也，明辟者，尊之也"，意谓此诰首一语，如唐、宋人上书称"献书皇帝陛下"之比。乃考之于《尚书》，臣之称君，未有加以圣明之号者，不过曰"后"、曰"王"、曰"天子"而已。臣之与君，犹子之与父，名如其质，而爱敬已至，不待称父曰"慈父"、曰"圣父"而后为尊，则亦何事称"明君"而后见其尊哉？唐始以"圣人"称玄宗，于是而有尊号之加，同于生为之谥，此小人之无礼于君者，而谓周公有此乎？则蔡氏释明辟为明君，亦未之思也。夫欲证"明辟"之非尊称，无待他引，即下云"其基作民明辟"，词再见而相因，如知右目之为目，则左目之不名为耳，亦可知矣。"辟"，法也。"其基作民明辟"者，言营洛之为东京，示四方朝见会同之法则也。《诗》称"商邑翼翼，四方之极""四方攸同，皇王维辟"，皆谓作京邑为法则，与此义通。然则"复子明辟"，亦谓营洛以为四方明法，而卜吉位成，因以复于王也。顺本文而成章，其意自显。九峰之说，徒为冗文而无义。程子之说，断句立义，而不与下文相连。论靡有定，邪说乘之，故小人犹得依附孔传以害名教。如徐有贞之所为者,《经》正,斯无邪慝,故训诂之学不可忽也。

河朔黎水

黎水所在,传注未详。唯苏氏谓为黎阳,而云作洛以处殷民,民重迁,以河朔为近便,卜不吉,然后卜洛。以实求之,苏说非也。夫黎阳者,今之浚县。而殷、周之世,河夺漳水以流,当浚县之西,转而北去,故《禹贡》曰:"至于大伾,北过洚水。"则黎阳之在周初,实在河南,不得谓之河朔。逮定王之世,河南徙砱砾。至桑钦时,河乃益南,而黎阳始在河北。苏氏据宋河以证周河,而不知陵谷之变,其谬一。浚县之名黎阳,以大伾之山,后人谓之黎山,山南曰阳,非水北之谓也。《山海经》《水经》《郡国志》,俱不言河北有黎水。今俗以卫、淇二水合流入漳之渠名之曰黎水者,则后人因浚有黎阳之名,而以被之于淇之下流,其实非也。黎阳之黎,以山而不以水。苏氏以黎阳为黎水,据俗称以证古,其谬二。周公至洛在三月之乙卯。召公"攻位于洛汭",在前六日庚戌,而其至洛也以戊申。凡卜地者必就其地而卜之,《仪礼》所记"筮宅"者可征也。浚之去洛四百余里,召公安能飞驰至于黎阳,三日之内卜毕而归卜洛乎?苏氏曾未之思也。其谬三。周公之营洛,虽以镇抚东郊,比殷民而俾之多逊,然实以成武王"毋远天室"之志,作一代之天邑,夫岂苟循殷民重迁之志,而就彼以为都乎?《多士》曰"昔朕来自奄""移尔遐逖",则洛邑未定之岁,殷民已西迁矣。故太保所命之庶殷,皆其已迁者也。业已迁之而西,复卜黎阳而返之以东,晨此夕彼,不适有宁,是重困殷民而召其侮矣。且殷民旧已居洛,而抑又何重迁之有哉?苏氏不察于此,其谬四,宋之黎阳,今之浚县,于周为卫地,康叔既已受封矣,而复卜都于此,则将徙康叔于他乎?抑王畿侯国可犬牙杂处而不嫌乎?如徙康叔而营于其国,则当预为布置,不宜潦草于三日之中,一听之卜也。且康叔既主其土,自当召令莅卜,太保漠不相告,驰入其疆,唯己所卜,则岂非挟天子以夺诸侯之土宇?三代未闻有此,而况二公之贤乎?洛虽去丰六百里,而旧为天子之圻。黎阳虽殷之故都,而已为卫之分土。苏氏不此之察,而惑于成王封卫之邪说,以黎阳为圻内。其谬五。积此五谬,则黎水之非黎阳明矣。

盖二公之所卜者，其地皆相密迩，故三日而讫卜，以践武王"三涂""岳鄙"之命。其在河之南岸，则涧、瀍之交。在河之北岸者，则黎水之崖。洛阳去孟津七十里，去孟县百二十里，大河介其中。则此黎水者，盖孟津之西，孟县之南，济源、王屋之东，有此水焉，今其名不显耳。盖统大河之曲折而言之，则有三河之名，而怀、孟为河内，相、卫为河北，故袁绍居邺而谓之河朔。若以洛阳夹河之地而言之，则怀、孟、济源正值洛汭之北，而隔以大河，故自洛渡河而北者，其地皆可云河朔矣。特怀、孟之间，水之有名者曰沁，曰溴，未有以黎名者。以今度之，上党为故黎国，而沁水之源发自沁州。沁地属上党，则沁自黎来，出山而过济源、孟县，至武陟以入于河。济、孟之间，沁水之会，负太行，面黄河，实可以为都会，而与洛阳同为土中。考之《禹贡》及《春秋传》，俱无沁水，则沁在商、周，或因其出自上党之黎而名为黎水，亦未可知也。

又此言"我卜"云者；当以陈氏《经》之说为正。盖周公胤太保而继往，则二公共此一大事。周公之至洛，虽在召公既卜之后，而召公既得"洛食"之兆，因以视公，公无所疑，而遂用告王。以前既言"胤保"，则周公之告，即如召公之告，而召公之卜，即如周公之卜矣。其言"我"者，统词也。不然，八日之内，而再卜焉，《易》所谓"渎则不告"，《书》所谓"不卜习吉"，《诗》所谓"我龟既厌"者，非此谓与？且召公已得吉卜，周公不用而更卜，是一卜而不以信任召公，其他谋度之相抵牾者，又可胜道哉！且召公虽卜，而不足为有无，则何不待周公之来？而自轻以取辱，又何为邪？新安陈氏妄云："洛诰言是日再卜。"《经》无其文，凿空立说，不亦悖与！

王肇称殷礼至无远用戾

按此段《经》文，传注皆离析而不相属，抑背戾而不可晓，且以为公告成王之辞，则倨侮失体，既与《召诰》《无逸》之文不类，亦与前"复子明辟"之文不侔。至以"予其明农"为周公告归之词，则文既不诚，理亦太妄。盖周公为王叔父，为周大宗，<small>所谓继别为宗也。</small>爵元侯，位三公，即欲告老归政，自当返彼侯服，岂若后世布衣而取卿相者，可于致政之曰为之辞曰"归田间而秉耒"乎？此所谓文之不诚也。且汉儒之以"明农"为归田，乃以曲全其篇首"复辟"之邪说。宋儒既辟复辟之妄，而复守"归田"之陋，是憎胡头而留其鼻也。公受武王之托，相成王以定天下。其为任为辞，此何等大事，使于理于事在可归休，则于王在丰命公相宅之日，既不面陈事毕归休之志，又不待营洛已竟，王来公返之余，特为申告，乃因告王宅洛之便，附伻人而顺及之。亵宗社，慢君上，而不自敬其进退，亦莫此为甚矣！汉儒以后世君臣龃龉之心，臆度君子，若将知成王之必命公以居守，而故先为告去，此桓温、刘裕之所不屑为者，而公岂然哉！斯所谓理之太妄者也。

其曰"王肇称殷礼，祀于新邑，咸秩无文"，乃已事之辞，非以教王使然，辞气显明可见。而吕东莱乃谓"格君心，萃天下，宜周公以为首务"，其背戾者一。以"予惟曰庶有事"为止句，既歇后而不成语，且举行大典，初无可秘之隐谋。使百工从王于周，则其必有事也，人具知之。百工方待恩泽于下流，乃为且吐且茹之语，而曰："庶几其有事乎？"若诱稚子而嗾弩僮者。何公之辱朝廷而轻天下之士邪？其背戾者二。大臣之于幼主，虽其政令言辞皆得与为裁定，然陈讦谟以定命，自居平启迪之功，若播告在廷，为誓为诰，代天言而视诏章，必其在高文大册者也。今区区"汝受命笃弼"之五字，成王乃不能自出诸口，史佚诸人不能代为之词，而必待公千里外之遥授，则居平所抗法以教者何为？浸令百工别有所陈，将成王周章罔措，复驰使以请教于洛，待之数十日而后答乎？如云公于此诰之外，别有所撰授，如杨修之预为条教，应变不差，而成王以区区五字不能自言之童鬞，则虽公有成教，亦且如高纬之誓师，而以笑终之矣。此其背戾者三。朋，比也。比，党也。臣结党以背公，则谓之朋。君之偏有所爱，是可云私也，而不可云朋也。君朋臣，则父亦朋子乎？且自洛往丰之百工，素非成王左右之近臣，论功行赏，即有所不均，而非关党昵，而何事戒孺子之无朋，不一词而足？此其背戾者四。《立政》曰"告嗣天子王矣"，重言王者，以申警成王，使知位尊而任重也。若"冲子"之称，则为相恤之词。乃云"汝唯冲子"，则其词旨既若相宽假，而抑为敖慢之词。且云"惟终"，则岂非冲子而可不惟终乎？其背戾者五。公于成王，亲虽叔父，义实君臣。成王初龄，未有太甲颠覆之事也，乃尹于太甲不惠之余，亦但云

"辟不辟，忝厥祖"，且云"惟朕以怿，万世有辞"，不致危言以相诅。而公于成王无过之日，且方告营洛之盛事，乃若严父之责顽子，士师之告罢民，而曰"朕教汝，汝乃不蘉，时惟不永"，词傲而言之不祥。宇文护之不敢施于其君者，公乃出诸口而无惭，是与鬻拳之兵谏无异，而君臣之礼废矣。且成王固曰："公其以予万亿年敬天之休。"而公乃云"时惟不永"，何其相反之甚，而相报之虐也！其背戾者六。《经》云"无远用戾"，其非云无远弗至也，明甚。东莱乃云"无远而至"，则不知其何文句？岂远人皆至而可云"无远而至"？是犹人言无食不饱而曰"无食而饱"，其可乎？其背戾者七。若其首尾转折之间，倏此倏彼，句别为义，而节别为事，后人以不喻公之旨而离析释之，公亦不自喻于心而离析言之哉！今绎本文而求其可通，凡此盖公初往迎王之词也。为释之如右。

王肇称殷礼，祀于新邑，咸秩无文 称，举也。言王今欲来洛，举大祀于新邑，则当与祭之百工固宜往迎也。

子齐百工至汝永有辞 "从去声王于周。""从"谓扈从也。"周"，丰也。此"百工"者，在洛有事之官，事毕而西迎王也。知然者，以言"从王于周"，而不曰"从王来洛"也。洛之称周，在东迁以后，当时但言"新邑洛"耳，《多士》可证也。"庶"，众也。"有事"，亦谓百工也。自"庶有事"以下，皆公戒敕百工之词，而述之以告于王，以示义不敢专，抑用将其上下交警之义也。公自述以告王曰：予之齐百工使来扈从也，予惟告之曰："凡我众有事者，今之往迎王也。盖比者王使人来即我而授命曰：'我且来修祀事，而助祭以与于有事之荣者，不必别行泽宫选士之典。但于营洛之士，纪录其功之尊者，即因功以知其为贤为能，而作使之以有事于此初举之大祀。'而惟以其事责之于我，其申命我曰：'汝受相宅之命，而厚辅王室。既总其成，则固大明于百工之功载矣，载，上声，事也，绩也。今使之来，可以惟汝简择而必当矣。乃百工虽有功于前，而恐其不恪于后。乃在汝之悉进而自教之焉。'夫王命我以悉教汝庶事，故我不容已于教，用是进汝往迎者而戒之曰：'孺子其相率而朋往哉！称孺子者，以尊临卑之称，抑亲之之词，犹孔子称弟子为小子。朋，群也。汝在昔者或为仇民，或为侯邦之陪贰，其得事天子者，自今日始，则当敬始以慎终，无如火之始焰焰，而卒至有所焚灼，延而弗绝也。汝尚顺修常法而无越礼，抚循职事而无废功，如予之事王者以事王，则焚灼之患，其尚免夫！且西周之百工，先未与汝共事，而自今以往，汝作扈从而同执事于元祀，则固有同僚之义矣。汝惟以彼在周之百工，此言周王，知前百工为在洛之工矣。同往新邑。往犹来也，洛之百工既至周，则谓来洛为往矣。使相向和谐而就汝以为僚友，则汝能有其僚矣，得朋庆而信友益以事上矣。既若彝抚事之不差，抑向好有僚之相协，则明作有功，物无败之，惇大成裕，物胥附之，汝永有令名于天下后世矣！'"

公曰已至**汝往敬哉** 再言"公曰"者，盖前承王命以教百工，此则以己意申教之也，前教百工以敬事和衷，则宜以王命戒之。此教以敬享，则非王之所自宜言，而以己意为臣子之自相警也。公分陕而主东诸侯，则东方百辟之享，本其所掌。此百辟往丰，虽以迎王，而玉帛之贽亦必行焉，故不容不戒已。"惟"者，专用其心之词。"汝"，指百工。"冲子"，谓王也。《识》音志，记也，谨识而弗忘也。"笃"，厚也。"叙"，以礼相接也。"正父"，天子六官之长也。"乃惟孺子颁朕句，不暇听朕教汝于棐民彝句。""颁"，别也，谓不合也。"笃叙乃正父，罔不若句。""若"，如是也，言亦当"役志于享"也。诸侯大夫入见天子，则必发币于公卿，《仪礼》《春秋传》皆有其文可考也。公又述其己意教百工之辞曰："若是之若彝抚事、向即有僚者，既已然矣。乃予思之，汝今之所当敬者，则专心壹力，惟冲子是事，而思君臣相与以有终也。夫欲君之终信乎我，则必我之允敬乎上。汝其敬识百辟事君之礼！其享不享，皆在己之敬不敬。倘不用志以敬识之，则民且有以议其不成享，而事爽其情，反以召侮矣。朕之教汝者如此，乃惟汝孺子不与予合志，而匆遽苟且，不听朕所教汝辅相斯民、敬恭奉上之常道，则是惰慢不勉而臣职废。民之所侮，上之所谴，其将受诛责，而何以永终哉？此不特进享于王者宜然。凡以礼厚叙其情于乃六官之正长者，父上声，犹祈父农父之父。亦宜罔不如是，以仪之及物者为享也。盖尊王以敬王，人道相通尔。我之教汝者止此矣。今亦不知汝之听朕邪？颁朕邪？善败惟汝所自致，而我不能取必。我惟不敢废王以功作祀之命，遣汝往而已。而汝可不敬哉！"抑此周公命百工之词，而云百辟者，侯甸男卫与庶殷分作，则诸侯亦受百工之事，如康叔为司寇，丁公为虎贲，诸侯而兼王官者，固周制也。

兹予其明农哉，彼裕我民，无远用戾　"明农"者，经理疆淢之事，如禹之任土，文王之即田功也。"彼"者，对此之词。时方戒遣百工以迎王，则谓迎王为此事，明农为彼事也。"无"，犹弗也。言无能远至于丰也。周公既述其戒百工之词，而又明其不能亲往迎王之故。因百工以达于王曰："予之所以不能偕百工以往者，以洛邑初定，民事未修，欲乘丕作之余力，往明饬其沟淢井疆之政。盖以明农者，所以裕我王之民，则亦王之所急者。是以不能远至于周京，而使汝扈从焉。"终言此者，亦俾百工知己之非慢，而亦以达己之情于王也。观此，则公之勤王家、辑仇友、敬冲人而寓教戒者，忠厚深远，固非浅儒所可窥。王曰："公功棐迪笃。"此亦其征矣。

王若曰公明保予冲子至乃单文祖德

按此传注俱言成王留公，而公许之。既承上文"明农"之讹，且王欲留公，则必有恻怛恳至之语，述王业之未成，引冲人之不逮，而篇内并无此文，则旧说之不足信，固也。今按：自"公明保予冲子"至"罔不若时"，以答公前诰而称其功也。怦至而王即行，故当时无容答，待至洛毕祀而后答焉。"予小子其退"至"四方其世享"，则命公尹洛，且以定《周礼》之事属之公也。周公作《周礼》实成于洛，故五官之首皆曰："惟王建国，辨方正位，体国经野。"其曰"辨方正位体国"者，《召诰》之所谓"攻位""位成"也。其曰"经野"者，则此篇之所谓"明农"也。郑玄乃云"周公居摄而作六典之职，谓之《周礼》。七年致政成王，乃以此《礼》授之"，误也。大司徒之职曰"日至之影，尺有五寸，谓之地中"，"乃建国焉"。谓洛都也。则《周礼》作于营洛之后明矣。今为释之如右。

王若曰至罔不若时　百工既至周京，迎王至洛，定都肇祀，而王称公功以答前诰焉。"将"，进也，行也。"旁"，谓旁求也。"作"，谓勤使之。"穆穆"，敬也。"迓衡不迷文武句"，"迓"，迎也，谓来迎己之百工也。"衡"，量也。"勤教予冲子，夙夜毖祀句"，"教"，犹相也。王若曰：公显明保助我冲子，使得宅中以建国者，惟公所以训戒百工，能称扬大明之德，使相予小子，上扬先烈而对天命，下和定四方百辟，而奠仇民友民之众，使得所居。又俾予厚礼夫功之尊者，将行大礼，举修元祀，以及于无文而咸秩，则公训戒之功大矣！乃百工之所以承公教而无违者，非但称德以教之也。惟公秉德之明，光于上下，所勤之政，施于四方，故能旁求有位，鼓之舞之使咸敬焉。而来迎者，皆衡量其职，以顺文、武之宪，而勤相予以谨祀事也若此。然公之功，岂止今日为然哉？自秉政以来，所以辅助冲人，迪启百工者，其深厚罔不如是也。则一代之宗礼，舍公而谁托哉？

王曰，公，予小子其退_至其世享 旧以"命公后"为封伯禽者固误。蔡氏留后之说亦未为得。留后之说，始于唐之藩镇，为副贰之名，既不可施于此；而史浩所云命公在后，则又姑且缓归之词，非使治洛之谓也。"命公后"者，犹言有后命也。"迪"，启也，言治之初启也。"宗"，尊也，四方所尊尚之礼也。"迪将"者，启其道而进之也。"士"谓卿士，六官之长。"师"谓官师，三百六十之长。"工"，三百六十之属也。"四辅"，当以朱子四邻之释为正，新安陈氏所谓"辅弼疑丞"是也。蔡氏以汉三辅为证，失之。汉之三辅，京兆、冯翊、扶风皆有分地。而洛，北河内，南邓、析，西弘农，东陈、许，皆侯封境土，未有所谓四辅者。经传不经见，不可以汉例周也。"公定"云者，定所未定之礼也。"困"者，执而不广之词。言无自执谦让不遑，而不广定一代之礼。汉章帝诏东平议明帝庙号，引此曰"公无困我"，正与此议礼意合。足见汉儒传《书》，初不以"困"为去而相窘之词。孔氏专家之误，不足据已。"康事"者，犹《无逸》之所谓"康功"，言治安之恒务，异于制作之大典也。王既称公功，因自告归丰，而命公以治洛制礼之事曰："洛邑建以中义，而宗周根本之地，不可轻去。予今退而就宗庙社稷，以为辟于周矣，而予更有后命焉。今四方之治初启，而一代所尊尚之礼未定，则无以宪四方而垂后世，未足饰我公戡乱启周之功于无穷也。则公当进而开启一代之典礼，以垂于后。其监_{监，平声，犹今之监修国史}。我士师群工，定其职掌，建其典文，俾皆大保文、武所受之民，以出治而辅我王室焉。是一代之宗礼，惟公其尚定之！盖洛邑无周京之繁冗，公可留治，而壹于定礼。若周京之庶政，则予且归而治之。乃或疑制作为天子之大权，则公且重难其事，而以责于我。顾公之功施德著于天下，人皆肃奉而敬爱之，非予薄德所能逮，则公无执而不广，以疑而不成哉！况予既有君人之责，则康定臣民之事，惟日万几，惟无敢忘之为兢兢，而遑及于此？则公尚勿发，为天下崇其典刑，而四方其世享公之德矣。故吾愿公之勿困也。"

周公拜手稽首至**文祖德** "来"，呼而进之之词，谓将来，犹言将进也。时王及公俱在洛，不得言来洛也。"弘朕恭"之言"朕"者，述成王自称之词也。"孺子"，述王之称公也。以"相宅"本周公之事，而王来则肇祀也。蔡氏以公自言，大其责难之义，于上文既不类，且孟子言"责难于君谓之恭"，谓责难者可谓之恭尔。如以恭为责难，则天下之所谓贼者，皆其曰"吾君不能"者乎？典即六官之典也。重言"曰"者，前代述成王之命，故曰"乃"、曰"朕"、曰"孺子"，谓文王为祖者，臣从君之词也。此言"曰"，则述成王命己之意也。"多子"，即王之所云"士"、云"师"也。"御事"，王之所云"工"也。王言"监"，专所任而总其成也。公言"以"，分其事而集众益也。"恭"者，敬其事于始也。"孚"者，信其法于成也。"昭子"指成王。武王于世为昭，成王为昭之子，对文祖而言，故称"昭子"。周公受治洛定礼之命，乃拜手稽首以承之曰："今者王之命我进而诏之曰：'汝其奉保此文王之受命，光大烈考武王之德，而以弘大我之所以恪恭乎天职者，惟此定礼之一大事而已。盖孺子先同大保以来相宅，则既有和恒居师之责矣。今此其尚益大前功，厚其典礼，而定之于洛，与殷献民损益斟酌，拨乱反治，为四方新法，而俾天下之恪恭周道者，于此作之先焉。'夫王之命予以此，非旦夕之谋，一方之治也。盖曰其自是宅中建治而典礼定，则万邦率由之以寡过。惟王有成功，以刑之天下而垂之子孙也。王命之重如此，予旦其敢辞难乎？固将以多子越御事，考典参职，勒成一代之宗礼，以上厚前人之成功，下答四方之瞻仰，俾天下之信从周道者，于此作之先焉，乃以成我王之法，而究文祖之德，则岂不勉哉！"《中庸》曰"周公成文、武之德"，即此谓也。

伻来毖殷至**怀德**

按此与上文不相属。孔氏曰："史说之。"蔡氏殊未分晓。详其文词简质，别为一体，有类钟鼎铭识之文，盖即后所谓"逸祝册"也。于此记其文，而后记其事，系以月日，古史记事之文或如此。然其间亦有阙文矣。前云"命公后"，犹《春秋传》所谓"天子有后命"也。后云"惟告周公其后"，则诰公以世为周公，而立其后以为周之大宗也。按王命伯禽，自别有伯禽之诰，祝鮀所云"命以伯禽"者是。而君陈称周平公，其后又有周公孔、周公黑肩，则《诗》之所谓"在宗载考"，《礼》之所谓"继别为宗"也。知此言"命后"之非鲁公者，以"惟告周公其后"之文，明非封鲁之词。而诸侯以始封为祖，则伯禽自为鲁之祖，而不得为周公之后。鲁之祀周公于太庙，则惠公以降失礼而为之也。公既留洛以定《周礼》。王更封其别子为宗后，而命史逸述其事与祝辞于册，其为公言而不为王言者，使公之子孙守之以为信，典册之所以异于诰命也。故如彝器铭识之文，自藏之以贻后焉。云"伻来毖殷"，记其使者之兼事也。"乃命宁予"者，"宁"，定也，命周公而定其为后也。"柜鬯"者，使之主祀也。"曰明禋"者，柜鬯之名，犹酒曰清酌，脯曰尹祭也。"拜手稽首休享"者，公受命也。"宿"，留也。知非《顾命》"三宿"之宿者，鬯非可饮之酒，不待言"不敢"，而固然其不进也。且蔡氏于《顾命》既从孔颖达之说，以为进酒神前矣，而此复云不敢受以自进，为义殊不可晓。"不敢宿以禋于文武"者，周公受命为周之大宗，礼宜主祭，而受命即禋，不敢迟留也。此册以记公受"其后"之命之始事也。"惠笃叙"以下，则祝也。系祝于册后，所渭祝册也。"惠笃叙"至"殷乃引考"，祝公之词也。"惠笃叙"，祝其德也。"无有遘自疾"，祝其福也。"遘"者，天行之疾。"自"者，己致之疾也。"万年厌于乃德"，祝公之德及子孙。"殷乃引考"，祝公之福及殷民也。"王伻殷"至"怀德"，则祝王之词也。盖引公福德而致之于王也。王使殷承顺即叙于万年，祝王定洛之福。其永观朕之子孙，怀有周之德，祝王命后之福。"朕子"，谓周公之子孙。"怀德"者，笃奉周宗而不贰也。旧说杂乱，漫无伦脊，故以此正之。

戊辰王在新邑

此以月日统记上文所纪之事也。烝祭于文、武，前所谓祀于新邑者，自一事也。"王命作册，逸祝册，惟告周公其后"，乃王归西周以后，伻来至洛之事，又一事也。"王宾杀禋咸格。王入太室裸"，又以记烝祭之礼。"王命周公后，作册，逸诰，在十有二月"，又以记伻来至洛，命周公其后之时也。文既错出，乃史家杂叙之言。若以序求之，则"戊辰王在新邑，烝祭岁，文王骍牛一、武王骍牛一"，"王宾杀禋咸格，王入太室祼"当在"王若曰，公明保予冲子"之上。"王命作册，逸祝册，惟告周公其后"当在"伻来毖殷"之上。此或错简，或古史之传，前记言，后记事，不可一律拘也。然"烝祭"与"告后作册"，事既不一，时亦不同，则所谓戊辰者，端非十有二月之日，而孔氏以为月晦，误已。盖孔氏以烝祭在仲冬，而以十二月为建亥之月，故以晦日省牲，晦日行礼，遂悬定十二月之为建亥，而戊辰为其晦。乃周用天正，虽以建子之月为岁首，而终不谓建亥之月为十二月，《豳诗》言"一之日""二之日"者可考。况是年三月丙午朏，则甲辰朔，见于《召诰》者不妄。计其建亥月之晦日，非庚子则辛丑。即三月为建寅之月，亦不过戊戌、己亥而止，安得有戊辰晦之理？则戊辰之烝，自在建子月之终，而"作册，逸诰"之在十有二月者，建丑之月也。盖王祭毕归周，又迟之一月，而始遣伻命公也。前以言烝，故知其为仲冬，故戊辰不系月。后言"在十有二月"，乃以终言一岁之事，与下"惟七年"相合成文，其不言日者，义不系于日也。旧说囫囵无眉目，故为分而正之。

惟七年

蔡氏从吴说，谓周公居洛七年而薨。按此自当以孔氏传为正。周公之薨，在成王二十二年，故王于十一年命君陈尹东郊，未尝言元老奄丧，而一皆周公生存之语。且此篇《周书》，而非周公之私史，则其纪年自当用成王之纪年。上云"在十有二月"，记月也。此云"惟七年"，记年也。《经》文并列，其亦明矣。云"诞保文、武受命"者，即前云"诞保文、武受民"，皆谓定宗礼以成王业也。《中庸》言："武王未受命，周公成文、武之德。"明治定制礼，乃受命之事，则此以纪营洛竟而作《周礼》，在成王之七年，盖于是冬始鸠其事，而登为成书，则史亦未之及也。或他编别见，而今逸矣。

多士

惟我事不贰适

"贰"，犹"贰过"之贰，谓再举也。"适"与擿同。言武成之后，辑干戈，橐弓矢，不复有所擿求于殷，而乱之不已，则惟尔殷王之家乘衅挑乱，而反致擅于我，以为兵端。"不贰适"者，即"我不尔动"之谓也。"惟尔我适"者，即"自乃邑"之谓也。此叙其事，下则因事而自反之言也。蔡氏谓："割殷之事，一于从帝，而无贰心"，盖据《诗》"上帝临女，毋贰尔心"以释此。乃《诗》以言牧野之事，警周人以果毅，而《书》则言东征之役罪在殷而不在周，其义自别。使如蔡氏所云，则为辞失当，殷之顽民且将曰："女之专心壹志，不芟夷我而不止，在牧野之日已然。"将无益鼓其怨而深其疑忌乎？且两言"适"，而文意皆相因，蔡氏分之，各自为义，其亦疏矣。

多逊

"逊"，顺也。事逆则难，顺则易也，故逊亦可释为易也。"多逊"云者，革商之始，殷民尚为武庚及三监侯国之民，逮其迁洛，则不复为侯国之民，而臣于宗周，为圻内之百姓，故"移尔遏逊"，以就近畿。其君子"简在王庭"，而服大僚。其小人职贡便利，而亲天子。是向者听政令于千里之外，故阻而难，今者服奔走于五百里之内，其为顺而易也多矣。"多"云者，以彼较此而见其便利之多也。旧注未审。

无逸

卑服

传注皆以"卑服"为恶衣服。衣服可云恶者，以缣素对锦绮，彼美而此恶也。若"卑"则与"尊"为对，上下自有章秩，可以侯王而服匹夫之服乎？且此篇言"勤"而不言"俭"，始末不及服饰之丰约，安得徒于文王著恶衣之文？"服"，事也，位也。犹"有服在王庭"之"服"。"卑服"，谓文王初服之卑也。文王中身有国，又其后乃受命专征而为西伯，所服之位乃尊。其在壮岁尚为世子，迨既在位，且为遐方之小侯，故曰"卑服"也。言此者，与上"旧劳于外""旧为小人"同义，以见成王生长富贵，易于自逸，而益当加警也。

庶邦惟正之供

蔡氏以"供"为供赋之供，引《春秋》时五伯之事以例文王受贡赋于庶邦。今按《汝坟》之诗，南国之赋役，一奉王室，使诸侯既不能免殷之职贡，而复增常赋于周，则如火益热，而何以云"父母孔迩"乎？考诸经传，凡共赋之共，发为平声，"字"皆作"共"。其从人从共之供字，许慎曰："设也。"义类文旨，固当以设为法则，俾庶邦取正为义。孔传云："以众国所取法则，当以正供待之。"其说自长。且《经》文上承"游田"而云"以"，初不从财赋立义。岂庶邦所供者，但羽猎之所得乎？蔡云："上不滥费，则下无过取。"不知一游一逸，何所费而须过取邪？且《多方》云"惟进之恭"，文与此相类。"惟进之恭"，盖云"惟恭之进"；"惟正之供"亦谓惟待之以正而已。当时自有此文体，逆一字以成章。此读《尚书》者必别于古今文制之殊，斯不凿空以立说。

君奭

大弗克恭

进退是人臣之常节。召公欲去，而周公遽责之曰"大弗克恭"，何其相责之已甚邪！蔡氏"召公告老"之说，乃以臆断千年之上，识者不敢疑其不然，而况敢信其然乎？且召公诚志在归休，于成王初年诚为已早，迨成王在位既久，天下奠安，则固可遂其初志。而康王嗣位之初，犹领冢宰，何前之矫矫而后之濡滞哉？盖召公同国休戚之情，终始无求去之心，亦以己之所处，乃无嫌无疑之地，而其致疑于周公者，则别有说也。

周公归自东征，不以往事为惩，而犹位冢宰，正百工，留洛邑定宗礼，力以"率俾海隅日出"为己任，恝然无忧于天下之疑，则实召公所未喻。周、召俱为先王之旧臣，而相与为肺腑之亲，则不但国事所当同恤，而彼此进退之大节，亦不能不互为谋而交相益。则谓商、奄已殄，洛邑已定，诚周公可以谢政之日，何事制作之皇皇，以久居大位而秉国政？其爱周公也至，而亟欲其退，自贤者之恒情。特以周公方志在必为，难可直谏，乃终怫其心，而有不说之意。《书序》所云，固非诬也。周公知召公之意，而志期莫大之功，事待已然而后著，固有难于预为显言者，故以"我不敢知"为发词之端，而末云"祗若兹，往敬用治"，则以功之成否归之天，而己意不可悉言。且欲召公之忘言，以俟己之经理，且为之而无恤其他也。故苏氏谓"召公欲周公告老"，为得其旨。蔡氏之说，非所敢从。

巫咸

孔、蔡皆以巫为氏。按大夫赐氏始于周。黄帝至殷，唯分族姓，而不以氏显。巫，官也。殷道尚鬼，故巫列于大臣，而卜筮、医药一统于巫。《山海经》言九巫采药，《楚辞》言巫占梦，皆其征已。乃九巫有巫咸，《楚辞》亦云"从巫咸之所居"，未知其即此巫咸与否？王逸固云："巫咸，殷人。"特《山海经》世云大禹所作，似不当及殷之巫咸，而抑载夏后启及殷王亥之事，则亦商、周之际或为之，巫咸，殷人，不妨见也。据此，则巫贤亦良巫，而不必为巫咸之子，如孔氏之云矣。

有殷嗣天灭威

旧谓纣为殷嗣。今考本文上下义旨不属。"灭"犹蔑也，谓无所用之也。盖言"平格"者，著保乂之功。故有殷得以继天为君，而天不降之以刑威也。

小子同未在位

上言"予小子旦"，则公既以小子自称，此乃以小子为成王，此传注家之大谬也。公固尝呼王为"孺子"矣，而"孺子"之与"小子"文似而实远。言"孺"，则但以年言之。曰"小"，则狎亵之词也。况菲薄其无所能，而曰"同未在位"，则是蔑之为不足比数，而谓事权一在于我辈，此非大有无君之心者，而敢作此词乎？高澄之所云"狗脚朕"者，亦不过如此而已。"在位"者，言己在冢宰太傅之位也。公言我固久在其位，而功德未昭，遽欲告去，同于未在大臣之位者，不以诞大之责为己责，收敛自全，冈勖所不及，徒谓己之年造造_{犹命也}。耇老，托于庶官七十致政之例，而德不降下，则物理且不察，而况于天命乎？此为公深于自任之言，而以明大臣之位，义异庶寮，所以破召公之疑者，奈之何断析文句，屈圣人以不道之辞邪！

鸣鸟

谓鸣鸟为凤者，不知所本。鸟为统名，凤特其一。鸟皆能鸣，岂但凤然哉？《卷阿》之诗所云："凤凰鸣矣，于彼高冈"者，亦诗人兴比之词耳。兴固有不因所见而起者，而况于比？如宫人之咏后妃，亦安得至河洲而睹雎鸠乎？且《卷阿》之诗作于召公，绎其文旨，大抵在周公归老之后。则此言"鸣鸟不闻"者，其在凤鸟已至之余乎？抑凤鸟未至之前也？如在凤鸟未至之前，则周公即刻画己德以期祥瑞，而安知瑞应之至，不为醴泉、朱草、黄龙、白麟，而必以凤哉？如在凤鸟已至之后，则其鸣固可得而闻矣，而又何以云"不闻"邪？蔡氏乃云："在郊之凤，将不复得闻其鸣。"岂周公必欲此凤旦夕嗷嗷于耳侧乎？使然，则亦春之莺，秋之蝉，而不足为凤矣。且鸣凤之闻实，实天休所锡，则既能有格，而后可以致凤，今云"鸣鸟不闻，矧能有格"，则是有格难而鸣鸟易闻也。岂凤既至，而尚不可谓有格乎？求之《经》文，但言鸟而不言凤，其云鸣而不闻者，特不闻，而非不鸣也。犹所谓寸叶蔽目，不见泰山，两豆塞耳，不闻雷霆。盖以甚言在家不知国政，则隔垣之外，音响不宣，虽鸟之鸣噪且不能闻，而况冥不可知之天命，其能有格乎？传注附会失实，乃使本文失理，不足采也。

蔡仲之命

蔡

孔氏谓蔡叔圻内之蔡，仲徙封于淮汝之间。孔颖达引杜预之言，谓叔度封于汝南上蔡，胡徙新蔡，圻内蔡地，不知所在。以实求之，孔固失之，杜亦未得也。祝鮀曰"杀管叔而蔡蔡叔"，上"蔡"字注音素达切。而《禹贡》"二百里蔡"，蔡之为义本取草莱之名，以荒远草野之土为罪人所居，故谓之蔡。则圻内不得有蔡地，而叔度之称蔡，亦非其国名可知矣。文王之昭，在武王时唯周公、康叔、聃季官于王廷，五叔无官，则亦未尝列土为侯。其后管叔以为监，得食地于管，然称字而不称爵，则固天子之大夫例所称也。若霍叔得封于霍，地在河东，当亦"三年不齿"之后，始受茅土尔。则蔡叔在未叛之先，盖亦以大夫监殷而未封，其云"蔡叔"者，则以其被流蔡之刑而名之尔。叔死，仲封，周公因以蔡名其国，而割淮、汝之土以授之，使后人顾名思义，而求盖前愆也。故杜预于隐公四年《春秋传》注云："蔡，今汝南上蔡县。"亦足见蔡仲之未徙封于新蔡也。上蔡之去新蔡，不能百里。新蔡之名蔡，其原起不可考。要自蔡仲受封，以至于昭侯迁州来之日，始终都于上蔡，而未尝一日居于新蔡。杜预之说，见于《春秋传解》者甚明。不知颖达所引预说者，又何所出邪？岂预彼此之有异说哉？抑或颖达之误识之也？而况如孔氏所云圻内蔡地，尤为无稽者邪！

多方

惟尔殷侯尹民

蔡氏谓"提殷侯之正民者告之"，此殷侯不知何指。以为殷国之侯邪？则禄父已灭矣。以为殷之诸侯邪？则殷尚得有诸侯哉？且业已归周，而又何外之邪？此言"殷侯"者，皆追谓武庚也。"尹"犹君也。言昔武王诛纣，已宜殄灭之，而我且使尔武庚嗣为殷侯、得尹其民者，乃我"大降尔命"，故使纣裔得君其故土。此述始事以见周之仁而殷之悖，故下言"弗永寅念于祀"，见殷之不复能尹民，乃其自取尔。武庚受封，必有国号。承殷之祀，自当号殷。爵列五等，自当云侯。其后改封微子于宋，位为上公，周公之制乃然耳。

甲于内乱

"甲"谓草木初生之萌。许慎曰："木带孚甲之象。"内乱如木之萌甲，渐发而不已。故曰"甲于内乱"。旧注未悉。

立政

用咸戒于王

蔡氏谓"周公帅群臣进戒于王"，前为赞词，而此为群臣之所同戒。今按《立政》一篇，乃周公作《周礼》以后，具职官之典，进陈于王，而因言官人之所尤重者，以戒王之慎所用，故无事帅群臣以共戒。且群臣而胥进戒，则亦必有辞，不当但列数五者之官而漫无一言。盖前云"周公若曰"，乃史记周公所进戒之意，而后"周公曰"以下，方实为公言。史言周公作此《立政》，当其进戒之时，拜手稽首告王以君道，而因取此左右三宅及缀衣、虎贲之官，条其职任以戒于王，见所当恤。此三言"曰"者，史之词也。孔传云："周公因王所立政之事皆戒于王"，斯为近之。

缀衣

葛氏谓"缀衣"为《周礼》司服之类。乃司服以掌辨章服之尊卑，而非典衣之官。冢宰之属有缝人以司缝纫，而女御为之，非士大夫之所典。按：《顾命》称"狄设缀衣"。缀衣者，帘幕之类也。乃供之者幕人，设之者狄，狄则乐吏之贱者，不得与虎贲同科。盖缀衣张于王座，则此言"缀衣"者，非司缀衣之官，而侍立于王之左右、在缀衣之内者，盖近臣也。此为统言。而下所云"携仆""太史"之流，皆其人与？

携仆

传注谓"携持器物之仆"。今按《周礼》五仆不兼携持之事，则携自携器物之小臣，而仆自仆也。其官若小臣、小子之类，盖携为其统名也。

大都

卿大夫之采邑曰都。《春秋传》曰："大都不过参国之一。"《周礼》有"都宗人""都司马"，是已。大都，公卿之都。小，则大夫之都也。宗人、司马皆为王官。其他则其自为辟除。"伯"犹正也。宗人、司马皆正官也。旧注未悉。

夷、㷸

夷、㷸与微、卢同举，而夹于首尾，则其必为国名可知。以夷为蛮夷之统名、㷸为众者，其失明矣。地之以夷名者，《春秋》"许迁于夷"，《左氏》曰"实城父"，城父在今亳州，即三亳之一，不当赘举。㷸之为地未闻。唯衡阳有㷸水，故孙吴名其县曰临蒸，而要在荆州之南陲则皆非是。唯《春秋传》记"纪人伐夷"，杜预曰："夷国在城阳壮武县。"而汉东海有承县，承故音㷸，地在今峄县。然则微、卢纪西，而夷、㷸纪东，皆属夷之国也。

三亳阪尹

孔氏谓"亳人之归文王者三"。文王方率六州以事纣，安得为亳人逋逃之薮？此妄说也。陈氏谓三亳，商故地，分而为三，则周初未有瓜分商地商民之事，亦为无据。按上文兼言文王、武王之事，则三亳自言武王已事，而孔氏之谬既明。"三亳"者，殷之故都也。"阪"者，安邑之阪，夏之故都也。武王初定天下，于二代之墟立王官以尹之，所以安辑之也。商都西亳，而南、北二亳皆设尹者，意商尝建二亳以为亳辅，故皆以亳名之。亳亦大也，与京同义。其犹洛邑之称周，而汉、唐之有两都，宋之有四京与？旧注殊疏。

君陈

君陈

李氏称郑氏注《中庸》云："君陈，周公子。"今《中庸》郑注乃无此文，当由他见而李氏误志之也。然君陈之为周平公而伯禽之弟，既确不可易，王氏乃谓篇中不言"尔考周公"，与《康诰》言"穆考文王"，《蔡仲之命》言"乃祖文王"者不同，则不知成王之命君陈在十一年，而周公之薨在二十一年，安得生而称"考"哉？此孔颖达"周公既殁"之说误之也。《经》云"昔周公"者，"昔"之为言昨也。又云"式时周公"，"时"，是也。固当时之称也。没则云"乃考"；"考"，善辞也。生不可云"乃父"；"乃父"，襃称也。称君陈之德而曰"孝友"，则固为人子之词。父在，子无专美，故他无可称，而但举其内行也。其曰"既见圣"云者，亦目击而亲炙之词也。公以成王之七年治洛，凡阅岁五而归于周京，仍相成王，故令君陈代其任。然此之命尹东郊者，特代公治洛而已，未尝嗣公爵而国于周，以为周宗之大宗也。命之嗣爵而绍封，则当称其先烈。命之代任而治事，则但令法周公以敬典。盖嗣爵因乎先德，而命官则唯其人，不以世故，而用之者初不如康叔、蔡仲之以懿亲开国者比，无庸称引先世，义不系于父子之相承也。王氏不谙于辞命之体，疑非所疑，乃欲生称人父为考，而尽没周平公以洎周公孔、周公阅、周公黑肩之世系，是恶可哉？蔡氏曰："君陈，臣名。"亦师心矫古而失实也。

顾命

芮、肜、毕、毛

诗言"虞、芮质厥成"，盖商之旧国，早服于周，因之而不替其封者。至春秋时，国尚存。芮伯万为母所逐，而秦并之，今平阳府芮城县，其地也。肜国地未详，王肃以谓"姒姓之国"，他不经见，未知所本。疑此或"胙"字之误，传写小失。盖周公之子而封于卫辉之胙亭者也。毕国在长安西。毛国，传注亡考。春秋犹有毛伯而随周东迁，非其旧地。安定有毛氏，则其国当在周京之西北也。

翼室

蔡氏谓路寝旁左右室，今嗣子既为丧主，而入侧室，于礼非安。孔氏训"翼"为"明"，云即路寝。"翼"之训"明"，犹"明日"之为"翼日"，古有是诂。路寝，向明出治之室，故曰"明室"。《礼》：君薨必于路寝。故《春秋传》曰："正也。"成王以乙丑日崩，太保即迎嗣子而入，时尚在小敛之前，无缘尸在路寝，子居侧室，而不亲冯含。其必俟已死而始延入者，世子先居别宫，问安有时。王疾病则居于内，死乃迁尸于路寝。临终而子不在侧者，天子之礼别嫌明微。异于士庶也。天子在，则世子不得辄入路寝。故必待延入，延入则为主矣。孔说自正。

命士须材

传注皆言"致材木以供丧用"。不知所言丧用者，何所用之？《檀弓》言"虞人致百祀之木"为棺椁之用者，则事在未殡之前。今业已殡而始须之，何为？若《士丧礼》所云献明器之材，则事在筮宅之后，启殡之前日。天子之丧九月而葬，乃急须于九日之内，又何其太速邪？且致棺椁之材则有虞人，治明器则尊甒、弓矢、琴瑟各有司存以上统于司空，而何以命士？况此篇《经》文上下皆未言及丧纪，故九日之内，所为复、含、大小敛，哭临、殡涂，一概不书于篇，何为独于丧用之材而特记其须？揆之本文前后，殊为不伦。彼含敛奠殡，其事之大且百倍于须材，逸其重而记其轻，不已慎乎？盖此篇为纪顾命而作，则所重在嗣子之受命，而丧礼概所不纪，固其宜也。所谓"士"者，《周礼》之司士也。司士之职，国有故，则致士而颁其守。"材"者，材武之士。"须"，待也。新君将立，国之大戒，故选材武之士，颁其所守，以待命焉。而正朝仪之位，摈王行礼，皆司士之职，故特命之。后之"执惠""执戈"者，皆其类也。寻文绎义，斯为可通尔。

狄设黼扆缀衣

设张之事，自幕人所掌。狄之为官，不见于《周礼》，唯《丧大记》言之，则《周礼》所谓"夏采"者是已，《祭统》所谓翟，乃龠师之别名，不与此同。狄不典黼扆缀衣，而特司其陈设。故《丧大记》云："狄人设阶。"此云"设"者，兼下文而言。黼扆缀衣，四席四几，有司备之，而皆授狄人使之排设也。夏采所掌，乃始死而复之事，此兼命之者，以方在殡，礼杂吉凶，且狄司复事，为神所依，亦使求神而授命也。旧注未悉。

赤刀大训

传注谓"赤刀"为赤削鞘。今按刀鞘施赤，不足为宝，亦不可名为赤刀。所谓"赤"者，赤金也。古以铜铸兵，而赤铜脆甚，不任为刀。此以赤金为之，则其冶炼精良，固非恒物，亦上古物产未备时所为，可以征物始也。陶弘景《刀剑录》记夏孔甲铸一剑，铭曰"夹"。"夹"，篆"亦"

字，古或通作"赤"，盖其类已。"大训"，孔传谓是虞典，蔡疑孔说之偏，乃谓兼数代之书及文、武之训，固无从辨其非是。然《顾命》在成王之末，则文、武之训，初为成王所藏，不足以昭世守。而三皇五帝之书，外史所掌，不入宝藏。意虞典旧文，为当时故简者犹存，武王克商，获以归而宝之，与外史所掌五帝三皇之书，文是而简非者不同，孔氏必有师承，说贤于蔡。凡此类，非有确证不可轻驳古注也。

夷玉

旧注谓"夷"为常。藉其为寻常之玉，则亦何必为之名哉？而亦不足为宝矣。《周礼》："大丧共夷盘冰。"《丧大记》云："大夫设夷盘。"郑玄注云："夷之为言尸也"，"尸之盘曰夷盘，床曰夷床，衾曰夷衾。"此言"夷玉"者，谓玉之美者，能津润养尸也。汉人用玉匣以葬，义取诸此。然非真玉则不堪用，故玉以能为尸玉者为美，《汲冢书》有"天智玉"，纠衣之自焚而尸不毁，其此类与。

綦弁

爵弁，士所以代冕而祭于公，则"綦弁"者，皮弁也。韦弁色赤。爵弁如爵头，赤黑色。蔡以爵弁为赤色，既属不审。韦弁、皮弁皆以鹿皮为之。韦弁则染韦赤色，皮弁则如鹿韦之本色而不染。然必去其毛，则一也。蔡云"以文鹿子皮为之"，则误以带毛斑烂为綦色耳，不知綦者，苍艾色也。其见于《曹风》者曰骐，则亦青苍马色。既非鹿毛赤黄白相杂之色，而《礼》注但言白鹿皮，谓去毛而韦色白尔。不言文鹿。言"文"者，蔡氏以己意附会之也。鹿鲜白者，綦、骐皆青苍色，而皮弁非苍，则知所谓"綦"者，《周礼》之所谓"璂"也。綦，结也，皮弁之缝中贯，结以采玉以为饰。《诗》云"会弁如星"，此之谓已。大夫之弁璂饰二玉，亦二采。士之皮弁则结饰。此言綦弁，亦大夫之弁。以王之中士再命。异于侯国之士，故綦弁亦为士服。而如吕氏之说，大夫四命，则希冕矣。

宿、祭、咤、酢

按此传注纷纭不决，殊难分晓。以咤为哜者，苏氏之失也。谓祭为酹酒神座者，郑氏之未谛也。谓酢为报祭，王答拜为代尸拜者，蔡氏之谬也。既以咤谓哜，则下云咤哜，于文不通。以祭为酳酒，酳者缀祭也，亦相因继进之义。言三祭酳，则缀可知，而但言祭，则不可以酳为释也。以酢为报祭，报祭之名不知何昉？新安陈氏乃云"报祭者，亚献也"，则其妄益甚。酢者，宾答主人之称尔。以答拜为代尸拜，则不知唯祭有尸。今此但为受命于几筵，非祭也，而何以有尸？既葬反虞而后立尸，为殡已藏于土而神无凭也。今成王之殡在宫，而立之尸，则亦致之死而不仁矣。且几筵四设，其亦将有四尸乎？祭以子孙奉其先，则立尸而致尊之，以尽孝思也。今新君受命于先王，而一人俨然在位以传天下于嗣子，是彼尸一天子也，一堂之上有二天子矣。谁敢为此尸，而公然以天下与人乎？以实求之，所云"三宿三祭三咤"者，约举成文，实三献也。前云"即位"，其所即之位，传注不言所在。以子受命于父之义求之，则当与《冠礼》相通，盖阼阶也。由宾阶上者，嗣子之不忍死其亲也。即位则于阼者，正其为主，所谓践阼也。"宿"，肃也，谓揖进。言"三宿"者，自阼阶肃进于几筵之前，凡三献，则三进而三降也。其降以疑立待神之享，因洗同而又进也。"三祭"者，谓三实酒于同而拜送于神也。"三奠"者，谓三置酒于牖间几筵之右也。统言之而不详记其仪，史事尚简，非犹记礼者之必详其进止之容，以诏后之行礼者也。三献既毕，故上宗传命曰飨，所以告利成，而何又有下报祭之亚献哉？三献而凡用三同，祭备而彻同，太保受之。此礼为受命而举，同为天子之大器，不可同于凡祭之爵。故宗奉以上，而太保受以藏也。"以异同酢"者，神人之别也。亦以同而加璋者，重嗣王也。"酢"者，宾答主人之献也，此则神受飨而报主人也。以酢礼礼王，宾先君，而正王之为主也。太保代神以酢王，则其无尸可知矣。"授宗人"而不奉之王者，初丧无举爵之礼，不可同于虞祭之酢，孝子受爵，故宗人代王受也。"拜"者，拜送酢酒也。"王答拜"者，答酢拜也。此受命之礼，杂于吉凶。凶，故王不受爵而无牢鼎，同于奠食，亦不立尸；杂于吉，故不举哀，异于丧奠也。礼之有酢，则必有酬，酬则必旅。今以凶故，又受命而非祭，则旅酬以废，然废旅而不废酬，以酢之不可无酬，嫌于啬神惠也。《经》再云"太保受同"者，又一异同，盖酬酒也。亦用同者，尊太保之为神酢也。不用璋者，臣不敢受君之璋也。太保受王之酬同，不言王酬太保者，亦省文也。太保受酬而祭，此祭乃祭始制饮食之人。而啐，而奠于其位，太保宜在宾位。不卒饮者，凶也。祭且啐者，臣异于子，以敬杀哀，受酬于王，不敢虚君贶也。"授宗人同"者，礼毕反同，不复举酬也。"拜"者，拜王酬也。"王答拜"者，以宾礼礼太保也。史记其约略如此，而其间进退登降之文，尊罍洗篚之设，笾豆俎铏之荐，皆所不纪，则以非义所系，不足纪也。受命必以酒者，所以交于神明，不可无实也。《经》文虽略，而次第不乱，因文释义，自尔条析。传注如舟行雾中，倏此倏彼，则将令人何适之从？

宗人

注以太宗为大宗伯，宗人为小宗伯。今按上文言"上宗奉同瑁，由阼阶阼"，未有小宗随之，而始终与王成礼，唯太保与宗人，则此宗人即大宗，上宗可知，其宗伯则陪位之卿士也。太保以宗臣为顾命之首，故代先君以受命。宗人以宗子掌王之家政，故赞王以受命。依蔡注，则为宗伯者，彤伯也。王肃所谓"姒姓之国"也。虽为典礼之官，而"奉同瑁""受同"，则自非贵戚之卿不足任。《仪礼》云"继别为宗"，《诗》称"大宗维翰"，则此宗人者，盖国之大宗，而非宗伯也。周公薨，则君陈为大宗。而毕公之继君陈在康王之十二年，则是时君陈固存，成王不豫之时召之而来也。

康王之诰

黄朱

注谓黄马而朱其鬣，朱鬣之说，未知所出，而几同儿戏。抑或谓黄朱为篚实，乃币唯玄纁，不应有黄，且下云"宾称奉圭兼币"，则币者，其所奉持也，非其所布陈也。"黄朱"者，黄间朱之色，所谓骓也。周尚赤，而无纯朱之马，故大路乘骓。此充庭实者，必齐其色，以共大路之驾。故每国四马，而皆黄朱。注两说皆碍，非所当从。

羑若

苏氏谓"文王出羑里，天命自是始顺"。出羑里而天命顺，乃云"羑若"，大不成语。且此兼言文、武，而囚于羑里但文王之事。苏氏之说，其穿凿固不相入已。按《说文》："羑，进善也。"故周之圂土，殷人谓之羑里，言以惩警恶人，诱之以进于善也。其字与"牖民孔易"之"牖"通，故"羑里"亦或作"牖里"。此云"诞受羑若"者，谓大受上天之命，羑进斯民于顺道也，"羑若"言教，"克恤"言养。教及天下，故曰"诞受"。养在圻甸，故曰"西土"。文义自尔著明，何事牵附于羑里哉？若蔡氏谓即下文之"厥若"，"羑""厥"篆文相去甚远，不易成讹也。

君牙

嗣守文武成康

旧说"穆王命君牙为大司徒"。今按《经》称文、武、成、康，而不及昭王，虽昭王之德不及成、康，然亦不宜竟置之不道，若无昭王然者。史无穆王命君牙之事。《竹书》记"昭王六年，锡郇伯命"，《左传》记郇叔为文王之昭，当为武王所封。《王会解》记成周之会，唐叔、郇叔、周公在左，则郇叔固翼戴成王之宗臣，与此言"世笃忠贞，服劳王家"者吻合。然则君牙者郇伯之名，而命之者昭王也。若《冏命》自穆王，但称文、武而不及成、康，则亦可不言昭王。辞命之体，固各有损益之宜也。

冏命

大正

蔡氏既以大正为太仆，又疑太仆为下大夫，不得为正，复从孔氏之说，以为大驭。按：大驭虽秩为中大夫，而其所掌者，特驭玉路以祀而已，其一切仆御之事，非其所总理也。大驭驭玉路，戎仆御革路，齐仆御金路，道仆御象路，田仆驭木路。王之五辂，凡五驭分驭之，各不相为统摄。特以玉路驾之郊祀，故特重其事，而秩大驭以中大夫。乃秩虽尊，而事权则轻，盖以优礼之亲臣为之。若其政令，则不但彼四仆者受成于太仆，即大驭之尊，亦必受辖于太仆也。太仆之有正者，为小臣、祭仆、御仆而言也。若大驭则为因事而设之官，不但无属官，而并无府史胥徒，不得云"正"。《经》曰："仆臣正，厥后克正。"仆者，祭仆、御仆也。臣者，小臣也。皆太仆之属，而于大驭亡与也。《经》云"出入起居"，谓太仆之正王服位，相王法仪也。《经》云"发号施令"，谓太仆之出入王命，掌复逆也。《经》云"正于群仆侍御之臣"，谓太仆之逆御仆与御庶子也。凡此者皆非大驭之所有事。且太仆辖仆臣而有常职，且其所掌兼出入号令服位之事，而不专于御车者。若大驭则临事简选，如今大祀、亲征题点执事官之例，当亦听于太仆，事毕则已，故有官位而无职守，因以不设府史胥徒之属。考之《周礼》，固自著明。若其云"正"者，自以对其属官而言，虽下大夫而不可云非"正"也。且太仆之官，下大夫二人，而伯囧居其一。或一正一倅，而伯囧为其正与？蔡氏狐疑不决，亦未熟读《周礼》之过也。

吕刑

吕

吕，《礼记》作甫，《诗》"不与我戍甫"，毛传但言其为姜姓，《朱子》云"其地未详"。按《说文》有"鄦"字，其音与许同，云："太岳之裔甫侯所封地，在颍川。"今考许之封壤，正在颍川。而鄦、许同音，则不应此两国同出太岳，同封颍川，而国名之音又一也。毛、郑于《蒸民》之诗，列言甫、申、齐、许为四国，盖缘"扬之水"之诗言许而又言甫。然《诗》之立文，有重出而异称者，如《伐轮》《伐辐》两章互见，而辐固轮也。或在西周之世，为吕为甫，而在东周则谓之许，音转文异，犹郱之为殷，亳之为薄，虢之为郭也。特见于《春秋》者，许男爵而非侯。乃甫侯之称，但见于《传》，而《经》无其文，则亦无以必其为侯爵也。

士制百姓于刑之中

皋陶不与三后之列，东莱以谓文有宾主。然考诸本文，则奉法以行者皋陶也，制法以折刑者伯夷也，则秩宗议道之公卿，而士为作而行之之大夫也。其尊卑则固有差矣。唯刑法定于伯夷，故后但言伯夷播刑之迪，而不及皋陶。《吕刑》一篇，以言制法之事，故祖述伯夷。知此，则吴氏两刑官之说，无足疑者，如汉萧何制法而别有廷尉也。"中"，当音丁仲反，《周礼》所谓"士师受中"是已。刑有"要"有"中"。"要"者，犹今之勘语。"中"则供招罪名也。后云"观于五刑之中"，其义亦同。

俾我一日非终句惟终在人句

上言尔所罔不自慰而克作天牧者，非"日勤"乎？尔所无能戒而为上帝所不蠲者，非"不勤"乎？勤则敬，敬则足迓天命。而"日勤"者，一日之积也。一日不勤，则不得为勤矣。乃天与人以一日，其为勤不勤者，胥此一日也。能与人以日，而不能使人勤，则终此一日之力以勤者非天也，其惟终者在人也。而可不敬而若勿敬，美而若勿美，以终一日之勤，以逆天命哉？听讼之失，自非鬻狱者，恒因于惰；惰则不详为阅审，而人之情无以自达矣，故穆王深以勤戒之，传注迂折不顺，特为正之如此。

五过之疵

过失则在所赦，而有不在赦例者。于刑非不简，于罚非不服，乃曲引过误之条以赦之，是为五过之疵。无心而误出者，听于平反。疵则有故而纵之者，其故凡五：一，官位相联，惧相干涉，而故出之以自便；二，前之听狱者与己不协，立意欲与相反，则不论曲直而但翻驳其成案，以出非所出；三，托于女谒以求请；四，受货而纵之；五，旧与往来，或嘱托所与往来者。缘此五者，因非过而谓过，入于赦宥，皆为法病。病法则纵有罪，虐无辜。必审实其罪，而故出者亦均坐焉。此皆言故出人罪者。蔡氏兼言故入人罪，失之。"惟反"之释，孔、郑皆未审。"惟来"之释，孔、蔡各得其偏。当以事理求之，自见。

锾

许慎曰："锾，锊音劣。也。锊者，十铢二十五分铢之十三。"慎又曰："北方以二十两为锊。"以十一铢有奇则太少，以二十两则又多。孔氏六两之说为得其中，然又不知其所本。且此所罚者，不知何金。孔氏谓为黄铁。乃黄铁之名，他不经见，则亦铜而已矣。铜有赤有黄，古以铸兵，亦以铸钟鼎。乃此所罚者，或不应须铜如此之多，则当以铸泉货耳。则虽名为罚金，而六百两之铜，当五铢钱五千有奇，盖所罚者泉布，而计其重以为多少也。旧注未悉。

文侯之命

秬鬯一卣

"秬鬯"，郑康成谓不和郁者。乃徒以秬为酒，则亦黑黍酒而已，恶足以重？郑之注此，为鬯人所共而言耳。鬯人为秬酒，而郁人以郁和之，亦必和成而后为鬯也。蔡氏徒以鬯为香草，则误。鬯为郁所和秬酒之名，而非草名。草自名郁，不名鬯也。言"一卣"者，昭始赐也。诸侯不敢为鬯，未赐者资之于天子，所资者止共一祭之裸而无余也。赐之圭瓒秬鬯，则自为鬯，自有此一卣之赐，则继此不待更赐而自为之矣。《白虎通》曰："孝道备者，赐以秬鬯。"谓其馨香之德，物与相称，而足交于神明也。故《诗》言"秬鬯一卣"以赐召康公，而称其德曰"召公是似"，又曰"告于文人"。此以秬鬯赐文侯，亦曰"克昭乃显祖""追孝于前文人"。则皆以嘉其孝而赐之也。传注言"当以锡命告其始祖"，皆属未审。

费誓

淫舍

"淫"，大也，亦放也。军行五十里为一舍。所舍之地，必有顿置牛马之场，为护阱之所不及。乃此征徐戎之师，不但鲁师，诸侯之兵大集，则旧所为次舍者不足以容。淫滥四出，随地安舍，则越阡陌，践蹊径，而旧非禁地，护阱之设，固有之矣。是故使之杜而敛焉。抑此蔡注谓以"令军所在之居民"。乃誓者，莅众于行间之词也，故前云"嗟，人无哗"，则其为面命可知。则亦使闲牧牛马者自杜敛之也。不然，牧人不谨，使马牛罹伤，而独罪居民，非法之允矣。

臣妾

注以此为严部伍之事。乃军中有女子，自乱世之政，况营伍不守，乃至妇人亦得逋逃，则丁壮之溃散又何禁乎？不责其防卫之不严，而但戒其勿越逐，尚为有军政哉？按此盖为淮夷、徐戎所侵犯之境，避兵入保者言也。避兵者与征战之士，旁午交错于道，而避兵之民，牛马臣妾有迷失者，若许其主穿营伍而求之，则奸谍或诈为寻逐之民，以生不测。故禁民勿逐，而令收得者还之也。必如此释，于义乃顺。

无余刑非杀

传注以"非杀"为不至于杀。前所言"有常刑"者，皆不至于杀，何但于此？誓以警众，非以慰之也。不至于杀，则亦不杀之而已，何事预告以宽之哉？辞之失体，莫此为甚！如云除不杀外，凡刑皆用，则胡不正告以当坐之刑，而使军吏得以上下其手邪？且蔡云"刑之非一"者，任人之随用一刑乎？则罪均而刑异。如谓但除大辟，一切皆并施之，则既墨之，又劓之，又刵之，又刖之，是脔割其人无完肤而必至于死，何似一斩之犹得速死为幸邪？糗粮不逮，茭刍不多，皆坐大刑，传注皆谓"乏军兴之刑"。"乏军兴"者，死刑也。方筑而乏桢干，筑必不成。且战且筑而迟误于须臾，则所害甚大，曾不似干粮之可均可补，茭乾刍也。刍之可以续运。乃彼则誓以必死，而此则宽之以不杀，于义何居？"无余"者，尽词也，正大辟也，必言"无余"，而不但言"大刑"者，谓应办之夫里，催督之里胥，考成之官正，一坐以死，而无所杀也。杀音色界反。糗粮刍茭之不备，罪坐其人，而余从末减，此则不分等杀，而一坐以大刑，缘桢干之备记里步丈尺，必全具而后俄顷成城，乘敌之不及我攻，缺一不具，则全功皆虚，故立法尤严。此以军机之神速，为军令之矫虔，而非经生之所能测也。固其宜尔。

秦誓

不啻若自其口出

《尚书》文义多难解了。然或错综成文，而有字则必有义。独此一语，绎之殊不易顺畅。如谓不但见之于言，则当云"不啻自其口出"，而何以云"若"？如谓不但如其口之所言者，则当云"不啻若其口出"，而何以云"自"？今既云"若"，而又言"自"，又言"其"，则传注所云"其于口之所言"，皆粗疏成解，而于《经》文不合。《大学章句》及诸家小注，俱未清析。绎文思义，上言"其心"，"其"者指一介臣而言也。此云"其口"，"其"者指彦圣而言也。谓一介臣之好此彦圣，有以深信而夸美之，不但如彼彦圣者之自道其长也。盖人之知人，恒不如其自知。而所藏之美，所通明之理，唯自有之，则言之皆真，不啻若从其人之自道。则所谓"唯公知我，胜我自知"者也，或疑苟为通明之美士，则方且耻躬不逮，而何至自炫？乃此所谓彦圣者，亦秦之彦圣耳。秦人夸大而好自誉。今观《小戎》《终南》《无衣》等诗，其踔厉自雄，曾无逊让之意，居然可见。其流风达于上下，则有吕不韦著书而悬千金，以夸其一字之不能易，始皇勒石自颂，谓古帝王皆莫己若，沿至后世，如东方朔之自称曰"可以为天子大臣"，而袁盎、朱云、班超、梁鸿、陈遵、马援、杨震、杨修、李靖、严武、李泌、杜牧、寇准之流，皆自许高达，而无推让不遑之事，则心有其美，必自口出，秦之彦圣，如是而已，而又何疑哉！

《书经稗疏》卷四下终

《书经稗疏》全书终

尚书引义

钦定四库全书总目经部书类存目

　　《尚书引义》六卷，国朝王夫之撰。夫之有《尚书稗疏》，已著录。此复推阐其说，多取后世之事，纠以经义。如论《尧典》"钦明"，则以辟王氏良知；论《舜典》"玄德"，则以辟老氏"玄旨"。论"依永和声"，斥宋濂、詹同等用九宫填郊庙乐章之陋；论"象以典刑"，攻钟繇、陈群等言复肉刑之非。论"人心道心"，证释氏"明心见性"之误。论"聪明明威"，破吕不韦《月令》，刘向等《五行传》之论。论"甲胄起戎"，见秦、汉以后制置之失。论"知之非艰，行之为艰"，诋朱、陆学术之短。论《洪范》"九畴"，薄蔡氏数学，目为无稽。论"周公居东"，鄙季友避难为无据。议论驰骋，颇根理要。至于"王敬作所不可不敬德"及"所其无逸"等词，从孔传而非吕、蔡，亦有依据。惟《文侯之命》，以为与《诗》录《小弁》之意同，为孔子有取于平王；谓高宗"谅阴"与"丰昵"，同为不惠于义，则其论大创。又谓黄帝至帝舜，皆以相而绍位。古之命相，犹后世之建嗣。又谓虞夏有百揆，商有阿衡，皆相也。至周则六卿各率其属，周之不置相自文王起。此皆臆创之词。他若论微子去纣，恐文王有易置之谋。周公营洛，亦以安商民反侧之心。则益涉于权术作用，不可训矣。

跋

此书就《尚书》每篇之义引而申之，其体裁近于《韩诗外传》《春秋繁露》，虽不尽与经义比附，而多于明事有关。就中显揭其指，人所共知者：如论伊尹弗狎弗顺，而惜韩忠定黜于刘瑾；论高宗丰昵，而责张璁、桂萼赖宠逢君；论平王东迁，而罪光时亨陷君误国：固维世之深心也。即其事未经显揭，然其意可揣测而知者：如论微子去之，谓恐殷之臣民推戴易置，则以咎苏观生拥立唐王之弟监国广州；论周初官制，谓文王不置相，致周室中衰难振，则以比明代自太祖废丞相不设，数传后权移于寺人；论周公营建洛都，谓欲安商民反侧，则以讽永明王不宜专居肇庆，惮赴桂林：此亦忧时之夙抱也。虽立说不无驳杂，而秉心则甚纯矣。其尤有功于名教大防者：则论《多方》之殷士，谓顽民既迎周而复叛周者，以匪忱不典，自速其辜，不得附托于忠孝，援《春秋》之例，贬反复者为凶德狂愚。义正词严，森如斧钺。盖借是斥吴三桂之进退无据，始为贰臣，终为逆臣。此船山所以避伪使之招，自全其贞士逸民之德。其卓识定力具见于斯，所当表微阐幽以彰其志节者矣。若夫持论好立异同，前哲名儒，自刘子政以下，皆肆意攻击，此诚识有所偏。然其所著各书，大率类此，且有较甚于此者。只须鉴其失，不必删其书也。至于《古文尚书》，不知其为赝本，则自明以前，知者本少，未可独议船山。况《古文》虽伪书而不可废，阎潜邱亦尝言之，阮文达公引《书说》云《古文尚书》出于东晋，其中名言法语，以为出自古圣贤，则闻者尊之。唐宋以后，引经言事，得挽回之力，受讲筵之益者，更不可枚举，学者所当好学深思，心知其意，得古人之益，而不为古人所愚"，真不易之论也。然则观船山此书者，宜重其触类旁通，可为陈善沃心之助。拟诸倪鸿宝之《儿易》、黄石斋之《月令明义》，其在伯仲之间欤！同治三年二月，后学仪征刘毓崧撰。

尚书引义卷一

尧典

一

圣人之知，智足以周物而非不虑也；圣人之能，才足以从矩而非不学也。是故帝尧之德至矣，而非"钦"则亡以"明"也，非"明"则亡以"文思安安"而"允恭克让"也。呜呼！此则学之大原，而为君子儒者所以致其道矣。

何以明其然邪？天下之为"文、思、恭、让"而不"明"者有之矣，天下之求"明"而不"钦"者有之矣。不"钦"者非其"明"，不"明"者非其"文、思、恭、让"也。"文"有所以文，"思"有所以思，"恭"有所以恭，"让"有所以让，固有于中而为物之所待，增之而无容，损之而不成，举之而能堪，废之而必悔。凡此者，明于其所以，则安之而允安矣。不明其所以，将以为非物之必待，将以为非己之必胜，将以为惟己之所胜而蔑不安，将以为绝物之待而奚不可。不明者之害有四，而其归一也。

以为非物之必待者曰："物自治也，即其不治者犹治也。以'文'治之而物琢，以'思'治之而物滑，以'恭'治之而物扰，以'让'治之而物疑。夫物固自治，而且治之，是乱物也，则莫若绝圣而弃智。"此无他，不明于物之必待也。物之必待者，物之安也。何以知物之安也？且夫物之自治者，固不治也。苟简以免一日之祸乱，而祸乱之所自生在是也。若夫不治者之犹治也，是其言也，为欺而已矣。明于其必待，而后圣人固曰：物自有之，待我之先而已矣。乃若琢者则惟其无"文"，滑者则惟其不"思"，扰者则惟其未"恭"，疑者则惟其弗"让"。信能之，未有罹此四患者也。

以为非己之必胜者曰："道不可尽，圣人弗尽；时不可一，圣人弗一。是故尧有不令之子，舜有不谐之弟，夏有不辑之观、扈，周有不若之商、奄。尧有不令之子，胡亥之淫，非始皇之失教也。舜有不谐之弟，大叔之叛，非郑庄之养恶也。夏有不辑之观、扈，藩镇之逆，非卢杞之奸也。周有不若之商、奄，七国之反，非晁错之激也。然则天下者，时势而已矣。乘其时，顺其势，或右武以绌'文'，或立断以废'思'，雄才可任而不必于'恭'，盛气能争而何容多'让'。是故操之以刑，画之以名，驱之以法，驭之以术，中主具臣守之而可制天下。"此无他，不明于己之所必胜也。夫惟不得于天而后己可用也，惟见诎于时而后道可伸也。尧有不令之子而不争，舜有不谐之弟而不弑，夏有不辑之观、扈而不败，周有不若之商、奄而不危。是故质立而"文"必生，物感而"思"必起；退而自念，则自作其"恭"；进而交物，则不容不"让"。内取之身，外取之物，因其自然之成，能以坐消篡弑危亡之祸。明乎此，则何为其不胜耶？

以为惟己之所胜而无不安者曰："'文'日生也，'思'日益也，'恭'有权也，'让'有机也。圣人之所为，天无与授，地无与制，前古无与诏，天下无与谋，可以为而为之，圣人已为矣。可以为而为之，我亦为也，其未为者，彼之未为而非不可为也。非不可为，而我可以为矣。于是穷亡实之'文'而'文'淫，驰不度之'思'而'思'荒，貌以'恭'而'恭'以欺，饰以'让'而'让'以贼。故蔡京以丰亨豫大为'文'，曹睿以辨察苛细为'思'，汉成以穆皇文致其慆淫，燕哙以禅授陆沈其宗社。"此无他，不明于惟己胜者之非可安也。天无与授，而授之以宜其民；地无与制，而制之以当其物；前古无与诏，而考之也必其不谬；天下无与谋，而征之者必其咸服。明于其故，如寒裘而暑葛也。臧惟二耳，而白马固马也。

以为绝物之待而无不可者曰："物非待我也，我见为待而物遂待也。执我以为物之待而我碍，执物以为待我而物亦碍。徇物之华，'文'以生妄；逐物之变；'思'以益迷；欲以示威于物，'恭'以增骄；欲以干誉于物，'让'以导欲。欲四者之病不生，则莫若绝待。内绝待乎己，外绝待乎物。绝己绝物，而色相以捐；寂光之照，无有不'文'也；参证之悟，无所容'思'也；行住坐卧，如如不动，亦'恭'也；赀财妻子，喜舍不吝，亦'让'也。乃以废人伦，坏物理，握顽虚，蹈死趣，而曰吾以安于所安也。"此无他，不明于物之不可绝。且夫物之不可绝也，以己有物；物之不容绝也，以物有己。己有物而绝物，则内戕于己；物有己而绝己，则外贼乎物。物我交受其戕贼，而害乃极于天下。况夫欲绝物者，固不能充其绝也。一眠一食，而皆与物俱；一动一言，而必依物起。不能充其绝而欲绝之，物且前却而困己，己且龃龉而自困。则是害由己作，而旋报于己也。故圣人因其所待而必授之：朴者授之以"文"，率者授之以"思"，玩者授之以"恭"，亢者授之以"让"。泰然各得其安而无所困，则己真有其可，而非其无不可，固知无不可者之必不可矣。

由此言之，圣人之所以"文、思、恭、让"而"安安"者，惟其"明"也。"明"则知有，知有则不乱，不乱则日生，日生则应无穷。故曰"日新之谓盛德，富有之谓大业"，此之谓也。"盛德"立，"大业"起，"被四表"，"格上下"，岂非是哉！

虽然，由"文、思、恭、让"而言之，"明"者其所自生也。若夫"明"而或非其"明"，非其"明"而不足以生，尤不可不辨也。"明""诚"，相资者也，而或至于相离。非"诚"之离"明"，而"明"之离"诚"也。"诚"者，心之独用也；"明"者，心依耳目之灵而生者也。夫抑奚必废闻见而孤恃其心乎？而要必慎于所从。立心以为体，而耳目从心，则闻见之知皆诚，理之著矣。心不为之君，而下从乎耳目，则天下苟有其象，古今苟有其言，理不相当，道不自信，而亦捷给以知见之利。故人之欲"诚"者不能即"诚"，而欲"明"者则辄报之以"明"也。报以其实而"实明"生，报之以浮而"浮明"生。浮以求"明"而报以实者，未之有也。

"浮明"者，道之大贼也。其丽于"文"，则亦集形声以炫其荣华也。

其丽于"思",则亦穷纤曲以测夫幽隐也。以言乎"恭",则亦辨贞淫于末节以致戒也。以言乎"让",则亦揣物情之逆顺以弗侮也。恍惚之间,若有见焉;窅寂之中,若有闻焉;介然之几,若有觉焉。高而亢之,登于九天;下而沈之,入于九渊;言之而不穷,引之而愈出。乃以暴岸于世曰"予既已知之矣",而于道之诚然者,相似以相离,相离以相毁。扬雄、关朗、王弼、何晏、韩愈、苏轼之徒,日猖狂于天下;而张子韶、陆子静、王伯安窃浮屠之邪见,以乱圣学。为其徒者,弗妨以其耽酒嗜色,渔利赖宠之身,荡闲蔑耻,而自矜妙悟。呜呼!求"明"之害,尤烈于不"明",亦至此哉!

夫圣人之"明",则以"钦"为之本也。"钦"之所存而"明"生,"诚则明"也;"明"之所照而必"钦","明则诚"也。"诚"者实也:实有天命而不敢不畏,实有民彝而不敢不祇;无恶者,实有其善,不敢不存也;至善者,不见有恶,不敢不慎。收视听,正肢体,谨言语,慎动作,整齐寅畏,而皆有天则存焉。则理随事著,而"明"无以加,"文、思、恭、让",无有不"安"也。而尹和靖曰"其心收敛,不容一物",非我所敢如矣。

"钦"之为言,非徒敬之谓也,实有所奉至重而不敢亵越之谓也。今曰"不容","不容"者何物乎?天之风霆雨露亦物也,地之山陵原隰亦物也;则其为阴阳、为柔刚者皆物也。物之飞潜动植亦物也,民之厚生利用亦物也,则其为得失、为善恶者皆物也。凡民之父子兄弟亦物也,往圣之嘉言懿行亦物也;则其为仁义礼乐者皆物也。若是者,帝尧方日乾夕惕以祇承之,念兹在兹而不释于心,然后所"钦"者条理无违,而大明终始,道以显,德行以神。曾是之不容,则岂非浮屠之"实相真如,一切皆空",而"威侮五行,怠弃三正",亦其所不恤矣。无已,其以声色臭味,增长人欲者为物乎?而又岂可屏绝而一无所容乎?食色者,礼之所丽也。利者,民之依也。辨之于毫厘而使当其则者,德之凝也,治之实也。自天生之而皆"诚",自人成之而不敢不"明"。故以知帝尧以上圣之聪明,而日取百物之情理,如奉严师,如事天祖,以文其"文",思其"思",恭其"恭",让其"让",成"盛德",建"大业"焉。心无非物也,物无非心也。故其圣也,如天之无不覆帱,而"后德""九族""百姓""黎民""草木鸟兽"，咸受化焉。圣人之学，圣人之虑，归于一"钦"，而"钦"之为实，备万物于一己而已矣。其可诬哉！其可诬哉！

二

昔夫子之赞尧、舜，至矣；而其舍子以授贤，未之及焉。审乎此，而唐、虞之际有定论矣。

人之亲其子也，而靳与之位以授异姓，三代以降，未有能焉者，而不以为盛德之极致；然则夫子其以为非常而不可训与？曰：非也。古者无君存而立世子之礼。其立嗣也，肇于夏而定于周也。古之有天下者，皆使亲而贤者立乎辅相之位，储以为代；其耄且没矣，而因授之，人心定而天位以安。黄帝以前，不可考也。继黄帝而兴者，率循其道。然则以相而绍位，其轩辕之制乎！故少昊，轩辕之孙也，降江水，就侯服，入而代黄帝；颛顼，少昊之弟也，佐少昊十年而代少昊；高辛，颛顼之从子也，佐颛顼二十五年而代颛顼；尧，帝挚之弟也，佐挚五年而代挚。盖古之命相，犹后世之建嗣。尧不传子，亦修轩辕之法尔。

少昊、颛顼、高辛，以洎于挚、尧，亲以贤者近取之兄弟子姓，而前可以相，后可以帝，地迩势易，不假于"侧陋"而事顺。其事顺，故以帝挚之不顺，弗能违焉。尧之在位七十载，而亲以贤者未有其人，亦迟之七十载而未有相也。而尧已耄期矣，故不获已而命之四岳。使微舜，四岳虽欲终让而不得矣。

若舜之倦勤，禹已久即百揆之位，无异乎颛顼之十年，高辛之二十五年也。终陟元后，又何疑焉！故曰：五帝官天下。官天下者，五帝之通典，岂尧、舜之仅德哉？

尧在位七十载而未有相，变也。使四岳而不得辞，则以侯陟帝，循少昊之已事，而不必于相。舜举"侧陋"，非有江水可兴之素，则必以相承统，用颛顼、高辛之典礼。故由征庸、总揆、宾门、纳麓，以讫受终，凡三十载而后格于文祖，事以渐而信从壹焉。浸使四岳受巽位之命，固不待于此矣。

五帝之援立也凤，三王之建储也早；近而百工，远而九服，疏贱而兆民，耳目一，听从审，引领而望曰"此他日之君我者也"，日用不知而习以安。故曰："天视自我民视，天听自我民听。"四海翕从，而莫有异志，斯以谓之天矣。尧因法而从时，因人而顺天，非有异也，是故无与于尧之高深矣。

古之帝王，顾大位之将有托也，或命相而试以功，或立子而豫以教。立子以适而不以贤，立而后教之，故三代崇齿胄之礼。命相以德而不以世，故唐、虞重百揆之任。试而命之，以重其礼也；立而教之，以成其德也。定民志者存乎礼，堪大业者存乎德。德其本也，礼其末也。本末具举，则始于无疑，而终于克任矣。试而后命，本先于末；立而后教，末先于本。先难而后以易，故尧迟之七十载，而以不得舜为己忧。先末而后本，则初吉而终或乱，故桀、纣、幽、厉得奄有四海，待汤、武而后革。

虽然，法岂有定邪？知人之哲如尧、舜，不易得也。教胄有恒而中主可守也。则试而后命，立而后教，义协于一而效亦同。迨其弊也：秦失其本于后，而胡亥速亡；汉、魏乱其末于先，而逆臣继篡。所必尽者人也，不可恃者法也。固不得以尧之授舜，舜之授禹，为必治不乱之道；又恶足以为二帝之绝德哉？况尧之以因而不以创，即有德焉，亦归之轩辕，而尧不任受乎？苏氏曰"圣人之所大过人，而天下后世之所不能"，斯亦未达于时之剿说已！

至若庄周创立王倪、啮缺、披衣、支父、善卷、伯昏之名，而谓圣人桎梏神器，左顾右盼，索草野畸人以代己而脱于樊，若稚子之获窖金而无所措也，亦陋甚矣。"圣人之大宝曰位"，位者天之所秩以崇德而广业也。自谋其荒芒之乐，遽求夫褰裳之去，亵天经，慢民纪，以乱天下而有余矣。"予无乐乎为君"，一言而丧邦，此之谓也。

孟子"敝屣"之论，父将罹执而即刑，天下故敝屣矣。垂衣倦勤而敝屣乎天下，其与敝屣君亲者又何殊焉！庄周曼衍之辞，奚足以存哉！

然则稷、契皆尧弟也，以亲以贤，无异于尧、挚、高辛、颛顼之相承，散置之有位而不以相，逮耄及而迫以命之四岳，何也？

稷、契之不可以相而授也，尧知之，四岳明扬而弗及，四岳且知之；而非立乎千世以下者之得知矣。其德称一官而有所限与？其年未及而望且轻与？尧非故抑之，四岳亦无所媚焉，斯必有其故矣。德者望之基，望者德之助。舜德优于望，四岳望优于德。稷、契望绌于四岳而德不逮舜，尧所不能强也，而况于王倪、啮缺之区区！

舜典

一

舜之"升闻"也，师锡帝尧者曰："有鳏在下，克谐以孝，烝烝乂，不格奸。"舜之德，自孝而外，未有闻也。非其无以闻也，亦非其韬光敛采而不欲闻也。虞幕之后，降为庶人，虽欲章之，末由章之，则固不得而闻矣。乃其仅章于孝者，父子兄弟之变也，舜且引以为疚，不显居以为德矣。潜移密化之"烝乂"，名有所必辞，事有所必隐，事隐而无可闻，名辞而不可见，史以谓之"玄"，职此故也。藉令舜绍虞幕之业，处天伦之常，光被邦家，勋施下土，史不得以玄言之矣。

"浚哲文明"，非玄以为知，"温恭允塞"，非玄以为行也。玄也者，潜也，"隐而未见，行而未成"之谓也，夫"君子以成德为行，日可见之行"，岂欲其不见而不成也哉？不可见而不见，不可成而不成，君子以敦随时之义，"浚哲文明"，德成于知，"温恭允塞"，德成于仁，成而可行矣。然而玄焉者其时也，舜之"玄"，玄以时而不以德，明矣。

且夫"玄"之为言，不可测之辞也。不可测者，非其正也。《易》曰："天玄而地黄。"地不适黄而象以黄，天不固玄而象以玄，非名之从实者也。庄周曰："天之苍苍者，其正色邪？其远而无所极邪？其视下，亦若此而已矣。"则玄非天之正色，从人之不可见者言之尔。故象潜德者，以其隐而未著者，托于无所极，以命之曰玄，亦非舜之固以玄为德也。玄非正色而无实，君子固不以为德，亟言玄者，老聃之说也；是以知其德之非正也。

人于其所不见，以不玄视玄，而玄在己。乃己固无有实也，则以玄视不玄，而玄又在他。德非正者，邪也。视己视他而俱在者，妄也。邪不可以为德，妄不足以有成。故其言曰"大道泛兮，其可左右"，我是以知其弗正；"大成若缺"，我是以知其不成。则以非老子视老子，而老子玄。以老子视非老子，而非老子者又胡不玄也！何也？不俾人见，不俾人知，互相径庭而不测；无定质，无固实，无必正色，虫臂鼠肝而玄，支离兀者而玄；必且诡言谲行，挟诈藏奸，无父无君而无不玄矣。呜呼！孰谓舜而以此为德哉！

"浚哲文明"以光昭其知，"温恭允塞"以骏发其行，处深山，临忧患，而光明赫奕之气不可遏也。从五典，叙百揆，宾四门，格大麓，殛大奸，晋群贤，庸有必奋，载有必熙，岂尝韬光同尘，以苍苍之无正色者为师，而徜徉乎不测之域，曰"众妙之门"也哉？

妙也者，所以为利也。劫持天下而潜用之，取与阴阳而密制之；己所独喻，人所不得而见之。我知其所怀来矣，阴持人所不觉而利存焉耳。子曰"小人喻于利"，密知而不泄之谓也。"玄之又玄"者，不谓之小人奚得哉！

是故君子择善以法天。法天之正，极高明也，强不息也。不法天之玄，玄非天之正也。玄非天正，人玄天也。人玄天，天亦玄人。岂犹夫高明而健行者，易知有亲，而已不可阶升者乎？《易》固曰："龙战于野，其血玄黄。"疑而战，战而血，血而玄，而龙伤矣。其位潜，其时疑，其志伤，舜德以玄焉。玄者，圣人之不幸也。父非瞽瞍，弟非象，居非木石，游非鹿豕，何为其玄哉？

二

"敬"以严乎己也，"宽"以恕乎物也。严乎己以立法，恕乎物以达情。《春秋》立法谨严而宅心忠恕，"敬敷五教在宽"之见诸行事者也。

夫司徒之教，五品而已，人之异于禽，夏之异于夷，此也。禽偏而不全，夷略而不详，偏则亦有至焉矣，略则亦姑备焉矣。然则以五教求异于彼，核其大全而致其精详，固不容于宽矣。易知简能而持以宽，无亦几微不审，名异禽狄，而实有同焉者乎？朱子曰"反之于严，矫之而后得其常"，职此谓也，而实有不然者。

五教者，礼之本也。礼者，刑之相与为出入者也。出乎礼，斯入乎刑矣。刑者，钳之使合，抑之使受也。不亲者岂钳之而亲，不逊者岂抑之而可使逊哉？

且夫人之敢于无礼于君亲者，非尽不畏清议而肆为之也。其始也，茬苒于货财妻子以生嫌隙；其既也，睽孤有鬼蜮之疑而不蒙遇雨之释。操之已蹙，势重难反，则处无将之地，而见绝于贤人君子者，已无可湔洗之一日；于是以成不忠不孝之巨慝，君无所用其威，师无所用其戒，而帝王之教思亦穷。

是故夏楚之收，以施于弦诵之不率，而司徒之教，未闻挞子以使孝，扑弟以使顺也。夫人自有其父子、兄弟、夫妇、朋友之情，待教于人，然且不谨而又蒙刑罚，岂复有拂拭自新，以立于人世之理哉？唐赐于公异以《孝经》，而公异落拓以终其身，况有加于此者乎？

若夫中人以上，所遇不幸，用意未至迷瞀，以乖于亲逊者，无以利导而予之安，则亦周章缪棘，以自困于名教之地，救过不遑，而忠孝之心，抑不足油然以生。

是则严以教君子而阻其自然之爱敬，严以教小人而激其滔天之巨恶。通于古今，达于四海，咸以宽而成其涵泳熏陶之化。奈之何其欲"矫之以严"邪？

宋之立国，宽柔已过，驯至不竞，君子之所伤也。然其所为弊者政也，非教也。教虽未纯乎先王之道法，而不以束湿待学校，俾得以宽衍之岁月，缉先王之坠绪，胡安定、孙明复倡之，浸昌浸明，底于濂、洛、关、闽之盛。"在宽"之效，亦可睹矣。

萧梁之世，戚近之臣，除丧初见而无毁容者，皆切责而废弃之。于是有含辛以为泪，及禫而节食者，罔上欺天，以避诽谪，而天真泯绝。驯至其极，侯景一叛，父子兄弟相戕相灭，彝伦斩而国亦随亡。无他，弛敬于立教之身，而过严于物也。

故君子所甚严者法，故能养之孝，而下斥之犬马；所必宽者情，故闺门秽乱，而仅曰帷薄不修。惟其敬也，则亦重爱其名，而不忍以不亲不逊之大慝，加诸与同复载之人群。藉其不然，闺庭小有不谨，忮娼者翘之以相告讦，形迹可摘，证佐罔征，蒋之奇以陷欧阳修，温体仁以杀郑鄤，毒流于缙绅，害倾夫人国。自非汉高之明，景帝之察，陈平伏死于欧刀，直不疑赭衣于司寇，天锡蒸民之五品，为酷吏奸臣之罗织经而有余矣。

法立于画一，以别嫌而明微；教养以从容，或包荒而养正。君子所甚惧者，以申、韩之酷政，文饰儒术，而重毒天下也。朱子于此，有遗议矣。唐仲友之不肖，夫人而知之也。王淮之党奸，亦夫人而知之也。蠹国殃民，党邪丑正，暴之市朝，彼何所辞？而以醉饱房帷之事，假严蕊以致之罪，则仲友之罚，可矜疑于风波，而锻炼钳网之名，反归之君子。矫之以严，欲辞申、韩之过而不得矣。

士师之职，"惟明克允"，司徒之命，"敷教在宽"。刑礼异施，弛张顺道，百王不易之则，以扶进人心，昭明天彝者，此也。子曰："欲速则不达，见小利则大事不成。"小快其疾恶之心，速效于一切之法，作之君，作之师，以绥四方，讵胜其任与！

三

诗所以言志也，歌所以永言也，声所以依永也，律所以和声也。以诗言志而志不滞，以歌永言而言不郁，以声依永而永不荡，以律和声而声不诐。君子之贵于乐者，贵以此也。

且夫人之有志，志之必言，尽天下之贞淫而皆有之。圣人从内而治之，则详于辨志；从外而治之，则审于授律。内治者，慎独之事，礼之则也；外治者，乐发之事，乐之用也。故以律节声，以声叶永，以永畅言，以言宣志。律者哀乐之则也，声者清浊之韵也，永者长短之数也，言则其欲言之志而已。

律调而后声得所和，声和而后永得所依，永依而后言得以永，言永而后志著于言。故曰："穷本知变，乐之情也。"非志之所之，言之所发，而即得谓之乐，审矣。藉其不然，至近者人声，自然者天籁，任其所发而已足见志，胡为乎索多寡于羊头之黍，问修短于嶰谷之竹哉？朱子顾曰："依作诗之语言，将律和之；不似今人之预排腔调，将言求合之，不足以兴起人。"则屈元声自然之损益，以拘桎于偶发之话言，发即乐而非以乐乐，其发也奚可哉！

先王之教，以正天下之志者，礼也。礼之既设，其小人恒佚于礼之外，则辅礼以刑；其君子或困于礼之中，则达礼以乐。礼建天下之未有，因心取则而不远，故志为尚。刑画天下以不易，缘理为准而不滥，故法为形。乐因天下之本有，情合其节而后安，故律为和。舍律而任声则淫，舍永而任言则野。既已任之，又欲强使合之。无修短则无抑扬抗坠，无抗坠则无唱和。未有以整截一致之声，能与律相协者。故曰"依诗之语言，将律和之"者，必不得之数也。

《记》曰："乐者，音之所由生也。其本在人心之感于物也。"此言律之即于人心，而声从之以生也。又曰："知声而不知音，禽兽是也。知音而不知乐，众庶是也。惟君子为能知乐。"此言声永之必合于律，以为修短抗坠之节，而不可以禽兽众庶之知为知也。

今使任心之所志，言之所终，率尔以成一定之节奏，于喁呕哑，而谓乐在是焉，则蛙之鸣，狐之啸，童稚之伊吾，可以代圣人之制作。然而责之以"直温宽栗，刚无虐，简无傲"者，终不可得。是欲即语言以求合于律吕，其说之不足以立也，明甚。

朱子之为此言也，盖徒见《三百篇》之存者，类多四言平调，未尝有腔调也；则以谓《房中之歌》，笙奏之合，直如今之吟诵，不复有长短疾徐之节。乃不知长短疾徐者，阖辟之枢机，损益之定数；《记》所谓"一动一静，天地之间"者也，古今《雅》《郑》，莫之能违。而乡乐之歌，以瑟浮之，下管之歌，以笙和之，自有参差之余韵。特以言著于《诗》，永存于《乐》，《乐经》残失，言在永亡，后世不及知焉。岂得谓歌、永、声、律之尽于四言数句哉？

汉之《铙歌》有有字而无义者，收中吾之类。《铙歌》之永也。今失其传，直以为赘耳。当其始制，则固全冯之以为音节。以此知升歌、下管、合乐之必有余声在文言之外，以合声律，所谓永也。删《诗》存言而去而永，乐官习永而坠其传，固不如《铙歌》之仅存耳。

晋、魏以上，永在言外。齐、梁以降，永在言中。隋、唐参用古今，故杨广《江南好》，李白《忆秦娥》《菩萨蛮》之制，业以言实永；而《阳关三叠》《甘州入破》之类，则言止二十八字，而长短疾徐，存乎无言之永。言之长短同，而歌之衬叠异，固不可以《甘州》之歌歌《阳关》矣。至宋而后，永无不言也。永无不言而古法亡，岂得谓之古之无永哉？

以理论之，永在言外，其事质而取声博；以言实永，其事文而取声精。文质随风会以移，而求当于声律者，一也。是故以腔调填词，亦通声律之变而未有病矣。"依"之为言，如其度数而无违也，声之抑扬依永之曼引也。浸使言有美刺，而永无舒促，则以《板》《荡》《桑柔》之音节，诵《文王》《下武》之诗，声无哀乐，又何取于乐哉？

徒以言而已足也，则求兴起人好善恶恶之志气者，莫若家诵刑书，而人读礼策。又何以云"兴于诗，成于乐"邪？今之公宴，亦尝歌《鹿鸣》矣。傲辟邪侈之心，虽无感以动；肃雍敬和之志，亦不足以兴。盖言在而永亡，孰为黄钟，孰为大吕，颓然其不相得也。古之洋洋盈耳者，其如是夫？《记》曰："歌咏其声也。"歌咏声，岂声咏歌之谓邪？歌咏声，歌乃不可废。声咏歌，声以强入不亲而可废矣。

若夫俗乐之失，则亦律不和而永不节。九宫之律非律也，沈约、周伯琦之声非声也。律亡而声乱，声乱而永淫，永淫而言失物、志失纪。欲正乐者，求元声，定律同，俾声从律，俾永叶声，则南北九宫，里巷之淫哇，边裔之猛厉，见睍自消，而乐以正。倘惩羹䰨吹齑，并其长短、疾徐、阖辟、阴阳而尽去之，奚可哉！

故俗乐之淫，以类相感，犹足以生人靡荡之心；其近雅者，亦足动志士幽人之歌泣。志虽不正，而声律尚有节也。故闻《河满子》而肠断，唱"大江东去"而色飞。下至九宫之曲，《梁州序》《画眉序》之必欢，《小桃红》《下山虎》之必悲，移宫易用而哀乐无纪。

若夫闾巷之谣，与不知音律者之妄作，如扣腐木，如击湿土，如含辛使泪而弄腋得笑；稚子腐儒，摇头倾耳，稍有识者，已掩耳而不欲闻。彼固率众庶之知，而几同于禽兽，其可以概帝舜、后夔之格天神，绥祖考，赏元侯，教胄子，移风易俗之大用哉？

圣人之制律也，其用通之于历。历有定数，律有定声。历不可以疏术测，律不可以死法求。任其志之所之，限其言之必黜，短音朴节，不合于管弦，不应于舞蹈，强以声律续其本无而使合也，是犹布九九之算以穷七政之纪，而强盈虚、进退、朒朓、迟疾之忽微以相就。何望其上合于天运，下应于民时也哉？

不以浊则清者不激，不以抑则扬者不兴，不以舒则促者不顺。上生者必有所益，下生者必有所损。声之洪细，永之短长，皆损益之自然者也。古人审于度数，倍严于后人，故黄钟之实，分析之至于千四百三十四万八千九百七，而率此以上下之。岂章四句，句四言，概哀乐于促节而遂足乎？志有范围，待律以正；律有变通，符志无垠；外合于律，内顺于志，乐之用大矣。

何承天、沈约以天地五方之数为言之长短者，诬也。宋濂、詹同之以院本九宫填郊庙朝会乐歌者，陋也。朱子据删后之《诗》，永去言存，而谓古诗无腔调者，固也。司马公泥《乐记》"动内"之文，责范蜀公之不能舍末以取原者，疏也。重志轻律，谓声无哀乐，勿以人为滑天和，相沿以迷者，嵇康之陋倡之也。古器之僅遗，一毁于永嘉，再毁于靖康，并京房、阮逸之师传而尽废，哀哉！吾谁与归！

四

五刑之用，性命以残，支体以折，痛楚以剧，而仅为之名曰"象"，岂圣人之忍于戕人而徒丑其象哉？夫死之非患，痛之弗恤，重矜其象，以目治警来者，是圣人以君子之道待天下也。恶死而恤病者，人之所共，亦鸟兽之所共也。象者，人之所耻，非鸟兽之能耻也。创钜痛深，而惟死之不令，形之不全，则恶而畏之，斯君子之以别于鸟兽。乃圣人以此待放辟邪侈之罢民，则甚矣其不忍以鸟兽之畏恶为生人之畏恶，而必欲致之于君子也。

虽然，致之君子也者，其名也；残性命，折支体，剧痛楚者，其实也。名奖而实伤之，帝王之民，虽荼毒而不怨。教之有素，而矜之以诚，然后使即刑焉。岂仅曰奖之以君子之道，而可死之伤之，无不可忍哉？程子曰："有《关雎》《麟趾》之精意，而后《周官》之法度可行。"文具无实，则政教且以滋扰，况无昭明平章之至化，而遽复象刑之辟？其教也不素，其矜也不诚，徒托于名以戕其实。不仁哉！钟繇、陈群之欲以行于曹魏也！

五帝用之，德先之也。三王因之，道未有以易之也。盖至于春秋，而淑人介士且以为"游羿之彀中"矣。率天下以"游羿之彀中"，非至不仁，有不酸心刺骨于斯者乎？朱子曰："徒流之法，不足以止穿窬淫放之奸。"然则三代之季，季康子无可患之盗，而《诗》无"抱布贸丝"之刺矣。

且夫人之怀奸作慝者，非必淫者不可窃，窃者不欲淫也。淫者宫而足以窃者存，窃者荆而足以淫者存。必欲绝其为恶之本，则惟杀之而后其本拔。宫之荆之，毋亦仅绝其末乎？此刘颂之诐辞也，君子奚取焉！

与人并齿于天地之间，面已黥矣，趾已兀矣，鼻已毁矣，人道绝而髡已淍、音已雌矣，何恤乎其不冒死以求逞于一朝？又姑息怜其无用，引而置之宫府之间，余祭之祸发，而不知其凡几矣！宦寺之恶，稔于士人，惟其无廉隅之惜，子孙之虑耳。故灭汉亡唐，而憨不畏死。原其始，犹夫人之子，而非奸宄之徒也。然且以不恤而倾人之国，又况其以窃以淫而在傍在侧也乎？无赖之民，垂涎貂珰之宠，自宫而宫其子以侥幸，国家尝严为之禁而不能止。害之所倚，利之所伏，彼奸民者又何恶于宫，而不以觊幸于万一哉？

且夫天之生人，道以成形；而人之有生，形以藏性。二气内乖，则支体外痿；支体外断，则性情内柞。故阉腐之子，豺声阴鸷；浮屠髡髪，安忍无亲；逋奴黥面，窃盗益剧；斑之曜目，顽谗无惮。形蚀气亏，符朕必合，则是以止恶之法增其恶也。名示天下以君子，而实成天下之奸回。悲夫！为复肉刑之议者，其无后乎！

今夫殄人之宗而绝其世，在国曰灭，在家曰毁。罪不逮此，而绝其生理，老无与养，死无与殡；无罪之鬼，无与除墓草而奠杯浆。伤哉，宫乎均于大辟矣！是故汉文之仁，万世之仁也。藉其不然，高洋、刘子业、武曌、朱温以为之君，义纵、宁成、周兴、来俊臣以为之吏，包拯、海瑞袖然而称君子，天下生民得全其支体者，百不得一矣。

语曰："有治人，无治法。"笞、杖、徒、流以为法，而无其人，则今日之天下是已。肉刑以为法，而无其人，昔为"羿之彀中"，今其渔之竭泽乎！故曰择祸莫如轻。贤者创而不肖足以守，乃可垂之百世而祸不延。以舜为君，皋陶为士，执笞、杖、徒、流之法，刺天下之奸而有余。曹羲有言："在上者洗濯其心，心静而民足，各得其性，何惧乎奸之不胜？"此之谓也。何事钳缇萦之口，傅曹操之翼，溅血市廷而后允哉？

若夫笞、杖、徒、流之用赎也，则苟且之弊也，墨吏之缘以济贪，不可不分别禁之也。笞杖无的决，而滥用讯杖以杀无辜，墨吏之缘以饰怒而逞威，不可不抑而遏之也。今欲善徒、流、笞、杖之法，莫如申的决之法，而除无名之讯杖，则恶可以惩，而民生不殄矣。上古朴略之法，存而不论焉可矣。为君子者，勿但务为空言，以启后世凶人之实祸，尚慎之哉！

讯杖者，始以讯也。淫刑者，非讯而用之以挞，刀锯之外有杀人之具焉。令甲不载，而恣有司之暴怒，以虐辟道失避、输将不敏、祗候失当之疲民，血肉狼藉于杖下而靡所控，既已惨矣。且益之以夹捞箍楔之毒刘，刑具日繁，而民死益众。有不忍人之心者，损之不及，而复欲益之以刀锯乎？言之所兴，事之所成；心之所操，天之所鉴；故曰不可不慎也。

大禹谟

一

凡为言而思以易天下者，皆以心为宗。从其末而起用者，治心也；从其本而立体者，见心也。见非所见，则治非所治矣。舜之言曰："人心惟危，道心惟微。"斯以示见心之则，而非凡为言者之及也。何也？天下之言心者，则人心而已矣。

人心者，人固有之。固有之，而人以为心，斯不得别之以非人，斯不得别之以非心也。就其精而察之，乃知其别；就其粗而言之，则无别；而概目之曰心。故天下之言心者，皆以人心为之宗。心，统性情者也。此人心者，既非非心，则非非性。故天下之言性者，亦人心为之宗。

告子湍水之喻，其所谓性，人心之谓也。漾洄而不定者，其静之危与！决而流者，其动之危与！湍而待决，决而流不可挽，初非有东西之成形；静而待动，动而尧、桀之皆便。惟其无善无恶之足给，可尧可桀，而近桀者恒多；譬诸国然，可存可亡，而亡者恒多，斯以谓之危也。

浮屠之言曰"即心即佛"，又曰"非心非佛"，又曰"一切众生皆有佛性"，又曰"三界惟心"，亦人心之谓已。何以明其然也？彼所谓心，则觉了能知之心；彼所谓性，则作用之性也。以了以知，以作以用，昭昭灵灵于行住坐卧之间，觉了不诬者，作用以起。自非然者，亦不得谓之心。惟其然而可谓之心，惟其然故亦仅谓之人心矣。

以了以知，以作以用，善者恒于斯，恶者恒于斯，彼之所谓识也。了无不觉。知无不能，作不固作，用非固用；任了任知，任作任用，总持而无有自性，终不任善而任恶者，彼之所谓智也。善于斯，恶于斯，瞥然一兴而不可止，用之危也。不任善，不任恶，洞然寂然，若有若无，一切皆如，而万法非侣者，体之危也。其曰"父母未生前"者，此也；其曰"无位真人"者，此也；其曰"离钩三寸"者，此也。而探其大宗，则一言蔽之曰"无"。

儒之驳者亦曰"无善无恶心之体"，要亦此而已矣。有者不更有，而无者可以有；有者适于无，而无者适于有；有者有其固有而无其固无，无者方无若有而方有若无；无善则可以善，无恶则可以恶；适于善而善不可保，适于恶而恶非其难矣。若无，而俄顷之缚释；若有，而充塞之妄兴；岌岌乎有不终朝之势矣，故曰危也。

若夫有不更有而适于无，固有此而本无彼者，彼惛不知，殆盲者之于日，极意而得盘与籥耳。所以然者，人心无相续之因，则固可使暂澄者也。自好之士，厌饫于恶而思返，矫敝于已末，分析人心之动机，嗒然丧据，因铲灭以观其静；则人心之下游，壅闭渟洄，如隔日疟之有间也。斯其时，非无清朗虚涵之光影，如蕉空中，如水映月，迷留玩悦，因以为妙道之攸归，终身处堂，以嬉于人心之中，而信滨危之可保。是犹秦兵南向，而王建堕防，忽必烈北返，而似道奏功；其固本保邦之术，近取之国中者，觌面而自失之，以故恒性泯，彝伦绝，陷于禽兽而不自知。则共城《松柏之歌》，皋亭潮水之恨，终与桀、纣均亡，斯亦可哀也已？

呜呼！大舜咨嗟以相戒，告子、释氏宝重以为宗，象山、姚江畔援以为儒，王畿、李贽窃附以为邪。其圣也如登，其狂也如崩，大概亦可睹矣。

夫舜之所谓"道心"者：适丁历切。于一而不更有者也，一即善也。"惟精惟一"，仅执其固然而非能适尝双切。于有，弗精弗一，或蔽其本有而可适于无者也。未发人心。有其中，道心。已发人心。有其和，道心。有其固有；而未发无不中，_{犹人无翼。}已发无不和，_{如人不飞。}无其所无者也。固有焉，故非即人心而即道心；_{下广释之。}仅有其有，而或适于无，故曰微也。

奚以明其然也？心，统性情者也。但言心而皆统性情，则人心亦统性，道心亦统情矣。人心统性，气质之性其都，而天命之性其原矣。原于天命，故危而不亡；都于气质，故危而不安。道心统情，天命之性其显，而气质之性其藏矣。显于天命，继之者善，惟聪明圣知达天德者知之。藏于气质，成之者性也，舍则失之者，弗思耳矣。无思而失，达天德而始知，介然仅觉之小人，_{告子、释氏。}去其几希之庶民，所不得而见也。故曰微也。人心括于情，而情未有非其性者，故曰人心统性。道心藏于性，性抑必有其情也，故曰道心统情。性不可闻，而情可验也。

今夫情，则迥有人心道心之别也。喜、怒、哀、乐，_{兼未发。}人心也。恻隐、羞恶、恭敬、是非，_{兼扩充。}道心也。斯二者，互藏其宅而交发其用。虽然，则不可不谓之有别已。

于恻隐而有其喜，于恻隐而有其怒，于恻隐而有其哀，于恻隐而有其乐，羞恶、恭敬、是非之交有四情也。于喜而有其恻隐，于喜而有其羞恶，于喜而有其恭敬，于喜而有其是非，怒、哀、乐之交有四端也，故曰互藏其宅。以恻隐而行其喜，以喜而行其恻隐，羞恶、恭敬、是非，怒、哀、乐之交待以行也，故曰交发其用。

惟仁斯有恻隐，恻隐则仁之有也。惟义斯有羞恶，羞恶则义之有也。惟礼斯有恭敬，恭敬则礼之有也。惟智斯有是非，是非则智之有也。若夫不仁不智，无礼无义，非恻隐、羞恶、恭敬、是非之有也。故斯心也，则惟有善而不更有不善；有其善而非若无，无其不善而非若有；求则得之，而但因固有；舍则失之，而遂疑其无。道心之下统情者且然，而其上统夫性者，从可知矣。

岂若夫喜、怒、哀、乐之心：仁而喜，不仁而喜，下而有避弹之笑；仁而怒，不仁而怒，下而有诤母之忿；仁而哀，不仁而哀，下而有分香之悲；仁而乐；不仁而乐，下而有牛饮之欢；当其动，发不及持，而有垂堂奔马之势；当其静，如浮云之散，无有质也。

于己取之，于独省之，斯二者藏互宅而各有其宅，用交发而各派以发。灼然知我之所有：不但此动之了喜了怒、知哀知乐应感之心，静之无喜无怒、无哀无乐空洞之心；而仁、义、礼、智之始显而继藏者，立本于宥密，以合于天命之流行，而物与以无妄。则动之可东可西，静之疑无疑有者，自成性以还，几且交物而为心之下游，审矣。

夫于其目，则喜、怒、哀、乐之情，四也。于其纲，则了、知、作、用之灵，一也。动其用，则了、知、作、用之瞥然有矣。静其体，则镜花水月、龟毛兔角之涣然无矣。铲目而存纲，据体而蔑用，奚可哉？故为释氏之言者，终其身于人心以自牿也。

夫道心者：于情则异彼也，故危微之势分；于性则异彼也，故执中之体建。藏于彼之宅，而彼皆我之宅；则人心之动，初不能有东西之宅；人心之静，初不能有无位离钩之宅。发资彼之用，而彼因有其用；因有其用，而彼遂自用；则人心之目，溢于万变，人心之纲，无有适丁历切。一；要以藏者无实，而显者无恒也。是故著其微以统危而危者安，治其危以察微而微者终隐。告、释之垂死而不知有道心者，职斯辨尔。

且夫人之有人心者，何也？成之者性，成于一动一静者也。老以为橐籥，释以为沤合。一动一静，则必有同、异、攻、取之机。动同动而异静，静同静而异动，同斯取，异斯攻。同、异、攻、取，而喜、怒、哀、乐生矣。同则喜，异则怒，攻则哀，取则乐。一动一静者，交相感者也，故喜、怒、哀、乐者，当夫感而有；亦交相息者也，当喜则怒息，当哀则乐息矣。交相息，则可以寂矣，故喜、怒、哀、乐者，当夫寂而无。小人惑于感，故罹其危；异端乐其寂，故怙其虚。待一动一静以生，而其息也则无有焉。斯其寂也，无有"自性"；而其感也，一念"缘起无生"。以此为心而将见之，剖析纤尘，破相以观性，至于"缘起无生"，则自谓已精矣。孰知夫其感也，所以为仁义礼智之宅，而无可久安之宅；其寂也，无自成之性，而仁义礼智自孤存焉。则斯心也，固非性之德，心之定体，明矣。故用则有，而不用则无也。

若夫人之有道心也，则"继之者善"，继于一阴一阳者也。动静犹用，阴阳犹材。一阴一阳，则实有柔、刚、健、顺之质。二实，实此者；五殊，殊受其实以成质。柔、刚、健、顺，斯以为仁、义、礼、智者也。恻隐柔之端，羞恶刚之端，恭敬健之端，是非顺之端。当其感，用以行而体隐；当其寂，体固立而用隐。用者用其体，故用之行，体隐而实有体。体者体可用，故体之立，用隐而实有用。显诸仁，显者著而仁微；藏诸用，用者著而藏微。微虽微，而终古如斯，非瞥然乘机之有，一念缘起之无。故曰始显继藏，天命流行，物与无妄也。

且夫一动一静，而喜、怒、哀、乐生焉。动静，无恒者也。一动则必一静矣，一静则必一动矣。一动则动必不一矣，一静则静必不一矣。乘其机而择执之，是破屋御寇之说也。若守其不动不静之虚灵以为中，是壅水使湍，而终听决也。惟夫得主以制其命，则任动任静，而保其不危。故人心者，君子所不放，而抑所不操。

若夫阴阳者，三才所取资，五性所待用，疑非微矣，而不然也。阴阳为已富矣，而一阴一阳之权衡，不爽于铢累者，微也；一阴一阳之妙合无间，而不相为同、异、攻、取者，微也。是故恻隐、羞恶、恭敬、是非，并有于心，区畛不差，而容函协一。有能审其权衡而见其妙合者，其惟见天心而服膺弗失者乎！于末索本者，芒然于此，宜其执一非一，而精者皆粗也。

以约言之：阴变阳合，乘机而为动静；所动所静，要以动静夫阴阳。故人心待役于阴阳，而堪为听命。乃有机可利，悍发者恣违其主；机发必息，遁虚者图度其安。则惟成器之余，虚以召感，亦以召寂，泮涣淳洄者，因机为用，而失其职也。故曰"动静无端"，言其无本，而乘乎机也。瞥然而凝于器，如水之忽冰；瞥然而发于情，如水之忽波日霁风止，而自性毁矣。故曰"阴阳无始"，言其固有，而非待缘以起也。

木不待人斫，而曲直也固然；火不待人炀，而炎上也固然；金不待人冶，而从革也固然；水不待人导，而润下也固然。不待孺子之入井，而慈以愍者固存；不待尔汝之相加，而严以正者固存；不待摈介之交接，而肃以雍者固存；不待善恶之杂进，而晰以辨者固存。物止感息而已有据，见于天壤而物有征，各正性命，其有或妄者哉！则以知道心之与人心，如是其差以别矣。

然则判然其为二乎？而又非也。我固曰互藏其宅，交发其用。阴阳变合而有动静。动静者，动静夫阴阳也。故人心者，阴阳翕辟之不容已；道心者，动静之实，成材建位之富有，和顺而为光晖之自发也。

释氏立一无位之心以治心，固妄矣。朱子谓之一，勉斋黄氏谓非有两者，亦非等威廉隅之不立也。夫苟等威廉隅之不立，则择之也不精。如其可别立一心以治心，则其为心也，非但非道，而且非人矣。是故以镫喻之：前焰非后焰，则前心非后心，而心以时迁。以芭蕉喻之：无中而非边，则捃摭攒聚以为心，而心无定藏。乃不知焰速代而明有常，中虽虚而生气所由升也。

且夫镫之喻，固人心不自保之危；蕉之喻，亦人心无适主之危。观化无穷，而止得其危几焉。曾是以为见心，不亦愚乎！夫不见镫之明者其神礼，蕉之荣者其神仁邪？庄生天籁之说，楞伽和技之指，风已拍歇，而谓如土窍之顽然，傀儡之枵然，则惟死为然尔。

敦化不息，而屈伸一诚。然则死者人心之息，而非道心之终与！人心乘动静以为生死，道心贞阴阳以为仪象。乾坤毁而无易，阴阳五性泯而无道，抑且无人。动静伏而偶无人，有此一日矣。阴阳匮而永无道，无此一日也。天下必无此一日，其以此为心，其以此为宗也哉！

呜呼！道不虚行，存乎其人。尚口乃穷，于己取之而已。告、释之所知，予既已知之矣。为陆、王之学者，亦其反求而勿徒以言与！

二

子曰："为仁由己。"志于为仁者，必由己也。迨乎仁之熟而圣焉，尤恻恻乎其惟恐不由己也。故舜之戒禹曰："无稽之言勿听，弗询之谋勿庸。"弗询者，我未询彼而自献谋也。圣功之纯，帝道之盛，恻恻乎惟此之恐。呜呼！可不慎哉！

所谓己者，则视、听、言、动是已。是四者，均己所以保固其仁之体，发挥其仁之用者 也。虽然，有辨。

言动者，己之加人者也，而缘视听以为之则，无有未尝见之、未尝闻之而以言以动者也。习于所闻，验以所见，而信以心之所然，则其言固有物，行固有恒。仁者之于此，裕如矣。言惟己言也，动惟己动也，操之也约，持之也有据，则精焉、一焉，而天理无有不得者矣。

惟视与听，己与物相缘者也。则方由己而人争荧之，欲由己而人之先入者窒之，是为仁者所尤难者也。故孟子于己之中，慎所择焉，小耳目而大心，物人物而抑物耳目。耳目而亦物矣，交而引，引而蔽，耳目具于身中，而判然与心而相背。则任耳目者，皆由人者也，由己者所不以为己也。

虽然，尤有辨。耳目均吾身，摈而外之谓之物，而不任为己者，惟其受物之交尔。乃目之交也，己欲交而后交，则己固有权矣。有物于此，过乎吾前，而或见焉，或不见焉。其不见者，非物不来，己不往也。遥而望之得其象，进而瞩之得其质，凝而睇之然后得其真，密而瞭之然后得其情。劳吾往者不一，皆心先注于目，而后目往交于彼。不然，则锦绮之炫煌，施、嫱之冶丽，亦物自物而己自己，未尝不待吾审而遽入吾中者也。故视者，由己由人之相半者也。

而惟听为不然。目之体实，实则可鉴而不可茹。耳之体虚，虚则无可鉴而无不茹也。故尽人之身，五官百骸皆与天下相感应，亦各有自体，以辨治乎天下。惟耳则自体不立，一任声响之疾入，以彻于心。是耳者，天下之牖户，质虽在己，而用全在物。由之者，由人而已矣，奚由己哉！岙然未有觉也，芒然未有主也，食然惟物之入而莫禁也，枵然恃声之入以为实也。其听命于心也，似有重阂而不易审；其受命于人也，好言、莠言，杂沓骈阗以至，而皆不能拒。故君子不以为己，而斥以为两间之一物，诚觥觥乎其惧之也。

择之精、执之一者，心目为政而耳无权。欲与择、欲与执，俟之既听之余，而方听无可施功。然而其感物也速矣，其容物也奢矣，其应物也逸矣。于是浮屠氏为"断身见""除我相"之邪说，亟推其圆通。

呜呼！天下之物殊其状，人之为言异其说，美者自美，恶者自恶，贞者自贞，邪者自邪，诚者自诚，妄者自妄，安者自安，危者自危；有稽可稽，有询可询，目施其明，了然粲然，黑白不相互，小大不相假，有无不相袭，无不灼然其易辨也。而以是为非，以非为是者，奚从入以搅我心哉？耳而已矣。

初受之也，但无择也。无能择矣，已而遂以巧而婉者为精，而自谓择也。其初受也，犹不执也。然无可执矣，已而遂以其辨而坚者为一，而遂执之也。故"无稽之言""弗询之谋"，喋喋日进于前，将有不期听而听，不期庸而庸者。受其惑而为盛德之玷，虽舜、禹亦恶容不畏之如蜂虿，防之如寇仇也哉？

视奚眩邪？疑以所闻，而玄黄无定色矣。言奚狂邪？杂以所闻，而可否无定论矣。动奚妄邪？摇于所闻，而作辍无固心矣。故舜之聪达矣，取善无遗矣，与善不吝矣；而历乎昌言静言之变，迨耄期而犹儆之，曰"吾甚畏乎言与谋之迭进而亟听以庸也"，将有由人而不由己者矣。子语颜渊以为邦，治已定，礼已明，乐已备，岌岌乎郑声佞人之必戒，亦此意也。

故为仁者，克治之功，莫先于听；惧其圆之刓方，通之无能别之。规圆者必滞，求通者必凿，有甚信者必有甚疑，有甚察者必有甚忽，盛德之终，戒犹在是，志于仁者，可不慎其始哉！不慎则亡国败家，陷于大恶而不知，非但筑室之无成已也。

皋陶谟

《传》曰："国将兴，听于人；国将亡，听于神。"是故正九黎之罪，以绝地天之通，慎所听也。后儒之驳者，援天以治人，而亵天之"明威"，以乱民之"聪明"，亦异乎帝王之大法矣。

夫"悖典""庸礼"，"命德""讨罪"，率其自然，合于阴阳之轨，抚于五辰之治，则固天也。虽然，天已授之人矣，则阴阳不任为法，而五行不任为师也。

何以明其然也？天之化裁人，终古而不测其妙；人之裁成天，终古而不代其工。天降之衷，人修之道：在天有阴阳，在人有仁义；在天有五辰，在人有五官；形异质离，不可强而合焉。所谓肖子者，安能父步亦步，父趋亦趋哉？父与子异形离质，而所继者惟志。天与人异形离质，而所继者惟道也。天之"聪明"则无极矣，天之"明威"则无常矣。从其无极而步趋之，是夸父之逐日，徒劳而速敝也。从其无常而步趋之，是刻舷之求剑，惝不知其已移也。

今夫日没月晦，天之行度不慁，人则必以旦昼为明矣。跖寿，颜夭，天之彰瘅不妄，人则必以刑赏为威矣。犬马夜视，鸺鹠昼暗，龙听以角，蚁语以须，聪明无方，感者异而受者殊矣。人死于水，鱼死于陆，巴菱洞下而肥鼠，金屑割肠而饱貘，西极之鸟乐于刮脂，鲁门之禽悲于奏雅，歆者异而利者殊矣。故人之所知，人之天也；物之所知，物之天也。若夫天之为天者，肆应无极，随时无常，人以为人之天，物以为物之天，统人物之合以敦化，各正性命而不可齐也。

由此言之，贤智有贤智之天，愚不肖有愚不肖之天，恶得以贤智之天，强愚不肖而天之也哉？均乎人之天者，通贤智愚不肖而一。圣人重用夫愚不肖，不独为贤智之天者，愚不肖限于不可使知，圣人固不自矜其贤智矣。是故春温夏暑，秋凉冬寒，昼作夜息，赏荣刑辱，父亲君尊，众著而共由者，均乎人之天也，贤智之不易尽，愚不肖之必欲喻者也。教以之兴，政以之立矣。

八卦四象之秩叙，太极两仪之浑合，分至气朔之推移，盈虚朒朓之消长，二气之穷变而通久，五辰之顺逆而衰王，智者测之，愚所不察，贤者谨之，不肖所弗忧。故作历以授时，占星以兴事，藏冰以调凄阴，内火以消亢阳，引伸其"聪明"，以丽民事，奉若其"明威"，以正民志，而兴教立政，自尽人之显道，终不规规以求肖焉。非然，且假于天以炫其"聪明"而尸其"明威"，智测力持，取必不可知之象数，以穿凿易其方员，使貉、粤贸其裘葛也，奚可哉！

故圣人所用之天，民之天也；不专于己之天，以统同也；不滥于物之天，以别嫌也；不僭于天之天，以安土也。吾弟则爱，秦人之弟则不爱，民之典也。若于天，则昆弟亦异形，秦、越亦同类矣。擎拳为敬，箕踞为傲，民之礼也。若于天，则寒栗非教以恭，暑析非导以嫚矣。五服昭采，民之所欲而以命也。若于天，则采云不偏覆尧都，黄雾不独冒跖里矣。五刑伤肌，民之所畏而以讨也。若于天，则蹒跚者非以其盗，不男者非以其淫矣。是故春夏温，秋冬肃，民以为发敛，非款冻靡草之发敛；冬至昏壁，夏至昏亢，民以为晨夕，非极东极西之晨夕。乃欲舍赫赫明明，昭垂于民者，而用其测度比拟之术智，不亦陋乎！陋以事天，天之所不佑矣。

是故吕不韦之《月令》，刘子政父子之《五行传》，其殆于九黎之"通地天"者与！不若于民，举天以弹压之；臆测乎天，诬民以模仿之；《月令》《五行传》之天，非民之天也。非民之天，则固非皋陶代工，武王勿贰之天矣。《春秋》之记灾异，示人以畏天也。吕、刘之言象数，矫天以制人也。父喜而喜，父怒而怒，孝子之事也。父步亦步，父趋亦趋，赵括之以败国亡家也。况乎吕、刘之步趋，一邯郸之躧屣，非《采齐》《肆夏》之节度也乎？

《春秋》谨天人之际，《洪范》叙协居之伦，皆“聪明”自民，“明威”自民之谓也。漭漭乎以穷其所极，斤斤乎以执之为常，天固未尝欲人之如此也。人且不知天之又何似也，而以己之意见，号之曰天，以期人之尊信，求天之佑也，难矣哉！

益稷

性命之贞，未易合也；天下之赜，未易治也；抑惟其所以用心者而已矣。

性命之理显于事，理外无事也；天下之务因乎物，物有其理矣。循理而因应乎事物，则内圣外王之道尽。苟循乎理，以无心应之而已足，天下之言道，有出乎此者，而实非然也。理则事与物矣。循其序，定其志，远其危疑，非见闻步趋之可顺乎天则也。循夫理者，心也，故曰惟其所以用心者而已。

古之圣人治心之法，不倚于一事而为万事之枢，不逐于一物而为万物之宰，虚拟一大共之枢机，而详其委曲之妙用，曰：“安汝止，惟几惟康。”何安乎？何几乎？何康乎？事无定名，物无定象，理无定在，而其张弛开合于一心者如是也，则百王之指归，千圣之权衡也。

心之用，患其不一也，一之用，又患其执也。执以一，不如其弗一矣。用一而执之，不如其弗用矣。流俗之迷而忘返，异端之诐而贼道，无他，顺心之所便，专之而据为一也。

弱而固者曰“吾以图安也”，慧而儇者曰“吾以审几也”，傲而妄者曰“吾以从康也”。夫心之灵，足以尽性而应天下者，岂其然哉！博取之天地之数、万物之情、逆顺之势、是非之准、治乱吉凶之由，求其协于大中者，抑岂其然哉！

且夫于止而安，亦必有当所止者也；往而审几，亦必有见于几也。据所当以为止，岂其几之或息乎？弱而固者曰："吾安吾止而遑恤焉！"惟其然，而固不安也。天下未有滞于一隅之当，而可使心之无震动者也。

有见于几而数迎其几，岂遂不可康也乎？慧而儇者曰："利用吾几，以应天下之几，固无取于康也。"惟其然，而固不能康也。天下未有以变宅心而可应天下之变者也。

夫心之所以不知所止而危殆者，无他，意欲乱之耳。安止者奉道以为栖泊，而意不流于僻，欲不得而间焉，而犹惧其坚以自信者失此心察微尽变之大用也。夫心者，得天圜运不息之灵，以为流行之体，而困于自信之区宇，其可以安乎？惟夫至静之中，意不妄，欲不梦，而于理则经之、纬之，曲折以迎其方生之绪，故端凝以处，而聪明内照，固无须臾之滞矣。故亟告安止者以惟几，所以尽心之生理也。

乃既研心以尽虑，而无或怙所安以自困，又惧其心之疲役而数迁也。乃其所以不康者，心之为灵也善动，如止水之微撼而波不息也。则惟见智之足恃，巧之足乐，任其所往，愈入而愈曲，则机智兴焉，而理不足以为之畛域。若夫善审几者，以心察几，而不以几生其心。故极心之用，可以大至无垠，小至无间，式于不闻，入于不谏；而其为几也，尽心之用，不尽物以役心也。故胎昍如闻，寂光如烛，而不为智引，不为巧迁。夫然，而"大明终始"者，六位各奠其居矣。至此，而后心之为用也，无不尽矣。

无不尽者，不尽于所尽，而方静方动，方动方静，以一念函三变，以不相悖害也。无不尽，而性命之贞尽矣。于是而天下之赜于此焉应之，无不顺以正矣。

何也？"一动一静者，天地之间也。"阴阳之有成象，万物之有成形，是非之有成理，吉凶之有成数，皆止而不迁者也，动之必静者也，虽欲不安而不能。而纷扰胶葛，以利害动其心者，恒罔于其一定之轨则，而憧憧于往来。秉大正者，以御阴阳，以判万物，以断是非，以贞吉凶，非自安而忘物也。本无不安，静以应静，而安如其安也。

然而天下则已几矣，一静之必一动者然也。阴阳之变无畛也，泄于极盛之中，而后著于已衰之后。万物之用无常也，成其各正之性，而自有其相感之情。是非之际甚微也：君子有不可恃之仁，而小人亦有未亡之彝。

吉凶之至不测也：成乎吉者，置其已得而迎其未来；贞于凶者，小信且穷，而微权当审。故方其静见为静，而动者固然矣。乃即其动，而静者初未离也。无不可安者，惟其几也，故曰："知几其神乎！"介于石也。

然而阴阳之变，皆可承也；万物之用，皆可任也；是非之数移，无往而不有是也；吉凶之递进，无处而不可吉也；一动一静，而天下之理毕也。则知几者知之而已矣，善之而已矣。穷神知化，通志达情，而心恒持其衡，又岂有不康者乎？

呜呼！至于康而耳且顺矣，从欲而可不逾矩矣，帝之道、圣之功至此而极矣。子曰"为之难"，难此者也。一念以安止，即一念以惟几，而又必其康也。心有两端之用，而必合于一致。天下有三累之情形，而各适如其分以应之。圣人之用心，至于义精仁熟，而密用其张弛开合之权，以应天地动静之几，无须臾而不操之以尽其用。盖用心者，圣人以之终身，以之终食，而不曰理已现前，吾循之而无不得也。此大禹之心传，为千圣之统宗，至矣哉！

《尚书引义》卷一终

尚书引义卷二

禹贡

立人之道曰义，生人之用曰利。出义入利，人道不立；出利入害，人用不生。智者知此者也，智如禹而亦知此者也。呜呼！利义之际，其为别也大；利害之际，其相因也微。夫孰知义之必利，而利之非可以利者乎？夫孰知利之必害，而害之不足以害者乎？诚知之也，而可不谓大智乎？

由义之润下有水之用，由义之炎上有火之用，由义之曲直有木之用，由义之从革有金之用，由义之稼穑有土之用。润下而溢有水之害，炎上而烈有火之害，曲直而芜有木之害，从革而伤有金之害，稼穑而莠有土之害，由此言之，出乎义入乎害，而两者之外无有利也。《易》曰："利物和义。"义足以用，则利足以和。和也者，合也，言离义而不得有利也。天之所以厚人之生、正人之德者，统于五行而显焉。逆天之常，乘天之过，偷天之利，逢天之害，小人之数数于利也，则未有不为凶危之都者矣。

箕子曰："天乃锡禹《洪范》《九畴》，彝伦攸叙。"义之所自著，害之所必远，始于五行昭其义，终于六极示其害。禹以是而治九年之水，故曰"智莫有大焉"也，务义以远害而已矣。

天之生水也，非以为利也，其义之润下者不容已也，义之润可以泽物，义之下可以运物，于是乎细人见以为利而邀之。见为利则不见为害，而恶知其润下之过，适以为害也哉？制害者莫大乎义，而罹害者莫凶于利。于义不精而乘之，于害不审而撄之，于是乎爱尺寸之土，以与水争命于污下；狎滔天之势，以与水朋虐于中原。伯鲧之致彝伦也，大抵以利焉阶之也。

乃若禹之治水也，正性定命，循义所安而不贪其利，捐利与水而不受其饵；分而洒之，汇而居之，河播为九，江分为三；地有所不惜，焊有所不忧，草木之材，投之炎火；兖州之作，迟之十有三年；直方正大之志气，伏洪水于方刚，而孑然一人之身，率浩浩荡荡之狂流以归壑而莫能抗。义之所自正，害之所自除，无他，远于利而已矣。

今夫水，五谷、百卉之所滋也，蒲莞、鳞介之所处，舟楫、货粟之所通也。当其顺而利存，当其逆而利亦未尝亡也。盖义之本适于用者，虽乖沴忒行而性不易，则利固存焉。害之尤者，利亦或从而大。于是乎以害为利，以害之尤为利之大；细人乃颠倒愦瞀，自困于利之中以亟逢有害，斯智者之所大哀也矣。位为司空，命受于天子，居尊席威，驱生民以试其侥幸之智，率族阖邑，骈首漂骸，以填溪壑而无遗，斯可不谓大哀者乎？

是故有义胜之水，畎浍是已；有害胜之水，瀑湍是已；有义害相半之水，江、汉、淮、沇之类是已；有义一而害十之水，黄河是已。其一义者，以蕃部之水而朝宗于中夏，自此以往，则皆其害焉者矣，天之劳我中夏之民；而警之以蹈义而远害也。嫁夷狄之横流，以冲突乎兖、豫、青、冀用文之国，安土者不能逃焉，而实受其祸。故治水者明乎害之不易远，而裁之以义，则庶乎其祸可衰止，外此者无策。

今考历代治河之得失：禹制以义，汉违其害，宋贪其利，蒙古愈贪焉，而昭代沿之；善败之准，昭然易见也。制以义，害不期远而远矣；违其害，害有所不能违矣；贪其利，则乐生人之祸而幸五行之灾也，害之府也。

夫中国之有河，犹其有狄也。三代无御狄之策而有制狄之义，汉急御狄之功而不贪用狄之利，唐始用狄，石晋遂用狄，两宋用狄而其祸乃大，概可睹矣。远害而害不胜远，则莫若捐利而不贪。虽有突骑效其死命，知藩篱之不可撤也，而后花门、海上之祸绝。虽有长流夹乎腴土，知浸淫之不可启也，而后酖堤、溃野之害消。

愚矣哉！宋之以蜜截舌、以齿焚身而不恤也。兵不足以制契丹，而逆河回流，潴以为塘水。财不足以阜用，而乘河之壅，畦以为淤田。天贻之忧，宋耽之利，昵寇以为依，幸祸以为福。彼惛不知，又何怪其借金灭辽以失中原，借元灭金以失江左哉！

夫差之横也，江、淮以通；杨广之悖也，汴、泗以合。女真、蒙古之乱也，卫、济以一，南旺以引，仰命于河以为漕运，支流旁午，交络四出，徐、兖、豫、冀、维扬五州之域，惟河之意南意北而凭陵焉。然且惟恐安流而失其利，宋礼承之以从欲而邀赏。呜呼！数百年之间，天以狄祸中国，而纾之于水也。浸使有陶唐九年之水，周定王海溢之灾，则齐、鲁、宋、卫、徐、吴之民，虽有不鱼者鲜矣。禹弃可食之壤，割以与河；今贪难制之流，邀以为利。智愚之分，义利之别；义利之分，利害之别。民之生死，国之祸福，岂有爽哉！岂有爽哉！

当禹之世，贺兰、盐池之境，未尝入中国也，故禹功讫此。使唐、虞提封，得如汉之兼朔漠，唐之斥河湟也，我知禹且建万世无疆之休；绝漠而东，放河流于奉圣川、鸳鸯泊、绕辽山以入鸭绿。则夷狄之害，夷狄受之，四州之土不待治而适有居也。

使其然也，塘水谁与塞，淤田谁与垦，漕运谁与通？小人之言利者，抑将无术以逞。而哀此群黎，平居无埽堤之劳，淫雨无昏垫之忧矣。天未悔祸，禹功未展，牟利之鄙夫，乃以斗捷招寇而圮其族。孟子曰"率兽食人"，此率水而溺人矣。人之食于兽者，百不得一也；死于水者，空城殚野而不厌。然则为塘水、淤田、漕渠之策者，其害天下与来世，亦憯矣哉！

又其甚者，假水之虐以肆其毒，于是而有灌城之事。水抑自有义焉，不助凶人之恶也。故智伯之于晋阳，萧梁之于淮堰，宋人之于北汉，壅滔天之流，祗益孤垒之坚。虽韩、魏之肘足无谋，而无恤之城，固与北汉而俱安，智氏之军，且与淮堰而俱漂也。后之人虽甚安忍，其尚鉴于此，勿遏无能害人之水使害人，而适以自害也乎！

甘誓

功罪者，风化之原也。功非但赏之足劝，罪非但刑之足威也。虽其为不令之人与？然而必避罪之名，以附于功之途。夫人欲自伸之情，相奖以兴，莫知其然而自动，无贤不肖一也。故正名之曰功，而天下趋之；正名之曰罪，而天下违之。帝王尤慎之矣。

世之降也，风日窳，化日靡，民日偷，国日乱；非徒政不纲、教不饬也，功非其功、罪非其罪也。功非其功，未尝非功；罪非其罪，未尝非罪；而古帝王之功罪不尚焉，后世且以为迂远而不切于治乱。故功罪之名三移，而风化之衰也三变，而益趋于下。

最下，以臣与民之不顺于君者为大罪，而忘其民。其次，以君与吏之不恤其民者为大罪，而忘其天。君依民以立国，民依天以有生。忘天，则于民不忘，而民暗受其戕贼矣。忘民，则于君不忘，而君必受其灾害矣。

古帝王之亟赏以为功，亟诛以为罪者，惟天为重。故尧知鲧之方命，无君也；其圮族，无民也；而姑试以五行之政。夏后之征有扈也，不斥其叛天子、虐下民，而鸣钟击鼓以声其罪曰：“威侮五行，怠弃三正。”得罪于天者，虽无虐于民，无犯于上，而天讨勿赦如此其严也！

后世之法，目为大罪而不赦者，曰“罔上”，曰“误国”。苟有欺隐营私之迹，则虽啁噢其民，民争怀之，弗可贷也。其次曰“伤民命”，曰“侵民财”。苟无淫刑科敛之愆，则虽获罪于天，天所弗佑，所弗问也。呜呼！夫孰知不畏于天，名为恤民，而民实贻以憯；不恤于民，名为忧国，而国实受其败也？

惟古帝王，知国之所自立，民之生所由厚、德所由正也，克谨以事天，而奉天以养民。方命、圮族之辜，视威侮五行、怠弃三正者而可从末减，岂世主具臣之所能知哉？

曷言乎威侮五行也？五行者，天以其化养民，民以其神为性者也。是故浚川以流恶，改火以养正，拔木以昌民气，藏金以戢民心，平土以安民志。不使不足也，枵匮以吝于用；尤不使有余也，淫佚以荡其情。弗慎其节宣，而俾愚氓之自登自耗也，则其威侮也甚矣。苟威侮之，而五行之害气，以亏人之养而铄人之性也，不可胜道矣。

曷言乎怠弃三正也？三正者，天所示人以气至而主其感者也。是故以天统事天而迎其阳，以地统事地而敦其质，以人统治人而兴其用。占星以修祀，知神之格，以精之至也。候气以吹律，知和之至，以风之应也。序辰以课耕敛，知生成以时而协也。顺节以诘兵刑，知明威以度而行也。弗谨其候，而任情之动以作以辍也，则其怠弃者多矣。苟怠弃之，而三正之和气已先人而逝，后人而弗逮也，人罹其灾矣。

夫和气者，气之伸也；害气者，气之屈也。五行之英，在形之未成而有其撰，迨形之已成而含其理。三正之常，往过者退而息机，来续者进而兴事。是屈伸之化理，所谓鬼神也。鬼神则体物不遗矣。威侮而怠弃之，是遗之矣。遗之而孤行其意欲，或圮事而不修，或疲民而妄作，曰自我尸之，以使民奉我而我以临人，复奚忌哉！是则显与天争胜而不恤，一言一动，莫非鬼神所应违也。君与吏尚何有于民，臣与民复何有于君乎？故帝王之奉词以讨必诛不赦之罪者，在此而不在彼。世主具臣，何足以知此哉！

且夫后世之功罪，以民事为殿最，以国计为忠邪者，救末之术，彼亦有所不容已焉。天之弗畏，五行乱矣，三正忽矣，于是而民窳，而吏悁；水、火、金、木且为放攘刑杀之用，祁寒、烈暑且为残暴怨恣之尤，民乃孔棘而俗乃益偷。为君子者，重念其颠跻憔悴之荼毒，则录救民之功，而严殃民之罪，弗暇问天矣。

天之弗恤，而胥怨胥谗，以与上抗；吏因其乱，威胁其下，以诬上而营私；苟利于己，国危而不恤，民之既离，君孤而莫援。世主之所怼，而亦忠臣之所愤，则卫国者为功，而负国者为罪，且弗问民矣。

乃从其本而言之，秉五行、三正之纪者，天也；妙五行、三正之化者，鬼神也。忘乎天而天绝之，忽鬼神而鬼神怨恫之，则五行之害气昌，三正之和气致，天理微而人心迷以不复。天下师师，相奖于功利，干百姓之誉者贤矣，逢人主之欲者忠矣，志偷而不警，智惛而弗择。浸淫及于后世，不复知有五行、三正屈伸之化理，司生成祸福于体物不遗之中。知有其名者，又徒九黎之邪妄，通地天以乱人纪。则子可不知有父，人可不异于禽，于以败国亡家，驱民于死地。始以殃民病国之刑书督于其后，不已晚与！

呜呼！莫威匪天也，莫显匪鬼神也。天之化隐，而鬼神之妖兴。愚者以孤虚、生克窜三正之显道；妄者以狐祥、物魅擅五气之精英。慧者厌弃之，则又谓天壤无鬼神，五行皆形器之粗，三正抑算术之技，恃气而陵轹焉。古帝王为万世忧，亟正其刑，以代天而伐罪。商、周以降，此法不行，无怪乎风化之日颓矣。

汉人仿佛其意，以灾异免三公，以五德辨禋祀，而拘牵名迹，固非五行、三正之贞也，是以不可以训。自是而后，风化益以陵夷，佻达之子，沈没于名利，不知何者之为天，而彝伦因以泯丧，非九黎则有扈也。安得修帝王之刑赏者，正名定罪以矫之正也！

胤征

陆贽有云："动人以言，其感已浅。"然而有所感者，则以感人于俄顷之间者也。生而驱之死，逸而驱之劳，分义足以动之乎？畏死惮劳之情，猝然内发者，智不及度，勇不及持。自非英豪之慷慨捐生，与贤哲之从容赴义，则固倒行于穷途，而亲上死长之情，不知其何以忘矣。于是而敷心肾肺肠以为言，振荡其俄顷之耳目，以生其勃发之智勇，言之所感虽浅，而固可有功。是故虞、夏以来，无居平之诰诫，而有临事之约誓焉。

古之帝王，诚知其感之也浅，用之也惟俄顷，故其为辞也，不过激其气以使之盈，不畸重其权以使之疑。其感之也若不足，而以感也已足矣。

不激而使之盈者何也？气盈而怒，怒盈于外者，必枵于中。尝观于斗者矣，诟谇胜而拳勇衰矣。

不畸重而使之疑者何也？有所重必有所轻。虽在仓猝，听以耳，发以气，而未尝反以思也。虽乘其俄顷之情，而无长久之义，以使熟思而不致，则一疑而群疑交起，疑之、疑之，迟回却顾而必溃，铁钺不足以威之矣。尝观于严父之训劣子矣，词已费而反唇于夫子之不正矣。

以今观于《甘誓》《胤征》之文，简而不盈，规其长久而不畸重乎己，斯之谓体要之辞。辞之善者，君子以之动天地，而况于人乎？

禹之明德，夏道之忠敬，天下将百世戴之。不再传而有扈犯顺以抗王师，不五世而义和叛官以党后羿，恶之不胜诛者也。然而后启、胤侯之执言也，则使罪浮于言，而不穷言以浮于罪。夫亦曰彼之滔天以贯盈者，夫人知之而不俟于言也。举其大端以正有事之名，舍其一切以畜人心之怒，则气不泄于言，而勇可给于气。整齐其行陈，要戒其淫戮，矜持其有余，而急缮其不足，若此者，所谓不过激其气而使之盈也。

分义者，民之均重也。权藉者，己之畸重也。为臣而犯其君，为臣而背公死党以弱王室，分义之不赦者也。分义不赦，而何有于五行、三正之精微？分义不赦，而何有于沈酒昏迷之琐屑？乃分义均重，而民喻其不赦；权藉畸重，则民且疑君之死己以自安也。俄顷之际所喻者，不敌其喻死喻劳之心，则将曰，丧君有君，而丧身无身矣。

惟是三正五行、天戒臣宪者，王为民修之，侯为民守之，民用所前而民居之自协者也。今略畸重之权，并略其均重之义，而独重其权于民，民乃晓然于众愤之不容已，而牵率君相以屈民之罚。于是而人之视公战犹其私斗，非使我以一旦之肝脑易天子玉食之灵长，而不惜致死以争揼奸宄之胸矣。此所谓不畸重其权以使之疑也。

是故臣干君，则略其无将之义，而执辞以民，以谓天为民而立君，不剿民以奠君也。《甘誓》《胤征》是已。君殃民，则略殄其师之虐，而声罪以天，以谓天笃后以匡民，不残君以逞民也。《汤誓》是已。

《汤誓》曰"予畏上帝，不敢不正"，不曰"予恤民毒，不忍不正"也；曰"率割夏邑，有众率怠"，不曰"率割下国，众致其怒"也。夫乃以坚长久之义，而其权不畸。畸重于上，民以为厉己；畸重于下，民以为饵己。民犹岩也，众疑之府也，君子盖慎之已。

故于殷、周之际，而知道之降也。武王之誓，言之畸也，列纣之罪，擢发以数，而气亦竭矣。"宁执非敌"，惴惴以恐，于是而几殆矣。列纣之罪，擢发以数，斮胫剖心之无遗也。

八百济师，血流漂橹，能保匹夫匹妇之无横死于会朝，而可反唇相诘者乎？义士所以有"易暴"之歌，商洛之顽民亦且生"简迪"之怨。千里之应，捷于桴鼓，君子之言以动天地，而可不慎乎？周之誓不及殷之诰；春秋之词命不及丰、洛之誓命。盈虚生乎志气，轻重定乎权衡，义于此精，道于此立，不可诬也。

战国说士之辞，悖道而相摇以势，此意斩矣。又降而为陈琳、阮瑀之流，如健讼之魁、怒邻之妇，勃气愤盈，莠言自口，尤君子之所羞称也。下此而齐、梁之季，驰檄相夸，取青妃白，竞巧于流血涂肝之地。苟有心者，能勿触目而酸心乎！

夫古之帝王以善其言者，岂于其言而善之与？忠厚宅心，则气不盈，而不忍尽物之短；正己无求，则权不畸，而不苟幸事之成。养天下之和平，存千秋之大义，立诚以修辞，辞皆诚也。则感之者虽在俄顷，固可以昭告万世而无惭矣。孔子曰"我于辞命则未能也"，言不于辞命而求善也。

《尚书引义》卷二终

尚书引义卷三

仲虺之诰

《易》之言曰："敬以直内，义以方外。"《诰》之言曰："以义制事，以礼制心。"故曰："先圣、后圣，其揆一也。"

今夫事与心之相接也，不接于吾之耳、目、口、体者，不可谓事也。何也？不接于吾之耳、目、口、体，天下非无事也，而非吾之所得制。非吾之所得制，则六合内外，固有不论不议者矣，则固非吾事矣。

不发而之于视、听、言、动者，不可谓心也。何也？不发而之于视、听、言、动，吾亦非无心也，而无所施其制。无所制，则人生以上，固有不思不虑者矣，是尚未得为心也。

是故于事重用其所以来，于心重用其所以往；于事重用其心之往，于心重用其事之来。往来之界，真妄之几，生死之枢，舜、跖之分。古之君子，辨此而已矣。

心之往则必往矣，事之来则必来矣。因其往而放之者，纵也。因其来而交之者，欲也。于其往而固遏之，于其来而固拒之，内与外构，力争其流者，"克伐怨欲不行"者也。于其往而游于虚，于其来而制以机，往而曲以避物之来，来而巧以试心之往，以反为动，以弱为用之术也。

古之君子则皆灼然见其非道，而不此之务矣，是故酌自然之衡，持固有之真，以范围往来于不过。其往也极其用而不忒，其来也顺以受而不逆，夫是之谓"建中"也。呜呼！非察于几、达于诚而知心与事之浃洽以利用者，孰能与于此哉！

天地之德，日新富有，流动充盈，随在而昭其义于有形有色、无方无体之中者，至足也。其流动也，洋洋日发而无不及。使不及焉，则此且亏朒而不绍乎彼。洋洋日发者，本无不直也。其充盈也，森然各立而不可过。使可过焉，则此且溢犯乎彼，而彼不足以容。森然各立者，本自有方也。道之在吾身以内与其在天地之间者，既如此矣。流动者与物酬酢，以顺情理，而莫有适居。充盈者随事有宜，以应时变，而莫能协一。必待行之而后可以适焉，必待凝之而后可以协焉。

夫民受天地之中以生者也。耳、目、口、体，形著于实，受来以虚；视、听、言、动，几发于虚，往丽于实。其互相入者，有居中以宰之者也。以凝之者行之，斯以事无不宜，而心无有僭；卓然而有其直，卓然而为其方，居乎此以治乎彼，故曰制也。夫然，受中以生则无不直而无不方，内之则既然。乃中建于天下，有定理焉，直之方之所自著也，外之亦既然矣。

故告子之言曰"义外"，而言礼之驳者亦曰"礼自外作"。夫内之既卓然有可凝之直方矣，则义、礼之俱非外也亦明矣。我无以辨外义礼者之非也。则以外非无义礼，而不制于我，则非我之义与礼也。蜂蚁之君臣，虎狼之父子，相鼠之皮体，燕雁之配耦，何有于我哉？

义外之非，夫人而言之，孟子之辨已析也。礼外之云，《乐记》之枝词也，而贤者徇焉，乃以云："事在外，义由内制；心在内，礼由外作。"朱子云。则是于其来而授物以所未有，于其往而增益以心所本无，日以其心与天下构，而日以天下与心构，舍自然之则，忘固有之真，斯何异于老氏所云"反者道之动"哉？

且夫义之必内，如冬知汤而夏知水也。礼之必外，其且判涣于天地之间，自为一类，如风之不可以目见，空之不可以手握乎？将礼之用，孰从而举之？礼之名亦不足以著于人矣。义之内也，以智而喻；礼之内也，以仁而显。丧之哀，祭之敬，食之不绌兄臂，色之不搂处子，亦惟以求慊乎心也。必求如此而后慊于心，则心固有之，故曰"复礼"。则亦如秦炙吾炙之胥旨吾舌矣。

若礼之立于吾前以待用者，既似授之规矩，而非木之能自为方圆，授之羁靮，而非马之能任骖服，可云外也；则义亦显立吾前，贤在而授以尊，长在而授以敬，充外礼之说，亦未有不可以义为外者也。

古之君子，智足以喻此，万物之充盈以来，以形之虚者应之，俾得所归，而宜以协；仁足以显此，吾性之流动以往，以色之实者奠之，俾安所止，而典以敦。事与心胥制于所建之中，反身而诚不远矣。盖天理之流行，身以内、身以外，初无畛域。天下所有，即吾心之得；吾心所藏，即天下之诚。合智仁，通内外，岂有殊哉？

彼智不足以及此者，其昏也，因其往而往之，因其来而来之；其凿也，于往而禁其往，于来而忘其来。仁不足以守此者，其妄也，任其往而之于放，任其来而泛为交；其矫也，苦持其往而不得所丽，过杜其交而不绥以宜。亦恶知往来之几，形形色色之诚，自有其中焉而建之也哉？执之无权，存之无本，而内不放出以制心，外不放入以制事，斯释氏"鼠入牛角"之谓，与于不仁之甚者，可弗辨乎？

汤诰

显性之有而目言之，《易》谓之"缊"，《书》谓之"衷"，《诗》谓之"则"，《孟子》谓之"塞"，求其实则《中庸》之所谓"诚"也。故曰："诚者物之终始。"终与终之，始与始之，终以密合乎始，始以绵亘乎终，相依而不贰，不著其文而已盈，静与存而皆安，动与行而不滞，官不过而如其量，神周流而恒不失，故曰"衷"也。

夫人之有形，则气为之"衷"矣。人之有气，则性为之"衷"矣。是故痿躃者，形具而无以用其形，则惟气之不充；乃形未有毁，是表具而"衷"亡也。然则狂易者，气具而无以善其气，则惟性之不存；乃气未有馁，是亦表具而"衷"亡矣。气衷形，循形而知其有也；性衷气，循气而不易知其有也；"故君子之道鲜矣"。

今夫气，则足以善、足以恶、足以塞、足以馁矣。足云者，有处于形之中而堪任其用者也。若夫恒而不迁，善而无恶，塞而不馁者，则气固有待而足焉，而非气之堪任也，故曰性衷气也。气非有形者也，非有形则不可破而入其中。然而莫能破矣，而绚缊抟散者足以相容而相为载，则不待破以入，而性之有实者，固与之为无间。

夫性之为衷于人也，不待破而入，非徒于气然也，形亦莫不然也。破目之黑白，而求明之藏也不可得，破耳之窾_{音科}曲而求聪之藏也不可得。因实而入实，则亦因虚而入虚，凡有形而皆入焉，亦凡有形而皆衷焉。耳亦衷此也，目亦衷此也，四体百骸而皆衷此也。凡有气而皆入焉，亦凡有气而皆衷焉。衷乎形者气，衷乎气者乃天之所降之衷，则亦徽乎人之形气皆为之衷也。故曰："睟然见于面，盎于背，施于四体。"面、背、四体，形也，气之表也。以见、以盎、以施，气也，形之"衷"也。乃其根心而生色者，更有衷气者存也，君子所性也。

是故人之生也，气以成形，形以载气；所交彻乎形气之中，绵密而充实，所以成、所以载者，有理焉，谓之"存存"。人之死也，魂升于天，魄降于地，性之隐也；未尝亡而不得存者，与魂升，与魄降，因其屈而以为鬼神。故鬼神之与人，一也。鬼神之诚，流动充满，而人之美在中也。其屈也，鬼神不殊于人，而其德惟盛。其存也，人亦不殊于天，而其性以恒。然则此"衷"也，固非但人之"衷"，而亦天之"衷"矣。形而下者人之性，形而上者天之理，故"衷"曰"降"。非其丽乎人而遂离乎天也，天下逮于人，人之"衷"即天之"衷"也。

且夫天之有"衷"，奚以明其然也？今夫天，苍苍而已矣，旷旷而已矣。苍苍者不诎，旷旷者无极，气也；而寒暑贞焉，而昭明发焉，而运行建焉，而七政纪焉，而动植生焉，而仁、义、礼、智，不知所自来而生乎人之心、显乎天下之物则焉。斯固有以入乎气之中，而为气之"衷"者，附气以行而与之亲，袭气于外而鼓之荣，居气于中而奠之实者矣。立天之道，曰阴与阳，而一阴一阳剂焉；统天之行，元、亨、利、贞，而四德叙焉；是则天之"衷"也。

形而上衷乎天，形而下衷乎人。由天以之人，因其可成可载而降之人；乃受于天，亦既主形主气，而莫不以为性之藏也，故曰"恒"。是故形则有"恒"也，气则有"恒"也。然而有不"恒"者，形之有痿躄，性之有狂易，或伤之，或陷之，一人之身而前后殊，斯不"恒"也。形之有利钝，气之有衰王，利易而钝难，王壮而衰馁，均人之身而彼此殊，斯不"恒"也。

其不"恒"者，何也？文著于外，质凝于内；著于外者枵其内，故与衷而相离；滞于内者困于外，故衷不效于用也。衷也者，其外不著，其内不滞，柔与为柔，刚与为刚，动而不丧，静而不遗，无所忤而柔顺与亲，无所挠而刚健与干，化不流而居不失，则亦奚有不"恒"之咎哉！"恒"者何也？曰诚也。诚神诚几，于物胥动；诚通诚复，于己皆真；斯以屈伸变化，终始弗离，而莫有不"恒"矣。

呜呼！古之知性者，其惟自见其衷乎！仁、义、礼、智，以为实也，大中、至正，以为则也，黯然而日章，以内美也，和顺积中而英华发外，以充美也，故曰："乾坤，易之缊邪！"变易者其表之文，健顺者其里之著直略切。与！

惟此不察，则且以"玄牝"为根，而其中枵然，则且以督为经，而其动芚然；则且以运动为性，而其守荡然；则且以真空为体，而其主冥然；忘其衷之缊，襫其缊之塞，生民之性沦胥以铺，非直日用不知者之咎也。

太甲

一

权，重于经者也。经有未审，悬重以酌其平之谓权也。而或以为轻于经而行其妙，则悖矣。重于经者，持而乃得其平。轻于经者，反而外移于衡之杪，则权重而物轻。物轻权重，物且昂起而权坠矣，何有于权之用哉？

为鲁庄公责者曰："母不能制，当制从母之人。"审然，则太甲之"狎于弗顺"，不必放桐，而但施刑于弗顺之宵人也，其可哉？此有道焉，亦有权焉。制弗顺者则畸而之轻，制太甲则持而之重也。

尝试论之，以本末言，太甲之"欲败度，纵败礼"，本也；弗顺者之给其欲，导其纵，末也。不持其本而急其末，犹攻毒者之急四支而遗腹心也。一弗顺退而一弗顺，进一弗顺殛而一弗顺兴，故曰"人不足与适也"。不足者：力之不足，我处外庭而轻；权之不足，彼操君心而重也。

以情势言，太甲之情，弗顺者之势也。口之于味，目之于色，耳之于声，四体之于安佚，夫人之不能废，而独谓君上之不宜有此乎？弗顺者见制而不逞，则重为减替以相激，将使安饱之不给，乃宣言曰，是使王监门舆皂之不若。冲人何知？始相怜，中相悼，终相匿，而睽于元老者益孤矣。良娣刻木以行棋而邳侯疏，刘瑾伏地以请死而韩文黜，其明验已。

如其欲显戮之与，则害尤有重焉者。凡权臣之逼主，恒先削其君之肘腋，故后羿篡而洛表无反斗之臣，州蒲弑而匠丽先胥童之死。今以靖献之心，弗择而蹈其辙，左右相依之媚子，且放一人焉，夕诛一人焉，取之君侧而肆之市朝；屠尔冲人，始则姑听之，继则涕泣以讲之，又继则甘心群小以报之矣。彼群小者，既挟尊主之号以为弹压之名，其主亦怀孤立之恐；而己抑终以投鼠忌器之故，不得大快其所欲为，卿尹百辟其不中立以祈免者鲜也，则身危而国亦随之矣。

均一非常之举，则何似昭昭然揭日月而行之，以散宵人之聚也？是故略庸人之好恶，审天理之权衡，伊尹所以任尧、舜之道于躬而直行不惴也。

夫佞幸持权，权移而毒下逮，天下且血眦扼腕以争致其怨恶，而君之失德奖奸，姑宽假而不忍深求，此亦君臣之彝伦所不可泯，而要以为庸人之好恶。何也？畸其重于佞幸，而不谅其不足以有为也。

若夫天理之权衡，善有所自植，恶有所自致。君实处隆墀远壑之势，而给欲导纵之夫，固卑且贱以顺君子之命：或趋善，或趋恶，犹骤雨之乘回风，可使南而可使北。"君子豹变"则"小人革面"，固大人君子所矜宥而移易者也。

积不欺之忱，膺毋贰之辈，拔本塞源，以正告天下万世而无疑；则弗顺之子，渊薮已失，而不敢以萤尾争日月之光，亦震惊湔洗，谨执其唾壶虎子之司矣。故于桐初放，未尝有流窜匪人之刑；奉冕既迎，终不有易置近臣之事。然而太甲思庸，则已捷于枹鼓，其效为不爽也。

格君心之非者，经也。放之以格之者，循经而尤重之也。人不足适而急于适人者，末也。适不可适之人而以自诎者，益争于末，而倒授以重之。昧者不知，尝试轻杪而利其易制，覆取坠焉，其不可与权也久矣。

乃伊尹之克任大权以正大经者，一介取与之义，咸有一德之贞，志大明而诚豫立。彼鲁庄者，固不足以语此也。无哀毁痛父之忧，无枕戈报齐之志，经已拂矣，权不足以持矣。然使取文姜之左右，钳束而诛戮之，将文姜挟君母以内讻，群小怙外援以一逞，元诩之于胡媪，五王之于二张，斯不亦后事之左验哉？

鲁庄公而果可为人之子也，饮血誓死，与诸儿争命于原野，上告天王，正文姜在宫之辟，弃位逃禄，幽忧以死于草土，而后车中之怨可雪。是尹处其易，而庄处其难。然使庄之笃孝如尹之忠也，则姜淫不敢宣，桓势不孤立。虽以诸儿之禽心，抑不敢谈笑而贼人君父，且如云如水，肆丑行于康庄矣。子母亲而感终易，君臣睽而感愈难。尹处新造之邦，庄正适储之位，则尹固处其难，而庄处其易也。

童昏不知，导淫纵贼，在位具臣，申繻、御孙皆不足为有无，乃欲制从母之人，以酿肘腋之祸，不亦愚乎！

彼鲁庄者固不足道，而说《春秋》者，以制母从人为权，岂知权者哉？惟尹而后可与权，惟尹而后可与经也。

二

习与性成者，习成而性与成也。使性而无弗义，则不受不义；不受不义，则习成而性终不成也。使性而有不义，则善与不善，性皆实有之；有善与不善而皆性，气禀之有，不可谓天命之无。气者天，气禀者禀于天也。故言性者，户异其说。今言习与性成，可以得所折中矣。

夫性者生理也，日生则日成也。则夫天命者，岂但初生之顷命之哉？但初生之顷命之，是持一物而予之于一日，俾牢持终身以不失。天且有心以劳劳于给与，而人之受之，一受其成形而无可损益矣。

夫天之生物，其化不息。初生之顷，非无所命也。何以知其有所命？无所命，则仁、义、礼、智无其根也。幼而少，少而壮，壮而老，亦非无所命也。何以知其有所命？不更有所命，则年逝而性亦日忘也。

形化者化醇也，气化者化生也。二气之运，五行之实，始以为胎孕，后以为长养，取精用物，一受于天产地产之精英，无以异也。形日以养，气日以滋，理日以成；方生而受之，一日生而一日受之。受之者有所自授，岂非天哉？故天日命于人，而人日受命于天。故曰性者生也，日生而日成之也。

夫所取之精，所用之物者，何也？二气之运，五行之实也。二气之运，五行之实，足以为长养，犹其足以为胎孕者，何也？皆理之所成也。阴阳之化，运之也微，成之也著。小而滴水粒粟，乍闻忽见之天物，不能破而析之以画阴阳之畛，斯皆有所翕合焉。阴为体而不害其有阳，阳为用而不悖其有阴；斯皆有所分剂焉。川流而不息，均平专一而歙合。二殊五实之妙，翕合分剂于一阴一阳者，举凡口得之成味，目得之成色，耳得之成声，心得之成理者皆是也。是人之自幼讫老，无一日而非此以生者也，而可不谓之性哉？

生之初，人未有权也，不能自取而自用也。惟天所授，则皆其纯粹以精者矣。天用其化以与人，则固谓之命矣。生以后，人既有权也，能自取而自用也。自取自用，则因乎习之所贯，为其情之所歆，于是而纯疵莫择矣。

乃其所取者与所用者，非他取别用，而于二殊五实之外亦无所取用，一禀受于天地之施生，则又可不谓之命哉？天命之谓性，命日受则性日生矣。目日生视，耳日生听，心日生思，形受以为器，气受以为充，理受以为德。取之多，用之宏而壮；取之纯，用之粹而善；取之驳，用之杂而恶；不知其所自生而生。是以君子自强不息，日乾夕惕，而择之、守之，以养性也。于是有生以后，日生之性益善而无有恶焉。

若夫二气之施不齐，五行之滞于器，不善用之则成乎疵者，人日与偷昵苟合，据之以为不释之欲，则与之浸淫披靡，以与性相成，而性亦成乎不义矣。

然则“狎于弗顺”之日，太甲之性非其降衷之旧；“克念允德”之时，太甲之性又失其不义之成。惟命之不穷也而靡常，故性屡移而异。抑惟理之本正也而无固有之疵，故善来复而无难。未成可成，已成可革。性也者，岂一受成形，不受损益也哉？故君子之养性，行所无事，而非听其自然，斯以择善必精，执中必固，无敢驰驱而戏渝已。

《诗》曰："昊天曰明，及尔出王；昊天曰旦，及尔游衍。"出王、游衍之顷，天日临之，天日命之，人日受之。命之自天，受之为性。终身之永，终食之顷，何非受命之时？皆命也，则皆性也。天命之谓性，岂但初生之独受乎？

形之恶也，倏而赘疣生焉；形之善也，俄而肌肤荣焉；非必初生之有成形也。气之恶也，倏而疢疾生焉；气之善也，俄而荣卫畅焉；非必初生之有成气也。食溪水者瘿，数饮酒者齇，风犯藏者喝，瘴入里者厉。治疡者肉已溃之创，理瘵者丰已赢之肌。形气者，亦受于天者也，非人之能自有也；而新故相推，日生不滞如斯矣。然则饮食起居，见闻言动，所以斟酌饱满于健顺五常之正者，奚不日以成性之善；而其鲁莽灭裂，以得二殊五实之驳者，奚不日以成性之恶哉？

周子曰："诚无为。"无为者诚也，诚者无不善也，故孟子以谓性善也。诚者无为也，无为而足以成，成于几也。几，善恶也，故孔子以谓可移也。

有在人之几，有在天之几。成之者性，天之几也。初生之造，生后之积，俱有之也。取精用物而性与成焉，人之几也。初生所无，少壮日增也。苟明乎此，则父母未生以前，今日是已；太极未分以前，目前是已。县一性于初生之顷，为一成不易之形，揣之曰"无善无不善"也，"有善有不善"也，"可以为善可以为不善"也，呜呼！岂不妄与！

咸有一德

言道者胥言一矣，乃从乎形气而数之，则一者数之始也，以俟夫增加者也。依于道以言之，则一者数之终也，无不统会者也。

且以数而言之：一而小成，十也；其大成，万也；乃至参差不可纪之至赜，而会归于一，则莫有逾于一者也。若其可倍而生二，析一而破之也；参而生三，伸一而歧之也。取其破析分歧之余，而孤持其一，则必至于贼道。

伊尹曰"咸有一德"，据纯德之大全而言也，故曰："德二三，动罔不凶。"不可生二以与一相抗衡，生三以与一相鼎峙也，明矣。又曰"德无常师，主善为师，善无常主，协于克一"，非散殊而有不一也；又曰"无自广以狭人"，非博取而有不一也。

是故道，非可"泛兮其可左右"也，非"一与一为二，二与一为三"，三居二之冲，"冲而用之不盈"也。诚"泛兮其可左右"与？师左则不协于右，师右则不协于左矣。诚"冲而用之不盈"与？将虚中以游于两端之间，自广而狭人，天下之德非其德矣。老氏以此坏其一，而与天下相持，故其流为刑名、为阴谋、为兵法，凶德之所自生，故曰贼道也。

夫以左右无定者遇道，则此亦一道，彼亦一道。以用而不盈者测道，则方此一道，俄彼一道，于是而有阳阖阴辟之术，于是而有逆取顺守之说。故负妇人，嬖宦寺而以霸，焚《诗》《书》，师法吏而以王。心与言违，终与始叛，道有二本，治有二致，仁义亦一端，残杀亦一端，徜徉因时，立二以伉一，乘虚择利，游三以乱一，乃嚣然曰"凡吾之二三，皆一之所生也"，而贼道者无所不至矣。老聃之幸不即为天下祸也，惟其少欲知止，不以天下为事耳。不然，又岂在商鞅、李斯下哉？

古之君子，虽遇中主，进危言，而不姑导以庞杂之术。全而学之，全而用之，圣足以创，贤足以守，中材犹足以不亡。其惟一以统万，而不二三以伉一乎！

一以统万者，达天者也。今夫天，则浑然一而已矣。天居一以统万，圣合万而皆一。尹自耕莘以至于割夏，一也，道义以严取与也。汤自有国以有天下，一也，义礼以制事心也。夫是之谓达天。

有其始，即以之终；有其微，即以之着。立一资始之谓统天，成一允终之谓成物，含一于中之谓尽心，传一于言之谓穷理。合天下之臣民，举万事之纲纪，胥一于善而无不实也，无不纯也，故冒天下之道而不可过，贞天下之观而无所疑。一之用大矣哉！

彼之析一以二，游一于三者，侈数广而执一狭。狭于执一，侈于生三，而放以之于万，以自广而狭天下，则始之局量以小，规模以隘，而不足以资始；终之诐而蔽，蔽而穷，而不足以成终。不知大备之谓一者，其贼道固必至于斯也。

夫惟备斯纯，惟纯乃大，是故周子伸一而围之，以为太极。二殊五实、仁义中正之理，莫不一也，莫不备也。而曰："君子修之吉，小人悖之凶。"夫太极既已范围天下而不过，则且何所容小人之悖乎？悖云者，举一所备之二以仇一，举一所函之三以游一，势逆而背其宗也。

道一而已矣，一以尽道矣；道非大而一非小，不得曰"道生一"。一该万矣，万为一矣；二亦万之二，三亦万之三，万乃一之万，不得曰"一生二，二生三，三生万"。由此以积彼，坚彼以敌此，因以有常师，因以有常主，专师多蔽而专主不达，测之妄而执之吝，不能出于一之中，而固已悖也。生于其心，害于其政，呜呼！可不慎与！

说命上

君子之道，无妄而已矣。天积阳于上，而雷动于下；积者诚也，动者几也，诚而几，神矣。积之富有而动之以时，则"大亨以正"。"大亨"故通乎幽明，"正"故绝其疑似。通乎幽明，其言也顺；绝其疑似，其言也信。顺以信，乃以无眚无疑，则无妄矣，无妄则诚矣，诚则物之终始赅而存矣。

若夫疑者，则必其妄也。疑也者非有也，有则不疑也。疑也者非无也，无亦何疑也？非有而有，非无而无，非有非无而亦有亦无，则梦是已。

今夫梦，其积非富有，知其不原于诚；其动不以时，知其不足与于几。不诚不几，而若有神焉，岂神也哉？故孔子之自言也，曰"五十而知天命"，诚也；"六十而耳顺"，几也；"七十而从心所欲不逾矩"，神也。神无方，矩有方。神而不逾其方，则神不离乎诚也。无妄之德，积之富有而动之以时，故老不衰而益盛。若其言梦也，则曰："甚矣吾衰也！久矣吾不复梦见周公！"盛而梦，衰而不复梦；或梦或不梦，而动不以时；血气衰与之俱衰，而积之也，非其富有。然则梦者，生于血气之有余，而非原于性情之大足者矣。

故高宗之梦见傅说之形，其不足与于诚也审矣。论者乃致疑于说之来，高宗之往，而曰"豫知容貌者神，朕兆先见者诚"，岂其然乎？

夫诚者实有者也，前有所始，后有所终也。实有者，天下之公有也，有目所共见，有耳所共闻也。神者无为也，形之未形、体之未体者也。则五常百行赅乎诚，蓍龟四体通乎神，诚仁显而神用藏也。

梦说而有成形，用不藏而非神矣。独见独闻，而非有所终始，仁不显而非诚矣。非诚而言神，疑之府也，妄之徒也，君子之所阙而不言者也。

然则梦说之形而旁求惟肖者，抑又何也？形者，血气之所成也。梦者，血气之余灵也。血气者，一阴一阳之形而下者也。同声则相应，同气则相求。形与梦同受成于已形之器，于是乎梦可有形，则居然若有一傅说之立乎前矣。然而无与于形而上者，故能得傅岩惟肖之形，而说所启沃之忱辞，不能有其言而识诸寤也。盖器可诡遇，而道不可疑闻也。藉其诚而神焉，则"奉若"之训，胡不径相授受于梦中，以成不疾而速之化，乃必待说之拜手以进献哉？

血气之灵，有时而清焉，有时而浊焉。恭默不言，高宗能澄其血气之浊以向于清，故其于傅说固有之形，相遇于若有若无之际。然而诚未至焉，几未通焉，神未显焉，则得其粗而不得其精。夫人意欲乍澄之顷，乍离乎粗浊，而与两间固有之成形相为邂逅，洵有然者。程子所云"县镜于此，有物必照，非镜往，非物来"，盖此时矣。

镜，器也，物亦器也。两器之体异，而均之为器，则其用合。镜不含物，物非镜生，清则物现，浊则物隐，亦其固然矣。然而镜终器也，道不生也，故物影现而物理终芒也。

董五经豫知伊川之来者此也，季咸知人之吉凶者此也，释氏之"他心通"者此也，息纷纷胶胶之妄动而有其孤静，由孤静而生孤明。孤明之主，一资于血气之清，故无形而可有形，影著而与形不爽，然于形上之道终芒然未有与也。盖以血气之灵为见闻之区宇，虽极其清明，而终如镜之于物，物自物而镜自镜也。

镜平则面正，镜有凹凸则面邪。得其正则为高宗之梦傅说，得其邪则为叔孙豹之梦竖牛，汉文之梦邓通矣。邪者妄，而正者亦非诚也，故曰"其匪正有眚"也。

《记》曰："清明在躬，志气如神。"志气者，与理为用，诚之所自立也。如神而道由以生，诚不可掩，几不可御；神乃不疾而速，不行而至。尧之得舜，颜之事孔，相孚以心，相邻以德，奚梦之足云哉！奈之何登彼乍发之隙光，谓之曰诚，谓之曰神也？

君子以无妄茂对天下，在《文王》之诗矣。"文王在上，于昭于天。"天，诚也；昭，明也。诚有其明，非镜之资日光以为明也。"于昭于天"，而天下仰明焉，则神矣。故其诗又曰："周王寿考，遐不作人。"作人而人兴，德其成人，造其小子，诚以求之，则"济济多士"，而"文王以宁"矣。故曰："天降时雨，山川出云。"天之降雨，惟其时也。雨降而云滋出，惟其富也。教育人才，开之先也。其不然者，晴云拔起于溪谷，虽雨而无终朝之势，气蒸妄动，而应不以诚，奚足恃乎？

由此言之，向令高宗纳群臣之戒，绎《甘》《盘》之教，敦诚研几，贞动而大亨，云行雨施，移风易俗，以德成人，以造小子。将奏言试功，扬于王庭者，非但一傅说而止，何至祀丰于昵，戎急于克，仅救过而不遑也哉？

治天下有道，正其本以修政教而已矣。治心有道，尽其性以主血气而已矣。弋偶现之浮明，画独见之区宇，资形器之乍清，而不求诸道，乘变化以疑为神，而不存以诚，以治则鬼，以气则易衰，君子之所不尚，如之何以诚神轻许之也！

说命中

一

尝观之天矣，生生者其资始之，至仁大义也；然物受命以生，而或害其生，而天无所忧也。不忧恶草之害良苗而予良苗以棘距，不忧鸷兽之搏驯类而护驯类以爪甲；然而恶草鸷兽终不以天弗与防而殄绝生化。故曰"天地不与圣人同忧"，无所用忧也。

圣人则不能与天同其无忧矣。然而圣人之所忧者，非犹夫人之忧也。人之所忧，忧人也。圣人之所忧，自忧也。有家而不欲其家之毁，有国而不欲其国之亡，有天下而不欲天下之失，黎民其黎民而恐或乱之，子孙其子孙而恐莫保之，情也。情之贞者，圣人亦岂有以异于人哉？然而圣人所忧者，仁不足以怀天下，义不足以绥天下，虑所以失之，求所以保之，"终日乾乾夕惕若"，几以无咎故曰："忧之如何？如舜而已矣。"过此以往，世之平陂，祚之修短，未之或知也，则亦安用知之哉！知且无容知，而奚足忧邪？

夫欲知过此以往而用其聪明，是谓知其所不知而忧其所不忧。夫苟忧其所不忧，则惟恐天下之不喻其意，而尚口以求伸；惟恐天下之不感其惠，而赐之衣裳以联其情；惟恐天下之不畏其威，而耀其干戈以争其胜。且犹恐言之不听，赏之不劝，诛之不服，而或反戈相拟，则厚其防于甲胄，以使无能伤也。呜呼！后世之治术以制天下者，舍是而亡术矣。

口之属，则有符命图谶以侈天命；衣裳之属，则有覃恩酤赏以系人心；干戈之属，则有重法淫刑以刈豪杰。惴惴然尚不自保也，曰："吾之所可以自护，而不患伏莽之戎猝发于意外者，惟甲胄乎！"呜呼！孰知启天下之戎心，近以害于身，远以祸及后世者，莫甲胄之为甚哉？有七属之甲，则有截犀之刃。示天下以不可攻者，正其示天下以有可攻者在也。

秦畏分争之戎，罢侯置守以为甲胄，而以启戎于陇首。汉畏闾左之戎，厚树贵戚以为甲胄，而文、景以启戎于七国，哀、平以启戎于五侯。曹魏畏强宗之戎，削亲树疏以为甲胄，而以启戎于宰辅。晋畏外夺之戎，宠任子弟以为甲胄，而以启戎于八王。宋畏强藩之戎，削弱将帅以为甲胄，而以启戎于夷狄。右文臣以为甲胄，防武人之戎，而戎生于外侮；分六卿以为甲胄，防宰相之戎，而戎生于中涓。甲胄抵实以捍戎，戎投虚以攻其甲胄，蔽左而露右，掩项而忘胸。恃有甲胄之足御戎也，则暮夜有号而勿恤，白昼杀越而不知。呜呼！自卫以自贼，生人以杀人，而甲胄之祸烈矣！忧之也无端，防之也已密，戎不自起，起之自我，而尚谁咎乎？

然则空拳裸体以冒白刃，而信虎之不咥人也，其可与？夫固有无形之甲胄，阴阳不能贼而人事不能撄者，人未之曙耳。"乾道变化，各正性命"，天之甲胄也。"直方大，不习，无利"，地之甲胄也。"自反而缩"，匹夫之甲胄也。"履信思乎顺"，王者之甲胄也。故曰"以忠信为甲胄，以礼义为干橹"，非以为甲胄而甲胄之用存焉。圣人虽不与天同其无忧，而宪天以莅物凝命者，此而已矣。

虽然，圣人之宪天者，无忧于物也，非无忧于己也。彼异端者，躐等师天，乃欲并此而捐之，曰"将为之仁义以正之，则并仁义而窃之，惟绝圣弃智而后大盗可止"，则妄甚也。圣人之销甲胄也，销其私与妄者也。彼亦欲销甲胄也，并其公与诚者而销之也。我不敢知公与诚之下游无弊也，而欲并销之者，则亦知其所不可知，忧其本无可忧者也。夫苟知其所不可知，忧其本无可忧，则固藏身自私，而以其销甲胄者为甲胄，斯亦嬴政销兵器、赵普解兵权之陋术而已矣。过此以往之知也，无可奈何而不安之若命也，谓天不仁而不乐之以天也。

夫宪天者，不废天之常而弛其所必忧，不窥天之变而防其所不可知；简官慎爵，虑动事事，闭宠革非，厘祀饰礼；进德贤，正纲纪；非僻远，地天绝；互古今，讫四维；通幽隐，一强弱；圣以是宪天，臣以是奉圣，民以是从臣，久安长治之道，尽其所可为，御戎之道亦即此而在焉，又何甲胄之足庸，抑何甲胄之必销也哉！

二

诡于君子之道以淫于异端之教者，其为言也，恒与其所挟之知见相左，而缪为浮游之说以疑天下。其所挟之知见，则已陷于诐邪而贼道，乃其所言者，虽不深切著明，显道之藏，立学之准，而固未尝尽非也。君子之辨之，不诛其心而亟矫其言，则抑正堕其机，而导学者以失据，故知言难也。

宋诸先儒欲折陆、杨"知行合一""知不先，行不后"之说，而曰"知先行后"，立一划然之次序，以困学者于知见之中，且将荡然以失据，则已异于圣人之道矣。说命曰："知之非艰，行之惟艰。"千圣复起，不易之言也。

夫人，近取之而自喻其甘苦者也。子曰"仁者先难"，明艰者必先也。先其难，而易者从之易矣。先其易，而难者在后，力弱于中衰，情疑于未艾，气骄于已得，矜觉悟以遗下学，其不倒行逆施于修涂者鲜矣。知非先，行非后，行有余力而求知，圣言决矣，而孰与易之乎？

若夫陆子静、杨慈湖、王伯安之为言也，吾知之矣。彼非谓知之可后也，其所谓知者非知，而行者非行也。知者非知，然而犹有其知也，亦惝然若有所见也。行者非行，则确乎其非行，而以其所知为行也。以知为行，则以不行为行，而人之伦、物之理，若或见之，不以身心尝试焉。

浮屠之言曰："知有是事便休。"彼直以惝然之知为息肩之地，而顾诡其辞以疑天下，曰："吾行也，运水搬柴也，行往坐卧也，大用赅乎此矣。"是其销行以归知，终始于知，而杜足于履中蹈和之节文，本汲汲于先知以废行也，而顾诎先知之说，以塞君子之口而疑天下。其诡秘也如是，如之何为其所罔，而曰"知先行后"，以堕其术中乎？

夫知之之方有二，二者相济也，而抑各有所从。博取之象数，远证之古今，以求尽乎理，所谓格物也。虚以生其明，思以穷其隐，所谓致知也。非致知，则物无所裁而玩物以丧志；非格物，则知非所用而荡智以入邪。二者相济，则不容不各致焉。

今辟异学之非，但奉格物以为宗，则中材以下必溺焉，以丧志为异学所非，而不能不为之诎。若奉致知以为入德之门，乃所以致其知者，非力行而自喻其惟艰，以求研几而精义，则凭虚以索惝恍之觉悟；虽求异于异学，而逮乎行之龃龉，不相应以适用，则亦与异学均矣。

夫异学者，无患乎龃龉也，龃龉则置之耳。君子之学，仰事天，俯治物，臣以事君，子以事父，内以定好恶之贞淫，外以感民物之应违，而敢恃惝恍之阃光，若有觌焉，奉以周旋而无疚恶乎？由此思之，先所知者与后所行者，求无龃龉而行焉皆顺者，十不得五也。若夫无孝弟谨信之大节，或粗有其质而行之不力，乃舍旃以穷年矻矻于章句之雌黄，器服之象法，若朱门后学，寻行数墨，以贻异学之口实；夷考其内行之醇疵，出处之得失，义利之从违，无可表见者，行后之误人，岂浅鲜哉！惮行之艰，利知之易，以托足焉，朱门后学之失，与陆、杨之徒异尚而同归。志于君子之道者，非所敢安也。

故"知之非艰，行之惟艰"。艰者先，先难也。非艰者后，后获也。此非傅说之私言也。禹曰"后克艰厥后，臣克艰厥臣"，行之谓也。皋陶曰"慎厥身，修思永"，行之谓也。伊尹曰"善无常师，主善为师"，行之谓也。子曰"知及之，仁不能守之，虽得之，必失之"，行之谓也。颜子

"未由"之叹，叹其行也，竭才以行，不但求知其高坚也。孟子"中道"之教，教以行也。能者能从，不但知绳墨彀率而即能从也。千圣合符，"终日乾乾夕惕若"，乾坤之德业在焉。若抑其迈往之志气，从事于耳目之浮明，心思之浅慧，以冀一日者御王良，驾骐骥驰骋于康庄，正王畿、包显道之以覆辀折轴也。奈之何助其焰以使炎乎？

且夫知也者，固以行为功者也；行也者，不以知为功者也。行焉可以得知之效也，知焉未可以得行之效也。将为格物穷理之学，抑必勉勉孜孜，而后择之精、语之详，是知必以行为功也。行于君民、亲友、喜怒、哀乐之间，得而信，失而疑，道乃益明，是行可有知之效也。其力行也，得不以为歆，失不以为恤，志壹动气，惟无审虑却顾，而后德可据，是行不以知为功也。冥心而思。观物而辨，时未至，理未协，情未感，力未瞻，俟之他日而行乃为功，是知不得有行之效也。行可兼知，而知不可兼行。下学而上达，岂达焉而始学乎？君子之学，未尝离行以为知也必矣。

离行以为知，其卑者，则训诂之末流，无异于词章之玩物而加陋焉；其高者，瞑目据梧，消心而绝物，得者或得，而失者遂叛道以流于恍惚之中。异学之贼道也，正在于此。而不但异学为然也，浮屠之"参悟"者此耳。抑不但浮屠为然也，黄冠之炼己沐浴，求透帘幙之光者亦此耳。皆先知后行，划然离行以为知者也。而为之辞曰"知行合一"，吾滋惧矣！惧夫沈溺于行墨者之徒为异学哂也，尤惧夫浮游于惝恍者之偕异学以迷也。"行之惟艰"，先难者尚知所先哉！

高宗肜日

礼何放乎？放于义矣。义何放乎？放于仁矣。礼何放于义？从其等而宜之为礼也。义何放于仁？准其心而安之为义也。故礼依于仁以为本，惟仁至矣。虽然，仁必以义为心之则，而后仁果其仁也。仁义必以礼为德之符，而后仁义果其仁义也。故礼复而后仁可为也。

仁之见端曰爱，爱莫大于爱亲；爱亲至矣，宜无有害于仁者矣。虽然，以爱言仁，而有所爱者且有所伤，推而酌之，爱而无伤，非义弗宜也。于亲尽爱，无不宜矣，而爱其亲者或伤其亲。顺而事之，于亲无伤，非礼弗得也。

爱亲至矣，何言乎爱亲者之伤亲也？夫爱亲者，为吾亲而爱之，弗能已于心，不知其何以必爱而爱焉。过此以往，非所知也。故孝子之诗曰："昊天罔极。"天体无方，其化无迹，孰有知其极者，故罔极也。亲之于子，慈也其道也，慈而有所止者其义也，慈而逾其节者其私也。慈而逾其节，君子不敢承之以为恩，小人于焉怀之以为惠。怀之以为惠，而适以成乎亲之慝，则爱亲而祇以伤亲，义之所绌，礼之所禁，仁之贼也。

且夫慈而不逾，亦亲之自尽其道，而子之爱亲者不缘是以加益。既为吾亲，而无不用其爱，无可益者，故不可以慈而益也。以慈而益，则或不慈而可损，踟蹰斟酌于慈与否之间而志已偾矣，不孝莫大焉。况慈逾其节，而敢怀以为惠，亏礼废义以殉其贪侈之情也乎？

故高宗之丰祀于祢，_{祢与祷通，古文借用。}贼仁之大者也。古之有天下而尊其父者，惟受命之君为舍其大宗而崇其所生，则周之舍泰伯而追王王季以承太王是已。德自己立，功自己定，溯己所自成，以亲之身，承天之命，非王季之有私于文、武，逾分而以天下与之也。斯以为礼之节，义之宜，而仁亦至矣。若夫继世以有天下，功不自己定，德不自己立，修七世之祀而尤加隆于其祢，亲弥近者爱弥笃，礼之所许也。何也？己非天子，亲固其亲，非己之亲，君固其君也。君亲道合，以近弥笃，则丰而无嫌；其远者，或享尝以止，或有祷乃祀，仁有杀而义有等，固因心以为之准矣。

乃若殷之传世也，则异于是。立弟以次，传嫡长者之子，成汤之家法，累世承之，秩然之序，森然之防，莫之能逾矣。盘庚循其道而传弟小辛，小辛循其道而传弟小乙。小乙废其道，不以传盘庚之子，而传其子武丁，小乙之私也。小乙私而盘庚正，是高宗之天下，非小乙授之，而盘庚授之矣。受盘庚之祚，丰小乙之祀，废大宗以厚其祢，高宗其曰我奄有之，则礼自我作而已背成汤之家法矣，又何恤盘庚之失所哉？则甚矣高宗之诬也。

诬礼以诬仁，诬仁以诬孝。诬以为孝，而以爱亲之仁文其恶，以号于天下，则格正之荩臣，亦莫得昌言以致诘，而高宗之背道，乃以得罪于天。诬礼则废义，废义则贼仁，蔑成汤，背盘庚，而以彰小乙之慝，小乙伤矣。

己之有天下，非功足以定乱，德足以顺人，亲失道而己徼其幸。有人心者，方且瞿然不安，思反正以盖前人之愆。今则不然，贪于自大，私其祢以从己之欲，则以尊其亲者自尊也。夫以其尊者而尊亲则亲尊，以其尊亲者自尊则亲辱。夫固谓非亲之诎道以授我，则我不得以有天下，而以箪食豆羹施报之情，上事其亲。夫以亲授我，而我得有天下为恩，则使亲不授我而我不有天下，将以为怨而薄其报乎？是泰伯可雠太王，大禹不郊伯鲧也。贪箪豆之赐，加爱于其亲，稚子且羞为之，则欲辞伤亲之罪，亦奚谊哉？祖甲之所不义，而高宗安之；祖丁之以兆乱，而高宗夸大之以孝诬天下：谅暗也，丰祀也，皆其不惠于义者也。义之弗惠，天之所绝，灾以之兴而雉雊焉，宗庙之中有禽心矣。皇皇然以祈永命于上帝，其可得乎？

呜呼！邪说兴，典礼乱，私欲逞，大义废。欧阳修、张璁、桂萼赖宠以逢君，而持祖己之说言者，且获罪以贬窜。君臣师师，侈为盛美，而祇以辱亲，则不仁莫甚焉。为人后者为之子，宋英宗之不得祢濮王，明矣。兴邸之召，非有遗命，亲不可移也。如光武之立别庙而称府君，子道尽而尊不逾，允矣。列之九庙，跻于武庙之上，则臣逾其君，亲非有憝而贻之巨愆。以是为爱也，不知其祇以伤也。闻祖己之微词，亦尚知愧矣夫！

夫子之删《书》而存此者，何也？《书》之存，有存君者，有存臣者。《盘庚》无臣，以存君也。《说命》《肜日》无君，以存臣也。二《典》、三《谟》，君臣一德之风替矣，高宗而奚得为有道之君邪？故夫子曰："何必高宗？"略之之词也。

微子

微子之去，孔子仁之。或曰，以存祀也。国未亡，庙社未夷，遽附君所仇忌者以求封，而曰存祀，此以为仁，则刘昶、萧宝寅之窜身异域而受王封，皆仁也。刘歆、李振、赵孟頫虽无国土而有禄食以祀其先人，皆仁也。以不仁为仁，道之所以丧，丧于佞人之辨，率此类是已。

故纪季以酅入于齐，《春秋》书曰"以"，以者，不以者也；曰"入"，入，逆辞也。《春秋》之所恶，胡氏善之，几何不奖秦桧使其君称"臣构"于女真邪？

且夫古之有天下者，自诸侯而陟，未有天下之先，五庙以飨，固已食于其国矣。迨后嗣之绝于天也，失天下而不失其国，则先世之祀，一如其初；而又隆三恪之典礼，修天子之事守，则丧天下于子孙，而不丧天下于祖考。夫既有淫威以报胜国之祖宗，亦有余荣以处胜国之孙子，则天位之得失仅系其人，而上下交无所累，不待存之而自无不存也。

灭国而斩其祀者，五霸之事也；夺天下而绝其后者，暴秦之事也；于是乎天位之存亡累及于宗庙，而三代以上固无不祀之忧。是则成汤之郊禘，纣虽亡，终可不斩，而何待微子之存邪？

盖微子之去，去纣也，非去商也。苟非存祀，商不可去。借曰存祀，则无微子而纣之裔子固存。禄父之封，必然之事也；东征之举，不必然之事也。微子而死，商之事守固不泯焉。岂逆料三监挟禄父以速其亡，而期三恪之封在己哉？即令知禄父之必亡，而丽亿之子孙皆汤孙也，商祀固不亡也。故微子之去，去纣也，非去商也。忧纣虐之及己，而重累以骨肉戕忍之恶也，故曰仁也。

夫仁不辟祸以害心，义不幸祸以成名。名顺而心不安，不徇乎名；心安而名不顺，不徇乎心。纣之"发出狂"而"家耄"之不保，则亦何有于其兄？何有于其兄，而箕子之"旧云刻子"者，于微子而尤有建成、廷美之嫌，故微子之于此难矣。沈酗败德，商其沦丧矣。隐痛在心，而涕泣弗释，固重也。而更有重于此者。

藉微子而如箕、比，以危言投毒忌之耳，纣之虐用囚杀者，视诸箕、比，其发尤酷，而又可加以争夺之名。以宋襄公之友爱，目夷之三谏，且如水之沃石，而和乐之义失焉，盖亦嫌疑之未泯也。

如欲诡随以偷全兄弟之欢与？则必如宁王成器之于玄宗，斯可免矣。玉笛之朋淫，花奴之诡对，岂微子之忍用其心与？又况纣之安忍无亲，曾不足望宋襄、唐玄之项背哉？

箕子之不死，偶也。比干之死，必也。微子之谏而必死也，甚于比干，而必不得者，箕子之偶以生也。夫惟使纣而无以加其恶于微子，则海内胥怨独夫，家耄犹安遁野。

藉令微子秉清刚以立凶人之侧，激纣毒猜之素，阴恶其匡正之予违，阳被以争立之宿怨，则纣贼杀天伦之巨恶，家耄可以声讨，西伯可以执言，商之沦丧，因微子之死而已速，则微子虽死，而疚憾深矣。

又令幽囚待戮，钩连善类，以激臣民之愤怨，离心之多士，播弃之黎老，挟长幼之大义，矫适庶之虚名，拥戴元良，明加易置，而文王服侍之忱，亦欣于得主，以终忠贞之世笃；则微子以之死而之生，商祚以之亡而之存，而幽独之不宁，则不但如成汤之有惭德，且使萧鸾、陈顼之怀逆以篡者，假为口实，尤仁人所不忍自我而开也。

欲救亡而祗以速纣之亡，欲忠纣而或以代纣之位。心不安则不忍徇镇抚社稷之名，名不顺则不敢徇捐躯效节之心。抑必不可同昏以祈免也。然则父师之"刻"微子，不但"刻"以身之危，抑"刻"以心之苦矣。

故辗转思之，穷而"出迪"，惟一去之差为自靖也。为亡国之公子易，为去国之元子难。"罔为臣仆"于周易，罔为兵端于商难。仁者之用心，固有然已。

迨其后，殷命已革，禄父犹存，行遁荒郊，而三恪之祀，终非微子任也。及乎纣胤已殄，玄王几馁，而后亦白其马以来宾，则行遁之初，何尝有存祀之心稍分其隐恤也乎？

史氏抱器牵羊之说，其诬也久矣。假令禄父长保东郊，三恪永存纣裔，微子固将浮沈寄食，归骨于禄父之邦。而商随奄灭，成王正元子之名以就封于宋，周人以是厌服顽民之心，乃微子之莫可如何，蠢然伤心；特以庙食之责，无可复诿，不得已而受命焉。悠悠苍天，痛愈深而志愈隐矣。痛之深、志之隐者，仁也。故曰："殷有三仁焉。"

若夫以天伦之至爱，处无嫌之地，而箝舌以同昏，是愈疏也。当家邦之丧，而外附以免祸，是助逆也。况乎际郡县之天下，国亡而祀斩，无尺土之可依，受仇雠之新命，行同犬豕而恩斩葛藟。亦安足列于人类哉？

存祀云者，不仁之人降以求荣，借口之词也。非孔子之以称微子者也。邪说兴，天理灭，可弗辨与！读《微子》之篇，察其势之所值、心之所存，可以折其妄矣。

《尚书引义》卷三终

尚书引义卷四

泰誓上

道之大原惟天，万物之大原惟天地，天下之大原惟君，人之大原惟父母。由一而向万，本大而末小。本大而一者，理之一也；末小而万者，分之殊也。理惟其一，道之所以统于同；分惟其殊，人之所以必珍其独。故父母者，人道之大也。以大统小而同者疏，故天地父母万物，而人不得以天为父，以地为母。道无为，天地有为。物生于有，不生于无；故道不任父母万物，而天地父母万物。子法父母，故人法天地而道不可法。有行于无，无不行于有；故人弘道而天地不资道以弘。

天地无心，元后有心。无心无择，有心有择；故天地父母万物，而元后不任为万物父母，而惟"作民父母"。天地无作，而父母之道固在，元后不作，而父母之道旷矣。元后非施生，而父施母生；故父母配天地之施生，而元后必待作而后均于父母。与物同者疏，独民有者亲，则天地疏而元后亲。有施者亲，无施者疏，则天地亲而元后疏。

亲疏之杀，效法率行之别，大小之异，本末之差，分之殊也；天地、元后、父母，其道均也，理之一也；理一而分殊，此之谓也。

道不任父母万物而天地任之，故《周易》并建《乾》《坤》，以统六十有二之变，不推于自然之理，而本于有为之健顺。元后能以其不施生者作而赞天地父母之施生，而后可以继天地以均于父母，故人无易天地、易父母，而有可易之君。

天地率由于一阴一阳之道以生万物，父母率行于一阴一阳之道以生子。故孝子事父母如天地，而帝王以其亲配上帝。元后效法天地以父母民，故忠臣称天以诔君，而戴之以死生。

以小承大而德无不充，故太极之成男成女者，第四圆图。父母之施生也，而与太极絜其大。以大统小而道渐以分，故太极之二殊五实囿于太极之中而不可沆也。反其所自生而亲始之谓仁，秩其所以生而类别之谓义。仁之至，义之尽，以极天下之道，尽于此矣。

昧于其渐降渐分、源流亲疏之序，而凌躐以迫求其本，乃为之说曰："万物之生，生于一也；万物之生，生于道也。"一也者，未有殊而未有实也。道也者，非有心而非有为也。无实之谓幻生，无殊之谓归一，无心之谓不可思义，无为之谓听其自已。则将于其率行者而效法之，则将于其效法者而率行之，颠倒揉乱，枵然自大，而后元后不足以纪之，父母不足以有之，窒其必恻、必隐之心则不仁，乱其类聚、群分之理则不义，仁义充塞而人禽之畛破矣。

夫道也者路也，人率路以行，路不足以有行也。天地者实也，虚不可分，而实可分也。虽有甚辩之口，其能易吾言哉？

天地之生物，求拟其似，惟父母而已。子未生而父母不赢，子生而父母不损。然则先儒之以汞倾地而皆圆为拟者，误矣。析大汞之圆为小汞之圆，而大汞损也。子非损父母者也。子生于父母，而实有其子。物生于天地，而实有其物。然则先儒之以月落万川为拟者，误矣。川月非真，离月之影，而川固无月也。以川月为子，以月为父母，则子者父母之幻影也。子固非幻有者也。是"天地不仁，刍狗万物"之义也。

以小汞为子，大汞为父母，则天地父母无自立之体，而分合一因于偶然，将思成无父母，对越无上帝，是海沤起灭之说也。何居乎为君子儒而蒙释、老之说邪？

是其为言也，将使为君父者土苴其臣子，为臣子者叛弃其君亲而莫之恤。何也？生于无为之道，则惟无生有，而有者必非我之自生。非我之自生，强而合之，不亲矣，而背弃之恶不恤矣。道无为而生民物，则惟无也而后可以为父母，而有者不足以为父母。不足以为父母，强欲有功，诚赘疣矣，而土苴之恶不恤矣。

及其下流，则将视臣弑君、子弑父者，亦与戮囚隶、杀刍豢均也。何也？道固无择，生均则杀均也。则将视逐杀无过之子、炮烙无辜之民，亦与剃草、伐木均也。何也？道本无功，恩不任恩，怨不任怨也。是孔子之钓弋，罪等于商臣、宋万；而帝王之彰善瘅恶，曾不如立视其死之牧人矣。

呜呼！吾知其有大欲存焉。天地所健行无疆以成之者，彼直欲败之也；父母所恩斯勤斯以鬻之者，彼直欲死之也。欲败之，故成不以为德；欲死之，故生不以为恩。夫欲其速败而疾死，则亦何难哉！纣衣宝玉以自焚，而万缘毕矣。

若此者，恻隐之心荡，而羞恶之心亦亡也。羞恶之心亡，故枵然自大，以为父母不足以子我，天地不足以人我，我之有生自无始以来而有之矣。无始者，无为无心而我生矣，无为无心而人生矣，无为无心而物生矣。故曰："天地与我同根，万物与我共命。"众生之生于道，一真之法界也。区生而失其大，乃有分段之生死。万未归一，如大汞之小而未合，川水之围月影而非即月也。于是立一无实之法，欲以合月影于天，聚已散之汞于一，而枵然自侈曰"万法归一"，一更无归而西江吸尽矣。甚矣其愚也！

夫道也者，路也。路一成而万里千岐，合并具现于一日，极天下之敏疾，未有能效法之者。不揣其必不能效法，而弃其所可率行，安忍自放，贪大无厌，舍所能而规所不能；已终于不能，而徒欲速败而速死，以戕物而自戕，均于纣之迷以速亡，犹且枵然自大，曰"吾业已与道为一矣"，是犹云迷月影，而曰水月之上合于天也。羞恶之心犹有存焉者乎？

夫君子"拟之而言，议之而动"，惇羞恶之实，循恻隐之发，知道之不任乎生，知生之率行乎道，知天地以有为生万物，知父母以有施生子，知元后以有所作而赞施生者配天地而为父母；故以有为之德业配天地，而以有心之忠孝报君亲。断其相统者为尊，则君尊于父；断其承天以施生者为亲，则父母亲于君；断自天地始，而无先于天地生天地之道，则在天者即为道，以谨于法天；顺其理，循其分，终身由之为不远之则，聪明宣而继天立极，冒天下之道而皆实，《泰誓》之言尽之矣！

泰誓中

尊无与尚，道弗能逾，人不得违者，惟天而已。曰"天视自我民视，天听自我民听"，举天而属之民，其重民也至矣。虽然，言民而系之天，其用民也尤慎矣。善读书者，绎其言而辗转反侧以绎之，道乃尽，古人之辞乃以无疵。

言之无疵者，用之一时而业以崇，进之百世而道以建，大公于天下，而上下、前后、左右皆一矩絜之而得其平。征天于民，用民以天，夫然后大公以协于均平，而持衡者慎也。故可推广而言之曰"天视听自民视听"，以极乎道之所察；固可推本而言之曰"民视听自天视听"，以定乎理之所存。之二说者，其归一也，而用之者不一，辗转以绎之，道存乎其间矣。

由乎人之不知重民者，则即民以见天，而莫畏匪民矣。由乎人之不能审于民者，则援天以观民，而民之情伪不可不深知而慎用之矣。

盖天显于民，而民必依天以立命，合天人于一理。天者，理而已矣。有目而能视，有耳而能听，孰使之能然？天之理也。有视听而有聪明，有聪明而有好恶，有好恶而有德怨，情所必逮、事所必兴矣，莫不有理存焉。故民之德怨，理所察也，谨所恶以宣聪明者所必察也。

舍民而言天，于是而合于符瑞图谶以侥幸，假于时日卜筮以诬民，于是而抑有傲以从康者。矫之曰："天命不足畏也。"两者争辩，而要以拂民之情。

乃舍天而言民，于是而有筑室之道谋，于是而有违道之干誉，于是而抑有偏听以酿乱者。矫之曰："人言不足恤也。"两者争辩，而要以逆天之则。

夫重民以天，而昭其视听为天之所察，曰"匹夫匹妇之德怨，天之赏罚也"，俾为人上者之知所畏也，古之人已虩虩乎其言之矣。若夫用民而必慎之者，何也？民之重，重以天也。匹夫匹妇之德怨为奉天以行好恶之准，而敢易言之乎？唐、虞之"于变时雍"，成周之"遍为尔德"，今不知其风化之何如也。意者民之视听审，好恶贞，聪明著，德怨清，为奉天者所可循以罔怨乎？然而古之圣人，亦未尝以无心而任物，无择而固执也。垂及后世，教衰风替，固难言之矣。

司马温公入觐，而拥舆缘屋以争一见矣。李纲陷天子于孤城以就俘，而欢呼者亦数万人矣。董卓掠子女，杀丁壮，而民乐其燃脐矣。子产定田畴，教子弟，而民亦歌欲杀矣。故曰教已衰，风已替，而固难言之也。

舜之戒禹曰："无稽之言勿听。"民之视听，非能有所稽者也。盘庚之诰曰："而胥动以浮言。"民之视听，一动而浮游不已者也。然唐、虞、三代之民固已难言之，而况后世乎？

且夫视而能见，听而能闻，非人之能有之也，天也。"天有显道"，显之于声色，而视听丽焉。天有神化，神以为化，人秉为灵，而聪明启焉。然而天之道广矣，天之神万化无私矣。故凡有色者皆以发人之视，凡有声者皆以人人之听，凡有目者皆载可视之灵，凡有耳者皆载可听之灵，民特其秀者而固与为缘。圣人体其化裁，成其声色，以尽民之性；君子凝其神，审其声色，以立民之则；而万有不齐之民未得与焉。

于是不度之声，不正之色，物变杂生，以摇动其耳目而移易其初秉之灵；于是眈眈之视，惯惯之听，物气之薰蒸，渐渍其耳目而遗忘其固有之精。则虽民也，而化于物矣。

夫物之视听，亦未尝非天之察也，而固非民之天也。非民之天，则视眩而听荧，曹好而党恶，忘大德，思小怨，一夫倡之，万人和之，不崇朝而喧阗流沔，溢于四海，且喜夕怒，莫能诘其所终。若此者，非奉天以观民，孰与定其权衡，而可惟流风之披靡以诡随哉？故曰"天视听自民视听"，而不可忽也；"民视听抑必自天视听"，而不可不慎也。

今夫天，彻乎古今而一也，周乎六合而一也，通乎昼夜而一也。其运也密，而无纭然之变也；其化也渐，而无猝然之兴也；穆然以感，而无荧然之发而不可收也。然则审民之视听，以贞己之从违者，亦准诸此而已矣。

一旦之向背，骛之如不及，已而释然其鲜味矣。一方之风尚，趋之如恐后，徙其地而漠然其已忘矣。一事之愉快，传之而争相歆羡，旋受其害而固不暇谋矣。教之衰，风之替，民之视听如此者甚夥也。

故酷吏之诛锄，细人之沾惠，奸人之流涕，辨士之立谈，以及乎佛、老生死苦乐之狠言，视之而目不给于观感，听之而耳不厌于称说，亦民情也，而固非天所予也。抱幽独之孤志，持静正之风裁，虑远而妨小利，执古而矫颓风，以及乎君子高坚中道之至教，视之而不惬于目，听之而不辨于耳，亦民情也，而固非天所夺也。

惟夫如纣者，朋凶播恶，积之已深而毒民也亟，民之视听，允合乎上帝之鉴观，则顺民以致讨而应乎天。然且文王俟之终身，武王俟之十三年之后，不敢以一时喧腾之诅咒、一方流离之情形顺徇其耳目。徐而察之，"独夫"之定论果出于至公，然后决言之曰"此民之视听，即天之视听所察也"。"上帝临女"，可"勿贰尔心"矣。

虽然，武王于此重言民，而犹有所未慎也。既曰"民之视听即天"矣，则今日亿万人之倒戈以北者惟民也，他日《多士》《多方》之交作不典者亦惟民也。民权畸重，则民志不宁。其流既决，挽之劳而交受其伤，将焉及哉！

民献有十夫，而视无不明矣，听无不聪矣。以民迓天，而以天鉴民，理之所审，情之所协，聪明以宣，好恶以贞，德怨以定，赏罚以裁，民无不宜，天无不宪，则推之天下，推之万世而无敝。故曰："天视听自民视听，民视听自天视听。"辗转绎之，而后辞以达，理以尽也。

泰誓牧誓

割正方夏，绥不辑之臣民，建不拔之业，必有实焉，非仅以名也。革命者，应乎天，顺乎人，乃以永世。天者，无能名者也。民者，不知有名而好之者也。故应天者以心，顺人者以事。无怍于心，无歉于事，天人皆应之。何取于为之名而蕲乎人之是己。蕲乎人之非彼，乃足以承天而定民志邪？

虽然，名之与实，岂相离而可偏废者乎？名之与实，形之与象，声之与响也。形声成于己，而象著于天下之目，响彻于天下之耳，耳目移而心志从。定乱世之天下，御乱世之人心，舍是奚以哉？

世之降也，民志之不易孚也。无怍于心，而蕲乎人之信，操独行者有不能喻之妻子者矣。无歉于事，而蕲乎人之从，修礼容者有不能合于乡党者矣。奚况四海之广，兆人之众，桀傲谲诈者相乘以相难乎？

是故以周之世德，革纣之穷凶，仰不愧天，而下为万方之待，命则牧野之师，即不历斥独夫淫凶之罪，以与争逆顺之名，姑与含弘，养忠贞之世德，庸讵非仁人君子之用心？而且北面，夕仇雠，揭元后父母之义声，摘醉饱房帷之隐慝，大声疾呼，诟谇无余，以贷士卒之勇，不已过与？

夫名者，在彼在此之无定者也。从君与父之道而言之，仁不仁之名正矣。从臣与子之道而言之，义不义之名亦可正矣。保无蹶起而兴蹊田夺牛之讼乎？而固不然也。天下丧其实，以实救之，君子修其实而据以为德。天下丧其实，且丧其名，以名显之，君子必正其名而立以为道。名者，人道之大者也。

治逆乱之天下，君以贼道王，臣以狄道贵，民以禽道生；既丧其实，尤丧其名。王者去死而奠之生，珍人而殊之禽，实既孚于天下，而名居尤重之势，必自我正之，而后天下之耳目治而心志一。

不仁者不可以为父母，正其名而仁乃昭。不义者不可以为元后，正其名而后义乃著。名之自生，天隐而不与以可知；名之既立，民愚而不能知其故。名贼为君而君之，君之名可移也；名狄为臣而臣之，臣之名可移也；名禽为人而人之，人之名可移也。正者，正其不可移者也。故以臣代君，以征伐有天下，不极其名以昭示其实，则诈谖强力者亦且挟实以摇天下之人心，而仁义永亡。

呜呼！三代以下，统愈乱，世愈降，道愈微，盗憎主，夷乱华，恬不知怪，以垂至于今，岂徒实之不逮哉？名先丧也。

汉鉴秦之丧实，而昧于秦之丧名，苛政去而礼乐不兴，劣一贾、董之粗陈古道，且如病之忌药也，则先王之道，非丧于秦而丧于汉。然其声暴秦之罪，发义帝之丧，名仅存焉，而汉之流风，固以贤于唐、宋。

唐起晋阳以自救其死，非有生天下之实也。乃阳尊杨侑以掩耳，则名随实而丧。宋顾盼而夺孤儿之位，业已无可为名也，仅以小惠饵天下而縻之，涂饰技穷，拱手以授赤子于豺狼，而实亦随名以无遗。

呜呼！唐、宋之天下，朝廷无义问，天下无适从，乱日生而盗夷交起，盖暴行之殄民者浅，而邪说之殄民者深也。名之不正，邪说之所由生也。蒙古之不仁而毒天下之生灵，亦如纣而已耳。而揆诸天地之大义，率天下而禽之，则亘古所未有也。洪武之治，以实论之，非贞观、建隆之不可企及者。所为卓绝古今，功轶于三王，道隆于百世者，拔人于禽而昭苏之，名莫有尚焉。

夫修其实以得其名者，君之道也；显其名以昭其实者，臣之职也。故汤忧口实而仲虺作诰，武未受命而周公赋《雅》，喻后志以靖民心，商、周之王业光，而千秋之分义定。虽桀、纣以禹、汤明德之裔胤为天下君者，且显黜之，以夺其元后之尊，而正名之曰"独夫"，无务包荒以疑天下之耳目，何赫赫也！

鄙哉！青田、金华之为臣乎！始昧卷怀之义，后矜姑息之仁，徇流俗之浮言，悖光昭之大志，乃锡妥懁以美谥，奖余阙之怙终，列薛禅于祀典，假买的以侯封，犬豕厕于羲、农，匹鹑混于三恪，褒飞廉之就戮，等张、许之孤忠，奖狐鼠之昼奔，为纪侯之大去。其尤悖者，修《元史》以继《唐》《宋》之书，存辽、金以仍脱脱之僭，使获麟之后，步后尘者为蜗涎之篆。顾区区以骘友谅，存士诚，侈荡定之勋，而掩其补天浴日之显功，不已陋与！

弗望其为仲虺、周公也，使得如陆贾、班彪之知逆顺，扬涤除之鸿猷，斥犬羊之腥闻，庶几哉？天下之视听清，万世之纲维定，又何至旋踵而陷弱宋之祸哉？天地闭，贤人隐，当利见在田之时，而括囊无誉，亦可伤也。后之君子，其亦有鉴于斯乎！

武成

汉贾生之论曰"攻守异势"，驳儒之言也，而周初之事，良有以开之。或《武成》《戴记》之不足信邪？抑武王、太公之有未得也？今请言之。

攻不足以守，则天下不服；守不足以攻，则天下不信。放牛归马，亟示天下以不用兵，未十年而东征之役起，则亦不足以立信于天下矣。东人未靖，非不可知，遽偃武以告成，亦已疏矣。抑知其不可遽偃，姑偃之以安反侧，迨其后又徐图之邪？则操"朝四暮三"之术以笼愚贱，是术也，固以道贞治，为守天下可久之规者所不屑也。絜阳纵阴操之智计，为或攻或守之权谋，为谖而已矣。故曰贾生之说，周初之事有以开之也。《武成》

之书不足多取，孟子言之矣，而非尽史臣之诬也。以武王伐商之事较之汤、文，则武王实有间焉。

奚以明其然也？势者事之所因，事者势之所就，故离事无理，离理无势。势之难易，理之顺逆为之也。理顺斯势顺矣，理逆斯势逆矣。君臣之分，上下、轻重、先后、缓急之权衡，其顺其逆，不易之理也。守天下者，辨上下，定民志，致远而必服，垂久而必信，理之顺即势之便也。攻以此攻，守以此守，无二理也，无二势也。势处于不顺，则事虽易而必难。事之已难，则不能豫持后势而立可久之法以昭大信于天下，所必然矣。故武王非不知十年之中且有东征之役，而不能黩武以争伏莽之戎，势处于不便也。故曰武王实有间焉，非尽史臣之诬也。

夫顺逆者轻重之委也，轻重者权衡之所得也。权衡立而轻重不爽，轻重不爽而先后不忒，先后不忒而上下不拂，上下不拂则大顺而无逆。权衡审于理，顺逆成于势，端举而委从，故曰理外无势也。

是故成汤之取天下，亦诛君之举也；文王之专征伐，亦代商之势也。然而有异焉：汤、文之势，攻可守也；武王之势，非以守者攻也。则何以明其然邪？

桀之无道，韦、顾、昆吾助之；纣之无道，崇、黎助之，奄、徐继助之。夫宁不知三蘖、崇、黎，罪薄于桀、纣？而"有虔秉钺"，先及三蘖，徐乃为南巢之放；汝坟受索，率以服侍，姑用惩于崇、黎之戡；将毋罪罚之轻重不称，而底定之后先为已拂与？乃审理以为权衡，而轻重固有不然者。

首恶而为恶之渊薮者重，从恶而为恶之朋党者轻，此情之轻重也。首恶者君，则以贵治贱，末减而轻；从恶者臣，则用下罔上，加等而重；此理之轻重也。守天下者，正名定分而天下信，惟因理以得势。攻天下者，原情准理而天下服，则亦顺势以循理。是故三蘖、崇、黎，亟试其铁钺，而缓桀、纣以悔祸之路。汤、文之为此者以循理，而势已无不得矣。故朋凶先翦，独夫无助，待其怙终不悔，则羽翼已摧，四海永清，而无反侧之可忧矣。

夫文王之至德，足以服六州而久其信，故其后东郊大扰，而西土南国，悠然于《棫朴》《茆苢》之侧，不待觌文匿武以相镇抚，固已有成效之可睹矣。

藉令成汤升陑之后，投兵于渊，焚车于野，数世之内，自可无再诰多方之举，然而有所不必也。天下已无奄、徐，帖然相喻于一王之下，日讲武于国而自可亡疑也。

牧野之事则异是矣，诚有间矣。后同恶之讨，先殷郊之战，低昂于轻重者因乎情，而较量乎顺逆者拂其理。令以此道而守天下，则臣主贸其安危，上下失其厚薄，固非安上治民之大经。非大经，则不可以守。不可以守，而以之攻，王也而近乎霸矣。

冠虽敝也，而亟裂之；源虽渴也，而亟塞之。党邪丑正者实繁有徒，且逍遥而观望，乃囊弓戢盾以慰之曰："吾不尔求也。"譬之治痬者，急肉其从溃之穴，而邀矜勿药之喜，余毒旁溢，害且滋深。故子婴降而成皋之战方兴，王莽诛而长安之亡益亟，皆必然之势也。自非文王培义之深，则商、奄之乱，周亦危矣哉！大告武成，而偃兵以示天下，武王其有姑且之心与！则惟权衡未审而不协于理之大经也。

故《春秋》者，王道之权衡也，罪均从情，情均从理。邾、郑伐宋，同为外君，则序邾、郑上，以邾首祸，不以郑大而畸重之。公及齐人狩于禚，鲁亲齐疏，则人齐侯，而不贬公，不以鲁庄忘仇淫猎而亟诛之。刘、单从王猛以争立，王猛尊而刘、单卑，则先二子而书曰"以"，不以王猛违君父之心，而亟诛其竞。阳虎囚季斯，斯贵而虎贱，则书曰"盗"，不以斯积僭君之恶，而冀幸其败。

守《春秋》之法以守天下，即可奉《春秋》之法以攻天下。攻而莫不服，守而莫不信，则牛不必放，马不必归，诘戎兵以防不虞，而人固知其无玉石俱焚之心。奉守之理以攻，存攻之势以守，道合于一，而天下平矣。

洪范

一

天下无数外之象，无象外之数，既有象，则得以一之、二之而数之矣。既有数，则得以奇之、偶之而像之矣。是故象数相倚，象生数、数亦生象。象生数，有象而数之以为数；数生象，有数而遂成乎其为象。象生数者，天使之有是体，而人得纪之也。如目固有两以成象，而人得数之以二；指固有五以成象，而人得数之以五。数生象者，人备乎其数，而体乃以成也。如天子诸侯降杀以两，而尊卑之象成；族序以九，而亲疏等杀之象成。《易》先象而后数，畴先数而后象。《易》，变也，变无心而成化，天也；天垂象以示人，而人得以数测之也。畴，事也，事有为而作，则人也；人备数以合天，而天之象以合也。故畴者先数而后象也。夫既先数而后象，则固先用而后体，先人事而后天道，《易》可筮而畴不可占。不知而作，其九峰蔡氏之《皇极》与？

九峰之言曰："后之作者，或即象而为数，或反数而拟象，牵合附会，自然之数益晦蚀焉。"夫九峰抑知自然相因之理乎？象生数，则即象固可为数矣；数生象，则反数固可以拟象矣。象之垂也，孤立，则可数之以一；并行，固可数之以二。象何不可以为数？数之列也，有一，则特立无偶之象成；有二，则并峙而不相下之象成。数何不可以拟象？《洞极》之于《洛书》，《潜虚》之于《河图》，毋亦象数之未有当，而岂不能废一以专用之为咎乎？九峰不知象数相因、天人异用之理，其于畴也，未之曙者多矣。

夫畴何为者也？天锡禹而俾叙乎人事者也。人事有必至之数，贤者不能赢也，愚者不能缩也。数有必因之序，先者不可后，后者不可先也。数有必合之理，相遇而不可违，相即而不可离也。数有相得之情，发乎此而应乎彼，通乎彼而实感乎此也，而后彝伦攸叙而勿之有斁也。

是故《易》，吉凶悔吝之几也；畴，善恶得失之为也。《易》以知天，畴以尽人，而天人之事备矣。河出图，洛出书，天垂法以前圣人之用。天无殊象，而图书有异数，则或以纪天道之固然，或以效人事之当修，或以彰体之可用，或以示用之合体。故《易》与鬼谋，而畴代天工，圣人之所不能违矣。

乾者，天之健也。坤者，地之顺也。君子以天之乾自强不息，以地之坤厚德载物。乾坤之德固然，君子以之，则德业合于天地，小人不以，则自丧其德业，而天固不失其行，地固不丧其势，此《易》之以天道治人事也。

"初一曰五行"，行于人而修五行之政，"次二曰五事"，人所事而尽五事之才。不才之子泪五行而行以愆；遂皇不钻木则火不炎上，后稷不播种则土不稼穑，不肖之子荒五事而事以废；目不辨善恶谓之瞀，耳不知从违谓之聩矣。此畴之以人事法天道也。惟其然，故《易》可通人谋以利于用，畴不可听鬼谋而自弃其体也。

乃其所以然者，天固于《图》《书》而昭示之矣。《河图》之数五十有五。天一地二，天三地四，天五地六，天七地八，天九地十，五位相得，而五十有五之数全。天无不彰之体，固有其五十有五而不容缺。《洛书》之数四十有五。四十有五则既缺其十矣。缺其十者，尽人之用止于九，四方四隅之相配，固可合之以成十，而必待人用以协于善。

天不能使人处乎自然，无思无为而道已备也。天数极于九，地数极于十，十阴而九阳，天义而地惠，阴养而阳德。夫人之为道，既异于天之无择矣。抑阴以扶阳，先义而后惠；厚德而薄养。人之上不凌天，下不乱于物者，赖此耳。故《洛书》缺十而极于九。一、三、五、七、九，可使相得而十；二、四、六、八、十，不可使相得而九。尽人之用，曲能有诚，一九、二八、三七、四六，协情比物，固足以十，而成五十有五之数。惟曲不致而用终隐，遂自画于九之区宇。天无待而人能配天者，存乎修为之合也，故《洛书》缺十而极于九。

天无为也，无为而缺，则终缺矣。故吉凶常变，万理悉备，而后自然之德全，以听人之择执。人有为也，有为而求盈，盈而与天争胜。争之而诡胜，则心知血气之害烈；不争而诡得，则偷惰之计生。况乎血气心知之所限，成败倚伏之相乘，必无固盈焉而能与天争者，又奚待计其胜负哉？故缉裘以代毛，铸兵以代角，固有之体则已处乎其缺，合而有得，而后用乃不诎。虽泪五行者不能抗也，故《洛书》缺十而极于九。

十之盈者天也，九之缺者人也。不可以天之数求人，不可以人之数测天。化极于十，事止于九。虚张其事以妄拟于化，斯诬人之不足以抗天之有余，而人道不足。故曰，九峰之于畴，其尚未之曙也。藉其知之，则不以九畴之叙听之蓍策矣。

今夫蓍策之用：虚其一、分为二，挂其一、揲以四，人之营也；分二而左右之，多寡无心，鬼之谋也。五行作而五用成，五事践而四体正，八政修而三官理，五纪顺而八象叶皇极建而一德立，三德乂而六用和，稽疑用而七占神，庶征应而二涂启，五福、六极审而九数从，详见《稗疏》。铢絫不爽于衡，影响不差于应，自人为之，自人致之，而彝伦于是叙焉。恶有不可知者以听于鬼谋乎？听于鬼谋，则已昧于九者之为畴而惟人之攸叙矣。

夫惟其然，是以知蔡氏之《皇极》，于象无当也，于理无准也，而于数固无合焉。无当于象，九峰自知之矣。"一一而原"，原孰之原？"九九而终"，终孰之终？岂若《乾》之实有其理，《未济》之实有其事乎？求之于天，无有原也。求之于人事，未有终也。求之于《洪范》，非一曰水之为原，六极弱之为终也。不可以象则不可以占，乃曰"《易》用象而畴用数"，以自文其过。不知《易》之固有数，而以己之偏，诬《易》之实，不已妄与！

虽然，其犹有辞矣。若夫无准于理，则更无可为之辞矣。天下之生，无有自万而消归于一者，亦无有积一而斯底于万以不可收者。自万而归于一，释氏盖言之矣。积一生万而不可收，老氏盖言之矣。老氏之言曰："一生二，二生三，三生万物。"然则日盈日积，而天地之间不足以容矣。

天地之生，无可囿之变，有必合之符；有潜复之用，无穷大之忧。蔡西山之言律也，曰："律吕之数，往而不返。"声音之道即令有然者，亦不可以尽天下之理。九峰徒读父书，遂欲以九寸之管，括万化以一律，斯已陋矣。以律通历可合也，而不尽合也。以律历括天下之数，偶有合焉，而固不合也。况其以括天地之变蕃，人事之叠叠者乎？

由人而测声之高下，以为长短、轻重、洪细、多寡之数，则黄钟之实，可有一十七万七千一百四十七虚立之杪忽。由人而测岁之积分，以为气盈、朔虚、中候、闰余之数，则岁周之实，有其二百五万九千九百一十四之分杪。此据蔡氏所用历法。非律与岁实有之，人不得已用数以测之也。若夫五音十二之旋生，日月星辰之密移，则人所谓虚而彼且盈，人所谓长而彼已消，夫何尝固有一成者乎？

且律之递减也，蕤宾之下生，损至八万二千九百四十四，则律短阳亏，音杀而不成，则大吕用倍，得十六万五千八百八十八焉。夷则之生夹钟，无射之生中吕犹是也。以故中吕之实，能有十三万一千七十二，不使亥律道绝乎黄钟，而以已之应钟九万三千三百十二为极下。盖万籁之声，无渐减渐衰至于六万五千五百三十六之调，实维天下之生，无渐减渐衰不可复生以向于无之理，则亦无衰减之极仅有六万五千五百三十六，而一旦骤反于十七万七千一百四十七之势。律以渐损，损极而不得益，故寄衰于应钟而不于中吕。

《皇极》之数以渐益，益极而无所损，则业已由一而九，由九而八十一，由八十一而六千五百六十一，由六千五百六十一而四千三百四万六千七百二十一。乃大雪之末，冬至之初，俄顷而骤反乎一，彼四千三百四万六千七百二十者果何往邪？将替而无之，则其灭无端；将推而容之，则无地可容矣。抑将括而一之，则其一者庞然巨物，天地之间无肖之者。岂独冬至子半有此洪洞无涯之气应哉？

且律云不反，亦西山之臆说，非不反也。于蕤宾之下生大吕，倍用焉而反矣。于徵、羽之五十四、四十八生商、角焉而反矣。乃中吕之半，上生黄钟，于数悬绝，则以黄钟为中声而非始，中吕亦为中声而非始。故朱子曰："声自属阴，中吕以下，亦当默有十二正变半律之地，以为中声之前段。"是说也，盖与《易》有十二，阴阳各六。卦用其六之理，若合符契。是故在已而衰，至午而盛，九万三千三百一十二之益一，上生十二万四千四百一十六，捷往捷反，至密无间。

今《皇极》数于大雪之末，四千三百四万六千七百二十一，既无可损，使下生冬至子半一之理，而芒种之末，夏至之初，二千一百五十二万三千三百六十有半，亦当旋为往反，俾得所归，以配阴阳升降衰王之恒。乃由一向二，若管库之数仓储，势限于无所归，乘除术穷，遂至穷奢极繁，一往而不谋所终。岂今年之冬至由一向多，以趋于大雪，而明年之冬至，由多反一，自四千三百四万六千七百二十一趋于大雪，渐减而归于一乎？抑明年冬至复益一以趋大雪者，可有八千六百九万三千四百四十二邪？自有甲子以来，至于今日，穷天下之算，不足以纪之矣。

藉其不然，岁自为岁，断而不续，则岁果何物，各有形段，可截取以为一定之理数哉？历家岁实之数，虽极繁衍，至于闰，而前之入限者或弃之矣，非于大雪之末弃之也。《皇极》之数，积之不能，弃之不可。吾不知所测者何物，所肖者何气，拘守往而不反之家传，显背默有十二之师说。乃云天之垂象，禹之代工，理胥此焉，不亦诬乎！将焉用之？为戏而已矣。

乃若于数无合，则尤著明而不可掩。何也？数之有径围者，测数也；其开方，实数也。圆径一而围三，一而已矣，非有三而人三之也。圆径一，亦不曾围三。以围三为径一者，方田粗率耳。用祖冲之密率校之，则九而差一。方径一而围四，一而已矣，非有四而人四之也。开方之数，有一为一，有二为二，实有之而数其本积也，故曰实也。

以一测圆而三，不测则三不立。有一于此，而又有一于彼，二之立也。盲者能以手循，稚子能以指屈，二固立矣。一生二，非生二也，二与一俱生，先一后二，可名之为生。也一生三，从径围测之，则有名而已矣，非实也。若云二生三，则诬甚矣。

一与一为二，渐就于有，二与一为三，复向于无。一可云生二，二其可以生三乎？一伸而二，二屈而三，方伸忽屈，则三安得生万物？故可曰函三而一，不得曰伸一而三。况可曰一生三，三生九乎？一生三，彼二者何自而来？三生九，彼六者何缘而集？求之《洛书》，一合九而相得，六与三分居左而不相合也。法象之无征，生长之无端，而曰"始于一参于三"者，徇径围之虚测，非固有之实数；且暗用老氏之说，背君子之道矣。

乃九峰既以径围之数伸一而三之，伸三而九之矣，亦必固用其术而后成乎其说。何居乎又用大衍虚一分二之法，但减四揲为三，以速获而几其当哉？

夫大衍之数，开方之实数也。一一而一，一固立，故一为开方之母；二二而四，四固存，故四为开方之准；四加一于中，而二二以补其缺，故三三得九、而九为开方之进，一弱而无待于开。开方之术，始于二，成于四，进于九，则四变九而非三生九也。大衍之数五十者，十十之开方而用其半也。《易》阴阳十二位，但用其半。其一不用者，开方之母也。其用四十有九者，七七之开方也。揲之以四者，二二之开方也。过揲之四九、四七、四八、四六，归奇之四三、四四、四五、四六，皆二二开方所有之实也。归奇十三，亦挂一而为十二，归奇十三，亦挂一而为十二，余仿此。卦之六十四，八八之开方也。爻之三百八十四，二十二十之开方，而虚其四四也。四四为开方之始，故虚之，犹大衍之虚之。则九九八十一之数，《易》固有之而未用。乃或以配律吕，或以纪历法，则亦备其用于《易》，而不待于畴矣。

《易》以开方立，则统壹于开方。《皇极》以径围立，则当统壹于径围，而其筮也，蓍策亦五十，不可得三而围之也。径三七围六十七。虚一不用，亦用四十九，亦不可得而三围之也。以径围立法，而中乖于径围，则既驳杂而不成章。又况归奇有用，而过揲无足纪，为弃其实而徇其余哉？其尤疏者，两偶之挂十三而谓之二，两奇之挂七而谓之一，一奇一偶之挂十而谓之三。取法无征，合数无准，奚当于函三之义哉？

即徇九峰之旨，以挂扐之一为赘疣，而其函三也，三四十二之多，覆得四五六之用，三三如九之少，覆得七八九之用，屈多以就少，伸少以使多，而大小忒矣。其为一也，二可谓之一，五可谓之二，八可谓之三，则诬奇以为偶，诬偶以为奇，而阴阳乱矣。名皆杜撰，而事等儿嬉，藉此以兴神物而前民用，期以取受如向之征，是鸡卜贤于元龟，扬雄圣于太昊矣。故曰不知而作也。

夫畴，人事也。筮，鬼谋也。人侵鬼而神不告，鬼治人而人丧其成能。假令九畴可以兴神物之用，则明用稽疑，近取之《洪范》而已足。奚必五兆索卜、二占求筮也与哉？

九畴之则《洛书》也，取象有位，推行有序，成章有合，相得有当。详《稗疏》。今加以牵合附会之讥，灭裂而决弃之，乃刻棁胶柱，一其初一，而九其次九，徒于一九相函之际，虚设一八十一之数，借径于扬雄，窃法于刘歆，《三统历法》。得师于老子，托始于径围，中滥于开方，略密率之参差，就方田之疏算，裁多使少，乱偶以奇，限以岁时，迷其往复，似律而无半倍之用，似历而无盈缩之差，固矣哉！九峰之为数也！宜其不足以传矣。《洛书》之遗画犹存，《洪范》之明征具在，学于圣人之道者，无轻作焉可也。

二

五行者何？行之为言也，用也。天之化，行乎人以阴骘下民，人资其用于天，而王者以行其政者也。

天之化，尽于五者乎？未然也。天之化，于五者统其同，于五者别其异乎？未然也。阴阳、寒暑、燥湿、生杀，其用不可纪极；动植融结，殊形异质，不可殚悉；固不尽于五者也。金亦土也，炼之而始成；火隐于木也，钻之而始著；水凝为冰，则坚等于金；木腐为壤，则固均于土；不可别而异之也。极北坚冰而无水，大海渟流而无木，山之无金者万而有金者一，火则无人之区固无有也，不可统天壤之间而同之也。

天之生物也，与其生人也，均之乎生也；天之育物也，与其育人也，均之乎育。故物之待生待育于天之化，亦犹之人也。而其生其育，五者有不行焉，则亦不资之以用。鱼不资乎土，蚓不资乎木，蠹鱼不资乎水，凡为鸟兽虫鱼者皆不资乎火与金，则五者之化不行于物，物亦不行焉。

夫物之以生以育，不悉用夫五者，则其才其情其性，亦不备五者之神矣。故五行者不可以区天之化，不可以统物之同。天惟行于人，人惟用以行，盖人治之大者也。

其为人治之大者何？以厚生也，以利用也，以正德也。夫人一日而生于天地之间，则未有能离五者以为养者也，具五者而后其生也可厚；亦未有能舍五者而能有为者也，具五者而后其用也可利。此较然为人之所必用，而抑为人之所独用矣。

由其资以厚人之生，则取其精以养形，凝乎形而以成性者在是矣。成乎质者，才之所由生也；辅乎气者，情之所由发也；充气而生神者，性之所由定也。而有生之初，受于天者，其刚柔融结之神，受于父母者亦取精用物之化也。得其粹则正，不足于一而枵，有余于一而溢，则不正。故王者节宣之，以赞天化而成人之性，是德之由以正者，此五者也。

由其资以利人之用，则因其材以敦乎质，饰其美以昭乎文，推广其利以宣德，制用其机以建威，是礼、乐、刑、政之资也。而观其所以昭著，察其所以流行，感其所以茂盛，审其所以静凝，则考道者之效法存焉。而慎用之以宜则正，淫用之以逞、吝用之以私者则不正。故王者谨司之以宰制化理而立人之义，是德之所由正者，此五者也。故大禹之《谟》云"六府惟修，谷即土之稼穑。三事惟和"，而统括之曰"九功"。功者，人所有事于天之化，非徒任诸天也。

今夫五者之行于天下也：天子富有而弘用之，而匹夫亦与有焉；圣人宰制而善成之，而愚不肖亦有事焉；四海之广，周遍而咸给焉，而一室之中亦不容缺也。胥天下而储之曰"府"，人所致其修为曰"功"，待之以应万物万事于不匮曰"行"，王者所以成庶绩、养兆民曰"畴"。是则五行之为范也，率人以奉天之化，敷天之化，以"阴骘下民"而"协其居"，其用诚洪矣哉！所以推为九畴之初一，而务民义者之必先也。

然其为义也，亦止此而已。善言天者，语人之天也；善言化者，言化之德也；善言数者，言事之数也。若夫比之拟之，推其显者而隐之，舍其为功为效者而神之，略其真体实用而以形似者强配而合之，此小儒之破道，小道之乱德，邪德之诬天，君子之所必黜也，王者之所必诛也。何居乎后世之言五行者，滥而入邪淫，莫之知拒也！

凡夫以形似配合而言天人之际者，未有非诬者。以元、亨、利、贞配木、火、金、水者似矣，而未尽然也。《易》之赞元曰："万物资始乃统天。"木其可为金水之资，而天受其统乎？可云元之理发端于木，不可云木之德允合乎元。道有其可合，而合不可执。元于人为仁，木之神亦为仁，其可合者也。在天、在物、在人，三絫而固有不齐之道器，执一则罔于所通矣。

以貌、言、视、听、思配五行，为比拟之说以实之，似矣，而实不然也。欲为之辞，奚患无辞哉？以貌配水而可有其说，以貌配木、火、金、土，未尝不可有说也。似而似之，不必似而似之，于此不似而他求以似之，终不似而武断以似之。以凿智侮五行，则诬道以诬民，咎不容逭矣。

夫王者敬用五行，慎修五事，外敷大政，内谨独修，交至以尽皇极之歔为者，各有其道，不偏重也。其宪者则天也，其学者则圣也，其取以为善者人也。奚待鉴于水以饰貌，观于火以谨言，取法于木以正视，折中于金以审听，求于土而慎思哉？强其似以求配也，于五事之敬用也奚益？其不似也奚损？庸心于无足庸，口给而实无所效，我不知为此说者之将以何为邪？洵然，则九畴之叙，但一五行而已足，又何取余八之繁言乎？故曰"小言破道，小道乱德"，致远必泥，君子之不为久矣。

自是而往，邪说之侮五行者，无所不至矣。京房之以配卦气也；屈《乾》于《兑》而金之，而天维裂；合《震》于《巽》而木之，而阳德衰也。医者之以配五藏言生克也，是心、肾、肺、肝之日交战于身中也。黄冠之以配神气魂魄也，是无形之中而繁有充塞之质也。下此而星命言之，相术言之，日者葬师言之，无可为名以惑天下，则挟五行以摇荡人心于疑是疑非之际。

呜呼！天所简在而锡，禹所祗台而受，武王所斋沐而请，箕子所郑重而陈，上帝之以行大用，而下民一日非此而不行者，乃以为小人游食之口实。道之丧也，谁作之俑？则刘向父子实始倡之，而蔡神与祖孙三世之习而溺焉，咎将奚诿！其他技术之流，又不可胜诛者矣。

圣人之言，言彝伦之叙也，所谓务民之义也。修火政，导水利，育林木，制五金，勤稼穑，以味养民，以材利民，养道遂，庶事成，而入以事父，出以事君，友于兄弟，刑于妻子，惠于朋友者，德以正焉。因天之化，成人之能，皆五行之用也。"初一曰五行"，义尽于此矣。言五行者，绎其旨，修其事，辨义利，酌质文，惟日孜孜而不足，奚暇及于小慧之纭纭！

三

人之体惟性，人之用惟才。性无有不善，为不善者非才，故曰，人无有不善。道则善矣，器则善矣。性者道之体，才者道之用，形者性之凝，色者才之撰也。故曰，汤、武身之也，谓即身而道在也。

道恶乎察？察于天地。性恶乎著？著于形色。有形斯以谓之身，形无有不善，身无有不善，故汤、武身之而以圣。假形而有不善焉，汤、武乃遗其精，用其粗者，岂弗忧其驳杂而违天命之纯哉？是故"貌曰恭"，举貌而已诚乎恭矣；"言曰从"，举言而已诚乎从矣；"视曰明"，举视而已诚乎明矣；"听曰聪"，举听而已诚乎聪矣；"思曰睿"，举思而已诚乎睿矣。诚也者，实也，实有之，固有之也；无有弗然，而非他有耀也。犹夫水之固润固下，火之固炎固上也，无所待而然，无不然者以相杂，尽其所可致，而莫之能御也。

夫人之有是形矣，其虚也灵，则既别乎草木矣；其成质也充美而调以均，则既别乎禽兽矣。体具而可饰其貌，口具而可宣其言，目具而可视夫色，耳具而可听夫声，心具而可思夫事，非夫擢枝布叶，植立麋生之弗能为牖矣。是貌、言、视、听、思者，恭、从、明、聪、睿之实也。

戴圆履方，强固委蛇之足以周旋，非夫跂跂强强，迅飞奔突之无其度矣。齿徵唇商，张清翕浊之足以达诚，非夫呦呦关关，哀鸣狂嗥之无其理矣。白黑贞明，丽景含光之足以审别，非夫后眶上睑，夜视昼昏之冥蒙错愕，瞀乎物矣。重郛曲窾，届远通微之足以辨声，非夫软朵下垂，茸穴浅阔之忽惊忽喜，迷所从矣。四应乎官曲，记持乎今昔之足以虑善，非夫乍辨旋惛，见愢忘寻之安忽愤盈，贪前失后矣。是恭、从、明、聪、睿者，人之形器诚然也。

是故以泽其貌，非待冠冕以表尊也，手恭足重，坐尸立齐之至便矣；以择其言，非待荣华以动众也，大小称名、逆顺因事之至便矣；以达其明，非待苛察于幽隐也，鉴貌辨色、循直审曲之至便矣；以致其聪，非待潜审于纤曲也，法巽兼容、忠佞有别之至便矣；以极其睿，非待驰神象外、巧揣物情之为慧也，因物以格、即理以穷之至便矣。故曰天地之生，人为贵。性焉安焉者，践其形而已矣；执焉复焉者，尽其才而已矣。践焉者无有喻之也，尽焉者惟其逮之也。

呜呼！貌则固恭，不恭者非人之貌乎？言则固从，不从者非人之言乎？视则固明，不明者非人之视乎？听则固聪，不聪者非人之听乎？思则固睿，不睿者非人之思乎？然而且有媟貌而莠言者，则气化于物也。气化于物，而动不因其由动，言不因其由言；是故土木其形，炙輠其辨，退而循之，莫能明其所自出，其自出者之固恭、固从，未之有与矣。然而且有视眩而听荧者，则物夺其鉴也。物夺其鉴，而方视有蔽其明，方听有蔽其聪；是故贪看鸟而错应人，弓成蛇而市有虎，官虽固存，不能使效其职，其职之固明、固聪，实惟其旷矣。然而且有“朋从尔思”而之于妄者，则牿其心而亡之也。牿心而亡之，而放不知所求，隐不能为著；是故下愚迷复于十年，异端困据于幽谷，背而驰焉，觌面而丧其所存，所存者之固未亡，初不相谋矣。才之未尽，见异而迁焉，反求之而罔测所自起焉，故曰：“为不善者，非才之罪也。”

且夫貌之不恭，岂遂登高而弃衣？言之不从，岂遂名父而叱君？视之不明，岂遂黑狐而赤乌？听之不聪，岂遂恶歌而喜哭？思之不睿，岂遂义蹠而仁魋？极之宋万、商臣，必有辞焉以为之名，而后自欺以欺世。杨不能以待臣之貌加其君，墨不能以责子之言应其父。然则惟有人之形也，则有人之性也，虽牿亡之余，犹是人也，人固无有不善而夙异乎草木禽兽者也。故于恭、从、明、聪、睿而谓之"曰"，言其生而自然也；于肃、乂、哲、谋、圣乃谓之"作"，劝以进而加功也。《洪范》之立诚以修辞，审矣哉！

　　呜呼！夫人将以求尽天下之物理，而七尺之躯自有之而自知之者，何其鲜也！老氏曰："吾有大患，为吾有身。"庄生曰："形可使如槁木，心可使如死灰。"释氏曰"色见，声音求，是人行邪道"，夫且仇之以为"六贼"，夫且憎之以为"不净"，夫且诟之以"臭皮囊"。呜呼！晓风残月，幽谷平野，光为磷而腐为壤者，此则"众妙之门""天均之休""清净法身""大圆智镜"而已矣。其狂不可瘳，其愚不可瘳矣！

　　然则孟子之以耳目为小体，何也？曰：从其合而言之，则异者小大也，同者体也。从其分而言之，则本大而末小，合大而分小之谓也。本摄乎末，分承乎合，故耳目之于心，非截然而有小大之殊。如其截然而小者有界，如其截然而大者有畛，是一人而有二体。当其合而从本，则名之"心官"，于其分而趋末，则名之"耳目之官"。官有主辅，体无疆畛。是故心者即目之内景，耳之内牖，貌之内镜，言之内钥也。合其所分，斯以谓之合。末之所会，斯以谓之本。《洛书》右肩之数四，而叙其事五。详《稗疏》。盖貌、言、视、听、分以成官，而思为君，会通乎四事以行其典礼。非别有独露之灵光，迥脱根尘，泯形声、离言动、而为恍惚杳冥之精也。

　　合之则大，分之则小，在本固大，逐末则小。故耳目之小，小以其官而不小以其事。耳以聪而作谋，目以明而作哲者，惟思与为体。孟子固未之小也。思而得，则小者大，不思而蔽，则大者小。恭、从、明、聪，沛然效能者大；视、听、言、动，率尔任器者小。孟子之所谓"小体"，释氏之"性境现量"也。孟子之所谓"大体"，释氏之"带质比量"也。贵现贱比，灭质立性，从其小体为小人，释氏当之矣。若孟子之言，则与《洪范》之叙吻合而无间。

四

尝以《洛书》之位与数，参观乎《洪范》，知元后相协下民之道，至约而统详，至微而统著也。约以统详，微以统著，故曰极也，至于此而后得其会归之极也。

夫以位，则居幽者微而明者著，履一于北，幽以治明也。夫以数，则约四十有四于一，而以一临四十有四之详，所履者一，约以治详也。以是知一之为极，而前之释者以五当之，无当于象，无当于数，训诂之泥也。

夫中五者居龟脊隆起之位，天之阴骘骘，阳之用也。所以起元后之功用，粲然环列为北水、南火、东木、西金、中土之法象，安能消归其已有而一之乎？

今夫元后之理兆民，其协民居者八政是已，攸叙彝伦者五事是已。当其详以敷政，不可略也。八政以备举其法，而协者罔弗协。然而君弗能尸也，三官百尹举尽其猷为，乃协也。抑其修之于身，必克愸夫五事，以谨司其原，叙者罔弗叙，然而为功也密，不能必天下之遵。元后自严其视履者也。故八政必有所自举，有所自废；五事必有所自贞，有所自淫。天子之得失，兆民之善恶，圣人之所劼愸而不遑，愚不肖之可兴起而不倦，藏之于幽，守之于约，一而已矣。所建者，于此中也，于此和也；所锡者，靡弗迪也，靡弗惠也。居于幽以静之域，而操其约以严之几，位乎北，会于一。《洛书》之示人显矣，禹、箕之择善精矣，岂有能易此者哉？极则无可耦矣，居幽而握要，极乃立矣。皇则极乎大矣，治著而领详，极乃皇矣。

虽然，言极者尤不可不审也。异端之言，曰"抱一"，曰"见独"，曰"止水之渊"，曰"玄牝之门"，皆言幽也，皆言约也，而藏于幽者不可以著，执其一者不可以详。芒然于己而罔所建，将以愚民而罔所锡，彼亦以此为极而祗以乱天下，故曰尤不可不审也。

夫圣人之所履一于幽，以向明而治天下者，其所会归，好恶而已矣。好恶者，性之情也。元后之独也，庶民之共也，异端之所欲泯忘而任其判涣者也。圣人之好恶安于道，贤人之好恶依于德，才人之好恶因乎功，智人之好恶生乎名，愚不肖之好恶移于习。八政之举，惟好斯举；八政之废，惟恶斯废；五事之效其贞，惟好斯勉；五事之戒其淫，惟恶斯惩。好之兴，而恻隐、恭敬生于兆民之心，以成仁让；恶之兴，而羞恶、是非著于兆民之心，以远邪辟。其动也，发于潜而从违卒不可御；其审也，成乎志而祸福所不能移。是独体也，是诚之几也，故允矣为极所自建也。

然而体则独矣，诚则但见乎几矣。而八方风气之殊，兆民情志之赜，忽一旦而好之，蔑不好也，一旦而恶之，蔑不恶也。自细腰高髻之纤鄙，讫崇齿尚德之休嘉，群万有不齐之好，群万有不齐之恶，不知其所以必好，不知其所以必恶，翕然沛然，奔趋恐后，以争归于一。则此一者，节宣阴阳，可以善五行之用；周流六方，可以成庶畴之功，类应天休，可以承五福六极之劝威。九与一应，戴之在上，故曰应天。皇哉！极哉！一好恶而天下之志通，天下之务成，不行而至，不疾而速矣。

或曰：夫既统于一，而好恶者两端也，不相杂者也，何云一也？曰：两端者，究其委之辞也；一者，溯其源之辞也。非所好，则恶矣，是本无恶，而以其所不好者为恶也，其源一也。物固有非所好而不必恶者。然习而安以忘者，好之速也，厌而不必远者，亦惟其勿好也，故曰一也。

或曰：五事之思，视、听、貌、言之君也，亦以约察乎详，以微治乎著，何居乎寄四事之中，五事之位在右肩四。而不可统道以为极？曰：思亦受成于好恶者也。非其所好，不思得也；非其所恶，不思去也。好恶者，初几也；思者，引伸其好恶以求遂者也。好恶生思，而不待思以生。是好恶为万化之源，故曰极也。

且夫元后之思，庶民思之则祗以乱；圣人之思，愚不肖思之则无所从。惟好恶者可率天下以同遵者也。悦生恶死，喜逸怨劳，王者必与兆民同，而好善恶恶，兆民固与王者有同情也。皇哉好恶乎！人而无好，则居不就其所协，勿论彝伦之叙矣。人而无恶，则居且安于不协，勿论彝伦之致矣。性资情以尽，情作才以兴，缄之也密，充之也大，圣功之钥，圣治之极也。彼异端者，抑之遏之，纵之泆之，而终不能也，祗以致其彝伦，而逆天以诬民，罪浮于鲧矣。故曰："尤不可不审也。"

旅獒

老子曰:"轻为重根,静为躁君。"惟其然也,故乐观物之"妙侻",而聊与玩之。以轻为根,以静为君,其动以弱,其致以柔,以锐入捷出之微明,抵物之虚而游焉,良可玩也。

夫人之有志,心之所之,皆可之焉。有时迥出官骸,不与物为缘,则足以于朋从之中邀其"妙侻",而惟志之所适。彼所知者,此而已矣。若夫至理所丽,充周融结,治朋从而安以其土,极乎谨严而无可玩,则非"妙侻"之可乐观;与游以丧其志者,彼固未之知也。

夫彼亦戒耳目之役而欲迥出之矣,故曰:"为腹不为目。"为目者,黏滞乎物而与物玩者也。玩物而物亦玩之,玩人而人亦玩之。利欲之细人,为天下所玩,皆为目之蔽也。能不为目,物亦无得而玩之矣。

虽然,天下之交相玩也,宁有已哉?以耳玩,黏滞乎声而声玩耳;以目玩,黏滞乎色而色玩目,固玩也。以心玩者,黏滞乎虚而虚亦玩心,岂非玩哉?选乎己而任心,斯己贵矣;选乎物而得虚,斯己轻矣。所以玩者贵,则悦诸己者适,与为玩者轻,则撄物之害也浅。固且曰"吾与天游""与物化""泠然御风""窅然而丧天下",吾乃不自丧也。然其相与玩而败其度,则与细人之流荡声色以不知归者,异趋而同迷。

有玩之之心,则丧彼之理;交相玩而受其玩,则己丧其贞。今者"吾丧我",物相代于前而不知,是游其精魄,变动于天壤而莫适主。无他,乐观"妙侻",锐入捷出者,惟其志之不宁也。志之不宁者,必有所求助,以自据为安,不为目而恍惚以无宁宇,于是据其为腹者以为实,专气以实其腹,而助志以求宁者也。

夫志者气之帅,气者志之役。今乃倒权下授,恃气以自实,块然处镎以拒物,而窃窥其消息之机以为妙。舍夷道之驰驱,就荆榛以索径,彼亦劳矣。而仅以争得失于利欲之细人,五十步之笑百步,庸愈哉?

观于《旅獒》而知君子之道至矣,视彼其犹爝火矣。夫君子不听役于耳目以贪细人之得,彼之所同也。不营营于耳目以迢近刑之忧,终亦不丧其耳目,目自为目而即目以求贞,则彼之所惮为者也。夫君子不黏滞乎物而任志之丧,彼之所同也。不驭志以无知之腹与无主之气,而授之以宁,则彼之所未能与知也。故曰彼犹爝火也。

宁志者道也，复礼以克己也；贞耳目者度也，存诚以闲邪也。君子之治天下与其治一身，一而已矣。任大臣者不奖其儇利，持志者不用其轻弱，任百工者不诎其事功，践耳目者不堕其聪明。盖精义而用无不利，健行而物无能夺也。

故道也者，载乎物者也；志也者，治乎物者也。应于彼，应于此，终日百应，物皆载道，而以其贞者从吾之志，则不待逃虚择轻、处镈居静，而黏滞已无得而卷之，无得而转之矣。道也者，成乎物者也；耳目也者，取舍乎物者也。合则取，离则舍，迎目彻耳而不爽其度，则物称其志。物称其志，则中正而从矩，不待息机塞兑以戒动止躁，而物受成于耳目，耳目受成于志矣。古之君子，"聪明睿知，神武而不杀"，用是也夫！

夫君子之言，亦有与彼近者。德盛而不狎侮，"不为天下先"之谓也；不作无益，不贵异物，"俭"之谓也。俭不先人，老氏宝之矣。而其宝之也，实玩之也。以恭俭狎侮天下而侥其利，流同源别而贞邪迥异。故曰彼犹爝火也。

耳目无以为贞，而息机塞兑以免于役，如障水逆流，一旦溃下而不可止。志不得所贞，而逃虚择轻以利其妙，如鸷鸟跼足以求遂所搏。其用意也巧，其持术也险，其居势也危，其机一发而天下无能避其锋。轻也乃以重，静也乃以躁，岂直大德之累哉？矜细行也，正其所以贼大德也。揆诸先王格远安迩之至仁大义，又奚但爝火之于日月哉？

皇哉，道之不可离也！天以降衷，而人秉之以为心，故志宅之以宁。乾坤以为缊，而变合以恒，故气配之以不馁。民物皆载之以为度，故物皆德而德以为物。重以持之而无所玩，动以之贞而无所丧，诚存则邪自闲，礼复则己无不克，是以君子之道有本而不匮者也，非若异端之争于其末也。

《尚书引义》卷四终

尚书引义卷五

大诰

公羊子曰："君子辟内难，不辟外难。"君子奉其身以处夫安危存亡之际，其由此者权也。

将贵其生，生非不可贵也；将舍其生，生非不可舍也。将远其名，名亦不可辱也；将全其名，名固不可沽也。生以载义，生可贵；义以立生，生可舍。名以成实，名不可辱；实以主名，名不可沽。虽然，较计筹量于利害之交，而侥得倖失之无定矣。审轻重之衡，达动吉之几，其惟周公乎！故"君子辟内难，不辟外难"，为周公言之也。

奚以明其然也？《大诰》曰："天惟丧殷，若穑夫，予曷敢不终朕亩！"不辟外难之谓也。纣于武王，君也。周公于殷，非臣也。君臣义绝，故曰外也。武王胜殷以受大命，外事也。周公珍殷以纾王室，内事也。事在内，难在外，则执词称戈，虔刘之以无遗种，忠厚之名有所不得而惜矣。何也？周公之忠厚者，道在周而不在殷。夫既不惜其名，则亦不贵其生。不惜其名，故《泰誓》之称天比德而以争其名者，《大诰》无所争于曲直，而但誓以必往。不贵其生，则"十夫翼予""卜陈并吉"而必往。藉其不然，亦不惮肝脑之涂地，以决存亡于一旦也。故曰"不辟外难"也。名之弗辟，而况于生乎？

若夫二叔之流言，其逆亦易辨也。冲人虽幼，所任用者独开国同心之士，非有若上官桀之怀逆幸乱；二公在位所共喻者，固暨女共济之心，非有若萧至忠之背公死党也。藉令周公敷心肾肺肠以诞告二公，控冲人，扶百尹，正流言之罪，先发以制三监，成王不能立异以蔽奸，望、奭亦且同心以致辟，则殷孽之蠢，无藉以兴，郭邻之罚，亦可以未成而从末减。然而周公不此之务，则"辟内难"之说也。何也？名以有实者也。以弟伐兄，以臣挟主，名之不顺者也。生以载义者也。祸中于君，则生无可贵；祸中于己，而舍进退有余之身，履凶蹈危以庶几于必克，则是袭义以轻生也。一日之实，万世之名，实轻而名重矣。辟以远害，与弗辟以争利，动之微而吉凶判矣。度理以安心，洁身以寡悔，未有如辟之善者也，于是决策引身，居东以辟之，斯以为内难之宜辟者也。

　　虽然，辟内难者，公之独也。公羊子乃以例季友之奔陈，则非也。公之内难，于公而发者也。友之内难，不于友而发者也。难发于公而弗辟，则罪人有挟以内荧，愚贱府疑而不解。万一不幸而有若袁盎者捭阖于冲人之左，则身殒而国危。尤不幸而有袁绍、韩馥之流以摊刘虞者加诸公，则辗转于狂狡之手，而益无以自安。出乎圣，入乎狂，君子不狎势之未然，而过信其无忧，以蹈猝然之祸。龙亢而无悔，磐桓而居贞，则堕实以全名，使二叔无可托之兵端，而王室之受毁亦小矣。若季友以年少望轻，厕二凶之末位，非有若孔父之见惮于华督也。彼二凶者，亦不托友以启衅，若陈氏之于高国也。使淹留观变，垂涕以告庄公而早为之备，正色以矢同朝而渐削其权，将弑械不成而诛戮亦息，是固友慷慨捐生，毁家报国之一日也。生非必舍，徒深畏死之心；名亦无嫌，乃幸中立之免。呜呼！友之去，其有低回恧愢弗克自主者乎！公居东而罪人之情以得，则转托于小腆之纪叙，故天下益知其诬。友奔陈而仲叔之党益崇，则假手于仆圉之贱臣，乃君父两逢其祸。且公之辟，尚父以为师，君奭以为保，何有于毁室之禽心？藉公返国无期，而奠宗周于衽席者规模已凤，则公自可轻西顾之忧。友之出也，陈非可托之援，鲁无可任之人，庆父之小丑乃敢以一世一及昌言于危病之日，是君侧空而季谋不凤，从可知已。故友惟不终辟也。使友而终辟也，外则邾、莒为之援，内则哀姜为之主，公子申之不死而不宷也，其余几哉！故曰"辟内难"，公之独也，非友之所得例也。

呜呼！名与实非有异也，生与义不两重也。顺天理，协民彝，自非若公，盖无可辟者焉。故曰，食焉不辟其难，义也，无所间于内外也。圣达节，贤守节，不肖者毁节。刘隗走羯胡以偷生，庾亮匿草间而泥首，留正弃相印而潜出，陈宜中托失风以居夷，不审内外之殊，一于辟而忘耻，不亦赧乎！忠孝之际，死生之界，古不可援，迹不可践，亦喻诸心而已矣。

康诰

《诰》曰："往尽乃心。"尽云者，极其才也。又曰："宅心知训。"宅心云者，定其性也。又曰："康乃心。"康云者，应其情也。

心者，函性、情、才而统言之也。才不易循乎道，必贞其性。性之不存，无有能极其才者也。性隐而无从以贞，必绥其情。情之已荡，未有能定其性者也。情者安危之枢，情安之而性乃不迁。故天下之学道者，蔑不以安心为要也。

抑天下之言道者，蔑不以安心为教也，而本与末则大辨存焉。今将从其大本而求安乎？抑将从其已末而求安乎？夫苟从其已末而求安，则饥渴之害，爱憎之横流，莫匪心也。导其欲，遂其私，亦泰然而蔑不安已。然有得而乍快于意，良久而必恶于志，苟其牿亡之未尽者，自不以之为安。然而求安其心者，缘心有固康之则，如激水上而俄顷必下，其性然，故其情然，本所不亲，非末所得而强。故即在异端，不能诬不安以为安。是以天下之言道者，无不以安心为事也。

然从其本而求之，本固不易见也。本者非末也，而非离末之即本也。已虽于末，未至于本，非无其时也，非无其境也。离于末不可谓末，不可谓末，则或将谓之为本。乃离于已末也，离于已末，犹其末矣。犹其末，则固然未至于本也。未至于本，其得谓之本乎？

心者不安于末，离于末则离其不安者矣。其为时也，鱼之初脱于钩也；其为境也，系者之乍释于圜土也。夫鱼则有渊矣，系者则有家矣，固未能至也。然而脱于钩而吻失其胃，释于圜土而手足去其桎梏，则亦攸然而自适。故异端之求安其心者，至此而嚣然其自大也。是以神光谒其师以安心，而以觅心不得者为安焉。

脱于钩，未至于渊；乍释于圜土，未反其家；两不得焉。萧散容与，徜徉而见心之康，良自慰矣。乃怗俄顷之轻安，而弗能奠其宅、尽其职也。桃花无再见之期，石火无栖泊之地，停目已非，随流已泛，危莫危于此焉，奚有于康哉！故曰"人心惟危"，非但已末之谓也，离末而未至于本之谓也。

乃若其本，则固有之，而彼未之知耳。本者何也？天下之大本也。心之为天下本者有三，三者贯于一，而体用之差等固不可泯也；诚也，几也，神也。几则有善恶矣，而非但免于恶之即善，则几固不可遏而息也。神则不测矣，于此于彼而皆神，是人之天，非天之以命人而为其宅者也。故几者受裁于诚，而神者依诚以凝于人者也。

从其几而求康与？是未至于本而亟离其末也。其视情也如仇雠，而视才也为糠秕。乃忽一念焉反而自问，则必有大愧焉者，是以不安为安也。性隐而莫著其端，在情而亟遏之，则才充而受诎者，无望其心之尽矣。

拟乎神而求康与？是本末两捐而以无本者为本也。若有情焉，而莫得其情，以为才之大也，而数困于小；夫抑奚据以安哉？情泛寓而莫得其宅，才挥斥于无涯而实一之未尽也。故求心不得而绝之，求心不得而以不得者为得，胥曰吾以康吾心。君子视之，殆哉岌岌乎矣！

夫君子之以康乃心者，诚而已矣。诚而后洵为天下之大本也，故曰"志以道宁"。诚与道，异名而同实者也。修道以存诚，而诚固天人之道也。奚以明其然邪？

今夫道：古由之，今亦由之；己安之，人亦安之，历古今人己而无异者，惟其实有之也。施之一室而宜，推之一国而准，推之天下而无不得，概远迩逆顺而无不容者，惟其实有然也。

故有理于此，求之于心而不得，求之于所闻而得矣，求之于所习而得矣，求之于所笃信而博推者而愈得矣。心虽未得，而求以得者心也，情之挚也；所得者非所闻、所习而适得我心也，性之安宅也。由是而用之不穷焉，尽其才矣。故《易》曰："学以聚之，问以辨之。"而《诰》曰"敷求哲王"，学也；"远惟考成"，问也。古今之心，印于心而合符，而天下之相龃龉者，恬然已应之，康乃心矣。心斯宅矣，心斯尽矣，徜徉无定之情，有实以为之依，是亦鱼之康于渊也已矣。

今有所感于此，求之心则不得人之心，求之人则不得己之心。以心得心，而人之情得矣。人得其心，而己之心亦得矣。惟不隘其心之量，锢之于私，不逆其心之几，姑为之忍，则天下之顺者、逆者，同者、异者，以心函之而不相为侮。此非违其心以强受也。心固无不可受，而安其土者仁斯敦也。物诚有其情，我诚有其才，无可忧也，无可敕也。故《易》曰："宽以居之，仁以行之。"而《诰》曰"若毕弃疾"，仁也；"若保赤子"，宽也。天下皆吾赤子，而疾毕弃，康乃心矣。以大宅载天下，而才之尽者无不裕矣。狭束自困之情，有实理以扩充之，是亦释于桎梏而宁于其家也已矣。

盖宽者道之量所自弘，仁者道之生所自顺，学问者道之散见所自察。诚有之，诚宅之，诚尽之，各体其实而无摇荡拘迫之忧，故曰"志以道宁"。君子之以康其心者此矣。此之谓立天下之本也。惟然，而奚假禁抑之于末哉？

末之不胜禁抑，久矣。枝叶之纷披也：霜损之，春复荣之；斧斤伐之，萌蘖复生之。乍释而康者，终身忧疑而不胜。无他，未寻其本也。良贾挟千金而不忧其不售，良农储陈粟而不患乎无年，梦寝安焉，惟所欲为而不歉焉，有本故也。本有者诚也。古之明王，驭六宇，长兆民，靖多难，而其心泰然。至哉康乎！非彼亟离于末而忘其本者所可几幸，久矣。故诰曰"康乃心"，养心之极致也。夫君子亦慎择其所以安心者而已矣。

酒诰梓材

承治者因之，承乱者革之，一定之论也。虽然，有病。所病者以惽惽之情继治而偷，以悻悻之心惩乱而诐也。何也？圣人之仁天下也无已，而不能不有待焉。故以一日之治概之百年，而初终异理，必有以节宣焉。身可待，待之他日，身不可待，待之其人，而后各随时而协于中。

惽惽者曰：已治矣，毋庸革矣，而治者适以乱矣。暴君之贼天下也，不自一身而止，天下且化而相贼矣。上贼其下，下亦贼其上，上下交相贼，而暴君之所残杀亦有所不容已。悻悻者曰：上之贼下如此其毒也，革其道惟恐不速，而乱又承所革者而起矣。

明王之创制显庸，审乎此，而天下蒙其安。舜之承尧，禹之承舜也，承治之极也，故曰"重华协于帝"，协云者，同而无乎异也。"率百官若帝之初"，若云者，顺而无或逆也。然而舜、禹之善承之也，不惜惜然一因其故而偷以安也。舜甫受终而四凶诛，二十二人升，异以求同也。禹方陟后而并十二州以九，易与贤以与子，逆以得顺也。夫乃以协以若而不忒。

商之革夏，周之革殷，承乱者也。故曰"爰革夏正"，革者，无所因也。"乃反商政"，反者，无所仍也。然而汤、武未尝疾胜国如仇雠，芟除其遗法而惟恐不尽，贸百姓眉睫之喜，夺之烈火而饮之冰，出之寒泉而附之炉也。则何也？承极重之势，非一朝之可挽也。

故夫纣之失民心者，民好生而死之，民生托于宽政而临之以猛也，威殚刑淫而天下之心以失。夫然，将欲荡涤烦冤，肉其已白之骨而与之更始，必且置刑杀于不试，乃以妪孚天下而使即于康。乃命康叔以保彼东郊，育其仅存之孑黎而诰之曰"刑兹无赦，速由兹义率杀"；又曰"尽执拘以归于周，予其杀"；又曰"肆往奸宄杀人历人宥，肆亦见厥君事，戕败人宥"，"曷以引养引恬"。解详《稗疏》。呜呼！圣人岂忍于毒痛之余民哉？抑知脱烈火而引之冰，暍乃速毙；出寒泉而附之炉，肌以急裂也。

善医者有正治，有反治，有从治。徐燮其阴阳燥润之宜而导之和，非但抑火以栀、芩，温寒以姜、桂也。明王之善用其因革者，岂有一定之成法哉？利灾以见德者，贾竖居赢之术也。富有天下而贾竖，则贾竖矣。矫枉而居功者，里胥搏奸之能也。贵为天子而里胥，则里胥矣。明王居崇高以配天理民，建百世之治，承治不委，承乱不激，日移斗倾而极星不动，烈日冻雨而青霄不改，天所不易，道莫之与易也。

若汉高之革秦也，约法三章，秦民怀之矣。而终治天下者，萧侯之法，五刑具焉。使率三章之简，以纵民之怙乱，一再传而乱民竞起，必且淫刑以救其弊，则前之悻悻革秦，利灾以见德者，罔民而陷之辟矣。反极重以极轻，必反极轻以趋于重。然后知武王止杀之心，一日而虑及百年，咫尺以周知万里。无他，操大常而不骛喜怒以为因革也。

愚哉！弱宋之承五季也。天下则已如彼矣，石晋之割地未归，亟撤兵权以弭陈桥之覆轨，是惧舟之欹重于左，而尽移载于西以取沈也。百官之因循未饬，而数酿赏以惩赵村之已祸，是张毅鉴单豹之死而适以自亡也。威轻则贼义，恩滥则贼仁。求苟异于昏狂，而自趋于颓靡，卒至汴京、海上，拱手以授中夏于戎狄，而至今为梗。呜呼！亦僭矣哉！

故曰："君子如怒，乱庶遄沮；君子如祉，乱庶遄已。"一怒一祉之间，括九州，一万民，传子孙，俟后圣，尧、舜有所不因，桀、纣有所不革，"会其有极，归其有极"，顾不大与！五帝、三王、十四代之得失，类可知也。尧、舜有所不必因，桀、纣有所不可革也。

召诰

论周公之营洛者，或曰：有德易以兴，无德易以亡，公欲警子孙使修德，而示天下为公器，有德者易以代兴。或曰：负太行，面商洛，左成皋，右函谷，襟大河，带洛水，实天下之奥区也。或曰：东西并建，成辅车之势，以豫定民志，故平王因之弱而不亡，延及赧王，历过其卜。之三说者，或迂阔而不情，或夸妄而不实，或过虑而无当；以一切之小慧，测元圣之讦谟，后世之以凿智诬古人，若此类者众矣。

夫欲警子孙之修德，而置之易亡之地，是戒溺而姑试之于渊也。将公天下而授以易取之形，是置笥金于通衢而召贪夫之争也。迂阔而无中于理，适以贻英雄之讪笑，故后世无蹈其术以启乱者。然而非圣无法之子，因此以讥王道之疏，儒之所以坑于秦而不昌于汉也。

两山之间必有水焉，两水之间必有山焉，千里而不得水，千里而不得山者，鲜矣。太昊都陈，炎帝都鲁，陈、鲁无山水之固，而羲、农以兴。五代、北宋都汴，六朝都建业，余于水，俭于山，亦可保于百年之余。陈亮不以君昏臣窳为宋忧，徒忧钱唐之可灌；卒之，潮水不至皋亭，而宋亡非灌也。斯不亦早计无庸之明券与！广衍足以立市朝，大川足以流秽恶，周塞足以禁草窃，肥沃足以丰树艺，土厚水深足以远疾眚，则其襟带左右，自足以成形势而惬心目，非待青鸟之妖秘，乞灵于卷山勺水间也。且夫梁、益据陇、剑以为山，荆、扬拥江、海以为水，而隗嚣、李特、公孙述、杨难敌、谯纵、王衍、孟昶、明玉珍、刘表、梁元、李煜、张士诚，或于身而亡，或一再传而灭。曾是三涂、岳鄙，遂足以延八百年之绪哉？《易》曰："王公设险以守其国。"设者，城郭沟池之谓也，非夫左盼右睐，分沙取龙，就山而踞之，即水而盘之之为固也。芍贾曰："我能往，寇亦能往。"山可梯，人得而梯之；水可航，人得而航之。山莫险于岷、黎，水莫险于琼、崖，有能据之以兴者乎？安邑之斥卤，两河之沙淳，夏、商之裔，保旧物以配天者，此土也。藉令周公挟管辂、郭璞、蔡伯靖之术，翱翔天下，睨奥区而据之，斯亦陋矣。术士之小慧，移于经国而大道隐，故曰夸妄而不实也。

召公曰："我不敢知，曰：惟有历年"，"我不敢知，曰：不其延。"君子之于天命，无之焉而不敬也。强与知之，强与图之，干天之权以取必，不敬之尤矣。且夫强与知之，则有弗知者矣，强与图之，则有莫图者矣。可知者先世之功德，可以丕若夏而勿替殷，则可图者，"知我初服"也。若夫犬戎之乱，郑郦之迁，逆计于数百年之前而为之所，是周公之智俪于桑道茂而愚于李泌矣。后世踵之而两都并建，别宫棋布，以疲百姓而走群工，隋炀以之客死，唐玄以之出走。广置官司则食冗而吏杂，分立郊庙则礼烦而神黩。徒崇侈于苟安之日，不救祸于垂危之年。东汉不废西京，董卓迁而速灭。女真南修汴京，高琪遁而遽亡。若晋之石头，唐之灵武，宋之临安，以仅保其如线之祚者，初未尝于无事之日一缮治其郛也。而唐之太原暨河南，宋之应天、大名暨河南，城隍具完，宫阙具治，米粟甲兵具偫，迨其离析分崩，莫得一日而措足焉。然则前之揣天画地，糜县官而役间左者，果安用乎？强与知之，强与图之，其大概亦可睹矣。周之迁也，王迹息而下夷于侯，乃拱手而让宗周于他族。则周之仅以存者，洛邑为息肩之地，而其寝以亡者，洛邑实为处堂之嬉。其寝以即亡也，营洛之始不任其咎；其仅以存者，营洛之始亦不任其功。功过不保之地，君子所不敢知。若夫揣时度势，为不然之虑，狎侮天命，而自神其术，天所弗佑久矣。故曰过虑而无当也。

然则公之营洛者，何也？曰：圣人之会人物也以经，通古今也以权。其以宰制天下也，惟此而已矣。

夫周公则已曰："日至之景，尺有五寸，谓之地中"；天地之所合也，四时之所交也，风雨之所会也，阴阳之所和也，百物以阜，道里以均，斯足以为王者之都矣，此所谓经也。

有虞氏五载一巡守，诸侯各朝于方岳，地迩政简而不劳也。迨周地辟于古而文治益繁，故展时巡以十有二年，而制五服以六年之述职。及其后且犹不给，则巡守间举于东都，而虞制尽变矣。然六年之朝，尽山东滨海、荆南逾塞之国，越函谷以旅见于镐京，则侯氏亟承其敝。洛邑营，而太保以庶邦冢君之币赞，绍公以锡工，盖五服之享，自是而不戾于宗周者有矣。莅中岳以罢四岳之巡，通侯币以节来王之劳，此公之权也。

远则携，近则亲者，人之恒情也。天子之光，人之所乐近也。东郊之民心尚摇摇而未定，西望而狐疑，曰："天子其边徼我乎！"惟正天邑之名于洛邑，而惠此仇民，服在王廷者，无疏远之嫌，夫乃思媚而危疑允释。义以纠之，仁以联之，丕诚殷民而作之新者，又在斯矣。此又公之权也。

权以通古今之势，经以会民物之情。公所为迓无疆之休者，惟此而已矣。过此以往者，未之或知也，公亦安用知之哉？阙其所不可知，而尽所可为，可以正告天人，而驭天下以道矣。过高之论，适足以乱德，权术之说，徒用以惑民，奚足以知君子之用心哉！

召诰无逸

《易》曰："拟之而后言，议之而后动。"言者，动之法也。拟以言，非浮明之可以言而即言；则如其言之议以动，非凿智之可以动而为动；道之所以定，学之所以正也。

夫言者因其故也，故者顺其利也。舍其故而趋其新，背其利用而诡于实，浮明之言兴而凿智之动起。庄生曰"言隐于荣华"，君子有取焉。后世喜为纤妙之说，陷于佛、老以乱君子之学，皆荣华之言、巧摘字句以叛性情之固然者，可弗谨哉！

《书》云"所其无逸"，言勿逸其所不可逸者也，而东莱吕氏为之释曰："君以无逸为所。"蔡氏喜其说之巧，因屈《召诰》"作所不可不敬德"

之文，破句以附会之，曰"王敬作所"。浮明惝恍，可以为言而言之，背其故，违其利，饰其荣华，使趋新者诧为独得，古之人则已末如之何而惟其所诘，后之人遂将信为心法而背道以驰。夫君子言之而以动，必其诚然者而后允得所从，如之何弗谨而疾入异端邪？

今以谓"敬"与"无逸"之不可作所，实与名两相称也。乃如曰"敬"与"无逸"之可为所，名之不得其实也。此亦晓然而易知者也。不得其实，且使有实，凿智足以成之，终古而不利用，用之不利，道何所定而学将奚以致功哉？

何以明其然也？天下无定所也，吾之于天下，无定所也。立一界以为"所"，前未之闻，自释氏昉也。境之俟用者曰"所，"用之加乎境而有功者曰"能"。"能""所"之分，夫固有之，释氏为分授之名，亦非诬也。乃以俟用者为"所，"则必实有其体；以用乎俟用，而以可有功者为"能"，则必实有其用。体俟用，则固"所"以发"能"；用用乎体，则"能"必副其"所"；体用一依其实，不背其故，而名实各相称矣。

乃释氏以有为幻，以无为实，"惟心惟识"之说，抑矛盾自攻而不足以立。于是诡其词曰："空我执而无能，空法执而无所。"然而以心合道，其有"能"有"所"也，则又固然而不容昧。是故其说又不足以立，则抑"能"其"所"，"所"其"能"，消"所"以入"能"，而谓"能"为"所"，以立其说，说斯立矣。故释氏凡三变，而以"能"为"所"之说成。而吕、蔡何是之从也？敬、无逸，"能"也，非"所"也明甚，而以为"所"，岂非释氏之言乎？

《书》之云"敬"，则心之能正者也；其曰"无逸"，则身之能修者也。能正非所正，能修非所修，明矣。今乃"所"其所"能"，抑且"能"其所"所"，不拟而言，使人寓心于无依无据之地，以无著无住为安心之性境，以随顺物化为遍行之法位，言之巧而荣华可玩，其背道也，且以毁彝伦而有余矣。

夫"能""所"之异其名，释氏著之，实非释氏昉之也。其所谓"能"者即用也，所谓"所"者即体也，汉儒之已言者也。所谓"能"者即思也，所谓"所"者即位也，《大易》之已言者也。所谓"能"者即己也；所谓"所"者即物也，《中庸》之已言者也。所谓"能"者，人之弘道者也；所谓"所"者，道之非能弘人者也，孔子之已言者也。援实定名而莫之能易矣。阴阳，所也；变合，能也。仁知，能也；山水，所也。中和，能也；礼乐，所也。

今曰"以敬作所"，抑曰"以无逸作所"，天下固无有"所"，而惟吾心之能作者为"所"。吾心之能作者为"所"，则吾心未作而天下本无有"所"，是民碞之可畏，小民之所依，耳苟未闻，目苟未见，心苟未虑，皆将捐之，谓天下之固无此乎？越有山，而我未至越，不可谓越无山，则不可谓我之至越者为越之山也。惟吾心之能起为天下之所起，惟吾心之能止，为天下之所止，即以是凝之为区宇，而守之为依据，"三界惟心"而"心"即"界"，"万法惟识"而"识"即"法"。呜呼！孰谓儒者而有此哉！

夫粟所以饱，帛所以暖，礼所以履，乐所以乐，政所以正，刑所以俐，民碞之可畏实有其情，小民之所依诚有其事。不以此为"所"，而以吾心勤敬之几、变动不居、因时而措者谓之"所"焉，吾不知其以敬以无逸者，将拒物而空有其"所"乎？抑执一以废百而为之"所"也？执一以废百，拒物而自立其区宇，其勤也墨氏之胼胝也，其敬也庄氏之心齐也。又其下流，则恃己以忘民碞之险阻，而谓"天变不足畏，人言不足恤"，如王安石之以乱宋者矣；堕民依之坊表，而谓"五帝不可师，三王不足法"，如李斯之以亡秦者矣。下流之敝，可胜道乎！

如其拒物而空之，则别立一心以治心，如释氏"心王""心所"之说，归于莽荡，固莫如叛君父，芟须发，以自居于"意生身"之界，而诧于人曰："吾严净也，敬以为所也；吾精进也，无逸以为所也"。其祸人心，贼仁义，尤酷矣哉！

古之君子以动必议者，其议必有所拟；以言必拟者，其拟必从其实。议天下者，言以天下，天下所允也；议吾心者，言以吾心，吾心所允也。所孝者父，不得谓孝为父；所慈者子，不得谓慈为子；所登者山，不得谓登为山；所涉者水，不得谓涉为水；鬼神亦有凭依，犬马亦有品类，惟其允而已矣。天下之所允，吾心之必允也。

故朱子不以无逸为"所"者，求诸心而不允也。吕氏之以无逸为鱼之水、鸟之林者、未求诸心而姑允之也。呜呼！斯非可以空言争矣。知心之体，而可为"所"不可为"所"见矣。知身之用，而敬必有所敬，无逸必有所无逸见矣。"修辞立其诚"，诚者天下之所共见共闻者也。非其诚然者而荣华徒耀，佞人之佞，异端之异，为君子儒者，如之何其从之！

夫敬者一，而所敬者非一"所"也。以动之敬敬乎静，则逆亿其不必然者，而搅其心；以静之敬敬乎动，则孤守其无可用者而丧其几。故有所用刚，有所用柔，有所用温，有所用厉，皆敬也。敬无"所"而后无所不敬也。故曰"作所不可不敬之德"，言不可不敬者，择之精而后执之固也。敬其可有当"所"乎？

无逸者，则小人之勤劳稼穑，而君子之咸和万民者也。稼穑惟其"能"，弗劝弗省而无勤；咸和惟其"能"，不康不田而无功，皆"能"也。有成"能"，无定"所"也。非然者，衡石程书者，亦无逸也；夜卧警枕，亦无逸也；卫士传餐，亦无逸也；乃至浮屠之不食不寝，求师参访者，皆无逸也。惟立以为"所"，而其"能"也适以叛道。故曰"所其无逸"，言无逸于所当逸者也，其可据无逸以为"所"乎？

身有无逸之"能"，随时而利用；心有疾敬之"能"，素位而敦仁。"所"著于人伦物理之中。"能"取诸耳目心思之用。"所"不在内，故心如太虚，有感而皆应。"能"不在外，故为仁由己，反己而必诚。君子之辨此审矣，而不待辨也。心与道之固然，虽有浮明与其凿智，弗能诬以不然也。

汉孔氏曰："敬为所不可不敬之德。"又曰："君子之道，所在念德，不可逸豫。"汉无浮屠之乱，儒者守圣言而无荣华之巧，固足尚也。浮屠之说泛滥以淫溢于人心，吕、蔡明拒之而不觉为其所引，无拟于心理而言之，将使效之动者，贼道而心生于邪，可惧哉！

多士

言道者必以天为宗也，必以人为其归。无道者罔天而怫人之心，以讫乎大恶，于是反其所为者，索天于隐，恤人之欲而狎之。以此言道，愈矣；其自视也，不但愈也，以为善恶、道不道之相去若云泥也。恶知其迷以诬天，骄以玩人，贼人还以自贼。自君子观之，按其罪而罚之，与彼同科，无末减矣哉？故异端之恶，均于商纣。

奚以明其然邪？索天于隐，则必以天之藏为已微矣，其显者不足顾也。狎人之欲，则且见民之有欲，卑贱而无与于道矣，无所可祗敬者也。夫天载存于见闻之表，诚不可谓其不微；人情依于食色之中，诚不可谓其不卑且贱；而无当于道也。佛、老之于此，单其心以测天，亢其志以临人，固将曰"不尔则与纣同归"，而不知惟然之果与纣同归也。

今夫天，则岂其果微也哉？今夫民，则岂其情已卑已贱而不足与于道也哉？俄而有矣，俄而无矣。孰隆施是，孰销陨是？相待邪？不相待邪？视不见，听不闻，思之无朕，以浅心窥天者，求之不得，固谓之微矣。殉财已耳；殉名已耳，与之则喜，夺之则悲；问道而不知，立心而无恒；幻梦也，蠢动也，茶然疲役而不知归也；以浮气视人者求其情而不得，固见其可狎而无与于道矣。

夫惟以其浅心浮气，仰藐天而俯睥睨乎民，乃以谓天之隐微而不知其显，谓民之不足与于道而弛其畏忌之心，其罔顾于天显民祗也，与纣均。乃纣惛不知，而彼自欲知之，自谓知之，乃悍然以罔顾，慝尤甚焉。故曰"恶浮于纣"。恶浮，则罚亦浮焉。彼二氏者，幸为匹夫以逃于罚，而西晋、萧梁受其委以婴死亡之戮，殄宗绝祀，虔刘之祸延于天下。呜呼！"惟天明威，惟民秉为"，是之罔顾而天讨不加焉，有是理哉？

若夫天则固显矣，不耀人以明而显之日月，不震人以威而显之霜霆，终古于斯而莫之有易，象可视，声可听，数可循，利可用。精而精显之，五事庶征不爽矣，五神四德不离矣；粗而粗显之，父生子继同其体，爱以彰矣，兄先弟后有其序，敬以著矣。物而物显之，水火有刑而有德，禽鱼有宜杀而有宜育；人而人显之，师以教而非师莫知，君以治而非君莫听。无有不显而显以其诚，所以然者不可以言语形象尽也，则微亦莫微于其显者矣。

若夫恍兮若有，惚兮若无，想穷于非想，色穷于究竟，意而揣之为橐籥，意而揣之为腰鼓颡，或谓其上有境焉，或谓其上有物焉，则率疑此苍苍窈窈者，必有难度难测之灵妙，而明明赫赫之明威，特其糟粕而无足顾也。若是者，匿天之显，天之所弗赦。纣亦曰"我生不有命在天"，岂有异乎？

人秉耳目，为视为听；人秉手足，为持为行；视听所著，胥有其理；持行所就，各成其事。是故敬其身者身以康，敬其事者身以宁，狂子不能仆役其父，傲弟不能奴虏其兄；弃粟于溷，则匹妇矍然，诅人于市，则稚子失色。天民敬德，德惟民极；俊民敬事，事惟民用；凡民敬政，政奠民生；罢民敬刑，刑戒民死。甘食之事已纤，而燕宾养老，笾豆生乎恪恭；悦色之情已媟，而奉养承先，蘋藻传其仁孝；崇高富贵天所秩，日用饮食神所吊也。言以之顺，事以之成，利以之兴，害以之远，皆不待施敬而民所必敬者也。

若夫以秉为患，以为为妄，以百姓为刍狗，以父子夫妇为火宅，以游戏为三昧，以空诸所有为正觉，脱然释缚，逃于无迹，泰然自恣，厌其劳生，则率以为沤合蕉聚者，无可庸其祗，而不足与于慎修。乃鄙弃秉为以逃于人伦之外，于必祗者，傲然罔顾也。若是者，侮民之祗，民罔弗憝。纣固曰"民其如台"，宁有异乎？

夫纣，愚也，愚故天显民祗，咸罔知顾也。二氏之不顾显而索之隐，不顾祗而侮其情，自以为不愚而要亦愚也。罔顾焉，即其愚也。天下之大恶，惟愚者当之，一愚而恶不可悛矣。

是故拟天以无为，字天以非想，一纣之郊不修、庙不享也，其罔顾天显而托诸杳茫者均也。绝往来于老死，寄一宿于树下，一纣之琼其宫、瑶其台也，其罔顾民祗而苟且自安者均也。二氏求天于微，或欲师之，或欲超之，纣亦以天为微而置之。纣以民不足祗而虐之，二氏亦以民不足祗而或欲愚之，或欲灭之。故均之为愚，而沈溺其说者，见绝于天人也亦均。罔顾者，无所不罔也。

呜呼！王者以诛暴行，君子以殄邪说，声罪而执言者，其惟此天显民祗乎！则君子所奉以为道，以事天而与民同患者，亦惟此天显民祗而已矣，非天有微而姑用其显也，非民可狎而过用其慎也。粲然天地之间，固有身心之内。顾瞻在上，明威者法象也；顾瞻在下，秉为者法象也。明威之谓命，旦旦明威而命旦旦集矣。秉为之谓性，节所秉之情，尽所为之才，而性尽矣。生于斯而不可离，死于斯而不可贰；宰制天下而适其固然，垂训万世而无可损益。君子修之吉，小人悖之凶，善恶之归，祸福之门，岂有妄哉！岂有妄哉！

君奭

今将谓君子之无以异于人者，是无择而为君子也。今将谓君子之必大异于人者，是人必异而后得为君子也。故孟子曰："君子之所以异于人者，以其存心也。"自此以往，未之或异也。侈大其心以为量，则心放矣；辗转求心以所安，则心存矣；是故君子有终身之忧。忧之也深，则疑之也切，故召公不以坦然推信为贤。忧之也至，则言之也长，故周公不以听召公之疑而莫之辨为圣也。

昔者孔子于卫见南子，于鲁欲赴弗扰，于晋欲往中牟，子路屡致其疑。子路之疑，子路之忧也。求诸心而不得，辗转而未惬于其所存；了然内外之别，粲然臣主之分，存诸中者莫之能易，而不能得之于孔子；其信孔子者，不如信其心之弗欺也，斯子路之所养也。

而不然者，侈大圣人而以为大异于人，率尔相信而不信以心，将求诸人者重而求诸己者轻，庸愈乎？求诸己则忧，忧则疑，疑则必白其所疑，君子之道也。若夫诡疑诡信，无所待于中心之安，矜廓达以震矜于天下，而表异曰，斯君子所以异于人也，此子路之所羞也。知然而类推之，则召公之所以存心者可知已。

乃孔子之为此，求于子路之心而不得，孔子之心固无不得也。孔子之心得，孔子之忧其释矣，任不知者之疑勿问，可矣。然且称天以苋之，拟不可兴之东周以期之，推不可知之坚白以广之，屑屑然讼曲直而不已，夫孔子何为其然哉？读其词，挹其旨，而孔子之忧深矣。

函物者心之量，存诸中者心之德。量虚而以德为实，惟其诚也。至诚动物，不诚不动，而不动亦不诚也。乘乎可动，不予以所能动，恢恢乎侈其阔大含忍，听天下之疑而相与忘言，异端以此表异于天下，人亦推以为异。而圣人则与万物同忧，忧而不能以相喻，则修辞以立其诚，道乃建于不可拔，物乃各得而乐效其忧。故孔子屡矢子路，而不惮其词之费。知然而类推之，则周公之所以存心者可知已。

今且取二公之情理而思之。二叔之流言也，周公去而召公留，金縢未启，而召公不能倡郊迎之策，斯有以乎，抑无以乎？非召公之测周公者下比于罪人也，抑非知有弗知，力有未逮，而不能止流丸于瓯臾也。尸太保之尊，眺宗社之危，泛泛然无所可否于冲人之侧，而召公贤哉！故曰非无以也。

尊尊而立子，周之新法也；亲亲而立弟，殷之已迹也。已迹习知而新法初试，故二叔倡其狂言而天下荧。周公之去，召公之弗挽，固事理之易见者也。而召公之忧则有甚于此者。

周命初集，冲人在疚，卧赤子于天下之上，其幸无夭折之忧者，非人之所能为也。藉成王而有太丁之变也，邢、应、晋、韩其足以当天下之重乎？抑必弗获已，而遗大投艰于叔父乎？皆未可知已。则令且汲汲焉援周公而复之，万一有此，而公义不可受矣。推之可远，引之可来，心迹皎然于天下，而后宗社得留余地以图其不倾。召公其能无虑此乎？然则《鸱鸮》之诒，早已不得于召公之心，王未敢诮而召公滋戚已。

且君子之求诸己也，己所存者己所逮，己所逮者己所期。保冲人之强固，以清明绥仇友，以祈天而永命，召公所期，召公所逮，召公所存，胥此矣。度德自己，业已优为，可无待于周公，则抑可听其远引以自洁。若夫殄商践奄，定宗礼，致太平，延宁王之德，丕冒海隅出日以率俾，则亦犹孔子之用晋、卫为东周也。贤者之力所不逮，斯心所不存，志所不期矣。己所不期，恢恢乎期于人而冀其必逮，是求人重而求己轻也。

贤者信诸己而不以徼天，圣人信诸天而得之于己。信诸己，则非常之功虽未遄而无所憾。不以徼天，则天命之延但忧其或坠，而不曰己所能堪。得诸己，则非常之功固以道方来，而勿可委。信诸天，则有以见天休之滋至，惟恐弗戡，而不但或坠之忧。

以为未遄，则海内率俾，宁王延德，召公且以为增益于所求之外。以为勿可委，而商、奄未弭，宗礼未定，周公方且求焉而曲尽其能。以为天不可徼，则职思其居而日不给，惟是别嫌明微之不可忽；故召公与子路之心，同厉其坚白。以为天将在我，则安土敦仁而道不可息；故周公虽在几几不暇之日，犹有破巢取子之恐，乃与孔子之心同致其悯皇。斯二公之以处多难而自靖者，情同而道固异矣。

迨周公归矣，商、奄殄，洛邑营，宗礼定矣，召公且视为自天之陨，周公则弥引为无疆之恤。召公固曰何为是栖栖者与，多得之于天而不已也！盖召公于嫌似几微之际，求己以贞，而以期周公者初终此志。始之不挽，特有不言之戚；终以不悦，以是为可正告而无嫌也。乃弗挽于始，周公亦无可正告之义；终以不悦，自可昌言而无隐；固不以包容之量待召公，而俟论定之余使心折也。诚不可掩，修辞以立之，则皎日青天之诰作矣。

大舜号泣于父母，文王献地以专征，周公多诰而不宁，孔子称天以自矢，顺逆势殊而立诚一致。圣人不释忧于天下，而存心不匮，岂曰专己无求，与天下以忘言而自得也哉？

后之论者，必为之说曰："召公无所致其疑，周公无所容其辨。"目击道存，是异端之诞也。廓达推信，是英雄之术也。陈平以待王陵，娄师德以处狄仁杰，君臣朋友之间，诚不属而道衰矣。况乎信之已过，其后必疑；忍之已甚，其郄必深；求以异于嚣嚣，而果有以异焉否邪？言已简者心必傲，论过高者志必疏，君子所弗屑也。惟夫以小人之心度君子，如爵位先后之说，然后斥之而勿论。

多方

一

蔽圣证曰克念，蔽狂证曰罔念。圣狂相去之殊绝，蔽于两言之决，何易易邪？孰知夫易此两言者之非能为其难也，则亦惮此两言之难而别求其易者也。大哉，念乎！天以为强之精，地以为厚之持；四海群生以为大之归，前古后今以为久之会；大至无穷以为载之函，细至无畛以为破之入；《易》以为缊，《礼》以为诚，《诗》以为志，《春秋》以为权衡；故曰"克念作圣"，非易辞也。

乃或疑之曰：克者，但能之之谓也；念者，意动而生心者也。所念者特未定矣。之于圣之域乎？之于狂之径乎？克念而奚即入于圣？故必目言其所念者伊何，而后圣狂之分以决。乃所念者未易以目言之。道之无方体也久矣。

虽然，则亦有可以目言者。孟子曰：欲知舜与跖之分，无他，利与善之间也。圣之所克念者，善而已矣。而抑有说焉。利与善，舜、跖分歧之大辨，则胡不目言善，而但云克念邪？曰：但言克念，而其为善而非利，决矣。此体念之当人之心而知其固然也。何也？念者，反求而系于心，寻绎而不忘其故者也。

今夫利，无物不可有，无事不可图，无人不可徼，义苟不恤，则以无恒不信为从致之术。故小人之于此也，与波俱流，与泪俱没，且此而夕彼，速取而旋舍，目淫而不问之心，心靡而不谋之志。其为术也，乘机而数变者也，故盗跖随所遇而掠之，无固情也；苟得而不忧其失，无反顾也；极至于铺肝脍肉之穷凶，一罔念而已矣。

若夫善也者，无常所而必协于一也，一致而百虑也；有施也必思其受，有益也必计其损；言可言，反顾其行，行可行，追忆其言；后之所为必续其前，今之所为必虑其后；万象之殊不遗于方寸，千载之远不喧于旦夕。故《易》曰："继之者善也。"天以继而生不息，日月、水火，动植、飞潜，万古而无殊象，惟其以来复为心也。人以继而道不匮，安危利害，吉凶善败，阅万变而无殊心，惟其以勿忘为养也。目数移于色，耳数移于声，身数移于境，不可动者在心，不可离者在道，舜之所以为舜者，在此而已。

通明之谓圣，炯然在心之谓明，终始一贯之谓通，变易之谓狂，惟意而为之谓易，今昔殊情之谓变。由此言之，彼异端者狂也，其自谓圣而适得狂者，罔念而已矣。

彼之言曰：念不可执也。夫念，诚不可执也。而惟克念者，斯不执也。有已往者焉，流之源也，而谓之曰过去，不知其未尝去也。有将来者焉，流之归也，而谓之曰未来，不知其必来也。其当前而谓之现在者，为之名曰刹那，谓如断一丝之顷。不知通已往将来之在念中者，皆其现在，而非仅刹那也。庄周曰"除日无岁"，一日而止一日，则一人之生，亦旦生而暮死，今舜而昨跖乎！故相续之谓念，能持之谓克，遽忘之谓罔，此圣狂之大界也。

奈之何为君子之学者，亦曰："圣人之心如鉴之无留影，衡之无定平，已往不留，将来不虑，无所执于忿恐忧惧而心正！"则亦浮屠之无念而已，则亦庄周之坐忘而已。前际不留，今何所起？后际不豫，今将何为？

狂者登高而歌，非有歌之念也；弃衣而走，非有走之念也。盗者见箧而肱之，见匮而发之，不念其为何人之箧匮也。夫异端亦如是而已矣。

庄周曰"逍遥"，可逍遥则逍遥耳，不撄于害，所往而行，蔑不利也，固罔念夫枋榆溟海之大小也。浮屠曰"自在"，可自在则自在耳，上无君父，下无妻子；蔑不利也，固罔念夫天显民祇之不相离也。故异端者狂之痼疾，跖之黠者也。

夫舜之为善，非但于为而为之也。于为而为之，昭昭灵灵之偶动而不可保。跖之为盗，则见可盗而盗之也。未见可盗，愍愍梦梦之知，固未有托也。舜非于为而为之，鸡鸣而起，念兹在兹，而期副其初心，故孳孳于善而无所息。跖必见可盗而盗。当其未为盗，有确然见不为盗而必不可者乎？无有也。当其为盗，反诸心而遇其故者乎？当其已为盗之余，果且有盗者存乎？无有也。故异端之泯三际以绝念者，纵其无恶，亦与跖未为盗之顷同其情，前无所忆，后无所思，苟可为而无心以为之，因其便利而无碍，惟利是图，故罔念也。惟罔念也，故随所往而得利也。故曰：欲知舜与跖之分，无他，利与善之间，系乎念之忘与不忘而已矣。

孔子曰："默而识之。"识也者，克念之实也。识之量，无多受而溢出之患，故日益以所亡，以充善之用而无不足。识之力，无经久而或渝之忧，故相守而不失，以需善之成。存天地古今于我而恒不失物，存我于君民亲友而恒不失我。耳以宣聪，目以贞明，知以知至而知终，行以可久而可大。一日之克，终身不舍；终身之念，终食无违。此岂非"终日乾乾夕惕若"之龙德乎？

乃其为功也，岂圣之专能而人所不可企及哉？晨而忆起，晦而忆息，客而忆反，居而忆行，亦其端矣。孩提而念亲，稍长而念兄，言而念其所闻，行而念其所见，尤其不妄者也。夫人终日而有此矣，故曰易也。

虽然，惟此之为不易也，甚矣。未能富有，则畜德小而困于所诎；未能日新，则执德吝而滞于其方。私未蠲，则有所甚执者，有所甚忘；欲未净，则情方动，而或沮之以止。一念之识，不匮于终身者，存乎所志之贞；终身之识，不间于终食者，存乎所藏之密。是故战战栗栗，异其一生而无息肩之地，则为之也亦难矣！哉无惑乎异端之惮焉而他求其易也。

呜呼！前古有已成之迹，后今有必开之先。一室者千里之启涂，兆人者一人之应感。今与昨相续，彼与此相函。克念之则有，罔念之则亡。人惟此而人，圣惟此而圣，狂惟此而狂，盗惟此而盗，禽惟此而禽，辨乎此，而作圣之功决矣。

天健行而度不忒，地厚载而方有常。多学多识而一贯，终身可行于一言。知其亡，勿忘其能；瞬有养，息有存。其用在继，其体在恒，其几在过去未来现在之三际。于此而罔焉，则殷之遗民不足以复成汤之绪，而自陷于凶者，亦惟数移其心知而不克永念焉耳。呜呼，严哉！

二

忠臣孝子之事，与天争逆顺，与人争存亡，其将以名争之乎？夫天则不知人之有名也。彼所不争，挟以与争，其如天何哉！若夫人，则以名相胜，而在此在彼，俱有可得之名。况乎天下之利，在实而不在名，业已有实而名可起。既得之于实，又得之于名，势将偏重于彼，而能与之争乎？故君臣父子之大名，君子以信诸己，而不以争诸天下，而后可以争天争人而全其忠孝。

殷遗之多士，殷之臣子也。君父死，宗社夷，孑然以其族争大名于周，然且其实不成而名亦不令，周公乃执言以加之罪，曰"不典"，曰"自速辜"，曰"不忌于凶德"。呜呼！正其本，天下理。夫人必自侮而后人侮之。挟君父之大仇，冒白刃以争去留之天命，乃周人得声其罪而无惭，殷士终戕其心而听命，是岂忠臣孝子之大节，适足以当凶德之恶声，而天终不可吁哉？夫诚有以致之也。故曰：君子以信诸己，而后可与人争名实也。

《诰》固曰："惟圣罔念作狂，惟狂克念作圣。"念者识去声也。识斯忱，忱斯信也。《诰》又曰："图忱于正。"正者，周所可与殷争之名，而忱者，殷所不能与周争之实也。周可有正，而殷不得有忱。故曰：势将偏重于彼也。

夫殷而不念牧野之事乎？玄黄浆食，举国如狂，而轻去其君父。流言风雨，复举国如狂，而自诧以忠孝。十余年之中，犹旦莫尔。迎周之日，不图其忱；叛周之日，不忱其图，且所为而夕忘之，胡为其不自念也！信乎其狂之未有瘳矣。

狂之为言，易也；言易而不践，行易而不恒也。言不践，行不恒，则殷士顺逆之名，倒授之周王久矣。使其念之，则如林之日，何惜此肝脑以争汤孙之线绪？无已，而西山片土，犹可埋饿夫之骨。乃匍伏请命之余生，幸人家国之变，徼收复之功名，徒以腰领试东征之斧斧，而大命终倾，何其愚也！

故谢叠山之却聘也，必昭然揭日月以告人曰：终始未尝降元也，而后可以死。而徐子章禹断发复奔，不得免于《春秋》之贱辞。恶有臣仆于仇雠之宇，而尚可图全其大节乎？

盖昔之迎周者，"宅尔宅""畋尔田"，家室温饱之情重于节义；则向之"宅尔宅""畋尔田"，周已操尔来去之情以相制而责偿焉。斯则蠢尔多方，欲辞顽民之名，而人其听之；而天且予之哉？天且予之，是忠臣之名滥而不足以荣矣。

或曰，忍耻以俟时，怀忠而复起，亦豪杰举事之图也。屈于人之强大，折于君之昏狂，限于众之离析，不得已而忍旦夕之辱，以俟衅而后发，成则为勾践之沼吴，败亦为遂人之歼齐，何遽其不可邪？

乃殷之遗民，则又非其类矣。夫将蕴怨崇耻，若遂人之不择而逞，以与偕亡，则曜目疡身，胡越其支体，土梗其家室，而莽饴其铁钺，固其所甘心而乐蹈者也。乃尔宅尔田之区区，犹得惊其梦寝，且使人悬乐设饵以止过客也，则其不得与遂人之孤愤同科也，既已明甚。

若其欲蠖屈鸷伏，保一成一旅以观变与？则抑有道矣。《易》曰："安其身而后动，定其交而后求。"交定身安，乃以大有为于天下。勾践之谋吴也，君与臣比而心一矣，夫与妇比而心一矣，廷与野比而心一矣。比而一心者，皆忧愤劝勉之心也。居者，行者，议者，任者，下逮采葛弋鸟之寡妻稚子，如耳司听，如目司视，不挟其欲以相怨，不怙其长以相妒，既和以睦，既明以勤，而顺可佑，信可助，乃以弋获不可必得之隼而天不能违。今《诰》曰"自作不和，尔室不睦"，则"小民方兴，相为敌仇"者，犹昔日也。又曰"尔惟逸惟颇"，则"沈酗于酒，师师非度"者，犹昔日也。浮用其数迁之智，幸孤寡以弋大命，假托于收复之名，树风影以摇新邦；而噂沓背憎，夫不能得之于妻，父不能得之于子，朋友不能得之于乡党，讦短忌长，蝇聚鸟散，晨斯夕斯于酣湎之中；以斯而立忠孝之垒，抗天而争之于人也，有是理哉？

藉令周公悉心以为殷人谋，而教以兴复之本计，亦惟是和睦尔姻友，明勤尔邑事，以为生聚教训之忱图。尔之不然，则不足有为而祇以乱。不谓之狂，其可得乎？故斥正其匪忱，而加以凶德之名，多方虽悍，弗能反唇以相拒也必矣。

《易》曰："困而能亨者，其为君子乎！""有言不信"，虚名亡实也。"困于酒食"，征则凶也。"据于蒺藜"，内自争也。"困于金车"，利所陷也。多方备此数者，而欲得大人之吉，洵哉其为狂矣。《小宛》诗人，"填寡""岸狱"，惟"临渊""集木"之是戒；柴桑处士，"同昏""伊阻"，惟"劝农""戒子"之不遑。实之弗忱，名之失据，可弗慎与！

立政周官

孔子曰："殷因于夏礼，所损益可知也。周因于殷礼，所损益可知也。"由此言之，王者创制显庸，有传德而无传道也。体仁以长人，利物以和义，嘉会以合礼，贞固以干事，君子行此四德耳。千圣之教，百王之治，因天因人，品之节之，分之合之，以立一代之规模者，不度其终以善其始，乃曰吾固以前王为师，是犹操舟者见上游之张帆，而张之于下游，不背于彼之道而背于其道矣。故传道者非道也。有所传，无所择，唐、虞、夏后、殷、周，胡为其有损益哉？

《立政》曰"克知三有宅心，灼见三有俊心"，徽言之有所受者也。《周官》曰"制治于未乱，保邦于未危"，大猷之自昔者也。此以仁守天下，以义经天下，阅千古而莫能易者也。若夫建官之制，周则损益乎殷矣，殷则损益乎虞、夏矣。世已易，俗已移，利已尽，害已生，其可相因而不择哉？

夫望治者，各以其情欲而思沿革；言治者，各以其意见而议废兴。虞、夏、殷、周之法，屡易而皆可师，惟创制者之取舍，而孔子何以云可知也？夫知之者，非以情，以理也；非以意，以势也。理势者，夫人之所知也。理有屈伸以顺乎天，势有重轻以顺乎人，则非有德者不与。仁莫切于笃其类，义莫大于扶其纪。笃其类者，必公天下而无疑；扶其纪者，必利天下而不吝。君天下之理得，而后可公于人；君天下之势定，而后可利于物。是岂泛然取似于古。有所托而遂无咎哉？

唐、虞之建官，内有四岳，外有州牧侯伯，此三代之所因也。总百官四国之治者。内有百揆，周之所不因也。故后世有天下而不置相，盖自周始。

孟子曰"禹荐益于天"，则夏有相矣。伊尹作阿衡，则商有相矣。抑《蔡仲之命》曰："周公位冢宰，正百工。"正百工者，亦总百揆也。奚以谓周之不置相也？

命蔡仲之时，盖宗礼未定之先，居忧总己之日也。若其后，则冢宰与五官分治，而上有坐论之三公，故成王顾命太保，与五官列序而未有殊。迨其末造，咺、纠、周、孔且仆仆衔命以使侯国，而不适有尊矣。若夫三公职专论道，则以议道而不任以政。且曰"官不必备，惟其人"，是又有无废置之不恒也。盖周之不置相也，前乎此者无所因，而始之者文王也。

《诗》云："勉勉我王，纲纪四方。"合四方之纲纪，操之于一人之勉勉，《周官》之制，其昉于此矣。故立政三宅，立事庶尹，取天下之经提携于一人，而天工无与代焉，故曰文王始之也。

乃今论之，则国势之强弱，自此而分矣。强弱之分者，势也。势之顺以趋者，理也。则唐、虞、夏、商之统御万方，而周之陵夷以迄于战争分裂者，何非理也！是故后羿之篡四十祀而少康复振，武丁去汤二十世而天下咸归，纣之不道而牧野之会且如林也。厉王流于彘而天下无君，幽王死于戎而西周无土，平王迁于东而四海无王，故曰"赫赫宗周，褒姒灭之"。平王之居郏鄏，亦虞宾、周客之类，而周实灭矣，故曰："瞻乌爰止，于谁之屋！"齐僖主参盟，晋献灭屈、魏，楚蒍绞、罗、申、息，秦据旧京，而乌止于霸者之屋，七雄之势成，天下苦战斗不休，而周不可复兴矣。

是何也？天下之情，独则任，众则委，贤不肖之所同也。上界之则不容辞之，人分之则不容任之，贵贱之所同也。贵以其名而不贵以其实，则三公弗容自任矣。贤以其人而不贤以其事，则虚有论道之名而政非其任矣。虽有极尊之位，与其尤贤之才，而上不敢逼天子之威，下不能侵六官之掌，随乎时而素其位，大舜、孔子莫之能逾，而况其下焉者乎？

故其得也，则以皇父之贪，仅营其多藏，师尹之不平，但私其姻亚，而不能有后羿移神器、崇侯毒四海之权，则惟威之薄而不足以有为。而其失也，则王臣不尊而廉级不峻，政柄不一而操舍无权，六师无主而征伐不威，名位相若而礼乐下逮；乃使侯国分割，杀掠相仍者五百余年，以成唐、虞、夏、商未有之祸，而封建之制，遂以瓦解而不可复。呜呼！文已密而实不固，上无辅而民无依，《周官》之下游，其势固有如此者。读《周官》而可早识其衰，虽百世何为其不可知哉？

乃周之所以断然废四代之典，而立三公论道、六官公政、以成罢相之制者，文王、周公何为其然邪？古之君子，备道自己而于物无忧，故能为治任功，而不能为乱任咎，正其谊而先其难，惟其自慊而已矣。代天理民者君也，承君分治者臣也，此天下之通义也。任人者逸，自任者劳，此人情之至顺也。尧、舜与天同体，而情无非道，则因其至顺，而不必厚求己而薄责于人，安其身而天下自定。文王与天同用，正其通义，躬自厚而薄责于天下，勤其身而不求备于人。《诗》曰"文王既勤止"，以勤为纲纪也。《无逸》曰"自朝至于日中昃，不遑暇食"，无与分其勤也。此文王之所以开周也。

故周公见其心而以赞《易》曰："君子以自强不息。"盖自后稷、公刘以来，佩玉容刀，左右于流泉夕阳、柽柜灌栵之间，犹一日也，匪居匪康，其勤无逸，而王业以成。昭兹来许者，亦此祗勤于德，夙夜不逮之祖武而已矣。惟其然也，则天子之耳目心思，殚用之天下；百姓之日用饮食，遍德于一人；道有所未讲，三公诏之；治有所欲宣，六官奉之；而又何藉乎承其下者之有相邪？

乃其虑子孙之不己若也，则豫修其胄教，而青宫之旧学，即以膺公孤之任。抑恐左右便嬖得密迩于君，操六卿之从违也，则寺人奄尹，领于太宰，但以供埽除浆酒之役；而《立政》之所申戒者，惟虎贲、缀衣之是饬。呜呼！咸若是，而天下之治可不待相而裕如矣。

故尧忧不得舜，舜忧不得禹，忧之已得而沛然无劳，此文王所不敢以自逸。而为子孙谋逸者，其亦不敢以尧、舜望子孙，不能以舜、禹、皋陶期天下之士，则亦追之、琢之于皇躬，操四海兆民于勉勉之中也。若夫昭穆已降，《关雎》《麟趾》之精意已微，而趣马、师氏、膳夫、内史，且以斗筲分大臣之权，则文王应已早知其弊，而行法俟命，知无可奈何而安之矣。

呜呼！缘此而后世之以勤劳开国者，恃其精明刚健之才，师《周官》而一天下之权归于人主，禁制猜防，上无与分功而下得以避咎；延及数传，相承以靡，彼拱此揖，进异族而授之神器，师古无权，而为谋不远，又岂非理势之必然者乎？

夫子孙之有夷、厉，不能必之天者，均也。虎贲、缀衣之不谨，而且使寺人操政府之荣辱矣。三宅、三俊之不克灼知，而以资格为黜陟矣。司吏者与群吏同其进退，司兵者无一兵之听其生杀，名则六卿，而实同府史矣。其进如客，其退如贾，九载无簿书之失，则弛封任子，而翛然谢去矣。天子无亲臣，大臣无固位，国蹙民贫，虽有贤者，亦坐叹而无能为矣。屑屑然取四方之纲纪，责之深宫高拱之一人，而求助于刀锯刑余之厮贱；贤者无以治不肖而相与为窳，贵者无以治贱而相与为偷；不肖师贤者之窳而以淫，贱者师贵者之偷而以窃；筋力弛，手足痹，目盲耳聋，心顽思短，异类之强者，其不乘短垣而逾之也乎？故曰："有《关雎》《麟趾》之精意，而后《周官》之法度可。"行学《周官》而弊焉者，未曙于斯义也。

孟子曰："为天下得人谓之仁。"尧之大也，舜之君也，末之强而卒不可弱，得其理而势自顺也。仁以厚其类则不私其权，义以正其纪则不妄于授，保中夏于纲纪之中，交相勉以护人禽之别，岂必恃一人之耳目以弱天下而听其靡哉？

乃周公之称古也，曰："迪惟有夏，乃有室大竞。"岂其以唐、虞为弱，而以家天下自私者为强乎？而抑非也？尧、舜之以天下为公者，秩然于天理之别，使中国恒有明王而竞中国也。三代之以世及为竞者，廓然于封建之义，使诸侯各勉于治，而公诸诸侯也。周公以此意而制《周官》，六官分建，公孤无权，君无逸则天下纲纪于一人，君或逸则天下纲纪乎天下，其为元德显功之后，而在分土分民之列者，莫不资以可竞之势也。天子无私竞而竞以诸侯，诸侯无私竞而竞以巨室，则其为齐、晋、秦、楚也，犹其为周也；其为田氏六卿也，犹其为齐、晋也。系出神明而功及民物，皆可使嗣我以兴，仁之至，义之宜也。故周之亡，亡于六国；六国之亡，亡于伯益之子孙；秦之亡，亡于三户之楚；而以授之帝尧之苗裔，则封建之遗意犹未斩也。

秦、汉以降，封建易而郡县壹，万方统于一人，利病定于一言，臣民之上达难矣。编氓可弋大命，夷狄可窃神皋，天子之与立者孤矣。则即以文王之勤，若将病诸，而概责之锦衣玉食之冲人，散无友纪之六卿，以虚文而理乱丝，彼己不相知而功罪不相一，欲无日偷日窳，以听封豕长蛇之吞噬，也其可得邪？况乎胄子之教不先，中涓之势日固，师师相窃，率土成风，迨其末流，安所得五伯、七雄、三户而使之崛起，且将无从得莽、操、懿、裕而畀之乘权矣。以此而号曰师《周官》也，是赢病者奋拳以效贲、育也，速仆而已矣。故师文王者师其德，则允合于尧、舜之传德矣，师其道则非尧、舜之道也，后有兴者，其尚鉴之哉！

《尚书引义》卷五终

尚书引义卷六

君陈

天下之相竞于名实也，情一动而不能止，物一触而不能受，故邵子以为名之生，实之丧，皆不足也。不足，则事不足以济而实去之；德靳于小名，虽乍胜而终败。

细人者亦知此矣，于是神其术以游于天下，欲张之必固翕之，欲先之必固后之。见利不争，以为豪杰，曰我有忍矣；以德报怨，以为长者，曰我有容矣。不炫小利而大利归之，不亟争名而名不能舍也。斯道也，用兵者以为制人之机，欲富者以为巧取之术，养生者以为缘督之经。是则忍也，容也，异端之所宝，权谋者之所尚也。

成王既见圣，昭昭然揭日月以照临万邦，而亦云尔者，何哉？均之忍也，而姑为忍者与有忍者殊；均之容也，而故相容者与有容者殊。有云者，实有之而可昭昭然揭日月以行者也。非固有之，则忍者非忍而容者非容也。能忍利之不得，而非能忍害，非忍也。能容名之不美，而非容以实，非容也。

夫忍云者，痒而不搔，痛而不抑之谓也。利之不得，且保其固有，非痛痒之相切矣。容云者，非所得而怀之，无所择而函之之谓也。名之不美，一听之物论，非存诸怀而函之不去矣。能忍于利，而不能忍于害，利不获，害亦不侵，是辞利以违害之谋也。名在彼，实固在此，是去名以取实之术也。老氏之教，终于权诈，心与迹判，诚不属而操物之生死，止此而已矣。

成王曰："至治馨香，感于神明。"神明者，非可以笼络之术逃其怨恫者也。窃窃然避害而乐攘其实，是匿秽于心，人不能伤，而神明之咎恶集之矣。诚于忍者，利不歆而害亦不距；诚于容者，名不竞而实亦不争。诚有之也：知天下之险阻荼毒，皆命之所必受；知物情之刻核残忍，皆道之所能格；将有惨肌肤、戮妻子而不动，受垢污、被攘夺而不恕；志之所至而气以凝，欲仁得仁，而丧亦仁矣。此之谓有忍，此之谓有容也。此以道济天下，而成乎大德者也。

盖苟其为君子也者，则利之相试也浅矣，名之不歆也易矣。而害之生于不测，实之投以不堪，阴阳不偶之数生乎世变，虽以盛德而履帝王卿相之位，可以惟意所为，而相抵以相用者不能无也。秉坚凝广大之素心，乍受之而惊，数婴之而危，于是不克以自持而为之摇荡，虽君子固难言之矣。

且夫所谓害者，不仅惨肌肤、戮妻子也；所谓实者，亦不仅垢污攘夺也。以事亲而养不从心，以获上而劳不成绩，以交友而信且见疑，以治民而恩或中沮；诡于其术则得之，正以其谊则不得；近乎名，接以利，则虽险而有功；敦乎实，忘乎害，则害益至而实不克就。若此者，万变不穷，皆不可以理遣，不可以情格者也。斯则尤其难忍而难容者也。

去乎利，非以就乎害；而去乎利，则害必与之相迎。全躯保妻子之福泽，上亦可致效于君亲，劳亦可汲引乎朋友，下亦可见功于百姓。既已与害相迎，而德无可居，功无所试，咎且上延而祸且下逮，平生之所学，梦寐之所志，一旦瓦解而不能复恤，虑及于此，而跃起以求济，忍道渝矣。有忍者忍此，则征凶而亦利涉也。

名待实以彰，而实亦由名而立。轻去乎名，而天下之欲成其名者去之；且责以名者多为之疚以沮其实，而无端之恩怨，投仁义中正之蟻隙以相为距；故乱吾名者，不乱吾实不止。吾欲据实以与之争，则容德亏矣。有容者容此，故德愈不显而愈大也。

有所忍于利以远害，有所忍于害而忘利；有所忍于利以远利，有所忍于害以贞害。远于利以贞害，而后天下无不可济之险阻。有所容于败吾名者以全实，有所容于质吾实者以正名。有所容于败吾名者而并忘其实，有所容于毁吾实者何有于名？实忘而何有于名，而后君子之德塞乎天地之间，事圮无功而功功者存，道尼不行而行行者远。功功者以扶人物之纪，则业参于帝；行行者以通天地之变，则化顺于天。"至治馨香，感于神明"，其此谓与！

斯道也，达以之调阴阳之愆伏，穷以之尽人事之忧患；制治未乱，保邦未危，而利民者不庸；拨乱世，反之治，而定倾者不挠；行夷狄，素患难，而介然以其坚贞之志，与日月争光；洗心退藏于密，神武不杀，而以神明其德。故周公以之诛管、蔡，殄商、奄，而赤乌之容不改；徙殷民，尹东国，而不静之迪屡不惊。乃著其象于《易》曰："君子以惩忿窒欲。"呜呼！尽之矣。《艮》以止而忍以定，《兑》以说而容以和。乐天敦土，而不足于物，有余于己，不足于身，有余于心。君子之以成德为行，良有乐乎此焉。岂老氏以阴谋持天下之名实，而求济其大欲者之可同年而语哉！

顾命

老氏曰"五色令人目盲，五声令人耳聋，五味令人口爽"，是其不求诸己而徒归怨于物也，亦愚矣哉！

色、声、味之在天下，天下之故也。故谓己然之迹。色、声、味之显于天下，耳、目、口之所察也。故告子之以食色言性，既未达于天下已然之迹；老氏之以虚无言性，抑未体夫辨色、审声、知味之原也。

由目辨色，色以五显；由耳审声，声以五殊；由口知味，味以五别。不然，则色、声、味固与人漠不相亲，何为其与吾相遇于一朝而皆不昧也！故五色、五声、五味者、性之显也。

天下固有五色，而辨之者人人不殊；天下固有五声，而审之者古今不忒；天下固有五味，而知之者久暂不违。不然，则色、声、味惟人所命，何为乎胥天下而有其同然者？故五色、五声、五味、道之撰也。

夫其为性之所显，则与仁、义、礼、智互相为体用；其为道之所撰，则与礼、乐、刑、政互相为功效。劣者不知所择，而兴怨焉，则噎而怨农人之耕，火而怨樵者之薪也。人之所供，移怨于人；物之所具，移怨于物；天之所产，移怨于天。故老氏以为盲目、声耳、爽口之毒，而浮屠亦谓之曰"尘"。

夫欲无色，则无如无目；欲无声，则无如无耳；欲无味，则无如无口；固将致忿疾夫父母所生之身，而移怨于父母。故老氏以有身为大患，而浮屠之恶，直以孩提之爱亲，为贪痴之大惑。是其恶之淫于桀、跖也。

始以愚惰之情，不给于经理，而委罪于进前之利用以分其疚恶；继以忿戾之气，危致其攻击，而侥幸于一旦之轻安以谓之天宁；厚怨于物而恕于己，故曰："小人求诸人。"洵哉，其为小人之无忌惮者矣！知然，则《顾命》之言曰"夫人自乱于威仪"，斯君子求己之道也。

威仪者，礼之昭也。其发见也，于五官四支；其摄持也惟心；其相为用也，则色、声、味之品节也。色、声、味相授以求称吾情者，文质也。视、听、食相受而得当于物者，威仪也。文质者，著见之迹，而以定威仪之则。威仪者，心身之所察，而以适文质之中。文质在物，而威仪在己，己与物相得而礼成焉，成之者己也。故曰："克己复礼为仁，为仁由己，而由人乎哉！"君子求诸己而已，故曰"自乱"也。

已有礼，故可求而复，非吾之但有甘食、悦色之情也。天下皆礼之所显，而求之者由己，非食必使我甘，色必使我悦也。故乱者自乱也，_{乱，不治也。}乱之者自乱之，_{乱，治也。}而色、声、味其何与焉！狂荡、佻达先生于心而徵于色，淫声美色因与之合。非己求之，物不我致，而又何怨焉？

色、声、味自成其天产、地产，而以为德于人者也。已有其良贵，而天下非其可贱；已有其至善，而天下非其皆恶。于己求之，于天下得之，色、声、味皆亹亹之用也。求己以己，则授物有权；求天下以己，则受物有主。授受之际而威仪生焉，治乱分焉。故曰："威仪所以定命。"命定而性乃见其功，性见其功而物皆载德。优优大哉！"威仪三千"，一色、声、味之效其质以成我之文者也。至道以有所丽而凝矣。

是故丽于色而目之威仪著焉，丽于声而耳之威仪著焉，丽于味而口之威仪著焉。威仪有则，惟物之则；威仪有章，惟物之章。则应乎性之则，章成乎道之章，入五色而用其明，入五声而用其聪，入五味而观其所养，乃可以周旋进退，与万物交，而尽性以立人道之常。色、声、味之授我也以道，吾之受之也以性。吾授色、声、味也以性，色、声、味之受我也各以其道。乐用其万殊，相亲于一本，昭然天理之不昧，其何咎焉！

故五色不能令盲也，盲者盲之，而色失其色矣。五声不能令聋也，聋者聋之，而声失其声矣。五味不能令口爽也，爽者爽之，而味失其味矣。冶容、淫声、酿甘之味，非物之固然也。目不明，耳不聪，求口实而不贞者，自乱其威仪，取色、声、味之所未有而揉乱之也。

若其为五色、五声、五味之固然者，天下诚然而有之，吾心诚然而喻之；天下诚然而授之，吾心诚然而受之；吾身诚然而授之，天下诚然而受之，礼所生焉，仁所显焉，非是而人道废。虽废人道，而终不能舍此以孤存于天下，徒以丧其威仪，等人道于马牛而已矣。故君子非不求之天下也，求天下以己，则天下者其天下矣。

君子之求己，求诸心也。求诸心者，以其心求其威仪，威仪皆足以见心矣。君子之自求于威仪，求诸色、声、味也。求诸色、声、味者，审知其品节而慎用之，则色、声、味皆威仪之章矣。目历玄黄，耳历钟鼓，口历肥甘，而道无不行，性无不率。何也？惟以其不盲、不聋、不爽者受天下之色、声、味而正也。

藉如彼说，则是天生不令之物以诱人而乱之，将衣冠阀阅无君子，则陋巷深山无小人。充其义类，必且弃君亲，捐妻子，剃须发，火骷髅，延食息于日中树下，而耳目口体得以灵也。庶物不明，则人伦不察，老、释异派而同归，以趋于乱，无他，莫求诸己而已矣。

柳下见饴，曰可以养老；盗跖见饴，曰可以黏牡。弗求诸执酱、馈酳、授筵、设几之威仪，以善饴之用，则是天下之为饴者，皆可以盗跖之罪罪之也。失饴之理，妄计以为盗媒，盲、聋、狂、爽，莫有甚焉者矣。

故求诸己，则天下之至乱，皆可宰制以成大治；设宫悬，广嫔御，四饭太牢，而非几不贡。求诸天下，则于天下之无不治者，而皆可以乱。将瓮牖、绳枢、疏食、独宿之中，而庭草、溪花，亦眩其目，鸟语、蛙吹，亦惑其耳，一薇、半李，亦失口腹之正。如露卧驱蚊，扑之于额而已嚼其脊，屏营终夕而曾莫安枕，则惟帷幛不施而徒为焦苦也。故曰："君子坦荡荡，小人长戚戚。"老、释之于天下，日构怨而未有宁，故喻世法于火宅之内，哀有生在羿彀之中，心劳日拙，岂有瘳与！

黼黻文章，大禹之明也。琴瑟钟鼓，《关雎》之化也。食精、脍细，孔子之节也。优优大哉！威仪三千，以行于天下而复礼于己，待其人而后行也。成王凭玉几，扬末命，惟此之云，其居要也夫！

毕命

《毕命》之言辞也，曰"体要"。于是而或为之说曰："辞有定体焉，有扼要焉，挈其扼要而循其定体，人可为辞，而奚以文为？体要者质也，质立而文为赘余矣。"徇是言也，质文之实交丧于天下，而辞之不足以立诚久矣。

尝试言之。物生而形形焉，形者质也。形生而象象焉，象者文也。形则必成象矣，象者象其形矣。在天成象而或未有形，在地成形而无有无象。视之则形也，察之则象也，所以质以视章，而文由察著。未之察者，弗见焉耳。

请观之物。白马之异于人也，非但马之异于人也，亦白马之异于白人也，即白雪之异于玉也。疏而视之，雪、玉异而白同；密而察之，白雪之白、白玉之白，其亦异矣。人之与马，雪之与玉，异以质也；其白则异以文也。故统于一白，而马之白必马，而人之白必人，玉之白必玉，雪之白必雪。从白类而马之，从马类而白玄。既已为马，又且为马之白，而后成乎其为白马。故文质不可分，而弗俟合也，则亦无可偏为损益矣。

资于事父以事君而敬同，同以敬，而非以敬父者敬君。以敬父者施之君，则必伤于草野，而非所以敬君。非所以敬君，不可为敬。不可为敬，是不能资于事父而同敬矣。资于事父以事母而爱同，同以爱，而非以爱父者爱母。以爱父者施之母，则必嫌于疏略，而非所以爱母。非所以爱母，不可为爱。不可为爱，是不能资于事父而同爱矣。爱敬之同，同以质也。父与君、母之异，异以文也。文如其文而后质如其质也。故欲损其文者，必伤其质。犹以火销雪，白失而雪亦非雪矣。

故统文为质，乃以立体；建质生文，乃以居要。体无定也，要不可扼也。有定体者非体，可扼者非要，文离而质不足以立也。

奚以明其然邪？耳、目、手、足之为体，人相若也，而不相为贷。非若刻木以为傀儡，易衣而可别号为一人也。故疏而视之，相若；密而察之，一纹一理，未有果相似者，因而人各为质焉。则质以文为别，而体非有定，审矣。

一人之身，居要者心也。而心之神明，散寄于五藏，待感于五官。肝、脾、肺、肾，魂魄志思之藏也，一藏失理而心之灵已损矣。无目而心不辨色，无耳而心不知声，无手足而心无能指使，一官失用而心之灵已废矣。其能孤扼一心以绌群用，而可效其灵乎？则质待文生，而非有可扼之要，抑明矣。

是故先王视之而得其质，以敦人心之诚，而使有以自立；察之而得其文，以极人心之诚，而使有以自尽；于是而辞兴焉。夫辞所以立诚，而为事之会、理之著也。缘政而有辞，待辞以兴政。政无可荒遗而后有恒，故辞无可简僤而必于能达。奚定体之必拘，而扼要可片言尽哉？

夫西周之诰誓，降而为春秋之词命，降而为战国之游谈，体趋卑而失要，文趋靡而离质，则信然矣。乃其离质以靡者，其将可以为文乎？其能用足以发其体乎？其能详足以尽其要乎？盖亦相承相袭而有雷同之体，执其成见而动人以其要也。是则用不穷而能详乎体者，战国之游谈固不如春秋之词命，春秋之词命固不如西周之诰命矣。

文之靡者非其文，非其文者非其质。犹雪失其白而后失其雪。夫岂有雪去白存之忧哉！辞之善者，集文以成质。辞之失也，吝于质而萎于文。集文以成质，则天下因文以达质，而礼、乐、刑、政之用以章。文萎而质不昭，则天下莫劝于其文，而礼、乐、刑、政之施如唉枯木、扣败鼓，而莫为之兴。盖离于质者非文，而离于文者无质也。惟质则体有可循，惟文则体有可著。惟质则要足以持，惟文则要足以该。故文质彬彬，而体要立矣。

而后世所号为辞人者，立一体以尽文之无穷，一开一阖，万应而约于一定，非是，则曰此其佚焉者矣。立一要以亏质之固有，去其所必资，割其所相待．束急而孤露其宗旨；非是，则曰此其漫焉者矣。

信然，则且以一马该天下之马而无白马，以一白该天下之白而并无白人；则且异人于马，而必不许同之于白，见人亦白而谓其非人，而斥之为马。筋脉浮出于皮肤之表，而肌肉荣卫萎而不灵，以尺限肘，以寸限指，截长续短，以为木偶，而生气生理了不相属。

故苏洵氏之所为体，非体也。锢天下于苏洵之体，而文之无穷者尽废。开阖呼应，斤斤然仅保其一指之节，而官骸皆诎；竭力殚思，以争求肖于其体。则不知此体也，天下何所需之，而若不能一旦离之也！皎然之于诗律，王鏊、钱福之于制义，亦犹是也，而辞之体裂矣。

韩愈氏之要，非要也。以擢筋出骨者为要，要其所要，而不足以统天下之详，则不足以居天下之要矣。漠然无当于兴观，而使人一往而意尽，骚骚乎其野以哀，鼎鼎乎其小人之怒也。则不知此要也，为何者之要而何所会也！欧阳修之于史，陈师道、钟惺之于诗，亦祖是也；而辞之要乱矣。

孤露者无体，束急者非要，驱天下于其阱中，而塾师乐用为授受之资，竖儒图便为科场之贽，徒用争胜于萧梁父子、温庭筠、杨亿之浮艳，曰吾以起其衰也，而不知其衰之弥甚也。

蔡氏之言曰："趣完具之谓体。"趣完具者，一切苟且之谓也。谁其督责造物，而令飞潜动植之各有其官骸、茎叶以成体？抑谁其督责立言者，令积字为句，积句为章以塞责，而迫不容待，以苟完免咎乎？

先王以人文化成天下，则言道者与道为体，言物者与物为体。故必沈潜以观化，涵泳以得情，各称其经纬，曲尽其隐微；而后辞之为体，合符于道与物之体，以起生人之大用。故君子以言为枢机，而千里之外应之如响。今乃如或督责以应程限，无可奈何，取办于俄顷，则何异于胥史之簿书，漠不关心，而徒为诮责乎！

张释之曰："秦任刀笔吏，以亟疾苛察相高。其敝徒文具而无恻隐之实。"趣完具之谓也。亟疾则鄙，乃以首尾略具而谓之体；苛察则倍，乃以孤露意旨而谓之要。鄙则君子厌之，倍则小人不服。喋喋里巷之言，释之所恶于啬夫，康王所戒于利口；皆以其趣完具也。

韩、苏起衰，人可为辞。天丧斯文，二子其妖祥之徵见与！"追琢其章，金玉其相"，文王之所以为文也。"草创讨论，修饰润色"，孔子之所取以为命也。夫是之谓体要，而莫有尚焉矣！

冏命

君人者有独制二，其他则可责之大臣，大臣勿容辞也。二者何，用人也，听言也，黜陟者一人之大权，从违者一心之独断也。

夫人以进御为情，鲜不饰美以躁用；大臣以荐辟为职，弗容早用其苛求。迨其进乎君侧矣，有所任使，而才不才见矣；渐与狎习，而忠佞类可知矣。故不能禁大臣之举或失人也。正而庸之，谀而屏之，孰能制我以不彰不瘅者！奚必夙戒大臣以慎简乎？

若其既列侍从而有所称说矣，自非抱道尊高、居德严谨者，其为谀为正，未尝不可移也。君崇正则正言御矣，君喜谀则谀言进矣。至若诡于正而实以谀者，虽唐、虞之廷，有巧言之畏。从之违之，岂大臣之能代我以决哉？弗能禁宵人之不谀，而审之于微，辨之于早，密勿之凛测，不敢不严，人莫得而与也。戒大臣曰"尔勿以巧言令色、便辟侧媚为僚，使诱我以自圣而陷于狂也"，何其舍己求人，以旷君职、替君权而自弃其君道邪！

且夫郊遂之官分治于其野，六官之属各听于其长，则忠之与佞，才与不才，耳目弗及，举遴选而责之长官，长官不得委也。乃若左右仆御，行则同舆，居则列侍，日得以其謦欬达于黼扆，则言或巧而或诚，色或庄而或朴，曾是弗审，而相戒曰"勿使至我前也"，然则天下无曼声而后耳可无淫，无姣色而后目可不眩乎？秉可缁可素之质，恃大臣以免悔，不则曰"惟予汝辜"，斯亦不自聊之甚矣。

故舜之告禹曰："格则承之、庸之，否则威之。"君自庸而自威也。伊尹之训太甲曰："有言逆于汝心，必求诸道；有言逊于汝志，必求诸非道。"自求之也。周公之戒成王曰："继自今立政，其勿以憸人，其惟吉士，用劢相我国家。"自立之也。帝王于左右蓺御之臣，察其人，辨其言，知人之不能代我而我不容不慎也如是。则《冏命》之危言以戒其臣，穆王其有偷心乎！君子于此知世变矣。

虽然，世之弗能不变也，道之不能不降也，君不可不自知也，尤不可不知其后嗣之且不己若也；不可不知其臣也，尤不可不知臣道之已替，风俗之已敝，下游之滥愈不可挽也。文、武徂而王者之道不嗣，周、召没而大臣之忠不属，非道法遽忘而敦忠无意也，习使之然也。

前王造王业于艰难，险阻备尝，情伪毕达，知人既已审矣。而当草昧之际，言之臧否，旋踵而成败效之，故从违易决，弗忧其莠言之浸渍也。而一时佐命之臣，既秉睿哲之姿，抑以国之兴亡为己之生死，则经营宠禄、求当君心之计不生；故奖进醇良之士，旦夕辇輠以赞其所为而不相挠。

迨天下之已定矣，人君蒙业而居安，大臣循资以渐进，始之以容保为心也，犹未失也。乃一有此心，而情流巽懦则柔软渐成乎习尚，君不能自振，大臣不能自坚。而希冀荣宠者无可效其奔走之能，以徼利禄于勋襄之地，固将投间抵巇、承颜饰说以取大臣之汲引。而既厕肘腋，巧持人主之志意，小忠可爱也，小信可任也，所称说于君前者，说浅而机深，事小而害大；若出于无心，而正其挟意之险；若偶然猝发，而实其积虑之深；旁推曲引以言之，而使君因此以疑彼；阳夺阴予以言之，而使君即信以增疑；听之无端，诛之无罪，祸成事败，追悔而不知其所从。若此者，大臣稍有不慎即已堕其术中，抑且曰，此正几授绥之役，聊供颐指，而他何能为。人君抑曰，此以聊供颐指者也，忠谨无他，而不容摘发者也。惟然，而害不可言矣。

迨及末造，主暗臣奸，而不但此也。主暗则志不定，臣奸则任之也不容专。于是大臣既有可疑之迹，天子因有厚疑大臣之心，上下交猜。大臣匿情不白，乃进靖言厚貌之恰人，使执役于左右，授以意指，乘宴笑而进微辞；若与大臣相左也，而实以相成，若不欲使大臣之知闻，而实大臣之口授。其言而既售矣，则又且胁持大臣之长短，以制其生命，宫府交违，国是益乱，成乎积重不反之势，为大臣者亦将追悔而莫及矣。

西周之季，皇父一挟奸私，而趣马膳夫，分权交骋。汉、唐以下，覆轨相仍，固不可以舜、禹、伊、周之独断，望诸末俗之君臣。则穆王申严冏命，责以慎简驭右也，岂过计哉？

度其德无先王之圣哲，度其臣非元圣之辈忱，度其时已非草昧经营，人劝于功名之风尚。既无以自保矣，尤不能保继我者之如我且愈我也。悬一慎简乃僚之法，以驭右之贤奸为太仆正之功罪，则君可以用人之失责之大臣，大臣亦可以听言之失上责之君。后世有不令之臣，进一奸人，使居禁掖，人得执以纠之曰，天子之狎不顺者，谁实使然也。不度之主，即欲拔一佞人置于左右，大臣得执以上争曰，此臣之辜不敢任也。申屠嘉以遣邓通，李沆以抑梅询、曾致尧，而汉、宋之君免于失德，亦其效已。以中主而治道衰之天下，道有高而不可继也，俗有美而不可狃也，袭独制之虚名，贻交委之实，害又奚可哉！

故于《冏命》而知周道之降，抑于《冏命》而知周之所以永也。"大车槛槛，毳衣如菼"，犹有可畏之长吏，建威以奢淫纵，而宾孟之流，终不能争胜于刘、单，有以也夫！君臣交责以交儆，固守成之中主恃以定倾者也。

吕刑

今欲审先王之法制，亦惟名言之足信而已矣。刑罚之称，连类并举，言刑必言罚，有闻自古，未之或易也。而论者乃曰：罚非古也。奚得哉？《舜典》曰："鞭作官刑，扑作教刑，金作赎刑。"鞭扑分有所属，而赎统言之，义例明矣。

乃抑为之训曰："赎以施于官教之刑，而五刑不与。不勤道艺而罚以金，塾师不能行于里社，而况国子乎？"其言曰："五刑而得赎，则是富者生而贫者死，贫者刑而富者免，将使富人公于杀人而不忌。"夫不揣其本以极其末，则其说伸矣。乃以此为患，则以施于官教之刑也，将富者可亢玩公事而弗勤弦诵矣乎？矧《吕刑》固曰"五刑疑赦，阅实其罪"，则罚施于疑赦，而杀人及盗不与于赎，明矣。

又或为之说曰："先王以道治天下，或抑或扬，以昭德也。故善者登进之以礼，恶者死伤之以刑，以贵人之生而贱其死。贵全其受生之支体而贱其残，一抑一扬，而仁孝之精意与存焉。如其以罚为惩，而显示天下以居财之为贵，而输财之为贱，则胥动其民心于货贿之有无也。"使然，则以罚故而劝人于货，抑亦刑杀示惩，而逢、比之祸均于盗杀，亦将贵偷生而贱致命也乎？且民不可使劝于货贿，而在官之士，入学之良，其宜导以伸廉隅而贱货贿，又何如邪？

天不以有所毗而废其阴阳，圣人不以有所蔽而废其赏罚。正其道于在己，而顺其化以无忧，斯亦已矣。如必贱货贿而不寄以权，则非徒罚蔽而赏亦蔽。爵禄者，货贿之所聚也。爵可以训骄，禄可以训贪，胥劝天下于富贵之涂，而不忧其荣富贵而轻仁义邪？

《易》曰："圣人之大宝曰位，何以聚人曰财。"财者固生人之所不容已也。夺其不容已而病之，故曰："罚惩非死，人极于病。"古之为刑罚者，亦率人情之固然而为之予夺焉，岂有病与？从其蔽而蔽之，无不蔽也。从其善而善之，无不善也。故圣人不免于流俗之讥弹，而昏乱亦有可原之心迹。苟从其蔽而峻刑以治失道久散之民，则兔爰雉罗，害之惨于罚也，相千万而无算。

乃先王之于民也，则既制民以产，班士以禄，抑末业以重农，故富者有以富，贫者有以贫，里比乡枇之民，均平齐一于仰事俯育之中，何所得强豪兼并之族，藉有余之赀以恣其横哉？迨其后而有居赢怀宝之横民，倚货贿以轨法，则惟先王之经法荡然圮坏，而岂罚之为法不臧以贻之蔽乎？

且即从其蔽而言之，愚氓之情，其狼戾粒米，挥斥金钱，轻于受罚，求逞一朝之忿而不以惨毒其心者，则必贫者也。若其积贪以抵于富，则虽粟朽于仓，币蠹于藏，而一菽之遗，一铢之丧，遂若截肌剜肉，呻吟达旦而不安其寝。故贫者之罹法，苦于其输，而得当以输，则若疢疾之去体。富者之罹罚，其输为易，而怀之戚戚，长年累岁而不忘。此亦人情之大致矣。

先王之以刑罚惩天下也，外病其身而内病其心。病其身以刑，非但使之毒楚于一朝，毁形残体而终其生不能以貌与人齐。病其心以罚，非但使之困穷于期限也，讼而见曲，奸而见摘，辇致其资以输，而显为君子之所夺，则摧抑之辱，内以愧于妻子，外以愧于乡邻者，亦未可释矣。先王极不肖之情，知其私利厚藏之心，可夺之以做其恶，而抑长养其廉耻以使可悛，彰明其罪戾以使知惩，所以治人之道，曲尽之矣。

然且谓不足以饰吾怒，而必概施以割截。彼奸宄狂骜之徒，凶狡动于中，则死不为戒，曾墨、劓、剕、宫之足以戢其志哉？富者不以出财为难，犹夫强者之胜痛楚，顽者之不恤残形也。五福六极之参差不齐也，不能必善者之富以强。则王者敷极相天，而以向以威，亦但能使不善之民富而之贫，寿而之夭，强而之弱。其能取天之贫富强弱不齐之数，等均而极乎重，以使有罪者之必婴其难受者乎？惩于富者之不畏罚而废罚，则亦将惩强者顽者之不畏墨、劓、剕、宫而均之于死乎？

惟死则可以概天下而示之威，然且有一往狂夫，甘刀锯其如饴者。故老子曰："民不畏死，奈何以死威之！"死且不畏，又将何以惩之？故天不以霜雪之不能凋松柏，而亟施以拔木之风；王者不以刑罚之不能困富强，而概坐以必死之律。止仁义于己，而于物无忧也。然而有不率者，挟富以轻试于法，则抑有"下刑适重上服"之科，以刑故于小。盖先王之尽人事以相天道，精义入神以利用，至纤悉也。过此以往，未之或知者也与！

知其末流而为之防，徒立多辟以淫用其威，且使鸷悍之吏，流血成渠而不恤。为君子之学者，恶恶已甚，倡惨核之论，淫于申、韩，而不忍之心，潜铄而不知矣。况夫刑极于上，则贿流于下。千金之子，不死于市，莫夜之金，旁委于吏室。苟官箴之未肃，吾未见富者之克即五刑与贫者均也。

无已，则疑宫、剕以下之可赎，而大辟不可，千锾之罚，其穆王之耄政乎！虽然，大辟之罚，非谓奸宄杀人之不疑于赦者也。罪之所科，固有层累而上积，以至于大辟者矣。轻者抵轻，而倍者重一等矣。倍其所倍，而差以四等；又从而倍之，则大辟之法丽焉。如枉法脏之类。如将于其积重而减与轻齐，如今律罪止杖一百之类。则轻者不服。而人之试于法者，等一刑而何弗犯其重？如将因积重之不当死，乃递减而轻之，则轻者极于无刑，而多所漏矣。因轻者之下刑，而数倍其辜，则不极之大辟而不可。若此者，概置之于一死，而人之死者积矣。今律之有杂犯死罪是也。是岂可与白昼劫杀、加功杀人者，同其斩刈乎？

乃或又为之说曰"流宥五刑，为此言也"，而抑不然。古之以流为宥者，为在八议之科耳。故以施之共、驩、蔡、霍，而不下逮于庶人。彼既有爵土，享富贵，莅臣民，长子孙，奉庙祀，则投畀四裔，内不得世食其国邑，外不得身厕于寓公，而罚亦重矣。若夫不轨之罢民，去坟墓，远亲戚，以趋利于四方，视去其乡如脱敝屣，而流亦何足以惩？至于加之以桎梏，责之以鬼薪城旦之劳，烦冤剧苦之以不得有其生，则既流之而又病之，或从而墨之，是刑罚与流并施于一人之身，后世不仁之政，而岂先王之典哉？况乎投楚、夏于烟瘴，驱疲弱于口外，名为不杀，而假手于溪毒、射工及夷狄之锋刃，以阴绝其命，恩不足纪而威亦不足立矣。则何似困以罚者之名正而事成，且以开其自新之路也？

藉曰穆王以财匮而训赎刑，非经国之大猷。乃即有纵有罪、骄富人之弊，而以视国计已瘳，横加赋敛，吏缘为奸，朘削农民者，不犹相逐庭邪？萧望之刻薄之说，徒以偏辞拒张敞，游于圣人之门者，不当为之左祖也。

罚者，非穆王之昉也。自唐虞以来，未之或易也。夫岂帝王之不审而为此哉？天之有六极也，各有所用以施其化，帝王体之而向威行焉。六极有贫而罚道行矣。因天之道，审人之情，虽有损益，其何病焉！夫子录《吕刑》以著三代之刑章也，以此。

文侯之命

系《小弁》于《雅》，而不与《扬之水》同列于《国风》，旌孝子之志也。东周无传《书》，而录《文侯之命》继《毕》《冏》，存周道之遗也。以平王犹有君人之道焉，故《春秋》不始平王而始于桓王。

周之下夷于列国而不可复兴，自桓王始。宗周之亡，则亡于幽王矣，平王其何咎焉？入《春秋》之三年，《经》书“天王崩”，君子之所悼也。桓王忘亲黩货，失信无刑，而周始降于列国。《春秋》书“武氏子求赙”，丧未逾年，亲遣童稚求乞诸侯，黩货辱亲，无人子之心也。《春秋》书“从王伐郑”，背先王之信，忘其有功于社稷，夺其政而又加之兵，师败身伤，为天下戮，无君人之道也。故周之降于列国，桓王为之也。于是夫子悯天下之无王，而《春秋》作。使桓王能继平王之志而成其事，《春秋》何为而作哉！

谓申侯以太子之故，与犬戎攻杀幽王者，司马迁之妄也。《诗序》称西戎、东夷交侵中国，用兵不息而抵于亡，则亡西周者戎也，申侯其何与焉？推投兔道殣之悲，原属毛离里之爱，藉令舅氏缘我以为兵端，君父由我而发大难，其不致死于申以谢先王者，无几也。“维桑与梓，必恭敬止"。哀哉之子！忍听母家之弑父而报以屯戍之德哉？故孟子曰："亲亲仁也。"申生不忍明见谤之由而死于骊姬，君子曰"此其所以为恭世子"，谓其不足于孝也。故死之非难，而生之不易。幽废之余，永怀不替，逝梁发笱，遗爱弗忘，坏木无枝，且惟恐以无后为不孝之尤，平王之志苦矣。安于放以缓君父之怒，全其身以继宗祐之守，仁人之道也，故曰仁也。圣人宅心忠恕，而审用权衡，故于《小弁》存孝子之志，而于《文侯之命》幸周道之犹存也。非后世一切之论，信史氏之诬，以吹毛罗织者之得与也。

乃摘平王者又曰：弃文、武之故都于不守，东迁而王迹以息。呜呼！欲责人也必为之谋，为之谋者必其可行也，可行而不行，然后责之也未晚。今且筑九成之坛，设九摈，三揖再拜，晋彼论者而为平王谋，又将如之何邪？其致死犬戎，争一旦之命，如蔡世子有之国灭身死而不恤乎？抑将守茂草之周京，困敝而亡，如晋怀、愍之坐空城以待缚乎？李纲侥幸于孤注，而徽、钦为虏，犹自鸣为忠直。又其甚者，则如光时亨之误国陷君，而身则降贼以偷生耳。则责平王以轻弃故都者，其大概可知矣。

君天下者，以四海为守；天子之孝，以宗祀为重。死社稷者，诸侯之义也。不反兵而报仇者，匹夫之行也。海内之地方七千里，王畿之域，东尽于殷郊，皆天子之所得居也。三涂、岳鄙，武王之天室也，瀍东、涧西，成王之卜宅也。民病于夭夭，财匮于皇甫，诸侯裹足于烽燧，大夫作室以出居，弦断不更，柱胶而鼓，守西京之灰烬，弃九有之鸿图，此不君不孝之尤，以殄绝文、武之景命者，如之何其以此为天子谋也！惟其迁也，幸则为灵武之唐，复两都之钟虡；不幸而犹为钱唐之宋，存九庙之宗祧。其视素车系组，青衣行酒者，自相千万。岂得以悻悻之怒，径径之节，执独夫一往之意气，进而谋元后之去留哉？李纲谋之而侥败，于谦谋之而侥成。势非景泰而事等靖康，"匪大猷是经，惟迩言是争"，决裂一朝而神人无主，悲夫！

然则平王固与唐肃、宋高等，遂可许以仁孝而足君天下乎？夫平王之视二主，固有辨矣。其遇乱而居于外者，均也。乃于《小弁》见平王之志，则非锢父南宫之心矣。于《文侯之命》而见平王之所以为东周者，固非宋高偷安江左之谋也。

少康之复夏也，二斟为之基，虞、纶为之辅，历祀四十，而禹甸如故。周之东迁，晋、郑焉依，非特立国之所凭，亦兴复之所藉也。安其身而后动，则郑居虢、桧之墟，以镇抚东方，而固成周之左臂。定其交而后求，则晋临汾、绛，渡衣带之河水，而即践雍州之庭。故其后，晋之持秦者五百余载，韩不亡，而洛邑之九鼎，秦虽暴不敢问也。则平王之授郑政者，为绸缪根本之远图；而其锡命义和也，乃控制关中之至计。萧何治三秦，寇恂治河内，汉高、光武所以虽败而兴者，亦此道焉耳。况承文、武、成、康之遗泽，因《黍离》《阴雨》之人心，收后稷、公刘之故土乎？赐之弓矢，假以专征，所以睦晋而制秦也。平王之志深矣。

假令天不资秦、而周祜未艾，则王师整旅以向函、潼，晋人乘虚而渡蒲坂，郑辑东诸侯以继其后，问秦人之罪，徙归之于汧、陇，直折箠收之，而不待再举之劳。乃天不假之以年，文侯早世，郑武旋亡，痡生安忍无亲，成师怀奸内讧，非复有肇刑文、武，捍艰追孝之心。然且平王犹不惮屈体交质，隐忍以图成其初志，四十余年之间，犹一日也。志之不终，延及桓王，首修怨于郑，而致祭足取麦之师；再致怒于郑，而召祝聘请从之辱；释西向之图，争小忿于穴中，而郑之援失矣。贪曲沃之赂，遂其《无衣》之骄气，资尹、武之师，灭义和之血胤而斩之，翼人既恨其薄恩，曲沃亦狎其猥鄙。迨及武、献，惟蚕食邻国以启霸图，而置宗周于秦、越，则平王之遗意荡然，而秦得高枕以收文、武之余民矣。此桓王之所以不王，而《春秋》之所以讫始也。

功之未就者，天也。志之自立者，人也。圣人恕人于功，而原人以志。故存《小弁》于《雅》，以著西周之亡，上有失道之父，而平王惟顺之于天；录《文侯之命》于《书》以见东周之不王，下有不肖之子，而平王已尽乎人。摧于父而志不得伸，犹可以泣告于鬼神而自喻；坏于子而功不得就，乃令千秋以下，举颠越废弛之咎，归过于贻谋之不臧，君子所深悯也。记天王崩于《春秋》之始，以继《尚书》而作，圣人之情见矣。

乃周不亡于犬戎之祸，犹为弁冕本源以施于赧王也，又岂非平王不可泯之功？而晋、郑之君，赞东迁之计，"谋之其臧"，亦不可诬矣。史氏猎传闻之猥说以诬古人，世儒求备于人而乐称人之恶。折中于《诗》《书》，以求圣人之褒贬，斯以俟之来哲。

费誓

于《牧誓》见古之阵法焉，于《费誓》见古之军令焉。

夫兵戎之事大矣，不习而临戎，弟子舆尸之凶也。然而三代之遗文，无多考见，则上不以教，下不以学，秘之也，慎之也，抑事简而无容多为之计也。以此知世所传太公《六韬》之书为战国暴人之赝作，于尚父之世，无有以此言兵者也。于牧、费之誓，见其大略，皆莅战之日以警士卒。其先不以论议于帷幕、申饬于训练者，何也？古之用兵，与后之用兵势殊而道异，则以三代之军制，驱束后世以模仿者，祗以病国而毒民，必矣。

言三代之军制者，其大端曰寓兵于农。考于二书，则三代非兵其农也，其为兵也，犹然一农，寓焉而已矣。

《牧誓》曰："不愆于六步、七步，乃止齐焉；不愆于四伐、五伐、六伐、七伐，乃止齐焉。"后世而以此战也，我欲止齐，而人之弗止、弗齐也，将如之何？止于七步而不进，止于七伐而不杀，气一息而不能再振也，将如之何？止齐于此，而旁出以相挠也，将如之何？

盖古之用兵者，以中国战中国，以友邦战友邦，以士大夫战士大夫，即以农人战农人。壤相接，人相往来，特从其国君之令以战，而实其友朋姻亚也。故其战也，亦农人之争町畦而相诟，竞鸡犬而挥拳已耳，无一与一相当、生死不两立之情也。驰骤控弦以决军事之利钝者，车中之甲士耳。步卒之属，每乘七十二人，勇怯无择，备什伍以防冲突，护车牛以供刍粟，治井灶以安壁垒而已矣。固农人服役之劳，非壮士折项陷胸之选也。

迨及春秋之季，宋华、向之徒，夕宿宋公之守，晨趋华氏之军，下弗仇，上弗诛也。足知三代之兵，非兵也，农之寓焉者也。故甸方八里，旁加一里，凡为里者八。凡七十二并而出一乘之卒。是有田九百亩，当汉以后四百亩有奇。而一人为兵。征伐数起，民不横死者，甲士之外，人皆知其农而非兵，不以俘馘为功也。于是步可有方，伐可有制，两无重伤，示威而已。

乃流及战国，原邱甸以起甲兵，既无不兵之农。吴起、暴鸢、白起、尉缭之属，以兵为教，以战为学，以级为赏，以浮为功，一战之捷，骈死者数十万，盖寓农之制未改，而淫杀之习已成。自列国交争，以迄秦、汉之际，千载以下，遥闻而心悸。况自汉以降，以除大盗，以御强夷者乎？如其可如《牧誓》之步伐止齐也，则农可兵也。既不能然，而驱耕夫于必死之地，徒以偾国。有人之心者，何忍而为此哉！

《费誓》曰："杜乃护，敛乃阱，无敢伤牿，无敢有寇攘、逾垣墙、窃马牛、诱臣妾，臣妾捕逃祗复之，我商赉汝。"则兵且防民之侵。兵防民之侵，则兵不侵民可知矣。兵不侵民，而民可侵兵，则民日游于营垒之间，犹农之越陌度阡以相闻也。当其为兵，无改于其为农，抑可知矣。

自后世言之，兵固不可为农，农固不可为兵也。兵而使为农，则爱惜情深，而兵之气馁，故屯田而兵如无兵。农而使为兵，则坐食习成，而农之气狂，故汰兵而必起为盗。无他，兵有不保之生，则无顾恤也。于是而善御兵者，必悬不赦之刑，以扰民为大禁。

古之用兵者，以义动，不以利兴。其充卒伍于行间者，以役行，非以勇选。进而无死亡之害，则不怙死以凌人；退仍井里之氓，则虽于役而不忘其故。君不以利为功，将不以胜夺利，则兵亦不以一籍戎行而视民为其刀俎鱼肉。兵之情不嚣，则农之气亦静。

迨及春秋，馆谷三日，遂诧以为大获。刍稿粮糒，全家计于行阵之中，必无野掠以残民，亦不因粮于敌国。养其志于《采薇》《采芑》之中，闲其情于藩舍盖藏之计。故人胥可兵也，而愿悫以驯良者，兵固可农也。

侯国之有侵伐，率有事于比邻，而无防边久戍之劳。受命而讨不庭，但令服罪而还师，又无追奔捣穴之事。文告先及，四野之人民入保，互相知而互相恤，井不堙而木不伐。今日之往而不彼侵，他日之来而不我伤。故《费誓》之动色相戒，但自谨司其牛马臣妾，无殊乎主伯之告亚旅，以警穿窬于仓庾牢湆，而不以剽掠人民，申骄横之禁。如是以为兵，专静淳庞之气，不愆于素，无剽掠之利摇荡其心而之于贪戾，则车还甲散，仍安其男耕女织之常，兵固可农也。

后世之兵，与狄夷猾盗相逐于千里之外，辎重不相及，樵苏不能给，禁令虽严而弗能止戢，克胜追奔，则马仗、衣屦、布帛、金钱，狼戾惟其取。非分之获既荡其情，坐食之安又习于逸，使反陇亩以竭终岁之劳，而茹荼樗之苦，能保其恒心服先畴者，百不得一也。如其可以《费誓》之军令治军也，则农可兵也。既不能然，而欲重农固本以防民之暴惰也，其敢轻用农民于戎马之场哉？

夫酌古今以定立国之规，非陈言之可试，久矣。三代之兵，可无兵也。一战之胜，不足以兴王；一战之败，祸不及于天下；故得以雍容祥谨之跬步为阵法，而怯懦之耕夫有以自全于争哄之地。三代之兵，不以为兵也。一词之失，而整旅以前；一桑之争，而援枹以起。气泄词伸，以各安其生计。故得以谨守辎重，而自保为军令，而于役之征夫，初不须有骄纵淫掠之忧。处今之世，用今之人，以保今之天下，可以其道而治军乎？固不能矣。则农与兵之不可合也，久矣。

以贸首争衡之法教其农，而农不能胜，则积尸于原野，而天下无兵。以掠夺淫纵之令禁其兵，而兵固难戢，则人竞于贪骄，而天下无农。无兵则夷狄日进，无农则盗贼日繁。善读古人之书而推广以论世，尚无以一曲之学祸天下哉！

秦誓

言有至是者，不可废也，而其心则不能如其言。言不以人废，抑不以其心废。言苟至是，不可废也。圣人乐取于人以进天下于善，则亟取之。读者因言以考事，因事以稽心，则抑因此而得炯戒焉。

《秦誓》之言，非穆公之心也。穆公所欲争衡于晋，得志于东方者，梦寐弗忘，则所 "昧昧以思" 者，终 "仡仡之勇夫" 也。故公孙枝得以终引孟明帅彭衙之师以拜赐。然而姑为誓以鸣悔者，其是非交战之顷，心尚有惩而言轨于正。夫子录之，录其言也。取其乍动之天怀，而勿问其隐情内怙、终畔其言之慝，圣人之弘也。夫岂穆公之心哉！

乃于此而为人臣者，当乱世事诈力之主，其难也甚矣。非君子孰能守贞而免于咎哉？其唯周初之君臣乎！降德国人、修和有夏、以积功而有天下者，即其以累仁而不争天下者也。命之未集，不以险诈之谋疲敝天下而收其大利；命之已集，不以文饰之言弥缝天下而避其口实。则君若臣早夜勤，谋之华屋之下者，无不可正告天下以无惭。即或有所未效，亦终不摘其谋之不臧，而诵言以分己之谤。君以不回而千百禄，臣以无过而保功名，至于三世，而虢公、闳夭、南宫括、散宜生、泰颠之功烈昭焉。故君子乐论其世，观于君臣之际以劝忠也。

夫秦则异是已。乘周之东，窃起而收岐、丰之地；间晋之乱，因衅而启河东之土。所以肇造邦家者，非有公刘、亶父君、宗、饮、食之恩，宣、理、疆、止之勤也。天下不乱，则秦不能东向而有为；天下有忧，则秦以投间而收利。有时坐睥而持天下之长短，有时挑衅而疲天下于奔命。始于秦仲，讫于始皇，并诸侯，灭宗周，一六合，皆是术也。

乃既以阴谋秘计徼利于孤寡茕弱以成其功；而时当三代之余，先王之德教未斩，商、周所以得天下者，已然之迹，必正之名，贤不贤且胥识之，不可欺也，则又惟恐以其中心之蕴暴著于世，而生人心之怨恶。故幸而诡成，则为之名曰："昆吾、韦、顾之汤功，遏密伐崇之文德，亦犹是尔。"其或诡败，败恒嫁罪于共谋之臣，以涂饰天下而谢咎。夫然，故孟明、西乞、白乙之徒，成不能分功，而败则为之任过也。

呜呼？其始也，固相与屏众密谋，以侥幸于一旦；事之偾裂，乃昌言以斥之于众，曰："仡仡勇夫，我尚不欲，截截谝言，我皇多有之。"呵斥之如犬马，蔑夷之如草菅也，亦如斯夫！

自是而后，探秦志而为秦谋者，若商鞅、白起、魏冉、范睢、吕不韦、蒙恬、李斯之流，无不旦席珍而夕路草，进促膝而退囊头。劳形怵心，力争以快秦人之欲，而畀以天下；乃放逐诛夷，身受不韪之名，以为秦分怨于天下。则何秦君之狡，而秦士之愚邪！

此无异故，凡秦人之所谋以得志于天下者，皆非人臣所当进谋于君也。失信无亲，利死亡、伺孤寡以贾乱；寓干戈于讲和之中，晨宾客而夕寇仇；危其父兄，驱其子弟为孤注，以徼利于千里；凡此天怒人怨之大慝，憯焉莫恤，而冀战胜之赏。怀此以事君，是犹助弟以讼兄，讼愈健而弟之疑忌愈深也。忍于人者，无所不忍；谝于人者，无所不谝；立谈之顷，早见其心。而欲以此结恩故、保功名于安忍雄猜之主，其可得乎！当其前席倾听之日，剑已加于其颈矣。

乃秦之臣子，遭诃相仍，诛夷相望，前者已倾，后者罔觉，岂其甘以身名抵阴贼之锋距邪？此抑有故。盖秦之所阳尊其名而不欲妒媚者皆所摈弃者，其所谴诃而继以诛夷者，则所祷祠以求者也。夫人之情，不动于赏罚，而动于人主之好恶。苟非正谊明道、远利贱功之仁人，则赏罚惑于无端，而好恶移其风尚，其不为险陂之主颠倒而乐为之死亡者，鲜矣。

《誓》曰"询兹黄发，则罔所愆"，非穆公之情也，国人则知其穷矢戚言而非其好也。公又曰"不替孟明，孤之过也"，亦非穆公之情也，国人则知其诋诃未几而继以显庸也。彭卫之战，济河之役，犹资"射御不违"之"仡仡"于孟明，而"黄发之询"仍土苴也。故孟明曰"三年将拜君赐"，亦知逢咎之不长矣。是穆公之誓众而移罪于三帅者，外以间诸侯之口，内以谢寡妻孤子之痛怨，而非以情也。不然，公孙枝其能终抑无技之老成，违君之怒，力护覆师俘获之勇夫，以徼不可必之战功于他日哉？

孟明之徒窥见其心，而乐与之共功名，动于其所好恶，则斥辱不以为愧，即有死亡之祸，亦其懵不知忧；得不与子车氏同闭三泉，亦侥幸而非有必全之首领矣。彼鞅、起、冉、睢、不韦、斯、恬之徒，一日之力未殚、智未尽、功未竟，过未有所必委，则固可以缓殊刑赤族之祸，而言听计从，什百于蹇叔、百里之阳尊而阴远矣。

夫君子出身以任人国家之事，进以当宾友之礼，退以保明哲之身；所守者道也，所重者耻也，所惜者名也。嗟士在廷，冒言其恶，斥为勇夫，罪以谝言，举杌陧而归之于我；彰恶于邻国，嫁恨于百姓，曾厮役狗马之不若。苟其有羞恶之心者，亦何为辱名贱行以强与其谋邪？

嗟夫！王道之息也，德衰功竞。士以其身游于蛊坏之世，而处人图王定霸之间，守经而自靖，则以失时而见侮，揣变以从欲，则以怀诈而见疑。乃守贞且有屯膏之险，而教猱宁全顾后之图！安于忍人者疑其不难于背己，险于乘人者畏其不可与有终。乐杀人以为功，则将以之平怨于冤鬼；多掊利以富国，则必亿其厚藏于私家。故苏秦裂、文种刿、韩信夷、刘晏籍。徇人主之欲，仅取一旦之欢，而极非常之祸，斯亦可为大哀也矣。

虽然，其不足哀也。彼所为逢君之隐志，以自诩得志于人主者，其裂人、刿人、夷人、族籍人产，不知凡几矣。故曰："出乎尔者反乎尔。"天之所假手以泄茕独夭枭之忿者，即此解衣推食、投胶得水之君臣，而亦何远之有哉！故夫子录《秦誓》于《书》，为人君得失之衡，抑为人臣死生之纽也。

黄发之士，膂力既愆，而裕乃心以裕天下，不逢君于近功小利之倾危，则即以穆公之崇力尚诈，而拊心自鉴，亦必引咎归己，而大白其无技之忠忱，以正告天下后世，而不能诎其荣怀；其视孟明之恶不可掩，必加斥辱以谢国人者，荣辱霄壤也。则君子之行己事君，不与世主为迁流，其必有道矣。

故荀彧殒命，而徐庶全身；孟昶仰药，而徐广终老；陆贾称仁义而荣，侯生售权谋而摈；沈约获恶谥以死，赵普间流言而危。履信思顺者，虽险而不倾；取义蹈仁者，虽死而不辱。安能因人之好恶，以蒸成朝菌之荣光哉！

存亡者天也，死生者命也。宠不惊而辱不屈者，君子之贞也。乐则行而忧则危者，大人之时也。然则蹇叔、百里，其得道之正与？而抑未也。"蒹葭苍苍，白露为霜"，秦之始兴，有伊人矣。"烨烨紫芝，可以疗饥"，秦之末造，有冥鸿矣。《蛊》之上九曰："不事王侯，高尚其事。"夫子赞之曰："志可则也。"志足以为天下则，则与散、闳、颠、括同为三代之英，"自天佑之，吉无不利"矣。百篇之终《秦誓》，圣人之志见矣，斯以历聘列侯而不西渡，龙德而正中也。

《尚书引义》卷六终

《尚书引义》全书终